技术赋能　创新发展

——教育部"基于教学改革、融合信息技术的新型教与学模式"实验区成都实践

成都市教育科学研究院　主编

西南交通大学出版社

·成都·

图书在版编目（CIP）数据

技术赋能　创新发展：教育部"基于教学改革、融合信息技术的新型教与学模式"实验区成都实践 / 成都市教育科学研究院主编. -- 成都：西南交通大学出版社，2023.11

ISBN 978-7-5643-9555-1

Ⅰ. ①技… Ⅱ. ①成… Ⅲ. ①教育工作-信息化-研究-成都　Ⅳ. ①G527.711

中国国家版本馆 CIP 数据核字（2023）第 210060 号

Jishu Funeng Chuangxin Fazhan

技术赋能　创新发展

——教育部"基于教学改革、融合信息技术的新型教与学模式"实验区成都实践

成都市教育科学研究院 / 主编　　　　责任编辑 / 罗爱林
　　　　　　　　　　　　　　　　　　封面设计 / 原谋书装

西南交通大学出版社出版发行

（四川省成都市金牛区二环路北一段 111 号西南交通大学创新大厦 21 楼　610031）
营销部电话：028-87600564　　028-87600533
网址：http://www.xnjdcbs.com
印刷：成都勤德印务有限公司

成品尺寸　170 mm × 230 mm
印张　25.25　　字数　452 千
版次　2023 年 11 月第 1 版　　印次　2023 年 11 月第 1 次
书号　ISBN 978-7-5643-9555-1
定价　136.00 元

课件咨询电话：028-81435775
图书如有印装质量问题　本社负责退换
版权所有　盗版必究　举报电话：028-87600562

本书编委会

总　编：石　斌　罗清红

副总编：周　荣　何　佳　黄祥勇　卿子俊

主　编：陕昌群　罗良建

副主编：曾月莹　王　振

编委（以章节为序）：

　　　　　郭　斌　戴金芮　周雄俊　曾月莹

　　　　　沈　莉　邓森碧　唐　瓷　张　丽

　　　　　吴长城　刘学刚　陈　红　李冬捷

　　　　　卫　勉

前言
PREFACE

潮起海天阔，扬帆正当时。

近年来，站在统筹中华民族伟大复兴战略全局和世界百年未有之大变局的高度，我国吹响了进军数字中国建设的进军号。作为数字中国建设的一个子系统，教育数字化战略行动成为当前教育改革发展的重要内容。党的二十大强调"要坚持教育优先发展、科技自立自强、人才引领驱动，加快建设教育强国、科技强国、人才强国"，把教育、科技、人才的重要性摆在了突出位置，并首次将"教育数字化"写进报告中，提出"推进教育数字化，建设全民终身学习的学习型社会、学习型大国"，为新时期教育数字化发展指明了方向。国务院副总理孙春兰在2023年世界数字教育大会开幕式上指出，现代信息技术对教育发展具有革命性影响。顺应数字时代潮流推进教育变革和创新，是世界各国共同面临的重大课题。

成都，是全国第一批教育信息化试点城市之一，先后获批全国统筹城乡教育综合改革试验区、全国基础教育综合改革实验区、全国"双减"工作试点城市等18个国家级教育改革试点示范区，历来坚持以教育改革创新促进高质量发展，为建设新发展理念城市提供人才保障和智力支撑。其中，城乡教育一体化发展机制等系列教育改革成果形成了"成都样本"，并上升为国家经验，成都市对口帮扶甘孜州的教育精准扶贫远程教育模式得到党和国家领导人的充分肯定。

2020年8月，成都市获批教育部"基于教学改革、融合信息技术的新型教与学模式"实验区（简称"国家级信息化教学实验区"）。3年来，在成都市委、市政府的关心支持下，在成都市教育局的领导下，成都紧扣"国家中心城市""智慧城市""公园城市"的发展战略定位,坚持立德树人、五育并举,以课堂教学为重点,以信息化为驱动,扎实有效开展实验探索,切实把实验工作作为推动成都市教育教学改革、提供公平而有质量教育的有力支撑和重要抓手。全市整体并系统推进新型教与学模式探索,遴选了10个市级先导区、100所实验校,从市级、区级、校级3个层面,从教、学、研、管、培、评6个维度,在新理念、新技术、新空间、人工智能、大数据等方面全面展开实践探索研究;构建长效工作机制,稳步推进信息技术与教育教学的深度融合;以理念与技术赋能,变革教师教学,变革学生学习,变革教育教研,变革教育生态,促进优质教育全域共享,开启智能时代成都教育新征程。

本书汇聚了成都国家级信息化教学实验区关于新型教与学模式探索的一些理性思考与生动案例,体现借助人工智能、大数据、互联网等技术赋能,对教与学模式进行的一系列变革。如基于新空间,教学活动不再拘泥于传统的物理教学空间,生成了网络空间和混合空间,教学模式从传统的线下教学模式转变为线上教学以及线上与线下结合的混合式教学模式。诸多智能化教学环境的构建,催生共享教育,融创网络空间,让新型的教与学模式为教育教学活动提供了更多的可能;基于新技术,教学模式愈加注重技术角色的参与,一些针对学科教学的信息技术手段日趋成熟,如交互式电子白板、网络画板,具有很强的交互性、直观性、动态性、实践探究性,支持学生观看、展示、讨论、探究、评价等多种学习活动,有利于发挥学生的主体性,促进学生核心素养发展;基于新理念,教学模式更加注重学生的自我发展,在数字化学习环境、资源、工具和平台下,高效前置学习、智慧课堂、数据驱动等数字化学习新型教学策略和促进学生元认知能力发展的有效途径,注重高阶思维和跨学科学习,打通了课前、课中、课后壁垒,提高了教学活动的综合效益,实现了学科融合育人的目标,促进了学生的个性化发展。

在新型教与学模式的探索中,我们注重找寻信息技术与教学活动范式的相通性。技术,要为教育的高质量发展赋能,同时保持对技术的理性理解，不为了使用技术而使用技术，让技术的运用过程充满教育智慧。深化教师对技术赋能教学的理解，提升教师的信息技术应用能力，让教师在真实的教学场域中促进技术与教学的深度融合，进而推动智慧教学、智慧课堂的形成。

在新型教与学模式的探索中，我们注重师生角色的转变。新型教与学模式，必然促进教师向智能教育者转变，教师需要提升知识传授的智能性，技术能力的整合性以及教育价值的生成性；新型教与学模式，必然促进学生向智慧学习者转变，让学生主动学习、个性化学习，增强辨识力和选择力，实现自主建构，在研究性学习中启智增慧。

在新型教与学模式的探索中，我们注重推动教育数字化转型。教育数字化转型是一个综合的、系统的、全方位的创新与变革过程，是将数字技术整合到教育领域的各个层面，推动教育组织转变教学范式、组织架构、教学过程、评价方式等，进行全方位的创新与变革，从供给驱动变为需求驱动，实现教育优质公平与支持终身学习，从而形成具有开放性、适应性、柔韧性、永续性的良好教育生态。

技术赋能，创新发展。愿教育部"基于教学改革、融合信息技术的新型教与学模式"实验区成都实践，能够给广大教育同仁带来些许启发、思考、借鉴，以助力国家基础教育数字化战略转型和高质量发展。

由于编者水平有限，加之时间仓促，本书难免有疏漏之处，敬请广大读者匡正。

编　者

2023 年 4 月

目录
CONTENTS

第一篇　技术赋能　促进区域教育创新实践

七朵云：创造智能时代共享教育的全息空间 ……………………………… 004
双核驱动　点面结合　开创虚实融合的实验教学新模式 ………………… 015
融创空间应用，赋能智慧教育
　　——锦江区网络学习空间应用普及 …………………………………… 026
"三研三上三改"网络共研　赋能区域课堂变革 ………………………… 035
基于AI的课堂教学行为分析构建混合式研修模式的探索与实践 ……… 042
基于人工智能的"双驱"教育实践助力创新学子培养
　　——锦江区人工智能"双驱"教育实践出实效 …………………… 052
智慧农场推进区域农事劳动教育 …………………………………………… 063

第二篇　新技术应用赋能教学变革

基于微课程资源的培智学校教学模式 ……………………………………… 076
人工智能时代背景下"5I"课堂实践 ……………………………………… 085
小学英语教学中使用英语AI听说系统的实践与思考 …………………… 092
善用教学APP，探索小学生自主学习体系建设 ………………………… 100
名师专递课堂助力民族地区音乐教育发展 ………………………………… 111
信息技术支持下的初中生物学概念深度构建 ……………………………… 118
基于数据的个性化教学　助力学生感悟度量本质
　　——数学学科线上线下融合式教学改革实践 ……………………… 127
基于数字环境下学生自主学习教学模式的构建与实践研究 …………… 136

第三篇　信息技术重构教与学的新空间

基于网络学习空间的游戏化创客学习 ……………………………………… 146
基于情境化猜想验证的探究学习 …………………………………………… 157
网络化的多维多层学习 ……………………………………………………… 167
数字教学环境支持下的混合式分层课堂 …………………………………… 177
网络画板开创智慧实验教学 ………………………………………………… 188

项目式教学促学科核心素养培养 197
建构虚实融合新空间　形成协同育人新动能 206

第四篇　新理念催生的融合信息技术教学实践

基于"533"模式的历史生命课堂实践 218
践行PBL新理念，重构数学新实践 230
融合应用新技术　创新数学新实践
　　——制作一个尽可能大的无盖长方体形盒子 244
制作小小提示器，实现学科大跨越 252
音乐教学可视化　学科融合育新人
　　——以信息技术融合课"波斯市场"为例 264
基于人工智能技术的跨学科项目实践
　　——以太空"万能"舱教学为例 270
智慧学习环境下跨学科课程的开发与实施 281
依托"1+4+N"创新实践，促进核心素养发展 294
重构活动课程体系，培育数学核心素养
　　——以二年级数学课程为例 304

第五篇　大数据+人工智能驱动教育教学变革新路径

学习数据支持的小学生"三阶"个性化教学模式探究 318
数据环境下小学生高阶思维多路径培养策略 335
基于大数据分析的学生评价策略研究
　　——以都江堰市永丰小学为例 344
未来课堂环境下促进课堂深度互动的教学模式及实践研究 351
融合多学科的人工智能课程设计
　　——以"当三星堆遇上人工智能"课程为例 374

参考文献 383
后　　记 385
附录1　各章节作者信息汇总表 387
附录2　电子书包数字环境下学生自评问卷内容 390
附录3　数字环境下教师评价问卷内容 392

第一篇

技术赋能　促进区域教育创新实践

专家导读

国家级信息化教学实验区（以下简称"国信区"）是由教育部批准设立的教育实验区，旨在推进教育数字化的转型，提高教育教学质量和水平。国信区在教育教学中采用先进的信息技术手段，探索新的教育教学模式，为全国教育教学改革提供示范和借鉴。国信区的建设具有重要的意义，首先，它可以通过采用先进的信息技术手段，创新教育教学模式，提高教学效果，培养学生的数字素养和创新能力，提高教育教学质量和水平。其次，国信区可以在教育教学中探索实践，总结成功的做法和经验，为全国教育数字化转型、教育教学改革提供示范和借鉴。最后，国信区可以通过信息化手段，实现教育资源的共享和优化，提高教育资源的利用效率，促进教育公平和均衡发展。

成都市是国家级信息化教学实验区之一，经过几年的探索实践，在区域推进智慧教育平台建设、基于人工智能的教学改革、新技术在课堂教学中的应用等方面取得了一些成功经验。

一、搭建平台，努力实现教育优质均衡发展

建设信息化教学平台是国信区的基础工作，平台应该具备完善的硬件设施和软件系统，支持多种教学模式和教学资源的共享。成都市教科院构建的"七朵云"是国家数字化转型、共同富裕背景下教育优质均衡的重要区域实践。该实践秉持"共建共享共生"理念，着力解决中国式教育现代化进程中优质资源均衡度低、教研转型难、评价实证弱等重大现实难题，充分发挥教科研"智库、引擎"功能，激活网格节点，以系统势能攻坚克难，率先探索出优质均衡育成路径并引领中国西部教育高位发展。

二、创新场景，促进数字化教学模式变革

国信区应该积极推广信息化教学模式，包括在线教学、远程教育、虚拟实验、虚实融合等应用场景，以提高教学效果和教学质量。金牛区提供的实践主要呈现了基于信息技术、虚拟现实技术环境下的实验教学课型、模式变革应用场景，通过虚拟实验平台的建设、虚拟实验教育资源的共享，推动了线上和线下课程教学模式的变革，构建了不同学科、学段的虚实融合的教学模式和应用模式，形成了不同条件下实验教学的路径和方法，全面推进了虚拟实验教学改革，实现了虚拟实验教学改革的路径创新。

三、融创空间，推动网络学习空间普及应用

网络学习空间可以为学生提供一个更加自由、灵活的学习环境，使学生可以根据自己的兴趣、需求来选择学习内容和学习方式，从而更好地发挥自己的学习潜能。同时，网络学习空间可以为教师提供一个更加便捷、高效的教学平台，可以更好地与学生进行互动和交流。另外，网络学习空间可以为学校提供一个更加全面、系统的教育管理平台，使学校可以更好地了解学生的学习情况和教学效果，从而更好地进行教育管理和决策。锦江区呈现的网络学习空间实践主要具有汇聚教育资源、支持智慧教学、便捷学习交互和服务教育管理等 4 项功能，融合创新空间建设应用已成为推动区域智慧教育整体发展的重要载体。

四、教研转型，构建新型网络研修体系

加强教学质量监控和教育教学研修是国信区的重要实践内容，国信区应建立完善的教学评估体系，通过互联网和人工智能等技术手段对教学效果进行过程监测和定期评估，并开展针对教师数字素养培养和教学能力提升的网络研修活动，以保证教师的专业成长和教学质量的稳步提升。成华区以智慧教育云平台为支撑，借助 AI 教学行为分析系统，创新提出"三研三上三改"课例研修网络教研模式。从所有学校研究设计到示范校教师进行现场上课、研课和改课，最后所有学校进行再次研课、改课和提供课例，完成"一堂课"的"三研三上三改"，找到上好"一类课"的方法。金牛区通过实践，创新出一种基于经验学习圈理论和 AI 技术构建的混合式研修模式，旨在通过量化分析和质性分析相结合的课堂教学行为分析新方法，降低课堂教学评议的主观性和随意性，为改进课堂教学行为，提高教学质量探索新路径。

五、双驱助力，提升师生数字素养

国信区应该注重数字化人才的培养，提高师生数字素养和教师信息化教学能力，以适应智能化时代的教学需求和未来创新人才的需要。锦江区积极探索"五育融合"新思路，形成基于 AI 的"双驱"教育改革实践经验，一是人工智能教育驱动创新人才培养；二是技术融合教学驱动学生全面发展，为全面提升师生的数字素养提供了可参考、可借鉴的典型实践。

六、五育融合，技术助力劳动教育蓬勃开展

将人工智能、物联网、互联网和大数据有机融入"五育融合"教育是国信区技术变革教育的新思路和新方法。锦江区智慧农场在区域推进农事劳动教育中的实践具有重要的意义：一是增强了学生的实践能力。智慧农场可以让学生亲身参与农事劳动，通过实践探究，培养学生的实践能力和动手能力，提高学生的实际操作能力。二是培养了学生的环保意识。智慧农场可以让学生了解农业生产的环保意义，培养学生的环保意识，让学生在实践中体验到环保的重要性。三是培养了学生的团队合作精神。智慧农场可以让学生在团队中合作完成任务，提高学生的沟通协作能力。四是增强了学生的社会责任感。智慧农场可以让学生了解农业生产的重要性和社会需求，让学生在实践中体验到为社会做贡献的快乐和成就感。

七朵云：创造智能时代共享教育的全息空间

【导语】

"七朵云"是国家数字化转型、共同富裕背景下教育优质均衡的成都区域实践。该实践秉持"共建共享共生"理念，着力解决中国式教育现代化进程中优质资源均衡度低、教研转型难、评价实证弱等重大现实难题。从"一块屏"发端，通过20余年持续实践，以"共享课堂"（网校云、数校云）为主阵地，催生出"共享教研"（继教云、培通云、师培云）和"共享评价"（乐培云、观课云），凝结成课堂、教研、评价三位一体的"七朵云"。共享教育以"共享、优质、适切、融通"为内涵、以"三化、三随、三共"为特征，构建出"三全一常、三元协同"实践操作样态，研制成"多元共生、四无四不"的优质资源品控标准，搭建了全域协同运行保障机制，形成多维融通数据生态系统。在实践中，充分发挥教科研"智库、引擎"功能，激活网格节点，以系统势能攻坚克难，率先探索出优质均衡育成路径并引领中国西部教育高位发展。

一、研究背景

（一）追求公平而有质量的教育，是成都亟须破解的时代难题

教育贫困是最大的贫困，教育公平是最大的公平。位居"胡焕庸线"以西的成都市下辖23个区（市）县，基础教育体量大、层次多、结构杂，各区（市）县教育理念、教学条件和师资配置等差距显著，直接制约着区域教育均衡发展。探索育成西部教育高地路径，全面引领区域教育质量提升，助力教育优质均衡发展，是成都教育的时代使命。

（二）智能时代资源涌上云端，优质教育全域共享成为可能

《中国教育现代化 2035》等文件要求扩大优质教育资源覆盖面，完善优质教育资源共建共享格局。以大数据为"食料"的人工智能时代，为大规模因材施教、群体性个性化教育提供可能，为新时代教研转型，多维评价体系建构提供强力支撑。

二、解决的主要问题及解决问题的过程与方法

（一）解决的主要问题

本实践针对信息化进程中长期存在的建用分离、教研缺位等问题，从资源生产链下钻，捕获3个核心问题：

一是教育数字化转型初期的不均衡，即有资源，不共享。地域经济差异下，优秀教师向中心城区过度集中，基础教育"虹吸效应"现象严重，导致远郊教育和学校空心化，制约着基础教育的可持续发展。

二是教育数字化转型中期的建用分离，即有共享，不适切。各部门虽已在不同阶段建成了各级各类资源库，却因资源传输方式单一、资源使用切割不清、学习疑惑解答滞后，而导致资源沉积。

三是教育数字化转型后期的数据壁垒，平台交互性弱，即有数据，不融通。调研发现，各地各校信息技术与教育深度融合的最大障碍是数据平台多、数据形态冗杂，造成数据"断头"，形成数据"孤岛"，致使数据资源难以在教育配置中充分发挥聚合效能。

（二）解决问题的过程与方法

成都市教科院基于现实难题，采取行动研究，以"课堂、教研、评价"3个维度"七朵云"交错推进，内在逻辑关联、数据共享融通、相互支撑赋能，进阶解决层叠问题，从技术、机制和文化层面，创生出以"七朵云"为信息集群的共享教育全息空间（见图1.1和图1.2）。

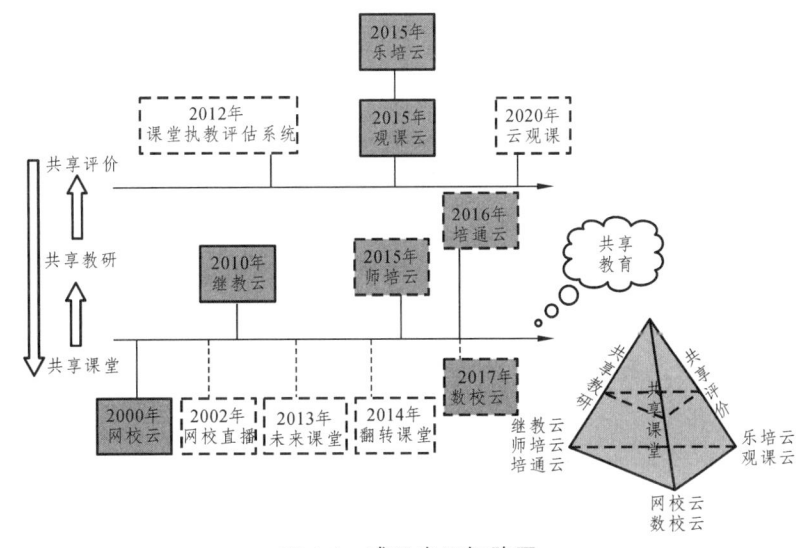

图 1.1　成果来源矩阵图

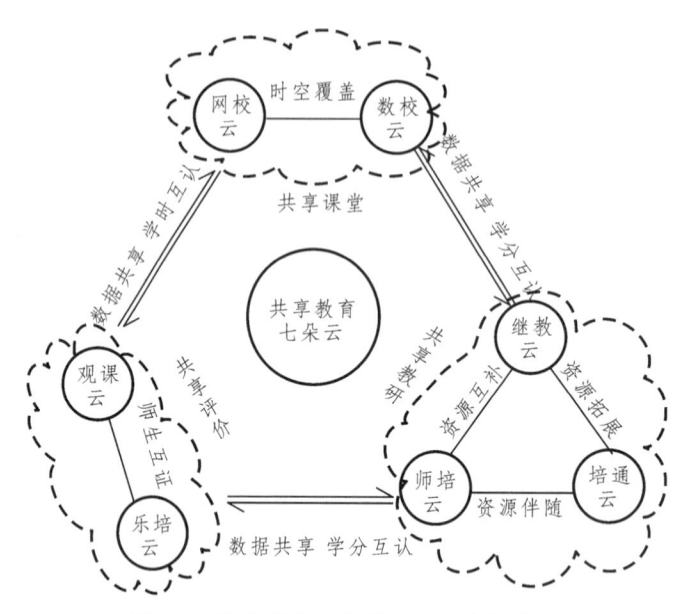

图 1.2　共享教育"七朵云"全息结构图

1. 共享课堂：深耕直播、迭代升级，聚焦学生之"学"（2000—2022 年）

20 余年来，成都教育从网校云到数校云，实现了从传统名校名师到全域名校名师的空间跨越，完成了从全日制到周末、寒暑假的时间延伸，立足公益优质资源的萃取与供给，充分彰显了公平而有质量的教育主张。离散系数变化分析显示，在使用网校云后，全市各经济圈层内、全市范围内的校际差异在逐渐减小。

2. 共享教研：同步同频、随身随堂，助力教师之"教"（2010—2022 年）

成都教育借助师培云平台，以丰富的磨课跟学资源赋能教师备课；依托培通云实现云端教研的无痕接续；利用继教云完成教师伴随式深度学习，从传统教研向实证型、场景化、群智共生教研转型，重构了现代教研体系，实现师资全面优化提升。对 7 341 名教师使用效益进行抽样发现，在控制无关变量后，继教云、师培云、培通云使用频率高的教师，工作成效显著高于不使用或使用频率低者。

3. 共享评价：数据流动、融通蝶变，透视教学之"评"（2012—2022 年）

成都教育开发出个性化精准分析学生学习、共享学习评价结果的乐培云系统，打造成常态化采集观课数据、共享教师实证教研路径的观课云平台。通过捕捉学习数据、提取教学数据，用数据秘钥破解课堂黑箱，廛指教研方向，催生因材施教理念的科学化落实。在对 22 137 名学生使用效益两次抽样调查后发现，依据多层线性模型分析，在控制学生无关变量后，"七朵云"使用频次与学生的学业成就正相关，对学习兴趣影响显著。

3个维度"七朵云"内在逻辑交互关联，数据共享融通，相互支撑赋能，创造出成都智能时代共享教育的全息空间。

三、共享教育模式的内涵

共享教育是将优质资源汇聚云端，通过多维全息互动，共创良性生态的数字化教育实践。共享教育以"协同理论"为基础，建构起"技术—机制—文化"协同共生系统，体现为内容、功能、主体等多元协同。

共享教育既是教育实践，也是教育理念。作为教育理念，共享教育根植于中国传统文化的"大同"理想和新时代"互联网精神""人类命运共同体"理念，是智能时代教育优质均衡发展的新思想。作为教育实践，共享教育通过云端引领，跨时空传递优质教育资源，构建起OMO多维互动共创的实践模式。在20余年探索中，成果聚焦学生成长、教师成功，形成以"重构生态、消减贫困、回溯传统"为价值取向，以"共享、优质、适切、融通"为内涵，以"三化、三随、三共"为特征的共享教育"七朵云"信息集群，实现优质教育全域共享（见图1.3）。

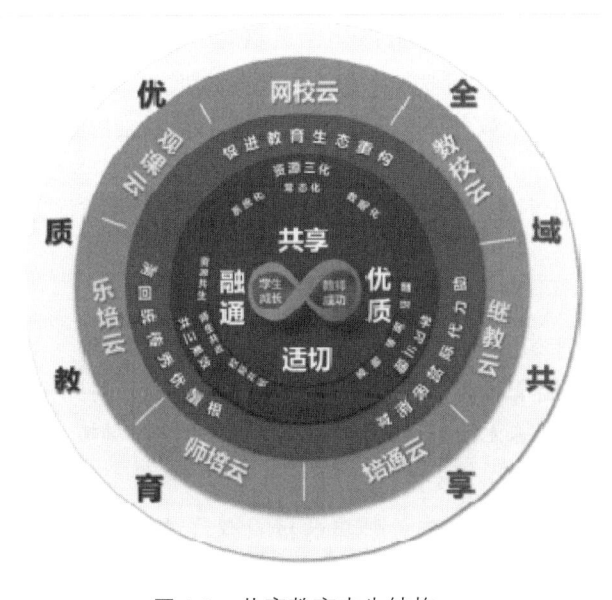

图1.3 共享教育内生结构

（一）明确共享教育的价值主张

1. 促进教育生态重构

一是重构教学资源。借助"一课一师一团队"等形式打造高品质教学资源体系。二是重构教学形态。以微课、翻转课堂、在线公开课为载体，建构针对性强、传播广、新颖快捷的混合式教学。三是重构学习方式。以受众需求为导向设置学习内容和方式，实现泛在自主学习。

2. 助力代际贫困消减

一是形成信息化助推教育精准扶智的独创模式。共享课堂在优质教育区域与教育欠发达地区间，构建起"多模式、高质量、广受益"的远程教育协作体。二是共享教研建构起云端师培体系与研训机制，增强欠发达地区教育造血功能，改善教育资源分配不均带来的教育焦虑与代际贫困传递，促进教育公平。

3. 赓续践履大同理想

一是回溯与践履中国传统"大同"理想，共享教育的分享行动与奉献精神，为"小康"走向"大同"做出了进阶式思想准备。二是呼应新时代"人类命运共同体"理念，共享教育从区域走向全国、走向世界，彰显了文化自信，更是教育自信的中国表达。

（二）透析共享教育的本质特征

1. 资源三化：系统化、常态化、数据化

共享教育专注打造、筛选、萃取优质教育资源，具有3个特征：系统化——专业淬炼与打磨，实现教育资源内部有序性、层级性、结构性的关联；常态化——打造萃取优质资源，适度推送，保障全日制伴随式教研与学习；数据化——将优质资源数据化，全时空、全流程记录大数据，对学习者数据进行画像，实现教育资源精准推送。

2. 学习三随：随时、随地、随堂

共享教育的学习方式呈现出处处可学、时时能学的特征，表现为：随时——学习者可利用终端全时空登录、下载资源，利用碎片时间接收学习内容；随地——5G技术让资源无处不在，学习者拥有更多学习场域与空间；随堂——师生可按需随堂提取资源，实现增删换补的资源重构和优质资源共生发展。

3. 效果三共：资源共生、师生共进、校际共长

共享教育涵育物与人的共生共长：资源共生——借助平台，利用数据，构建资源提供者与消费者的供需关联，实现优质资源共生；师生共进——师生因数

据流动享用无差别资源而实现数据平权,利于师生关系民主共进;校际共长——各校根据数据画像和校际多维度数据对比,明确发展状态,促进校际良性共长。

四、实施的基础条件、策略与路径

(一)"多元共生、四无四不"优质资源品控标准

共享教育致力于优质资源的萃取与打造,构建出"教学研培评"一体化体系,打造满足师生需求的优质资源。网校云探索出"四位一体"教师协作体,形成前远端"四个同时"的跨时空、同频共振教学和教研模式。"观课云"通过教师课堂数据采集,形塑教师成长画像,为教师发展提供科学的数据反馈。师培云、培通云以"随身、随堂、随时、随地"的培训方式,满足教师专业成长的个性化需求。数校云基于优质教育资源的源头择取与打磨,集中区域内名校名师资源,通过名师、教研员集体磨课,收集教学反馈及数据,随时调整教学方式,形成"双名一磨、双反一调"课程开发路径。

淬炼优质教育资源是共享教育实施的前提。成果研制出"四无四不"资源品控标准(见图1.4):一是课程设计,坚持无调研不课程。以学生、家长、教师和学校的真实需求为基础,针对性设计课程方式、时段和内容。二是师资选拔,坚持无双名不选拔。双名指授课教师原则上来自"名校名师",充分保障师资资源的优质。三是磨课研讨,坚持无磨课不试镜。各学科团队由1名教研员和3~5位名师构成,每节课在授课教师个人精心备课的基础上,再参与集体说课、磨课活动,之后进入技术沟通和课前试镜。四是直播教学,无反馈不直播。在线直播教学须通过反馈来弥补时空分离弊端,以增强教学针对性与师生黏性;多渠道反馈信息采集,进行针对性备课。

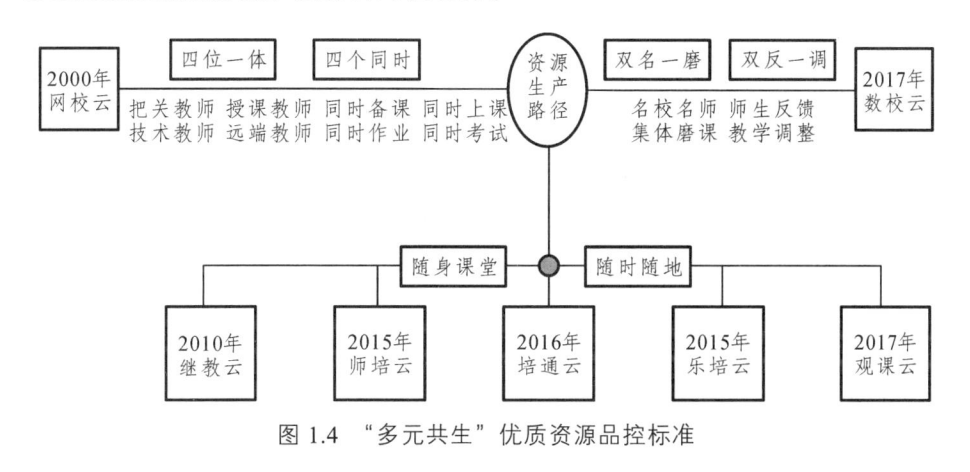

图1.4 "多元共生"优质资源品控标准

(二)"三全一常、三元协同"实践操作样态

共享教育聚焦师生成长发展,充分利用信息技术,逐渐在信息空间建构起"全学段、全时空、全覆盖、常态化"的教育样态(见图1.5)。"全学段"即幼儿园、小学、初中、高中、职教,"全时空"即全日制及周末寒暑假,"全覆盖"即教育教学活动中的教学、学习、教研、培训、评价等,"常态化"即持续稳定的时间保障和教学安排,以"三全一常"教育样态助力物理社会空间的师生学校发展。

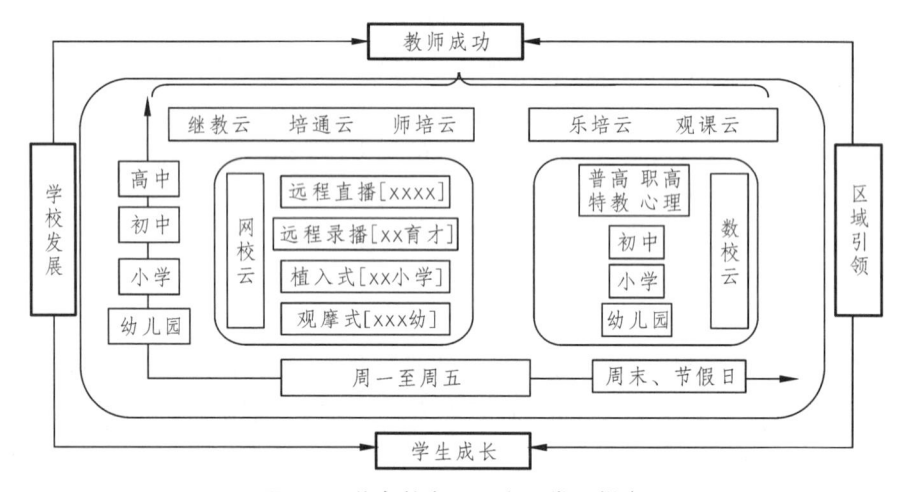

图1.5 共享教育"三全一常"样态

互联网发展让人类从"物理—社会"二元空间向"物理—社会—信息"三元空间转变。以教科研机构为核心,聚集全市各类优质学校,借助互联网资源平台,将物理—社会空间优质资源数据化,汇集起信息空间"七朵云"。通过多种方式将优质资源向区域内外辐射,实现传统学校"物理—社会"与信息空间的三元协同。线下"教学研培评"与线上信息空间资源链接,构建起共享教育新生态,助力教育优质均衡发展。

(三)"液态组织、高效赋能"保障机制

1. 跨界融合的全域社会保障

共享教育构建起"政府引导、教研引领、多元合作"运行机制,形成"跨界融合、双线并行、三级联动"保障机制,摒弃各层结构,力促组织扁平化,液态自适应,成员自驱动,突破边界束缚,推动教育公平。

一是政府引导、跨界融合。发挥行政部门的引导作用，做好顶层设计，实现各单位各部门间分工协同，聚合资源形成网格共振势能。二是教研引领、双线并行。发挥教科研机构的智库引擎功能，学科教研着重资源建设的设计、把关、应用，信息化教研负责组织、管理、服务。三是多元合作、三级联动。教科研机构负责优质资源汇聚与专业淬炼，政府保障资源建设基本经费，运营机构负责平台建设、技术支撑和服务。建构市区校三级联动工作机制，利用网络进行研讨、管理和答疑，由一线学校落实市区两级要求并应用资源。

2. 全息融通的共享教育指数

"七朵云"深耕"教学研培评"教育链闭环，统一认证接口，实现数据流通，学分互认，形成全息共享教育指数。共享教育指数涵盖共享课堂、共享教研、共享评价和共享成效4个核心维度，常态化采集分析数据，是区域教育均衡的结构化、系统化和可视化校验工具。

五、研究的创新点

（一）理论创新：植根智能时代，重塑共享教育理论体系

立足智能时代，创建了以"重构生态、消减贫困、回溯传统"为价值取向，以"共享、优质、适切、融通"为内涵，以"三化、三随、三共"为特征的共享教育理论构架，为信息技术推动教育内生变量的时代诉求提供了理论范例。

（二）实践创新：深耕数字转型，创生共享教育信息集群

在"课堂、教研、评价"数字化转型交错推进中，坚持育人立场，逐层分类，各个击破，进阶式解决实践难题。"一块屏"为国家"三个课堂"建设提供先行范例，凝结成"教学研培评"全闭环资源信息空间"七朵云"，构建起"物理—社会—资源"三元信息空间，构建起穿越课堂、学校、区域边界，贯通课程、教学、评价、教研、师训全要素体系。

在大数据、人工智能、自适应学习等技术支持下，打通信息集群数据壁垒，基于循证研究，首创共享教育指数。破解了教育信息化高投入低产出、教育改革高期待缓进展等问题，促进教育更加公平、更有质量。

（三）机制创新：创建品控标准，构建共享教育协同体系

坚持优质主线，研制资源淬炼品控标准，探索出"唯淬炼、方优质；唯优

质、可共享"的共享教育约束条件。从传统教研向实证型、场景化、伴随式现代教研转型,彰显群智共创教研文化,丰富了中国特色教研制度。

明确层级主责,催生出"政府引导、教研引领、多元合作"运行机制,"跨界融合、双线并行、三级联动"保障机制,形成网格同频共振能量生态,系统性、深层次地推动教育高质量发展。

六、效果与反思

(一)应用效果

共享教育历经20余年探索,构建起"教学研培评""七朵云"信息集群,促进了区域优质教育资源的共享共生,成就了学生、成长了教师、成功了学校。成果多次被中央电视台、人民日报、光明日报报道,在联合国教科文组织、摩洛哥教育部、国际教育评估年会上做主题交流,获省政府教学成果特等奖。出版《智能时代的共享教育》等专著,在《中国教育学刊》《中国教育报》等刊物上发表论文50余篇。成果应用广泛,覆盖云贵川藏等18省市2 000余所学校,累计受益师生1 000余万人,建设各类课程资源50余万,观看量逾30亿人次,获评"国家级信息化教学实验区""全国智慧教育示范区"。

1. 共享教育辐射广泛

共享教育建构出的"七朵云",覆盖云贵川藏等18省市。其中网校云覆盖11省3区1市320所学校,直播18.4万余节,使78.3万余名师生受益。数校云覆盖全市1 795所学校,惠及130万余师生,疫情期间全省推广应用;继教云访问量2 900万余人次,学习课程2 300万余节,在德阳、凉山等6地推广。培通云辐射170万余人次,平台日均点击量逾10万次;师培云教师累计登录246万余人次,学习微课253万余节;乐培云服务全市370万余师生,在7省21市推广应用;观课云在苏州、雅安等地推广。共享教育主研团队在国际、国家级会议专题交流100余次,辐射50万余人次。接待京沪粤藏等20余省市10万余人次参观学习。

2. 共享教育效果显著

共享教育通过全日制远程教学等方式,为覆盖区域内相对偏远或民族地区的学生提供了最优质的数字化教学资源。随着学生学习效果突出,学校教育质量提高,社会地位也不断提升,教育工作者的职业自豪感得到强化,成长出一大批懂教学、懂管理、理念先进、教育技术精良的优秀教育教学人才。

（1）学生学习兴趣和效益普遍提高。学生在全日制远程教学环境下，享受到原汁原味的前端学校优质资源，通过前端学校老师和本地老师的双师效应，实现了习惯更佳、视野更广、能力更强、成绩更优的向好转变。

同时，第三方机构对市域内 22 137 名学生的使用效益进行调查，结果显示，控制了学生背景信息等无关变量后，网校云、数校云使用频次与学生阅读、推理、科学素养正相关，对学生学习兴趣影响显著。

（2）助力教师专业成长成就职业幸福。在偏远地区，不少学校把全日制教学作为青年教师培训的重要手段。通过卫星技术，前端学校每天将高质量的课堂教学和直播备课传输到远端学校，将先进的教学理念、教学方法与远端学校分享，由此开阔了远端教师的视野，让其在短时间内迅速成长。

在市域内，第三方机构对 7 341 名老师使用"七朵云"情况进行调研，在控制无关变量后，使用多元回归分析发现，教师工作成效、教学能力、职业幸福与继教云使用频率等呈正相关。

（3）促进边远民族地区学校教育质量提升。云南西双版纳傣族自治州第一中学使用网校云后，育人质量显著提升，升级为"云南省一级二等完全中学"。德昌县第二小学王校长说："我们希望以一个网班来带动一个年级，一个年级就可以影响一个学校，一个学校引领一个区域。"现在，学校网班成效初显，效仿实小开展"家长开放日活动"，在当地成功开展了"网班家长公开课"，以邀请家长参与网班听课的方式，展示教师的课堂教学及学生的学习效果。公开课后，家长反响积极，网班带来的各种活动有效促进了教学影响力，对学校发展产生了深远意义。

第三方机构通过对市域层面的校际差异离散系数变化分析，发现网校云使用让全市范围内校际差异逐渐减小，均衡化水平不断提升。

（4）助力应对"停课不停学"，抗击疫情勇担当。新冠疫情期间，共享教育为全市教育教学正常运转提供了有力支持。为保障"停课不停学"，数校云面向初、高三学生进行网络直播，开设语文、数学、体育、心理健康等 36 个科目的课程。2020 年 2 月至 6 月期间，初、高三年级直播 768 节，全市初、高三共计 10 万余学生参与学习，四川省累计达 1 700 余万人次参与直播或点播学习。培通云为疫情期间教师教研的顺利开展提供了保障，2020 年共举办 790 场线上教师培养和教研直播活动，直播参与超过 108 万人次。

（二）反思与展望

一是"七朵云"数据底座标准实现完全统一尚存差距；二是优质资源的品

控标准和应用激励机制有待完善；三是共享教育指数开发与应用实效仍需深入探究。

综上，作为国家数字化转型、共同富裕背景下教育优质均衡的区域实践，成都教育始终秉持"共建共享共生"大同理念，着力解决教育现代化进程中的重大现实难题。习近平总书记指出："我们将通过教育信息化，逐步缩小区域、城乡数字差距，大力促进教育公平，让亿万孩子同在蓝天下共享优质教育、通过知识改变命运。"[①]优质资源，全域共享。成都教育将持续推进教育数字化转型作为应有之义和战略举措，为师生提供更均衡、更精准、更充分、更公益的教育资源，让更多学生和家长感受到城市数字化转型带来的获得感，为实现更高层次的优质均衡不懈努力。

---

① 以数字变革推进教育强国建设——我国教育数字化工作取得积极成效综述[N]. 人民日报，2023-02-13（10）.

双核驱动　点面结合　开创虚实融合的实验教学新模式

【导语】

本模式主要呈现了基于信息技术、虚拟现实技术环境的实验教学课型和模式变革，通过虚拟实验平台的建设、虚拟实验教育资源的共享，推动线上和线下课程教学模式的变革，构建不同学科、学段的虚实融合的教学模式和应用模式，形成不同条件下实验教学的路径和方法，全面推进虚拟实验教学改革，实现了虚拟实验教学改革的路径创新。同时，还通过示范先行、助力个性分层发展等措施，推动虚拟实验教学应用的长效机制，不断发挥引领作用。

一、研究背景

（一）虚拟实验教学是推进实验教学信息化转型的重要抓手

2019年4月，教育部发布《初中物理教学装备配置标准》（教基函〔2019〕5号）等6个学科教学装备配置标准，首次将虚拟现实交互教学系统、全息交互教学系统列入初中物理和初中化学教学装备配置要求。同年11月，教育部印发《关于加强和改进中小学实验教学的意见》（教基〔2019〕16号），要求创新实验教学方式，促进传统实验教学与现代新兴科技有机融合，通过增强现实、虚拟现实等技术手段推动实验教学的发展。2021年，教育部等五部门联合印发了《关于大力加强中小学线上教育教学资源建设与应用的意见》，明确提出在"十四五"期间，国家将大力推进教育新基建和线上教学资源建设与应用。实验教学的信息化必将纳入教育新基建和教学资源建设的重要内容之一，虚拟实验必将在教育资源数字化转型中发挥重要作用。

（二）虚拟实验是解决传统实验教学"三难三限制"的现实需要

实验教学工作的重要性不言而喻，但传统实验教学突出表现为"三难三限制"（三难：复杂实验不好做、抽象实验难理解、错误操作不安全；三限制：实验室数量限制、实验成本限制、专业实验员限制）。虚拟实验教学是对传统实验教学不足的有力补充，将AI、3D打印、VR等前沿技术融入K12（学前教育至高中教育的英文缩写，代指基础教育）物理、化学、生物、科学等学科理论知识的教与学、实验操作的练与考之中，与真实实验相辅相成，互为补充。

（三）虚拟实验是推进教学实践共同体和"五项"改革的有效路径

2020年7月，成都市金牛区被中央电化教育馆遴选为"中央电化教育馆中小学虚拟实验教学实验区"。2020年8月，金牛区成为"基于教学改革、融合信息技术的新型教与学模式"国家实验区。金牛区教育局以此为抓手，协调各方力量协同推进虚拟实验教学常态化应用，打造虚实融合的实验教学体系，推动信息技术与实验教学的深度融合，将虚拟实验作为推进教育数字化转型的有效途径。

二、研究举措

（一）重构了虚拟实验教学改革与教师培养的"综合化"推进新模式

针对传统实验教学中"危险实验做不了、复杂实验做不好、微观实验不好做"等痛点难点，金牛区聚焦需求，充分利用"央馆虚拟实验平台"提供的各类实验资源，重构了虚拟实验教学的综合推进体系。

1. 加大投入，优化虚拟实验教学

一是强化基础实验环境支撑。区教育局投入专项经费150余万元，分批次、高标准改造10所虚拟实验校基础教学环境，打造专属的虚拟实验教室，每3名学生配备一套VR头显、图形工作站，升级城域网接入设备，实现了万兆接入，以保障虚拟实验教学开展需要的高带宽。

二是培养虚拟实验人才队伍。各实验校将虚拟实验人才队伍的培养纳入学校年度师培计划，针对不同学科、不同学段开展多种方式教师培训。区教育局组织了区域层面的3批次30余人次的实验校管理者队伍、教研员队伍、实验校学科骨干教师队伍集中培训。学科教研员在集中培训后又先后组织了4次、450余名教师参与的有针对性的教师培训，极大地提升了教师实验教学能力。

2. 常态应用，推动虚拟实验落地

常态化开展虚拟实验教学研究，通过多种方式和途径，探索研究虚拟实验和传统实验教学的有效结合点，形成虚实融合的实验教学新模式。各实验校深挖平台资源与日常教学的结合点，在实验教学中做到常态化应用。截止到目前，

实验校累计开通激活账号 14 806 个，其中教师账号 323 个，虚拟实验教学资源累计使用达 23 454 次，实验测试功能使用数 690 个。

3. 示范先行，助力个性分层发展

成都市解放北路第一小学校（简称"解北一小"）和金牛实验中学、成都市铁路中学校（简称"成都铁中"）作为首批中央电教馆虚拟实验教学基地，充分发挥示范引领作用，积极开展虚拟实验与传统实验教学评价方式试点，通过梳理虚拟实验教学目录体系、开展虚拟实验与传统实验对照评价、选拔虚拟实验教学优秀实践，探索推进虚拟实验教学应用的长效机制，不断发挥引领作用。如解北一小作为小学科学示范学校，在师资培训、资源运用、课题研究等方面成为金牛区龙头学校，目前带领区内石笋街小学、茶店子小学、迎宾路小学组建了小学科学虚拟实验共同体。龙头学校对共同体研讨、任务分解、制度建设等均起到牵头和领军作用。目前几所小学分别承担了不同的研究任务，形成了单点深入研究，多点交流共享的状态。成都铁中则以自己物理方面的优势建立起中学物理虚拟实验研究共同体，金牛实验中学则在学校化学名师团队的牵头下对中学化学虚拟实验开展研究。全区呈现多点开花，分层深入的态势（见图 1.6）。

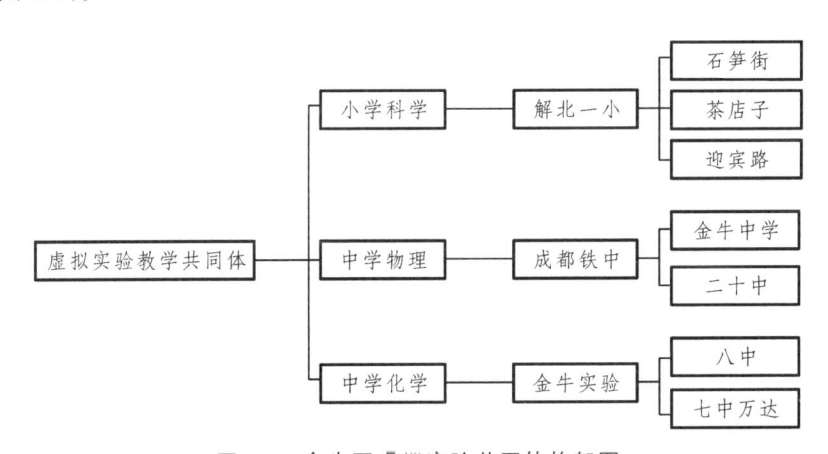

图 1.6 金牛区虚拟实验共同体构架图

（二）建立了"虚实融合"的实验教学"一体化"改革新路径

1. 科研引领，促进应用深度融合

各学科教研员牵头开展了虚拟实验教学资源的有效应用与教学模式建构等方面的课题研究（见表 1.1）。成都市解放北路第一小学校科学教研组申报的区级课题"如何利用中央电化教育馆虚拟实验平台辅助小学科学学科实验教学的实践研究"已经完成初期报告,金牛实验中学的小课题"运用虚拟实验平台提升中学化学实验课堂效率提升的研究"在研,成都市铁路中学校"利用虚拟实验解决中学物理教学观察难点的研究"微主题研究已经立项。3所牵头学校通过共同体组织将全区实验校纳入课题研究,拟通过科研课题深度研究虚拟实验运用及虚拟实验平台:"是什么""为什么""怎么用""用在哪",以此摒弃新技术唯应用、轻研究的做法。

表1.1 金牛区虚拟实验课题研究一览表

学校	课题方向	课题名称	课题类型
成都铁中	中学物理	利用虚拟实验解决中学物理教学观察难点的研究	小课题
金牛实验中学	中学化学	运用虚拟实验平台提升中学化学实验课堂效率提升的研究	微主题
七中万达学校	中学化学	化学学科中如何运用虚拟实验平台突破危险实验理解难点	区级规划课题
二十中	中学化学	虚实结合提升中学化学探究性实验效果的研究	小课题
八中	中学物理	以《比热容》一课为例谈破解中学抽象实验教学方法	微主题研究
解北一小	小学科学	如何利用中央电化教育馆虚拟实验平台辅助小学科学学科实验教学的实践研究	区级规划课题
石笋街小学	小学科学	虚拟实验平台各类资源的分类运用研究	微课题

2. 明确任务,提升融合应用效益

实施"五个一"计划助力实践落地(见图1.7)。

一是每学期举办一次区级实验教学应用研讨交流活动,交流实验教学经验成果。

二是每学期每个学科举办一次区级学科教研活动。

三是每所学校开展一项虚拟实验教学微课题研究。

四是每名教师每学期完成一次虚拟实验教学应用实践(含教学设计、课堂实录和教学课件),每个实验校上报一个优秀应用实践。

五是各实验学校、各学科每学期完成一份实验实施情况报告。

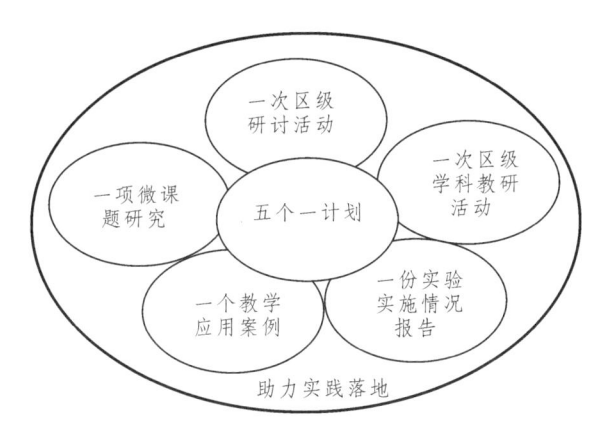

图 1.7 "五个一"计划助力实践落地

"五个一"计划有力地提升了实验校在课程融合创新方面的应用效果。物理、化学、生物、科学 4 个学科教研员组织了全区性的虚拟实验教学应用研讨交流和学科教研活动。各实验校通过自己的一个微课题研究、每位教师通过对自己一个教学典型实践的思考、学科教研员通过一份实施情况报告,有力地提升了虚拟实验教学在实验教学中的融合应用效益。

3. 虚实融合,探索虚拟实验应用路径

实验校梳理现有实验教学目录体系,通过传统实验教学与虚拟实验教学融合研究,确定了区域虚拟实验教学目录体系,在学科教研员的组织下,针对目录体系,构建各学科课堂教学实施的策略与方法(见表 1.2)。成都市石笋街小学余薇薇老师的《热气球》一课开启了危险不易观察实验的研究、解北一小唐春秀老师的课例《沸腾的水》以及任姝环老师的《水能溶解多少物质》开启了运用虚拟实验平台做好微观世界实验的先河。成都市第二十中学校承办的两堂虚拟实验教学应用课例在"成都—旌阳—南溪"三地"双减""国信"背景下新型教与学模式教学论坛进行展示交流。成都铁中付娅娣老师带来的高中生物典型课例《光合作用与能量转化》,通过 VR 虚拟场景完美呈现了植物的光合作用过程,有效解决了微观实验不好做的难题。成都铁中两位老师采用同课异构的教学方式带来了一堂初中物理《杠杆》实验全国直播课,通过传统实验教学和采用央馆 VR 教学资源开展实验教学效果的对照,较好地展现了虚拟实验在提高学生学习参与度、专注力和教学效果等方面的优势。

表 1.2　各学校主要研究任务表（以小学科学为例）

学校名称	主要研究方向	课例选择
解北一小	抽象实验（微观世界、宏观世界的观察）	三上二单元《空气》第 3 课《压缩空气》如何让孩子理解分子之间的运动，第 7 课《风的成因》； 五上一单元《光》第 4 课《光的传播方向会改变吗》观察光由空气射入水中发生的变化
茶店子小学	复杂实验（器材不好准备，时间过长，或不可逆）	三上一单元《水》第 7 课《混合与分离》； 三上二单元《空气》第 4 课《空气有质量吗》测出空气有没有质量； 四下二单元《电路》第 7 课《电路中的开关》，拓展实验：制作红绿灯； 五下一单元《生物与环境》第 4 课《蚯蚓的选择》探究适应蚯蚓生活的环境
石笋街小学	危险实验（酒精灯的使用、电路）	三上一单元《水》第 2 课《水沸腾了》和第 7 课《混合与分离》，都会用到酒精灯的使用
迎宾路小学	不易观察实验（动物活体、真空实验）	一下二单元《动物》第 2 课《观察鱼》； 四上一单元《声音》第 3 课《声音是怎样传播的》

（三）优化了"高校+政府+学校+企业"的"全景式"推进新机制

金牛区教育局按照区域统筹，多方参与的协同推进机制，成立虚拟实验教学研究工作领导小组，由分管局长任组长，区教科院负责人为副组长，参与项目研究的各实验校校长为成员，整合区教育局、区教科院、各中小学校和科研机构的力量，协同推进虚拟实验教学研究工作。组建专家指导组，邀请四川省电化教育馆、成都师范学院、中国联合网络通信有限公司四川省分公司、福建网龙华渔教育科技有限公司相关专家、教授从平台、资源、实践指导等方面提供智力支持和技术支持，打造"产、学、研、用"四维一体的"全景式"虚拟实验教学研究推进体系，探索虚实融合的实验教学新模式和新路径（见图 1.8）。

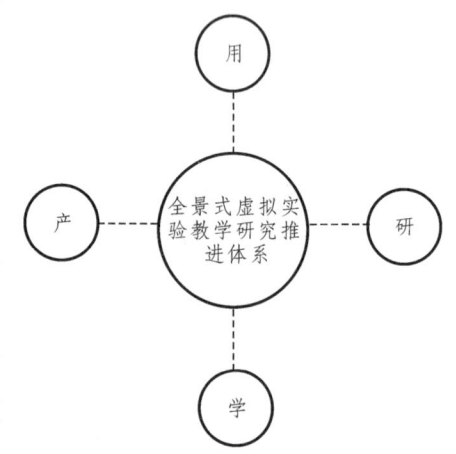

图 1.8　"全景式"虚拟实验教学研究推进体系

（四）实践了"课程+资源+实践"的虚拟实验"全域性"训练新体系

金牛区作为"央馆虚拟实验平台"实验区的使用者之一，在平台开发、资源供给等多个方面进行了深度参与。针对早期平台资源专业性不足、覆盖不全等情况，金牛区提出以用促建，重点以学生为中心，结合成都中小学课程实际，坚持从一线教师课堂教学实际出发，从满足师生教学需求出发，协调平台开发公司福建网龙华渔教育科技有限公司相关技术人员，加强资源开发的普遍性、适用性、针对性、实效性，建设虚拟实验教学课程资源体系。针对成都市中考实验操作考试要求，量身开发了适配成都中考理化生实验操作考试的 VR 实验课程，解决了学生实践操作中反复练习导致的器材损坏、安全风险等难题。

三、研究成效

（一）虚拟实验平台与资源建设成效显著

金牛区建成了较为完备的教育信息化基础环境，重点抓好虚拟实验教学环境建设，信息化软硬件装备主要指标数据在成都市名列前茅。全区所有中小学实现有线、无线网全覆盖，初步具备虚拟仿真实验所必需的网络环境。全区所有学校实验教学装备已完成配备，学科创新实验室普及率达 40%，全区 50 余个班级开展 1：1 课堂教学实验。2020 年，投入 120 万元为虚拟实验教学实验校配备至少一间虚拟实验学科实验室，进一步强化对虚拟实验教学实践应用支撑，并逐年加大虚拟实验教学装备建设力度。完成中央电教馆"虚拟实验教学服务系统"的学科教师和学生账号注册，各学校已使用系统中的各类型实验资源，开展虚拟实验教学平台应用。

（二）虚拟实验教学改革深入推进

在教育部科技司和中央电教馆相关领导、专家的大力支持下，金牛区教育局于 2020 年 12 月在石笋街小学组织召开了虚拟实验教学区域培训会，明确了将虚拟实验教学作为区域推进教育数字化转型、变革传统实验教学模式的新路径；同时各实验校也将虚拟实验教学工作纳入学校年度工作计划，按照"五个一"的工作思路扎实推进。

从 2020 年开始，在学科教研员的牵头组织下，小学科学、中学理化生学科定期召开了虚拟实验的专题培训会和学科研讨会，通过教研活动、赛课等多种形式支持教师开展创新"信息化环境下教学模式"的实践，利用教与学模式变革、探索、推动学校人才培养和教师教学水平提升。教研会每个季度一个主题，每个学校主持负责一个方向的深度研究，采取轮流坐庄制，让任务分解到每个学校，在不加重学校负担的情况下，让研究更加深入（见表1.3）。

表1.3 共同体研讨活动统计表（以小学科学2021第一季度为例）

时间	地点	主持人	研讨形式	研讨主题	主研老师
2021.01.15	解北一小	邓永宁（解北一小副校长）	同课异构《水能溶解多少物质》	虚拟实验如何助力微观世界教学开展	刘姝、唐春秀、任姝环
2021.03.21	迎宾路小学	龙疏雨（迎宾路副校长）	优秀实践研讨：如何升空热气球	虚实结合助力危险实验的操作	刘姝、张晓双
2021.04.13	茶店子小学	何萍（茶店子小学副校长）	同课异构《声音的传播》	如何运用央馆平台做好不易观察实验的观察	刘姝、刘蓓玲
2021.04.20	石笋街小学	张瑶（石笋街小学副校长）	以《弹簧测力计》一课为例研讨平台资源分层运用原则	央馆平台资源如何分类运用	刘姝、余薇薇

（三）虚拟实验教学成果丰富

1. 认识成果丰富

（1）提炼出了虚拟实验的使用原则。

补充——做好对虚拟实验的定位，它是真实实验的补充。在实验教学中，虚拟仿真实验是辅助传统实验教学的，并与真实实验相辅相成，互为补充。

助力——虚拟仿真实验与传统实验在教学中有机结合，不仅与原教学大纲很好地融合，且能助力真实实验的开展。为真实实验操作提供了仿真环境指导，减轻了教师教学压力。

（2）提炼出实际操作各环节使用策略。

课前——助力备课，助力预习。教师可做前置学习、实验创编，轻松实现课前的备课工作。学生课前完成兴趣激发和对知识的预习。

课中——知识的立体化、学习效率的提升。理论课堂中的实验演示、实验课堂中的实验操作。

课后——复习巩固。观看视频微课复习巩固，使用3D课件演习实验操作。

2. 实践成果丰富

通过一年多的虚拟实验教学应用研究，金牛区在虚拟实验教学上取得了一定的成绩，积累了一批典型应用实践和课例，各学校建立了自己的优秀案例资源库。如：解北一小在抽象实验方面形成了"利用虚拟实验助推抽象实验理解"的优质案例资源集；迎宾路小学建立了"如何运用虚拟实验平台突破危险实验教学"的优秀案例资源库；中学物理、中学化学也形成了虚拟实验优秀典型案例。

在中央电教馆组织 2021 年度"中小学虚拟实验教学应用课例征集活动"中，成都二十中张雪老师初中化学实践《燃烧和灭火》、成都八中杨晶老师初中物理实践《比热容》等的教学实践荣获中央电教馆虚拟实验教学"创新实践"称号；成都八中林飞扬等 5 位老师的实践荣获"典型实践"称号；成都石笋街小学余薇薇等 3 位老师的实践荣获"特色实践"称号；解北一小任姝环老师的《水能溶解多少物质》在央馆公众号展播；解北一小唐春秀老师的《水沸腾了》被评为创新课例；解北一小任姝环老师的《水能溶解多少物质》被评为特色课例；解北一小唐春秀老师和任姝环老师的"虚实结合促教促学——小学科学虚拟实验教学创新应用实践"获中小学实验教学工作创新实践二等奖。唐春秀等几位老师被评为央馆虚拟实验培训师。解北一小、成都铁中成为央馆虚拟实验基地校（见图 1.9）。金牛区也被评为全国虚拟实验教学应用优秀区域。

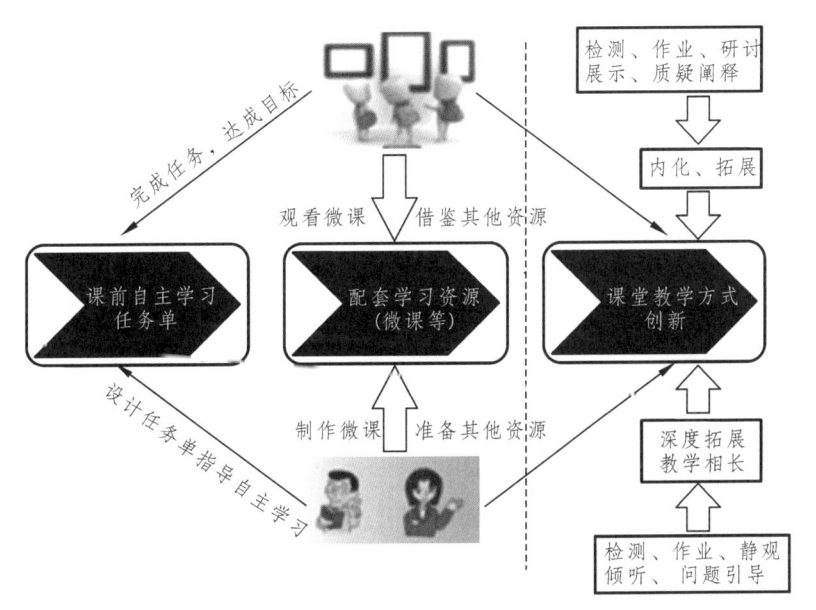

图 1.9　解北一小提炼基于虚拟实验平台的翻转课堂模式

（四）虚拟实验教学有效促进学校实验教学改革

通过虚实融合的实验教学模式探索，金牛区在重构信息技术背景支持下的实验教学路径、方法中获得了大量有益的尝试，培养了一批虚拟实验教学的管理队伍和骨干教师，打造了一批信息化与实验教学深度融合的示范学校，促进了学校个性化的发展，构建了具有鲜明特色的实验教学新模式。

四、研究反思

（一）构建系统化推进体系，实现了实验教学改革的体系创新

立足虚拟实验与实体实验融合，关注实验教学与教师培养，重点探索基于信息技术、虚拟现实技术环境下的实验教学课型、模式变革，基于区域一体，整体联动开展实践，为新时期中小学实验教学新模式探索提供系统化工作思路和推进办法，实现了实验教学改革的体系创新。

（二）全方位推进实验教学应用，实现了虚拟实验教学改革的路径创新

通过虚拟实验平台的建设、虚拟实验教育资源的共享，推动线上和线下课程教学模式的变革，构建不同学科、学段虚实融合的教学模式和应用模式，形成不同条件下实验教学的路径和方法，全面推进虚拟实验教学改革，实现了虚拟实验教学改革的路径创新（见图1.10）。

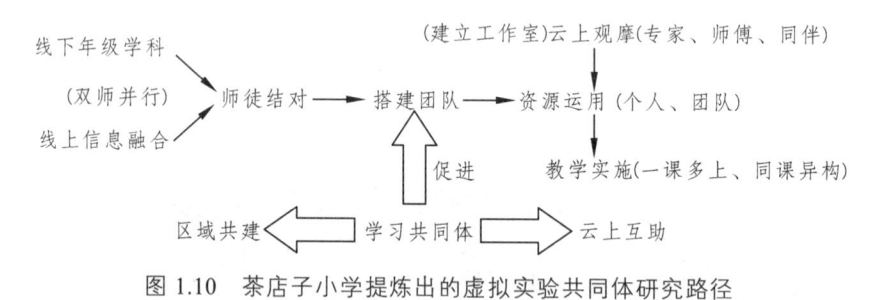

图1.10 茶店子小学提炼出的虚拟实验共同体研究路径

（三）联通实验教学和教师培养，实现了虚拟实验教学改革的应用创新

抓牢实验教学改革和教师培养主线，全面落实《教育部关于加强和改进中小学实验教学的意见》，借助优质虚拟实验教学资源，开展线上线下一体化实验教学改革；依托共同体的学习、共享、合作、共建机制，提炼出基于共同体环境下的教师培养新模式，实现了虚拟实验教学改革的应用创新。

五、获奖及推广

金牛区先后组织了 7 次区域性的虚拟实验教学研讨交流活动，开展了 10 余次优质课例展示，通过直播课堂同步向全区 60 余所中小学和省内其他区市县的学校分享，观看学习人次超过 10 万，形成了特色典型实践 30 余件。

2022 年 4 月人民网以"成都金牛：构建虚拟实验教学共同体探索虚实融合的实验教学新路径"为题，对区域开展虚实融合的实验教学探索进行了专题报道，四川教育在线也报道了成都市解北一小邓永宁校长赴德阳分享科学虚拟实验项目的经验。

技术赋能　创新发展
——教育部"基于教学改革、融合信息技术的新型教与学模式"实验区成都实践

融创空间应用，赋能智慧教育
——锦江区网络学习空间应用普及

【导语】

锦江区网络学习空间建设融通了平台端和移动端，主要具有汇聚教育资源、支持智慧教学、便捷学习交互和服务教育管理等四项功能。通过创新工作机制、优化推进策略、强化技术支持、着力培训推广、完善安全保障等五项措施在区域内整体推进网络学习空间应用普及，实现了空间支持下的教育基础数据管理、资源共建共享、模式变革创新、家校和谐沟通、助力"教育战疫"、典型示范引领等六大应用成效。通过管理者率先用、教师创新用、学生主动用、家长积极用的推广普及，锦江区融合创新空间建设应用已成为推动区域智慧教育整体发展的重要载体。

一、研究背景

在教育信息化 1.0 阶段，全国教育信息化工作会就提出要通过推动"网络学习空间人人通"，建立机构空间、教师空间、学生空间、家长空间等，形成新的教师研修形式、教学方式、学习方式、交互方式，加大空间在教师研修、资源共享、互动教学、教学管理等方面的应用力度[1]。《教育信息化 2.0 行动计划》更是明确提出实施"网络学习空间覆盖行动"，网络学习空间的应用更加关注创新教育服务模式、重构教育生态体系[2]。2018 年，教育部颁布了《关于加强网络学习空间建设与应用的指导意见》和《网络学习空间建设与应用指南》，为推进网络学习空间规范建设和应用普及提供了行动指南。

基于此，锦江区立足落实新时代立德树人根本任务的要求，结合锦江智慧城市建设"五联"（物联、网联、数联、智联、信联）目标发展智慧教育，将网络学习空间建设与应用作为区域智慧教育发展的重要内容，通过空间贯通教学、

---

[1] 郭炯，黄彬，郑晓俊.《网络学习空间建设与应用指南》解读[J]. 电化教育研究，2018，39（8）：34-38.DOI：10.13811/j.cnki.eer.2018.08.005.

[2] 赵一婷，钟绍春，唐烨伟.技术赋能视角下网络学习空间生态研究——内涵、要素与架构[J]. 中国电化教育，2022，429（10）：126-133.

学习、管理、研培、评价等教育核心业务，汇聚优质数字教育资源，配置数据驱动的智慧教育应用功能，推进网络学习空间应用普及。

二、理论依据

混合式学习理论强调要把传统学习方式的优势和网络化学习的优势结合起来，既要发挥教师引导、启发、监控教学过程的主导作用，又要充分体现学生作为学习过程主体的主动性、积极性与创造性[1]。联通主义学习理论认为在网络时代背景下，知识以节点的形式存在，而学习就是连接知识的过程，也就是找到知识间的路径，获取知识的路径比知识内容更重要，学习交互是核心和关键[2]。

网络学习空间能够作为支撑开展混合式学习和联通主义学习的重要载体已经成为基本共识。关于网络学习空间的概念界定可归纳为"环境说"和"系统说"两类[3]。"环境说"认为空间是"运用信息技术构建的正式与非正式、教与教、教与学、学与学全面互动的学习环境"[4]；"系统说"认为空间是"为不同教育用户提供个性化服务的应用系统"[5]。从两类定义中可以发现：网络学习空间具有基于互联网、开放共享、功能集成、个性化应用、用户交互等共同特征。

目前，锦江区网络学习空间主要实现了4个功能：一是汇聚教育资源，联通国家、省、市教育平台资源，引入基于教学应用的课程、套件与路网资源，持续建设区域特色资源，师生可以无障碍便捷访问并使用各级公共数字教育资源和空间服务；二是支持智慧教学，教师可通过空间开展同步备课、教学分析等应用；三是便捷学习交互，通过自主研发锦江"e教i学"APP，构建虚拟班级联结教师、学生、家长空间，实现家校共育、教学拓展等功能；四是服务教育管理，管理者可通过空间对资源应用、校园安防、近视防控、教育装备等情况进行数据采集与动态监测。

教师工作界面和学生云学习界面如图1.11和图1.12所示。

---

[1] 何克抗. 从Blending Learning看教育技术理论的新发展[J]. 国家教育行政学院学报，2005（9）：37-48+79.

[2] 王志军，陈丽. 联通主义学习理论及其最新进展[J]. 开放教育研究，2014，20（5）：11-28.DOI: 10.13966/j.cnki.kfjyyj.2014.05.019.

[3] 黄彬，王丹. 国内网络学习空间研究综述[J]. 开放学习研究，2018，23（4）：27-33.DOI: 10.19605/j.cnki.kfxxyj.2018.04.005.

[4] 祝智庭，管珏琪. "网络学习空间人人通"建设框架[J]. 中国电化教育，2013，321（10）：1-7.

[5] 钟绍春. 教育云、智慧校园和网络学习空间的界定与关系研究[J]. 中国教育信息化，2014，321（6）：3-8.

技术赋能　创新发展
——教育部"基于教学改革、融合信息技术的新型教与学模式"实验区成都实践

图 1.11　教师工作台界面

图 1.12　学生云学习桌界面

三、实施策略

（一）创新工作机制

锦江区教育局牵头成立了智慧教育工作领导小组，并制定了区域智慧教育发展实施意见，明确把网络学习空间的推广应用作为重点任务。在区域内由教育局主导、电教馆和教科院支撑、学校等多部门参与，形成了"区校协同、部门协同、名师协同 + 目标考核"的空间建设应用机制。

（二）优化推进策略

在空间应用普及过程中，实施"四个结合"的推进策略。一是将空间应用与智慧教育学校创建相结合，把空间普及应用作为区域智慧教育学校创建的重要指标项；二是将空间应用与教师信息技术应用能力提升相结合，把空间服务功能与提升工程 2.0 中 30 个微能力点一一对应匹配；三是将空间应用与教师评优晋级相结合，把教师的空间应用情况作为其职称晋升和评优选模的重要依据；四是将空间应用与资源建设相结合，通过空间开展资源征集、评审、展示、应用活动，建成"锦江微学堂"区本特色资源库。

（三）强化技术支持

通过"自主研发 + 购买服务"的方式进行空间建设和应用运维。一是区电教馆和学校安排专人负责技术支持，公司技术人员驻点到校服务；二是通过在线服务，全过程全时段进行运维保障；三是空间各类应用都编制有配套技术操作手册和微课，为教师应用提供案头支撑。

（四）着力培训推广

面向区级教育行政人员、中小学校长、学校空间管理员、学科教师开展分类别、分层次的区域集中培训，采用"线上实操培训 + 结合需求送培到校"的方式，累计举行培训达 65 场，参培数超过 10 000 人次。同时督促各校开展专题式、校本化培训，并积极发挥 5 所部省级空间应用优秀学校的辐射带动作用，推广空间普及应用工作经验。

（五）完善安全保障

严格落实网络学习空间安全责任制，建立了技术风险评估和应急响应机制，空间部署在"移动云"并完成三级安全等级保护，统筹开展安全态势分析、预警通报、应急处置、跟踪溯源等工作。同时，加强空间应用的安全宣传教育与过程监管，未发生网络安全事件。

四、应用推广

（一）完成基础数据库建设，实现空间全面普及

锦江区按照教育部《网络学习空间建设与应用指南》和四川省教育厅关于网络学习空间应用要求，依照成都市教育基础数据标准规范，创建了全区学校（幼儿园）、教师和学生的网络学习空间基础数据信息库。区内学校已实现有线无线双网覆盖率100%，学校班级空间普及率100%，师生空间普及率100%。区域内现有机构空间包括：学校空间和班级空间；现有个人空间包括：教师空间和学生空间。全体教师和适龄学生都可依托空间作为教育信息化应用的主要入口，实现"一人一空间、人人用空间"的目标。

（二）汇聚优质数字资源，实现资源共建共享

为发挥好网络学习空间承载数字教育资源汇聚、展播、应用、供给侧改革的重要作用，锦江区多年来持续推进数字资源建设和应用实践工作，不断扩大优质教育资源供给。一是在空间中建立"教师工作台"和"学生云学习桌面"，聚合国家、省、市、区各级教育资源平台链接，师生可无障碍便捷访问平台各级资源；二是通过购买服务的方式，基本建立起从小学到高中覆盖全学科的、支持教师智慧教学的套件资源和满足不同层次学生个性化学习需要的学习路网资源；三是常态开展基于网络学习空间的优质数字教育资源征集活动，现已汇聚起了一批具有区域特色的共享生成性资源，能够在"双减"政策背景下为学生和家长提供资源服务应用支持。

（三）推动教育教学创新，实现空间常态应用

锦江区在推进网络学习空间常态应用过程中，积极探索基于空间的教育教学创新变革。通过空间平台端开展基于资源应用的线上教学活动，并进行网络教研、线上培训、同步备课、智能作业批改、化学物理学科虚拟仿真实验等应用（如成都市盐道街小学利用空间中的虚拟教学资源开展沉浸式情境教学）；通过空间移动端服务教师教学、学生学习和家校沟通，有效帮助教师完成教学、

教务、管理、评价等多项事务（如成都市天涯石小学利用"e教i学"在线上教学期间进行家校沟通和居家学习指导）。

目前空间应用取得的探索经验包括：

一是创新教学模式。教师应用空间共享微课、导学案等教学配套资源，开展基于空间的翻转课堂教学，并通过空间应用数据对学生进行过程性评价和个性化指导。

二是创新学习方式。学生应用空间中的学科资源、"五育"资源以及"虚拟仿真实验室""电子错题本"等空间功能，进行线上自主探究和小组合作学习。

三是变革管理评价。管理者利用空间对区域内学校点位分布、"近视防控"、校园安防等数据进行精准动态监测和趋势预判分析。

四是助力教师专业发展。充分发挥信息化名师工作室的示范引领作用，组建名师空间开展网络研修、培训学习、协同备课等活动，提升教师基于网络学习空间的信息化教学能力。

五是培育创新应用实践。培育产生了一批具有代表性、可供借鉴的网络学习空间应用实践，辐射引领全区学校推广空间应用。成都市七中育才学校、成都市盐道街小学、成都市天涯石小学先后入选教育部网络学习空间应用优秀学校名单。

（四）支持家校沟通，助力课后学习管理

网络学习空间移动端"锦江e教i学"有效支持家校沟通，助力课后学习管理。教师应用"锦江e教"创建线上虚拟班级空间，通过家校协同开展线上教育教学活动，及时收集线上线下学习情况及相关建议，根据反馈意见动态调整教学策略；家长应用"锦江i学"学生端与教师进行交流，学生积极参与学情反馈和在线提问；学校行政下沉班级群，通过调查问卷等方式了解家长诉求和学生反馈，同步组织开展线上教学效果评估；学校通过微信公众号等方式宣传网络学习空间应用指南建议，利用空间构建起学校、教师、学生（家长）协作参与的线上教学环境。

在"双减"工作期间，锦江区通过"e教i学"宣传"五项管理""延时服务"等政策，以化解家长焦虑，指导家长做好家庭教育，并以利用空间开展家校共育拓展活动为抓手，深入推进"五育"教育实践（见图1.13）。如教师通过空间中的"班级讨论组"功能，发布主题活动通知；家长充分利用空间中的"班级相册"功能，将活动中的精彩瞬间以图像化的方式直观展现。

技术赋能　创新发展
——教育部"基于教学改革、融合信息技术的新型教与学模式"实验区成都实践

图1.13　锦江"e教i学"页面

（五）助力"教育战役"，保障"停课不停学"

2020年新冠疫情发生后，锦江区以自有平台、自产资源、自研工具的"三自模式"，构建出全省首个"停课不停学"学习专区——"锦江云学习"，发动全区名优教师通过空间线上教研、协同备课形成了以视频导学、在线讲学、微课辅学为主的基础教育课程资源，接入四川省教育资源公共服务平台和"四川云教"电视课堂，保障了全省830余万中小学生"停课不停学"，助力四川省平台成为疫情期间教育部推荐的6大资源平台之一。"锦江云学习专区"浏览量和"四川云教"电视课堂观看量达6.84亿人次。基于空间应用的锦江"云学习"，被人民日报评为"科技战疫——2020中国十大教育服务类数字化转型成功实践"。

在2022年9月线上教学期间，锦江区依托锦江智慧教育云平台网络学习空间，汇聚国家、省、市教育平台资源，融合6 500余节已有区本特色的微课资源，第一时间满足师生资源应用需求，并配置了"教师工作台"和"学生云学习桌面"，使区内每一位师生都能便捷访问和应用资源，并将"锦江微学堂""快乐宅家""锦江心育"等区本特色资源配置为"锦江云学习"专区，面向全市学子免费免账号开放（见图1.14）。

图 1.14　锦江云学习专区

（六）加强示范引领，提升辐射带动作用

锦江区于 2019 年获评省级网络学习空间应用优秀区域，区域内 3 所学校获评部级网络学习空间应用普及活动优秀学校，5 所学校获评省级网络学习空间应用优秀学校，这些学校在全区网络学习空间应用普及活动中充分发挥了示范带动作用。以空间应用为主要载体的信息化名师工作室实践经验曾入选基础教育信息化应用典型实践。2022 年 10 月，锦江区获评教育部网络学习空间应用普及活动优秀区域。

网络学习空间深度应用助推该区教育综合实力显著提升，社会影响不断扩大。人民网、中国网、中国教育网等媒体对该区利用空间创新性开展教育教学活动也做过重点报道。

五、研究反思

锦江区通过锦江智慧教育云平台为全区教师和学生实现网络空间人人有、人人通提供平台系统支持，实现了"校校用平台、班班用资源、人人用空间"的目标。其中，网络学习空间通过整合产品服务和自主开发的锦江"e 教 i 学"APP，形成了平台端和移动端融通的空间体系，并为教师和学生分别配置了"教师工作台"和"云学习桌面"，作为师生便捷访问资源和应用空间功能的主要入口。区域内现已实现学校机构、教师、学生、管理者等不同角色空间的全面普及，网络学习空间已经成为汇聚教育资源应用和集成教育信息化应用的主要载体，成为了解学校发展动态的窗口、教师备教评课的工作台、学生线上学习的云学习桌面。

"潮平两岸阔，风正一帆悬。"面对教育新基建和教育数字化战略行动的更高要求，锦江区将在网络学习空间建设与普及应用上持续发力，继续以空间融合应用为重要抓手，推动教育教学和教育管理服务模式变革，促进区域智慧教育创新发展。

"三研三上三改"网络共研 赋能区域课堂变革

【导语】

成华区以智慧教育云平台为支撑，借助 AI 教学行为分析系统，创新提出"三研三上三改"课例研修网络教研模式。从所有学校研究设计到示范校教师进行现场上课、研课和改课，最后所有学校进行再次研课、改课和提供课例，完成"一堂课"的"三研三上三改"，找到上好"一类课"的方法。广大教师定义主题去备课、带着思考去观课、基于证据去议课、共享智慧去实践，达成了备教学评一体化的教师研修。区域从 1 到 N 星链辐射，研"一堂课"，悟"一类课"，成就"一群人"，打造"一批学校"，助力区域教育优质均衡发展。

一、研究背景

（一）网络教研是国家深化教学改革、助力教育现代化的重要手段

近年来，政府连续颁布了系列政策文件强调教育教研工作的重要性，网络教研作为其中的重要内容被屡屡提及，这些文件指明了网络教研创新发展的方向和路径。2019 年 7 月，中共中央、国务院印发《关于深化教育教学改革全面提高义务教育质量的意见》提出："发挥教研支撑作用。加强和改进新时代教研工作，理顺教研管理体制，完善国家、省、市、县、校教研体系，完善区域教研、校本教研、网络教研、综合教研制度。"2019 年 11 月 25 日，教育部印发《关于加强和改进新时代基础教育教研工作的意见》提出：要"根据具体情况，因地制宜采用区域教研、网络教研、综合教研、主题教研等多种方式，并积极探索信息技术背景下的教研模式改革"。因此，从国家政策引导、教育改革发展方向来看，信息技术是深化教育教学改革、提升教育质量的重要手段，网络教研是深入推进教学改革的重要支撑，促使教研模式变革的重要手段，助推教育现代化的有效途径。

（二）推进区域"智慧教育示范区"建设，网络教研仍需突破当前存在的问题

2019 年 1 月教育部办公厅发布《关于"智慧教育示范区"建设项目推荐遴

选工作的通知》，成华区经过前期实践探索和层层专家指导，于 2020 年成功入选 2021 年国家"智慧教育示范区"创建区域。搭建了成华区智慧教育云平台，该平台是集教、学、研、管、评等于一体的"区校"一体化大平台，为"智慧教育示范区"创建提供了重要支撑，为开展网络教研提供了重要保障。基于目前成华区网络教研现状及问卷调查发现，当前网络教研仍然有一些难点问题需要去突破和解决。

1. 线下教研"参与面窄、教研深"与网络教研"参与面广、教研浅"的矛盾

线下教研，教师和专业引领人员能够面对面分享、交流、互动，研究深入、效果好，但是受场地限制，参与人员有限。网络教研不受时空限制，能够让更多教师参与进来，然而大部分教师仅仅停留在"听讲"层次，甚至一些教师养成了"打卡"的习惯，"人不在现场"，难以保障所有教师的深度参与教研。

2. 区域网络教研活动多，缺乏整体设计和教研资源支持

各学科网络教研活动日益丰富，有各种各样的形态，更多表现为"听-评"式、"提问-讨论"式等散点状态分布，缺乏比较系统和整体的设计、思考，因而需要进行范式研究。

3. 网络教研活动专业引领较弱、持续指导不足

目前开展的网络教研活动呈多点状，专业引领力量较少，无法全覆盖。活动中教师面临的问题是专家无法持续跟进，教师得不到持续跟踪指导，难以避免"前期轰轰烈烈、后期问题重重"。根据调查发现，仍然还有 1/4 左右的网络教研活动没有邀请专家指导。

二、理论支撑

（一）分布式认知理论

分布式认知是认知科学发展的一个分支，它与传统的认知理论不同，不仅关注于个体内部的认知过程，还关注发生于拓展的认知系统中的认知过程，同时对传统认知理论所忽视的人与工具以及技术系统等之间复杂的相互依赖与交互关系，给出明确的解释。网络教研就是分布认知的一个实例，认知不仅单独存在于教师个体的大脑中，还存在于教师之间的交互、与教研员的交互、与专家的交互、网络教研平台、共享的数字资源、应用的技术工具之中。作为认知

主体的教师在使用信息技术工具的过程中，不但可以对自己和他人的教学经验进行总结反思，最重要的是还可以和不同知识背景、思维方式、教学风格、教学经验的其他一线教师、教研员或者专家进行交流探讨，获取相应的专业知识和宝贵的教学经验。"三研三上三改"课例研修网络教研需要将认知主体——教师、教研员、专家、教师群体、网络教研平台、共享数字资源统整起来，相互作用，相互影响，促进其功能的发挥，提升网络教研的实效。

（二）学习型组织理论

美国麻省理工学院斯隆管理学院彼得·圣吉教授描述学习型组织是这样的一种组织："在其中，大家得以不断突破自己的能力上限，创造真心向往的结果，培养全新，前瞻而开阔的思考方式，全力实现共同的抱负，以及不断一起学习如何共同学习。"学习型组织是一个具备不断调整与革新能力、创新能力的组织，这是维持其生存与发展的基本要求。网络教研也应建成学习型组织，借助互联网教师之间的互相合作、分享、交流，从而提高网络教研效率。网络教研受众既有教师，也有教研组、中心组，课题组在研究中将创新网络教研实践范式和管理机制，根据不同的教师发展需求，构建不同类型的学习型组织，进行有效管理，促进教师群体的共同成长。

（三）联通主义学习理论

2005年，加拿大学者乔治西蒙斯，在《联通主义：数字时代的学习理论》一文中提出联通主义学习。该理论产生于网络时代。网络时代的特点之一就是信息量庞杂且碎片化，知识更新的周期大大缩短，我们每天不得不面对如潮水般涌来的新知识。联通主义认为管道比管道内的内容更重要，也就是说知识路径远比知识内容更重要。因此，我们需要明确什么知识、知识的位置、如何找到知识，这比掌握知识本身更重要。学习知识的目的就是将知识进行连接，形成知识路径，最终形成知识网络。"三研三上三改"课例研修网络教研是一种路径，通过网络教研，找到需要的资源的位置，实现资源的流通，促进知识的生长，从而促进教师专业发展。

三、实施策略

（一）构建网络教研模式

成华区结合国家智慧教育平台的应用，借助"AI 教学行为分析系统"，结

技术赋能　创新发展
——教育部"基于教学改革、融合信息技术的新型教与学模式"实验区成都实践

合课例研修的基本范式，构建了"三研三上三改"区域课例网络教研模式。

"三研三上三改"是线上线下同时进行的混合式研修模式，是课例研修的重要方式（见图1.15）。"一研"主要是全区所有教师结合国家智慧教育平台"教师研修"板块内容，研课标、研教材、研学生、研资源，形成教学设计。"一上"为指定教师上课，课中有效利用国家智慧教育平台微课资源，形成双师教学，全区直播。学科教研组、专家借助"AI教学行为分析报告"，查找问题，现场改课，完成"二研"和"一改"，接着教师再次现场直播上该课，完成"二上"。接下来全区教师通过网络平台进行交流和研讨，以学校为单位进行教研和反思，形成反思记录，完成"三研"。在此基础上，每所学校再提供一节修改后的课例，上传至成华区智慧教育云平台，完成"三上"。最后每个学科教研员、中心组对所有课例进行观摩，在此进行反思总结，完成"三改"，最终形成上好这类课的方法，解决教学中的难点，呈现"5I智慧课堂"的最好样态。

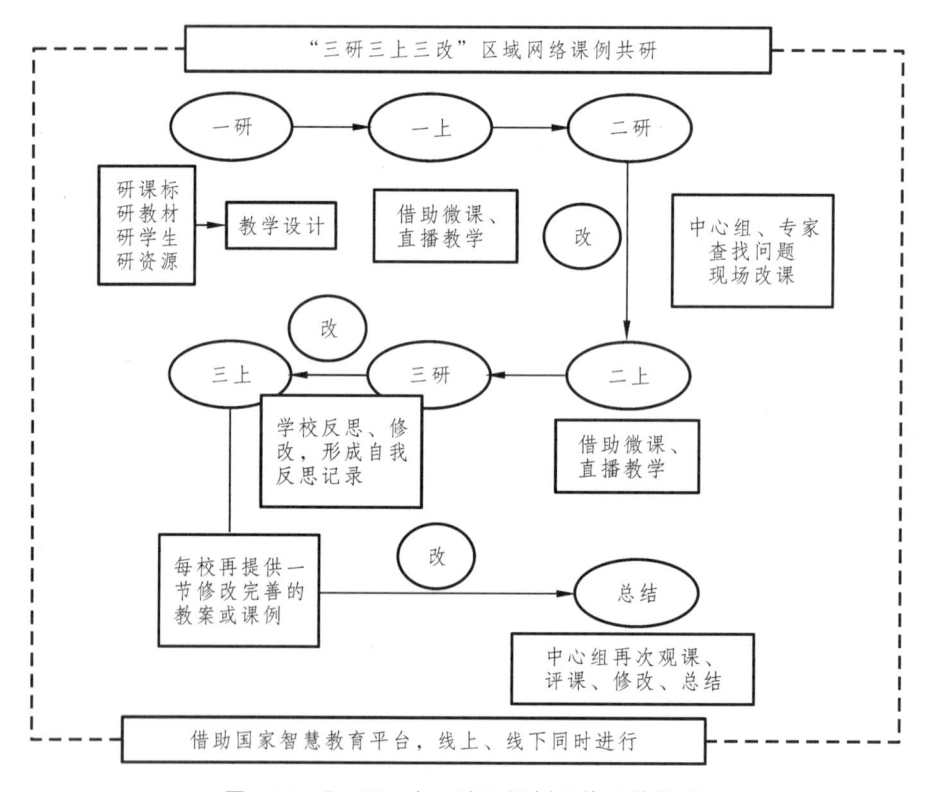

图1.15 "三研三上三改"课例研修网络教研

（二）定义主题去备课

在开展"三研三上三改"课例研修网络教研过程中，为了确保教研的针对性和有效性，由教研发起者根据实际情况制定教研主题。区级层面中，教研员根据新课标、新教材要求和区域实际确定主题，全区教师研究新课标、新教材，研究学生学情、研究智慧教育平台资源，利用成华区智慧教育云平台，同备"一节课"，共同完成教学设计。

（三）带着思考去观课

纵观我们平常的观课，教师没有提前进行学习和思考，也就很难有代入感，只能凭经验去议课，针对性不强。在"三研三上三改"课例研修网络教研环节，我们要求全区所有教师通过"一研"形成自己的教学设计，教师有了自己的设计和思考，再带着思考去观课，就能更好地进行对比，找到问题和不足，达到深度参与。

（四）基于证据去议课

评课议课需要有依据，一般将教师和学生的行为作为依据，但对教师的观察不容易达到精准。因此，我们在"一上"和"二上"过程中，全程录播和直播，通过引进的"AI 教学行为分析系统"自动抓取教学行为数据，对教师行为和学生行为进行界定、分析，自动生成分析报告，精确地帮助教师进行议课、改课。

（五）共享智慧去实践

在区域教研中，教研员需要做的是如何引领教师从单一的思考走向群体的智慧。因此，我们设计了"还课"的环节，从自我探究到思维碰撞再到课堂实践，从而内化为自己的学习所得。每个学校教研组都深度参与这"一堂课"的交流、讨论、修改设计，并且进行"还课"，带着群体智慧再去实践。

四、应用推广

（一）从"1"到"N""星链"辐射，形成网络课例研修"星"系

成华区通过 1 个学科的"三研三上三改"区域网络课例共研活动，辐射到 N 个学校教研组，开展 N 个教研组内的"三研三上三改"网络课例共研，形成了网络课例研修"星"系。整个辐射过程就像"星链"一样传递，教师既能接收"信号"，也能输出"信号"，拓展了教研参与的广度和深度，让所有教师在

不断重复卷入过程中，从被动生长走向主动开枝散叶，从而实现教师专业的内生发展。

（二）全员全科全程卷入效果显著

2022年上半年，成华区共针对小学9个学科，开展了9场区域大研讨培训活动，全区30多所小学所有学科全部参与，惠及5 000多人次。在教研员和学科中心组的带动下，教师参与热情度高，收获大，不只是授课教师，参与教师一样能够沉浸式学习和参与，使能力得到提升。

（三）成果经验向区外辐射引领

成华区"三研三上三改"课例研修网络教研经验在成渝双城经济圈、全省、全市交流分享，在学习强国平台、《成都教育》杂志发表（见表1.4）。

表1.4　成果经验交流、发表情况

时间	级别	活动（杂志）名称	组织单位	交流主题（发表题目）
2022年4月	成渝双城经济圈	成渝"两地三区"智慧课堂教学实践网络研讨活动	成都成华区教育局、重庆铜梁区、璧山区教育局	研培改一体化实施，推进智慧课堂建设
2022年5月	成都市	成都市国信实验区工作会	成都市教育局	立足研培改整体实施，引领教与学模式变革
2022年6月	四川省	四川省重大课题《中小学网络教研创新的理论与实践研究》全省开题会	四川省教科院	"三研三上三改"区域网络教研新范式
2022年8月	全国	学习强国平台	中共中央宣传部学习强国平台	四川省成都市成华区：持续创新教师研修，高质量推进智慧教育示范区建设
2022年11月	成都市	成都市基础教育国家级优秀教学成果《事实和证据视野中的课堂教学诊断》推广应用研讨会	成都市教科院	"三研三上三改"网络课例共研　实现成果内生性生长
2022年11月	成都市	成都—深圳—厦门—咸宁—台州五地"双减""国信"背景下新型教与学模式教学论坛上	成都市教育局	"三研三上三改"：网络共研赋能区域课堂变革
2022年12月	成都市	成都教育	成都市教育局	成华区：立足研修，引领变革

五、研究反思

根据一年多的研究，成华区在"三研三上三改"网络课例共研、基于AI的教学诊断与改进网络教研两方面做了大量实践，取得了较好的成效。总体来说，实现了"三个创新"。

（一）网络教研模式创新：从单一、片面走向多维互动的深度教研

双"新"背景下，"三研三上三改"是一种创新的网络教研模式，立足新课标、新教材，结合国家智慧教育平台，基于教师备课、上课、学生学习、评价开展，真正实现了备教学评一体化研修。让教师能真正参与其中，进行思维碰撞和多维互动，引导网络教研走向深度教研。

（二）网络教研机制创新：从单次启发走向共生共长的长程教研

成华区将探索多主体协同运行机制、网络教研教师自主参与激励机制、网络教研管理机制，有效将区域行政部门、教研机构、技术装备中心、学校、教研组老师、第三方技术人员等力量整合起来，提升教师的参与热情，不再是单次启发后教师有所感悟，而是让教师在网络教研的长期研修中共生共长。

（三）网络教研手段创新："国家智慧教育平台+AI"实现个性化的研修

成华区借助国家智慧教育平台和人工智能教学行为分析系统，能够精准地提供课堂教学行为分析报告，辅助教学诊断，提高课堂教学分析的精准度，直观地帮助每个教师找到教学中存在的问题，实现个性化的教研。

大量实践发现，目前的研究也存在一些问题：① 区域整体推进力度较大，学校自发研究力度还不够；② 对网络教研创新的理论研究还不够，对网络教研创新的价值取向、内涵认识理解和表达还不足；③ 网络教研的实践还未来得及进一步梳理和归纳，未形成有效的操作策略和措施。

技术赋能 创新发展
——教育部"基于教学改革、融合信息技术的新型教与学模式"实验区成都实践

基于 AI 的课堂教学行为分析构建混合式研修模式的探索与实践

【导语】

本节介绍了一种基于经验学习圈理论和 AI 技术构建的混合式研修模式，旨在通过量化分析和质性分析相结合的课堂教学行为分析新方法，降低课堂教学评议的主观性和随意性，为改进课堂教学行为，提高教学质量探索新路径。该模式对于提升教师教学设计能力、实践性知识水平，提升研修活动的针对性和有效性效果显著。模式的创新点包括基于经验学习圈理论，依托 AI 技术构建混合式研修模式，量化分析与质性分析相结合的课堂教学行为分析新方法，以及以重点环节教学活动为分析维度等。

一、研究背景

教师是优质教育的重点环节要素，教师的质量决定教育的质量，教师研修是提升教师专业发展水平的主要路径。《关于全面深化新时代教师队伍建设改革的意见》指出：教师要主动适应信息化、人工智能等新技术变革，推动信息技术与教师培训有机融合。2018 年以来，我国开始实施人工智能助推教师队伍建设行动计划，强调充分应用人工智能、5G 等新一代信息技术创新教师培训方式。

近年来，虽然教师研修方式已经从传统面对面研修发展到融合信息技术的混合式研修，但从研修实践来看，混合式研修更多关注的是信息传递方式的转变，即利用线上线下结合的方式开展专题讲座、课例研修、交流研讨、资源共享等活动，对如何利用技术打开课堂这个"黑箱"，对课堂教学进行深入研究的关注不够。从课堂教学评议来看，以教师研修最为常态的课例研修为例，对课堂教学的评议，普遍是由教师反思后由教研员、专家对课例进行点评。这里的反思、点评大多由发言者根据自己的观课情况及自身知识、教学经验、自身喜好等进行的，具有极大的主观性和随意性，缺乏必要的数据支撑。

2021 年，金牛区入选中央电教馆智能研修平台应用试点，由区教科院牵头，组织区域内试点学校，基于实证研究的理念，利用智能分析技术对课堂教学行

为数据进行采集与分析，并结合传统课堂教学行为观察与分析方法，构建"量化分析 + 质性分析"相结合的课堂教学行为分析新方法，探索 AI 支持的教师混合式研修新模式，并在区域研修实践中取得了显著成效。

二、基于智能技术的混合式研修模式构建

（一）理论基础

1. 混合学习理论

一般认为，混合式学习就是把传统学习方式与在线学习（即数字化或网络化学习）相结合。其核心思想就是根据不同的问题和要求，采用不同的方式促进学习者学习，从而达到最优的学习效果。混合式学习的理论基础是建构主义与联通主义学习理论，"互联网 +"时代的混合教学，其本质是为学生创建一种真正高度参与的个性化学习体验，从而追求个性化知识与创造性知识的自我建构与生成[1]。本研究基于混合式学习理念构建教师研修模式，在研修方式上采取现场课例观摩与网络观摩相结合，在课堂教学行为分析上采取量化分析与质性分析相结合，促进教师实践性知识的生成。

2. 经验学习理论

库伯（David Kolb）提出的经验学习理论认为，人们的知识学习过程主要由 4 个环节构成，即具体经验获得、反思性观察、概念抽象化、积极实验[2]，其中积极实验又是下一个循环经验获得的起始。经验学习理论在各类培训中应用广泛，刘清堂等人依据经验学习理论构建了 AISTTM 研修模式，基于 AI 分析，开展主讲老师、观察教师、教研员、专家等多维评价。本研究依据经验学习理论，在 AISTTM 模式基础上加入质性分析内容，构建基于 AI 的混合式研修模式。

（二）基于 AI 的混合式研修模式架构及内涵

金牛区基于经验学习与混合学习理论，构建了基于 AI 分析的教师混合研修模式，如图 1.16 所示。首先，需要构建"GEBUS"教师研修生态体系，"G"

---

[1] 冯晓英，孙雨薇，曹洁婷. "互联网+"时代的混合式学习：学习理论于教学法基础[J]. 中国远程教育，2019（2）：7-16.
[2] 王陆，张敏霞. 一种改进的基于教师凝聚子群的远程合作学习圈方法[J]. 电化教育研究，2011（4）：59-64.

表示教育行政部门，主要负责智能分析设备（分析平台与录播系统）的保障与人员投入；"E"表示教研机构，负责教师研修活动具体组织；"B"表示企业，主要负责 AI 分析技术支持；"U"表示大学，主要负责数据分析解读，提出改进意见；"S"表示中小学，学校是实践主体，提供研究实践。其次，按照经验学习理论的 4 个环节实施教师研修。由学校教研组在集体备课的基础上提供课堂教学实践，可以开展针对某个主题的单节课例，也可以是不同教师的同课异构，采取现场与网络相结合的方式进行观课；然后基于智能录播设备伴随性采集数据，对师生教学行为开展量化分析，形成数据分析报告；课例完成后对视频课例进行文字转录，针对重点环节教学活动开展质性分析；由学科教研组、主讲教师、教研员、大学老师对课例进行分析点评，提出教学改进意见。最后，根据改进意见进行新的课堂教学实践，获取新的具体经验，开始新一轮的研修循环。

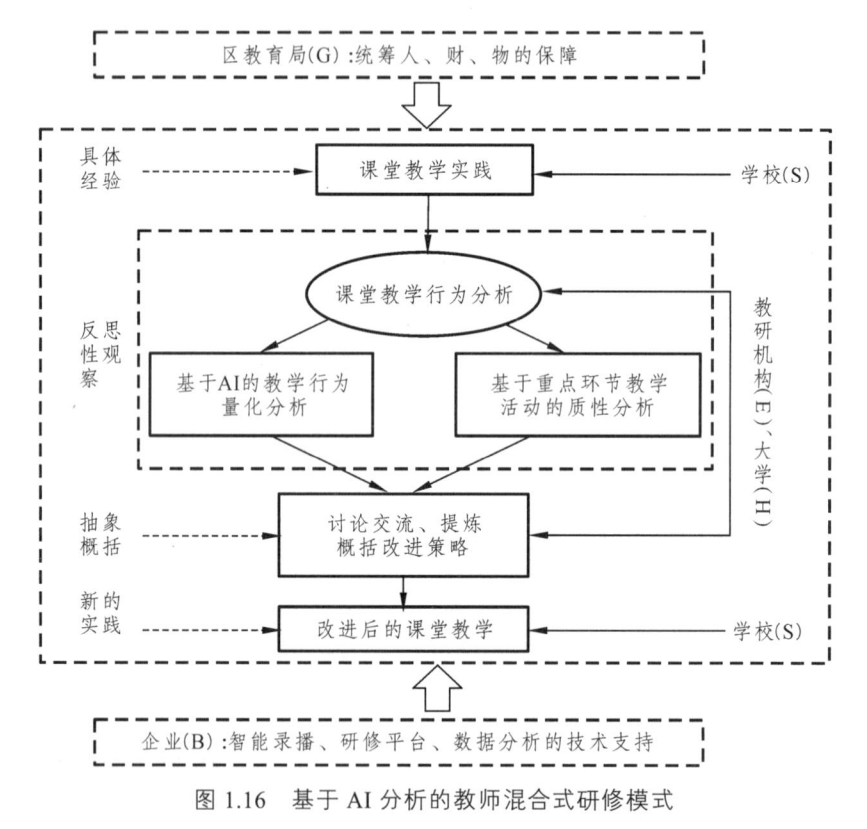

图1.16 基于 AI 分析的教师混合式研修模式

1. 基于 AI 的师生教学行为分析

本研究中的 AI 教学行为分析采用中央电教馆中小学教师智能研修平台进

行，由区域端与学校端组成。区域端安装区域平台实现学校数据的汇聚与分析，学校端安装智能录播系统，负责课例采集与分析。目前该系统主要依据师生动作姿态、所在位置、脸部表情、师生语音等数据对9种师生教学行为进行识别与统计，能识别教师行为4种（巡视、师生活动、讲授、板书），学生行为5种（读写、举手、听讲、生生互动、应答），利用S-T分析法对教学模式进行界定。提供6个维度的学情分析，分别是：课堂参与度、教学行为时序、教学模式、教学行为分布、同课异构教师行为对比、教师行为周期画像。提供3份数据分析报告，即教师行为分析报告、同课异构教学行为对比分析报告、教师行为周期画像分析报告。对师生教学行为的量化分析由智能研修系统自动进行，目前已经实现对课堂教学行为的常态化采集、自动化分析，完课后10分钟左右出具数据分析报告。

2. 基于重点环节教学活动的质性分析

为弥补量化分析仅仅针对师生活动形式，不能实现对师生话语互动意义的深度分析的缺陷，本研究增加了基于重点环节教学活动的质性分析内容。课例完成后利用视频文字转录工具对教学课例进行文字转录，转录后利用Nvivo系统对数据进行记录和分析。一是对教师提问和学生应答数据进行分析，将教师提问分为过渡性提问、思考性提问、探究性提问。过渡性提问主要是为了讲授的连贯性，需要学生回应性应答。思考性提问能够引发学生思考，探究性提问则需要学生进行探究活动后才能回答；学生应答则为简单回应、原理表述、质疑提出、小组讨论。二是选择重点环节教学活动开展师生对话的深度分析，重点环节教学活动主要由教研员进行界定，聚焦新知识构建的重点环节，针对教学重点、教学难点的突破性的重点环节教学活动，进行话语意义级别的深度分析，观察学生真实的意义建构情况。

三、基于智能技术的教师混合式研修实施流程

（一）构建 GEBUS 研修生态体系

基于智能技术的教师混合式研修是一项系统工程，涉及教育行政部门、教研部门、科研机构、中小学校、企业等单位。由行政部门牵头，并负责智能研修软硬件系统与人员投入保障；由教研机构担任实施主体，教研员组织实施；由科研机构提供专家保障，开展课堂教学行为分析；由中小学校组织教师提供研究课例，开展教学反思；企业提供技术支持，对课堂教学行为分析系统进行优化设计。组建教师混合研修共同体，明确各自职责，协同配合开展研修活动。

（二）课堂教学实践

根据经验学习理论，此阶段的主要任务是经验获取。由学校教师与教研组、教研员协商，选择好上课教师和课例主题。如果是同课异构则应注意上课教师的代表性，选择教学风格不同的教师进行比较。课例内容则应注意课例类型（如新授课、复习课等），课例类型决定了师生课堂教学行为数据的表现；教研形式则应考虑如何做好现场听评课与网络听评课的结合问题。同时，还要做好智能分析系统的调试与准备，确保录播系统正常工作，常态化采集教学行为数据。

（三）课堂教学行为的量化分析

反思是教师专业成长的主要途径。本研究的反思性观察基于课堂教学行为量化分析与质性分析进行。量化分析主要由智能研修平台完成，在上完课后 10 分钟以内，系统即可出具课堂教学行为数据报告，其主要数据包括教师和学生 9 种课堂教学行为的占比数据，课堂参与度曲线图、课堂教学行为时序图、教学行为分布图、S-T 教学模式分析图等，如果是同课异构还能提供两节课的教学行为对比分析报告。这些数据客观记录了师生课堂教学行为表现，辅助教师进行反思、教研员及专家进行点评。

（四）课堂教学行为的质性分析

为对师生话语互动进行深入分析，了解学生意义建构情况，本研究在量化分析的基础上开展基于重点环节教学活动的质性分析。应用视频转音频工具，对课堂教学录像进行文字转录，开展对教师提问的类型统计与分析，同时对重点环节教学事件进行分析。由教研员对课堂教学重点环节事件进行界定，遴选新知识建构、教学重难点突破的核心教学活动，进行语句级别的教学互动分析。重点对教师提问、讲授、学生应答等情况进行梳理，分析学生意义建构情况，发现教学互动规律，提出教学行为改进意见。

（五）抽象概括

在教师反思与教研员、专家基于量化与质性分析的点评之后，需要在具体经验的基础上进行提炼与概括，寻求教学理论支持，并上升到一般规律，提出师生教学行为改进意见，帮助教师构建实践性知识。在此阶段，要对师生课堂教学行为表现进行充分而深入的讨论，专家需要提供理论支撑，依据量化分析数据、课堂提问数据、重点环节教学活动互动情况，引导教师认识到行为、数据背后的教与学原理，科学合理地对课堂教学设计、提问策略、互动活动、学生活动等进行提炼总结。

（六）积极实践

经验学习的最后一个阶段是将前一阶段抽象与概括得到的实践性知识应用到新的教学实践中去，进行新的教学设计与实施，对总结提炼的新知识、新策略进行检验；同时又可以获得新的具体经验，开启下一个知识学习与研修活动的循环。

四、《分一分》混合式研修实践及分析

（一）实践背景

金牛区北新小学校是区内远郊地区的一所普通小学，2021年起积极参加智能研修试点工作，小学语文、数学各有两个班级参与试点，建设了智能录播教师队伍，开展了教师培训，已经实现常态化应用。本次研究我们选择了数学课例。

（二）研修活动设计

根据"基于智能技术的混合式研修模式"进行研修活动设计，包括4个阶段：活动准备、经验获取（课堂实践）、教学反思（基于量化分析与质性分析）、抽象概括。

（三）研修流程

1. 准备阶段

（1）团队组建。由区教科院数学教研员苏晗老师牵头，邀请北新教学数学教研组、苏晗名师工作室成员、四川师范大学周雄俊老师、市技术装备管理中心倪宏老师共同成立研修共同体；企业负责技术支持与网络直播；区内小学中段数学教师参与教研。

（2）确定研修主题。本次研修选择小学数学《分一分》（分数的引入）作为研修课题，由北新小学李娟老师（教龄8年，本科学历）执教。

2. 教学实践

在个人备课的基础上，由教研组进行研讨，对学情分析、教学设计、课件

制作、资源支持、教学活动、作业等方面进行了分析与设计，最后由教研员进行了整体把关。在真实情景中上课，并进行网络直播与全程录像，智能录播平台同步运行。

3. 教学反思

此阶段主要完成了对课堂教学行为的量化分析与质性分析，在此基础上进行教学反思。本节课主要量化数据如图1.17所示，S-T数据分析如图1.18所示。

图 1.17　师生课堂教学行为数据

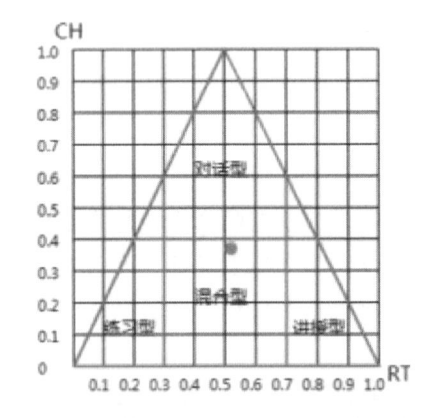

图 1.18　课堂教学行为 S-T 分析

依据图 1.17 可以看出，本节课教师讲授行为占比 63.39%，学生听讲占比 51.10%，反映出本节课教师讲授、学生听讲占比较大，偏向讲授型；师生互动占比为 4.77%，生生互动占比为 2.76%，这两个数据明显偏低，说明教学活动对于互动的设计环节不够重视；但同时我们注意到教师巡视行为占比 25%，说明教师比较注意走下讲台了解学生的学习与小组合作情况。综合来说，本节课虽以讲解为主，教学互动不足，但教师比较关注学生自主与合作学习情况，综合来看本节课属于混合型教学课例，在 S-T 数据分析中也印证了这种分析。

在量化分析基础上，我们对课堂教学重点环节的教学活动进行了分析，经教研员提议，将教学引入（平均分的强调）、分数引入（为什么要用分数）、分数各部分名称与意义 3 个教学活动列为重点环节教学活动（由于篇幅限制，仅列举前两个重点环节教学活动的话语互动分析），先将视频进行文字转录，再对这 3 个教学活动进行教学互动深入分析，如表 1.5 和表 1.6 所示。

表 1.5　教学引入师生话语互动分析

教学片段：教学引入
教学实录：

编号	话题	师生对话交互	分析与反思
1	情景引入	师：同学们，今天淘气和笑笑在分苹果的时候遇到了一些跟数有关的问题。想不想跟老师一起看看？ 生：想	"想不想跟老师一起看看"这个问题属于简单应答，无实际意义，可省去
2	平均分 4 个苹果的过程	师：那我们来仔细看（播视频），你发现了什么	开放性问题，促进学生思考
		生：淘气和笑笑用的方法都是平均分	能否追问：什么是平均分
		师：那你能完整地把这个过程描述一遍吗	
		生：有 4 个苹果，淘气和笑笑平均每人得到 2 个苹果	视频显示学生明显未表达完，教师可否多给学生一点时间，让学生表达完
3	平均分及结果的表达	师：是这个意思吗（板书 4÷2＝　　）	教师直接给出结果，是否由学生自己得出算式更好？如：你能否用一个算式表示
		生：是	
		师：那他们的结果用整数 2 来表示（板书 2）	直接讲解给学生不如问学生：平均分的结果 2 是一个什么数

技术赋能 创新发展
——教育部"基于教学改革、融合信息技术的新型教与学模式"实验区成都实践

表1.6 分数的引入师生话语互动分析

教学片段：教学引入

教学实录：

编号	话题	师生对话交互	分析与反思
1	引出怎么分1个苹果	师：只有1个苹果了还能平均分吗 生：能 师：都说能，那怎么分？你来说 生：把1个苹果分一半 师：分一半是什么意思呢 生：平均分	不严谨的问题。只有1个苹果还能平均分给他们2人吗 平均分的概念前面已经强调过，此处不必再重复
2	平均分1个苹果的过程	师：哦，这儿也要平均分，是这样的吗？（播视频课件） 生：是 师：平均分之后每人分到多少苹果 生：一样（一半） 师：太棒了，咱们班同学，分到了苹果的一半。谁能像刚才分几个苹果那样来完整地说一遍 生：有1个苹果淘气和笑笑平均分成了2份，每个人分到了一半	此部分再次重复平均分4个、2个苹果的过程，没必要太细，可以直接提出思考性问题：谁能完整描述一遍把一个苹果平均分给他们2人的过程 此处老师应强调：每个分到这个苹果的一半，渗透单位"1"的概念
3	一半的表示方法	师：非常好！你看结果是每人分到了一半。同学们，一半在哪里伸出右手来指一指 师：那一半还可以怎样表示呢？你来说 生：一半可以表示为1/2 师：这个是很新鲜，还有吗？你来说大声说一下 生：用小数0.5	没有必要，学生很清楚 此处是分数引入的关键，让学生体会数的扩展是由于生活的需要，可以提问：这个苹果的一半还能用整数来表示吗？那该怎么办呢？可以把分数引入的视频发在这里播放。让学生体会到分数引入的必要性 学生回答的小数也是可以的，教师可以说今天我们先来研究分数，即可过渡
4	引出课题	师：0.5这样的数，把它记下来（板书）。刚才我还听到这位同学说到1/2，你们的生活知识真丰富，对，1/2就是今天要认识的新的数（板书课题）	

师生话语互动存在以下几个方面的问题：一是教师提问过于琐碎。从话语互动看，教师过渡性的提问多，需要学生简单应答的提问多，话题转化很快，以致师生互动看似频率高，但浮于表面。二是探究性、开放性问题较少。大多数问题不需要深度思考，问题的开放性不强，很难激发学生的创新思考意识，基于学生深度理解的学习难以实现。三是教师主导意识较强。教师为了实现自己的教学设计流程不敢放手，急于按照自己的思路去引导学生，以致学生没有思考的时间，学生主体地位体现不足。

师生教学行为量化分析主要由专家进行，重点环节教学活动分析主要由学科教研员进行。教师依据量化数据与教研员分析进行教学反思，撰写反思日志，提出改进思路。

4. 抽象概括

抽象概括主要完成研修活动总结，在专家、教研员的指导下，重点就教学活动设计、提问改进等进行梳理，针对如何提高教学互动、促进学生深度学习提出了改进策略。

五、研究小结

本研究基于经验学习圈理论，依托 AI 技术构建混合式研修模式，通过构建"GEBUS"生态体系，应用中央电教馆智能研修平台，对课堂教学行为实施量化分析与基于重点环节教学活动的质性分析，并以《分一分》课堂教学为例开展实践研究，力求做到依据经验的课堂教学评议与依据数据的课堂教学评议相结合，力求降低课堂教学评议的主观性与随意性，为改进课堂教学行为，提高教学质量探索新路径。经实践证明，该模式受到教师的普遍认同，对于提升教师教学设计能力、实践性知识水平，提升研修活动的针对性与有效性效果显著。存在的不足主要在于课堂教学行为数据分析与解读还不深入，对教师的指导能力还需提高。对质性分析的重点环节教学活动如何确定及分析维度还存在主观性与随意性，在今后的试点工作中还需深入研究。

六、推广应用情况

目前，该模式在金牛区部分中小学开展试点工作，基本进入常态化应用阶段。2022 年 8 月，本实践入选中央电教馆智能研修平台应用试点典型区域案例，在 8 月 16 日举行的全国交流推进会上进行了交流分享。

技术赋能　创新发展
——教育部"基于教学改革、融合信息技术的新型教与学模式"实验区成都实践

基于人工智能的"双驱"教育实践助力创新学子培养
——锦江区人工智能"双驱"教育实践出实效

【导语】

为深入贯彻党的十八大、十九大、二十大和习近平总书记关于教育工作的系列重要讲话精神，充分发挥现代技术对教育的革命性影响作用，探索基于现代技术的新型教育教学模式，推进学校人工智能教育，培养学生创新思维和创新能力，锦江区作为"基于教学改革、融合信息技术的新型教与学模式"国家实验区市级先导区、"基础教育课程改革试验区"，始终坚持"五育并举"理念，以立德树人为先导，以教学改革为重点，以队伍建设为支撑，以智慧教育为助力，以学生发展为落点，探索"五育融合"新思路，形成基于 AI 的"双驱"教育改革实践经验：一是人工智能教育驱动创新人才培养；二是技术融合教学驱动学生全面发展。力求为新时期推进智慧教育做出业绩与贡献，助力学生创新能力培养和德智体美劳综合素质全面发展。

一、背景思想

近年来，随着信息技术全球化的迅猛发展，科技进步日新月异，互联网、物联网、云计算、AR/VR、大数据、人工智能等现代信息技术深刻展示了世界发展的前景，并改变着人类的思维、生产、生活和学习方式。同时，传统工业社会加速向数字化、智能化时代迈进，而教育正经历着从推广普及到质量提升的长周期转变进程。信息技术的发展推动教育变革和创新，构建网络化、数字化、个性化、终身化的教育体系，建设"人人皆学、处处能学、时时可学"的学习型社会，教育也因此迎来了新的发展契机。

从 2015 年开始，国家层面明确提出推进 AI 教育促进学生创新能力培养，并通过重要会议、重要文件、重大项目研究，在全国范围内全面推动信息化背景下的教育教学改革；各省市层面也围绕国家战略，启动了以信息化推动教育教学改革的行动。

项目开展的背景如图 1.19 所示。

```
┌─────────────────┐  ┌─────────────────┐  ┌─────────────────┐
│国家层面战略决策要求│  │省市层面教育发展需要│  │区域层面教育发展需要│
└────────┬────────┘  └────────┬────────┘  └────────┬────────┘
         │                    │                    │
┌────────┴────────┐  ┌────────┴────────┐  ┌────────┴────────┐
│  第三届世界智能  │  │   四川省智慧教育  │  │ 区域宏观层：区    │
│     大会        │  │    示范区建设    │  │ 委区政府区教育    │
│                │  │                 │  │ 局统筹领导       │
└────────┬────────┘  └────────┬────────┘  └────────┬────────┘
         │                    │                    │
┌────────┴────────┐  ┌────────┴────────┐  ┌────────┴────────┐
│  国际人工智能与  │  │   四川省智慧教育  │  │ 区域中观层：区    │
│    教育大会     │  │   示范学校建设   │  │ 教科院和电教馆    │
│                │  │                 │  │ 联动推进         │
└────────┬────────┘  └────────┬────────┘  └────────┬────────┘
         │                    │                    │
┌────────┴────────┐  ┌────────┴────────┐  ┌────────┴────────┐
│  新一代人工智能  │  │   成都市国家级信  │  │ 区域微观层：基    │
│   发展规划      │  │  息化教学实验区   │  │ 层学校具体实施    │
└─────────────────┘  └─────────────────┘  └─────────────────┘
```

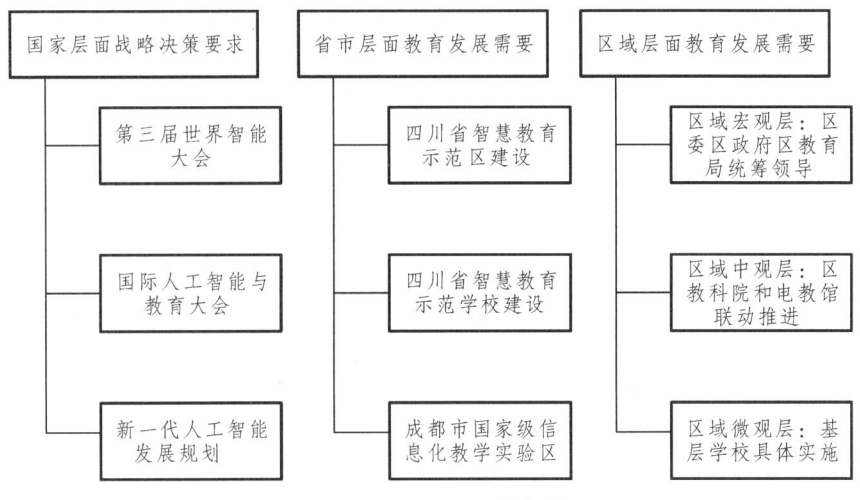

图 1.19 项目开展的背景

（一）国家层面战略决策要求

"第三届世界智能大会"（2019年5月天津）：国家主席习近平致贺信指出："在移动互联网、大数据、超级计算、传感网、脑科学等新理论新技术驱动下，人工智能呈现深度学习、跨界融合、人机协同、群智开放、自主操控等新特征，正在对经济发展、社会进步、全球治理等方面产生重大而深远的影响。"

"国际人工智能与教育大会"（2019年5月北京）：国家主席习近平致贺信指出："把握全球人工智能发展态势，找准突破口和主攻方向，培养大批具有创新能力和合作精神的人工智能高端人才，是教育的重要使命。"

《新一代人工智能发展规划》（2017年7月）提出："发展智能教育，主动应对新技术浪潮带来的新机遇和新挑战……要在中小学开设人工智能课程，举全国之力，抢占全球人工智能制高点，促进对学生创新能力培养。"

《中国教育现代化2035》（2019年）提出："统筹推进'五位一体'总体布局和协调推进'四个全面'战略布局……坚持改革创新，以凝聚人心、完善人格、开发人力、培育人才、造福人民为工作目标，培养德智体美劳全面发展的社会主义建设者和接班人。"

（二）省市层面教育发展需要

召开省市教育大会、"品质教育改革与发展会议"等重要改革会议，贯彻理念；通过四川省智慧教育示范区建设、四川省智慧教育示范学校建设、省市教育信息化试点学校建设等项目研究，全面带动信息化促课堂深度变革。

(三) 区域层面教育发展需要

锦江区通过召开全区教育大会、信息化试点研究、智慧教育示范区建设等，全域推进信息化背景下基于 AI 的教育教学改革研究，推动了区域智慧教育的进程。具体通过以下"三层联动网络"实施：

1. 区域宏观层：区委区政府区教育局统筹领导

通过推进全国教育强区建设、全国"五育并举"人才培养示范区建设、教育部 STEAM 教学改革试点学校建设、四川省智慧教育示范区建设、区域"教育 + AI（人工智能）"研究等项目工作，推进基于 AI 的教育教学改革与研究。

2. 区域中观层：区教科院和电教馆联动推进

通过锦江区教科院在区域教育改革发展中的责任使命、研究引领，锦江区电教馆提供技术保障、环境支撑，以此带动全区学校进行基于新技术的教育教学改革与研究。

3. 区域微观层：基层学校具体实施

全区学校全面发力，聚焦课堂，大胆改革，勇于探索教学改革与研究落地、开花、结果，并推动区域智慧教育快速发展。

在这样的背景下，今天的教育必须跟上时代的步伐，与新媒介新技术接轨，并在教学内容、教学结构、教学流程、教学手段上进行实质性变革，从而适应新时期教育发展的需要和未来教育发展的需要。这是每一位教育人的职责和使命，也是培养 21 世纪数字时代人才的必要条件。

AI 时代学校的教育教学如何推进？学生的学业发展如何实施？未来的创新人才如何培养……这些都成为摆在我们面前的艰巨问题。一系列现实教育问题的出现，促使我们重新审视和反思今天的教育，促使我们去寻觅对接时代、效果优良、促进学生发展的新型教学方式。这就需要我们以变革的思维，思考教育，转型教学，促进发展。基于此，锦江区大胆探索以"人工智能教育"和"技术与教学融合"的"双驱"教育改革实践路径，并取得良好的成效。

二、AI 背景下的"双驱"改革路径与成效

锦江区以"人工智能教育驱动创新人才培养"和"技术融合教学驱动学生全面发展"为两大路径开展 AI 背景下的教育改革探索与实践（见图 1.20），旨在全面提升师生信息素养，促进创新人才培养和学生全面发展。

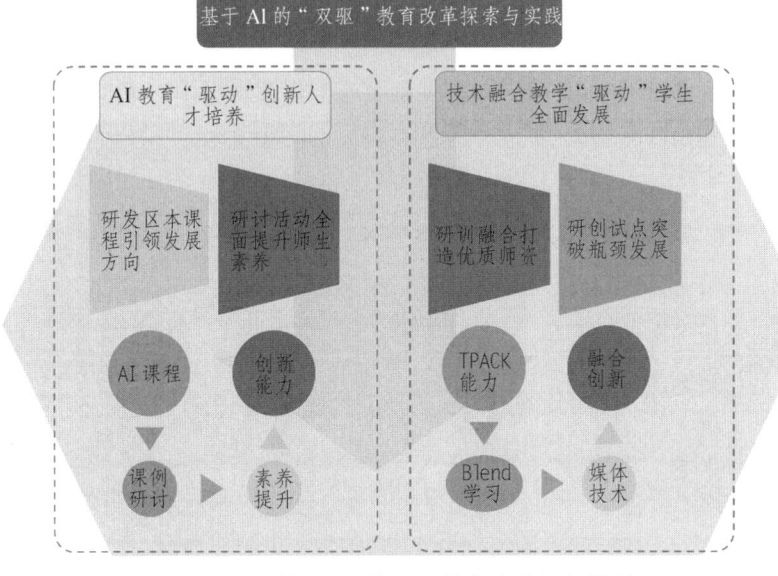

图 1.20　基于 AI 的双驱教育改革框架模型

（一）人工智能教育驱动创新人才培养

为推进信息技术课程教学改革，探索人工智能教育的途径和方法，激发学生探索学习人工智能技术的兴趣；为培养师生的编程思维、计算思维、创新思维和系统化思维，提升师生信息素养和解决复杂问题的能力；为培养具有创新意识、创新精神和创造能力的人才奠定基础，锦江区全面启动了区域"教育+AI（人工智能）"研究。锦江区是四川省内首个实施 Python 编程教育的教育强区，主要从 3 个方面探索人工智能教育的途径和方法，驱动创新人才培养。

1. 研发区本课程引领发展方向

Python 在人工智能领域的成功，开创了信息技术发展的新方向，颠覆了人们对传统算法的固有理解，对人类的生活、学习、工作方式都产生了巨大影响。那么如何应用 Python 促进教育变革、促进学生发展、促进思维提升？

2019 年，锦江区教育科学研究院组织区域骨干教师形成研究团队，开启了编撰人工智能区本课程读本的历程，在编写和出版期间，得到了四川省、成都市、锦江区教育领域相关领导、专家的悉心指导。

本套读本共 3 册：《人工智能·Python 基础》《人工智能·Python 进阶》《人工智能·开源硬件》，是一套具有锦江区域特色的人工智能区本课程读本

（见图 1.21），封面"锦江派"体现了敢于创新的精神。书中以小女孩锦锦、小男孩江江以及小蟒蛇派派老师贯穿整个学习内容，将学习内容项目化、项目游戏化，梯度从易到难，内容以项目为主、以知识体系为线，图文并茂，事例垫底，叙述不枯，紧靠学习者的思路，对掀起人工智能新浪潮的 Python 编程语言进行了较全面的介绍，是一套具有高可读性、强操作性、易学习性的人工智能教材。

图 1.21　人工智能区本课程读本

《人工智能·Python 基础》共有 7 个项目，以基础语法知识为主，包含认识可爱的蟒蛇：Python、用 Python 语言与计算机对话、玩转字符串、让程序来判断、让程序循环运行、猜字游戏、猜数游戏。

《人工智能·Python 进阶》以项目实践为主，有用 turtle 模块做游戏、创建简易聊天工具两个项目，包含认识海龟 turtle、体验 turtle 画图、绘制酷炫图形、小海龟快闪、小海龟捉迷藏、创建服务器端、创建客户端、认识 tkinter 模块、设计服务端窗口、设计客户端窗口。

《人工智能·开源硬件》从学习开源硬件开始，基于"开放、共享"理念，详细地介绍了树莓派与 TPYBoard 两种开源硬件的开发与应用，包含点亮我的小灯泡、下雨收衣服了、火灾报警器、家用智能温度测控系统、简易摄像头追踪系统、MicroPython 是什么、使用 TPYBoard 控制板、炫彩的流水灯、智能光控灯、智能温控风扇、智能避障小车。

以课程为基础，课堂为教学主阵地开展人工智能教育，落实核心素养，提升学生的创新精神和实践能力，促进学生的综合能力提升和全面发展，依托项目式学习理念（见图 1.22）。课程实施一般流程如图 1.23 所示。

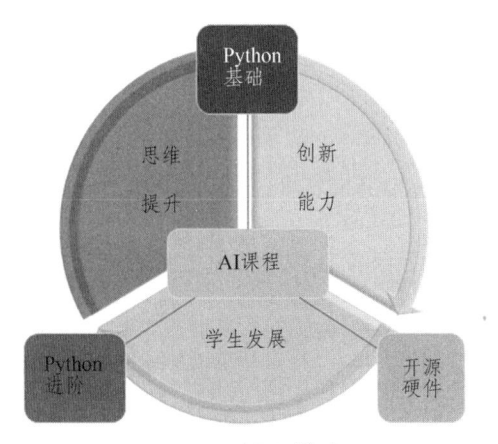

图 1.22　课程模式

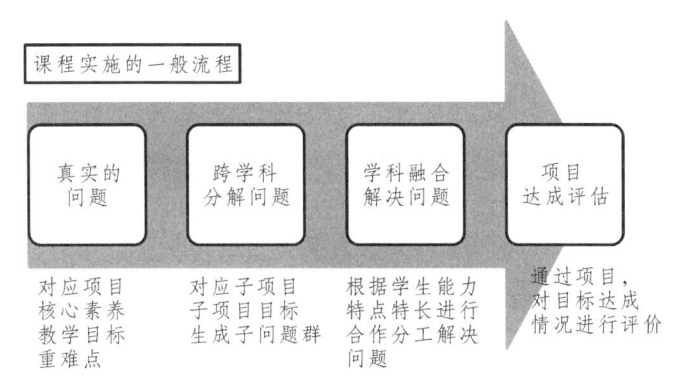

图 1.23　课程实施流程

教育部科技司雷朝滋司长在锦江区盐道街小学调研时，充分肯定了锦江区的做法，提出锦江教育信息化理念与国家的要求高度契合，着眼于真正发挥教育信息化的整体效益，开发的人工智能区本课程对促进学生创新能力培养具有重要作用。

2. 研讨活动全面提升师生素养

通过组织人工智能教育研讨活动，带动区域学校 AI 研究，为培养学生创新能力提供载体。2019 年 6 月在成师附小万科分校开展了"锦江区人工智能教育"研讨活动。成师附小万科分校和成师附小华润分校展示的"猜字游戏"和"判断密码正误"区本 Python 编程课程，取得较好效果，起到引领示范作用。四川省教育科学研究院和成都市教育科学研究院专家莅临现场指导，高度赞扬了锦江区人工智能编程教育的推进力度与成效，此次活动同时在锦江电视台进行了专题报道。

2019年11月在成都嘉祥外国语学校锦江小学开展了成都市人工智能教育研讨活动，参会人数达300余人，呈现10余所学校创意作品。成师附小华润分校和嘉祥外国语学校锦江小学呈现2堂优秀课例，成师附小万科分校和七中育才学校银杏校区分别做了"设计思维点亮创客梦""人工智能创新人才培养的探索"市级主题分享，得到高校、市级专家及参会教师的高度认可。

2023年3月，锦江区教育局承办了课程教材研究所"中小学人工智能教育实践研究项目第一届成果交流展示会"。现场呈现6节人工智能课程，内容分别是小学："设计智能灯""设计智能镜"；初中："农产品分类模型的制作""让大门认出我"；高中："初探机器学习之线性回归""走近K近邻算法——苹果柠檬分类"。带领学生体验、感悟、实践，通过数据采集、模型训练、模型测试、预测效果这几个阶段探究人工智能的奥秘，同时让学生学会用数字设备、智能设备解决生活中的问题。

研讨活动有效推动了区域人工智能编程教育的开展，促进了区域信息技术学科课程改革和新技术与教学教研融合，为创新人才培养提供了范式。

（二）技术融合教学驱动学生全面发展

技术融合教学驱动学生全面发展如图1.24所示。

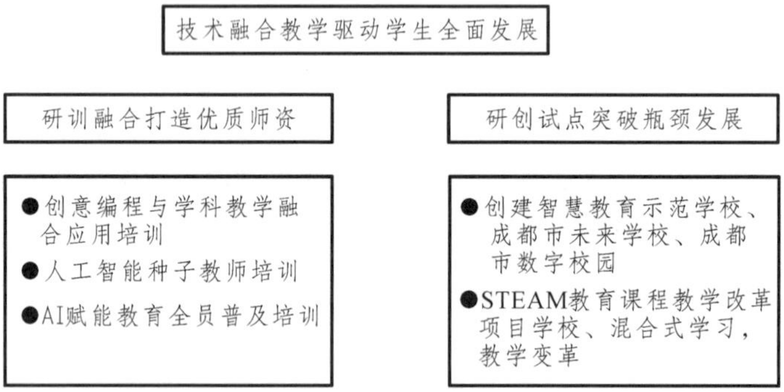

```
        技术融合教学驱动学生全面发展
        ┌───────────────┬───────────────┐
   研训融合打造优质师资          研创试点突破瓶颈发展
 ● 创意编程与学科教学融       ● 创建智慧教育示范学校、
   合应用培训                   成都市未来学校、成都
 ● 人工智能种子教师培训         市数字校园
 ● AI赋能教育全员普及培训     ● STEAM教育课程教学改革
                              项目学校、混合式学习、
                              教学变革
```

图1.24　技术融合教学驱动学生全面发展

1. 研训融合打造优质师资

锦江区于2019年3月启动了"创意编程与学科教学融合应用"培训班，同

时利用教研活动向全区教师普及人工智能基本知识和智能软硬件教学工具的应用。本次培训历时一年半，从理论与 Mind+ 编程技术学习到游戏化教学实践，旨在提升学科骨干教师使用 Mind+ 设计和制作交互式教学资源的能力。指导教师通过创意编程制作有趣的学习资源，寓教于乐，提高课堂教学效益，为培养新时代创新型教师提供基础。

2019 年 9 月从人工智能种子教师培训和全员普及培训两个层次启动"AI 赋能教育"教师信息素养专项培训。

人工智能种子教师培训以信息技术骨干教师为主，培训形式包括：讲座、实操、现场作业、学员交流等。培训内容涵盖：Python 基础知识、基本语法、数据结构、数据统计、图形化界面、网络编程、图形识别、神经网络、机器学习、深度学习等。个别学习能力较为突出的教师，编写出了人脸识别、植物识别、动物识别、智能五子棋、智能硬件控制（控制雷达）等具有创新性的、有自主知识产权的作品。种子教师达到了胜任人工智能、编程教育的能力，也具备了一定的引领能力。

全员普及培训主要从强化意识、丰富理论、普及基础、掌握技能、探索创新、实践应用等方面进行，促进学校创造条件引导教师主动应用互联网、大数据、虚拟现实、人工智能等现代信息技术，探索智能化教学新模式。

区级专题讲座由各校选派培训者参与学习，区教科院邀请阿里巴巴人工智能高级构架师做专题讲座，帮助教师从另一个角度解读"AI 赋能教育"，启发学校管理者对此进行思考。校级集中培训由各校培训者结合区级培训内容和校情开展适合本校的针对性培训，培训内容涵盖：人工智能技术内涵及应用趋势、人工智能背景下的教育生态系统、人工智能时代创新人才培养途径、人工智能与教育融合实践、人工智能智慧教学常用小工具应用等。

2. 研创试点突破瓶颈发展

锦江区是全国"五育并举"人才培养实验示范区、四川省首批教育信息化试点工作优秀区、四川省智慧教育示范区、四川省基础教育大数据应用试点区、成都市未来学校建设实验区，在推进信息技术与教育教学深度融合、促进教育变革方面，成效突出，多次在全国、省、市层面交流。正是因为具有不断创新与发展的精神，才敢于参加各项试点项目与建设，这也为突破瓶颈发展提供了契机。

锦江区以"智慧教育示范学校"的创建为重要载体,以"三融三引领"(智慧教师、智慧学校、智慧区域相辅相融;区域引领教育现代化模式建设、学校引领教师转型发展、教师引领智慧学生培养)的模式整体推动(见图1.25),建设"人人皆学、时时能学和处处可学"的泛在学习城区,构建突破"教育围墙"和"教学时空"的教育新体系,在人工智能赋能教育的新视野和大教育观理念下全面推进区域教育现代化。

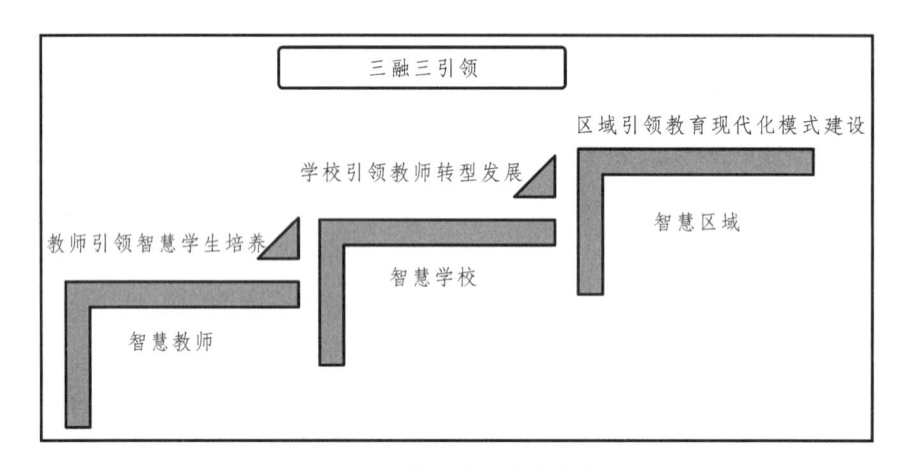

图 1.25　智慧教育示范学校体系

截至 2022 年 8 月,全区共拥有市级以上各类教育信息化示范、试点学校40 余所,现有 8 所教育部课程中心"STEAM 教育课程教学改革"项目学校,2 所四川省智慧教育示范校,9 所"成都市未来学校/成都市数字校园"试点校,1 所成都市数字学校基地校,7 所成都市第一批智慧课程发展联盟学校,24 所锦江区数字校园试点校等。锦江区中小学均成立了由教务处主导、教育信息中心支持、多学科教师参与的智慧教育项目组,在"互联网+"环境下,从课程架构、课程实施、学习效果等方面变革师生教与学的方式,建立开放式、多元化、混合型学习模式。

锦江区以 AI 为基础开展中小学混合式学习模式与应用实践,经过为期 3年的研究与实践,在 2021 年开发出版了《中小学混合式学习模式与应用实践》指导用书,供区内学校开展混合式学习研究,同时形成了《教与学方式转型研究实践》和《新技术支持下的教学设计选集》(见图 1.26)。

图 1.26　混合式学习指导用书和教学方式转型实践集

　　同时，区域学校和教师积极探索新媒体新技术在教学中的应用，以开放、融合的精神守护教育初心。在 2020 年新冠疫情期间，锦江区以"三自支持模式"守护锦江学子健康成长、快乐学习，区内 2 200 余名骨干教师组成 300 余个集体备课组，分科分课研制课程资源，并在云学习平台设立"快乐宅家、锦江心育、锦江微学堂、电子教材、学科教学"5 个专题模块。《锦江"云学习"服务全川学子"停课不停学"》成为四川省乃至西南地区唯一获评"十大教育服务类数字化转型成功实践"的区县级实践，被中新网、今日头条等媒体做了重点报道。

锦江区始终保持着"敢于尝试、勇于突破"的探索精神与活力，勇于参与各项试点项目与建设。在各类项目中以示范学校带动区域学校高位发展，以种子教师引领全员教师素养提升。

三、获奖情况和推广

（1）人工智能课程获得"四川省中小学创客教育校本课程活动一等奖"。

（2）人工智能课程获得"成都市创客课程一等奖"。

（3）人工智能课程获得"成都市创客课程二等奖"。

（4）在 2022 年"大比武和精品课"活动中，80 余名教师获奖，锦江区教育局获得"优秀组织奖"。

（5）锦江区开展"基于 AI 的教与学方式转型研究"获得市级小专题二等奖。

（6）锦江区于 2022 年 4 月参与教育课程教材研究所人工智能教育试点项目。自开展人工智能教育研究以来，多位老师指导的学生作品在 NOC 创新大赛取得较好成绩。

（7）在教育部课程教材研究所的指导下，与全国各试验区（深圳市龙岗区、重庆市璧山区）交流经验，并全域推广，辐射全国。

（8）承办成都市人工智能教育研讨活动，并在成都市人工智能教育活动上展示交流。

智慧农场推进区域农事劳动教育

【导语】

农事劳动的体验性强、收获感足，是中小学开展劳动教育的有效载体。农事劳动教育是培养"既有中国根基，又能面向未来人才"的重要路径。如何解决在中心城区学校建立能涵盖农业劳动全貌的实践基地？如何为城市学生打造兼顾传统农事和现代农事的实践体验场所？锦江区通过在区域内整体布局，从地理位置、学校类型、课程设置等方面整合思考，选择6所学校作为基地校，建设了各有侧重的智慧农场，并研发了一组配套的农事劳动课程。这套课程既有独立性又有互补性，合并后就是一套完整的校园智慧农事课程，为区域内整体推进农事劳动教育提供了很好的思路。

一、问题的提出

（一）背景

1. 劳动教育是构建全面育人体系不可缺少的一环

劳动是培养人、发展人的重要途径，是构建全面育人体系不可缺少的一环。自加强劳动教育被再次强调后，各学校积极响应，校内校外各项劳动实践活动纷纷开展起来。但经调研发现，学校层面的劳动教育内容比较零散，同时受学校条件限制，在满足学生全面深入参与劳动实践（尤其是生产劳动）的资源方面参差不齐。农事劳动是生产劳动的一种重要形式，其体验性强、收获感足，能承载劳动教育实践育人、综合育人的目标。对学生而言，农事劳动是完整的实境学习，可经历农作物从播种到收获的全过程，能从中体会到劳动的辛苦和收获的不易，增强对生命守护的责任，落实对科学技术的感知。于学校而言，农事劳动是对传统文化的重拾和弘扬，既可以与学科整合实施，还是开展项目式学习的较好资源，是学校开展劳动教育的有效路径。

2. 学校需要有农事活动场地来保证农事教育活动常态开展

农事劳动教育需要通过孩子的动手实践，才能实现以劳树德、以劳增智、以劳强体、以劳育美的育人目标。学校需要有能进行农事活动的场地,以保证农事教育活动常态开展。针对城区学校开展农事劳动教育的诸多困境,锦江区整合电教馆、教科院和学校三方力量,区域整体布局,建设不同主题的智慧农场,连点成面,为区域学生打造了一组现代农事实践体验的场所,开启了能着眼于学生全面发展,培养"既有中国根基,又能面向未来人才"的区域实践。

(二)主要解决的问题

问题1:场地哪里来?城区学校的校园占地面积普遍偏小,加之受班级规模、功能室配备等因素影响,导致学校缺少大规模开展农事劳动教育的场地。劳动场地资源短缺,将会导致农事劳动教学中"手脑分离",缺少劳动教育的实践体验。

问题2:用什么课程教?当前区域内的小学主要自主开展劳动教育,没有明确的发展方向,缺乏统一的教育目标,导致劳动教育效果参差不齐。

问题3:体现什么育人价值?既往农事劳动教学中,往往停留在"单向""单一"育人的层面,远远没有达到"全员育人、全程育人、全方位育人"的水平。"全员育人"主要是指农事劳动教育整合了学校资源、社会资源,整合了教师、家长等资源;"全程育人"是指农事劳动教育的全过程、全周期育人;"全方位育人"是指德智体美劳综合育人,培养学生具备信息素养和创新能力。

基于以上3个问题,研究团队以区域为单位,整合区教科院、区域电教馆、学校、社会资源等多方资源,共同完成了"建设智慧农场促进农事劳动教育的区域推进"的实践研究。

二、解决问题的过程与方法

区域层面推进农事劳动教育,最大的优势在于可以整合和盘活多方资源,走共建共享的路径。同时,锦江区在"智慧城区"的建设中对"智慧教育"的关注力度大,为在区域层面推进农事劳动教育,建设智慧农事基地争取到场地建设、资源开发等方面的支持和保障。具体的推进思路及实践如下:

(一)准确定位:在区域内建立各有侧重的研究基地,分散实施智慧劳动课程

准确分析要实现依托农事劳动教育来发展学生综合素养需要投入的硬件建设。农业发展的过程,很大程度就是科技发展的过程,其全过程对于学生认识

"科技改变生产，改变生活"具有很好的教学价值。区域建设一套能涵盖农业发展历史的实践体验基地，就能实现这一教育价值，让全区学生受益。但所有的硬件建设如果加载在一所学校是不切实际的，应将需求分散布局在区域的不同学校，让操作实施更有可能。

我们思考可以在区域内不同的学校建立各有侧重的农事劳动教育研究基地，每个基地校的课程各具特色又相互补充，合并后就能形成一套体现农事过程完整环节的校园智慧农事课程，供其他学校学习借鉴。这些基地校不同的校内农事劳动特色课程，也便于场地普遍较小的其他城区学校寻找到更适合自己开展的农事劳动教育切入点。

（二）合理布局：集中投入突出特色，实现以点带面

部分学校在长期的农事劳动教育中，结合自身学校的软硬件优势，逐渐彰显出特色。这样的学校可以建设成为农事劳动教育特色学校，在区域内起到资源共享、辐射引领的作用。于是在教研部门、技装部门和学校的合力下，结合"智慧教育示范区"建设，锦江区集中投入了185万元进行区域"智慧农场"基地校项目建设（见图1.27）。

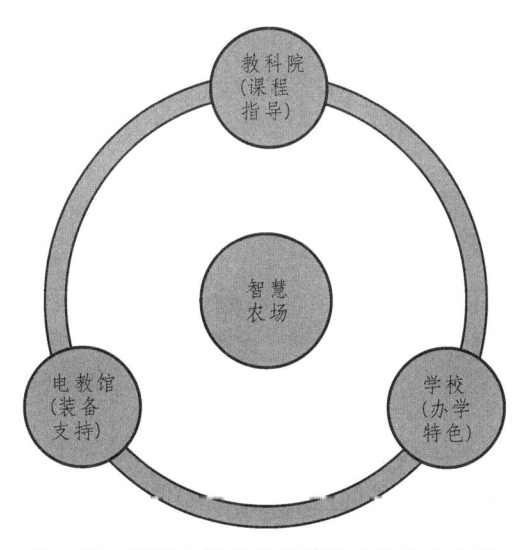

图1.27 智慧农场基地校建设中的各方作用

基地校承载着带动和辐射全区农事劳动协同推进的任务，其地理位置、学校已有基础、育人理念等非常重要，研究团队在对区域农事教育情况的整体梳理和发展规划上，综合区域学校分布、学校特色、生源等情况，统筹布局，在

一环与二环之间、二环与三环之间以及三环之外建成了布局、定位体现"标杆"作用的娇子小学、锦江实验学校、驸马小学等6所农事劳动基地校（见图1.28）。6所基地校的硬件建设各有侧重，涵盖了传统农业、混合式农业、现代农业、未来农业等几大方面，在区域内打造出了一个完整的"科技与农业"认识和体验的闭环。6所基地校可开放的学校场地、可共享的师资力量、可互通的劳动资源，带动区域周边学校，促进学校与学校、学校与区域之间的有效联动，为区域内小学生全方位体验和了解与农事有关的内容提供了保证，"学校+学校"相结合的农事劳动实施路径初步形成。

图1.28 智慧农场基地校在区域内的布局

（三）多方合力：硬件软件并进，建构基地智慧农事劳动课程

农业经历了从有土栽培到无土栽培的技术变革，这是需要学生学习了解的；环保再生也是农业的一个重要组成部分，不容忽视；食育是让学生了解农作物的最终归宿，也是农业劳动的原始动力。基于这样的考虑，结合学校的特点和办学理念，选择了6所学校成为传统农业基地校、混合式农业基地校、现代农业基地校、未来农业基地校、农业环保基地校和食育基地校。

锦江实验学校场地较大，为学校打造的智能物联种植园"三趣园"，可以划分成31块地供每个班进行种植；娇子小学注重STEAM研究，混合式农业基地能找到更多研究点；成师附小万科分校师生的信息化水平较高，可以将农场基地作为学生学习了解物联网技术和人工智能的载体，开发基于农事的校本物联网课程；天涯石小学针对新时代劳动教育，将人工智能、机器人技术等前沿技术和农业生产劳动融合，引入太空种植、未来农业、火星移民等未来概念，营造了有新时代特征的劳动场景和人工智能劳动体验课程；驸马小学属于涉农学校，进行与农业相关的科技和环保教育，不但可以使孩子受益，还希望通过孩子影响家长重视农业环保；盐小东湖位于新兴社区，将食育作为劳动教育重要方式来体现。各基地学校，在劳动教育领域，基于物联网技术环境建成智慧农场，构建了既有相互关联，又有本校特色的农事教育课程，大力开展劳动教育与现代科技融合的创新应用与研究（见表1.7）。

表1.7 6所智慧农场基地校特色

基地学校	特色项目	配套装备	课程主题	开展年级	参与方式
锦江实验学校	传统农业基地	智慧农业物联网系统种植园	农事+生命理解	1~6年级	普及+社团
娇子小学	混合式农业基地	智能温室大棚、种植园	农事+STEAM	4年级	普及
成师附小万科分校	现代农业基地	无土栽培温室大棚、物联网课程套件	农事+创客	3~6年级	普及+社团
成都市天涯石小学	未来农业基地	Farmbot机器人和AI生态系统	农事+AI	1~6年级	普及+社团
驸马小学	农业环保基地	智能环保课程套件及设备	农事+环保	1~6年级	普及+社团
盐小东湖	食育基地	智能厨房	农事+食育	1~6年级	普及

（四）技术助力：打破时空边界，智慧农事劳动育人价值彰显

研究团队充分融合这几所学校已建成的校园网络平台，以物联网传感技术为依托采集数据，利用网络传输技术、数据管理、检测与分析平台和各种信息化终端，形成"互联网+"环境下，学生、老师、家长、专家共同参与的智慧农场教育系统。6个智慧农场基地校引入现代物联网技术，实现了基于物联网和大数据、云采集的智能化控制管理系统。学生能够在家里和社区，与家长一起通过手机、电脑等终端设备对班级土地里的农作物生长环境数据进行远程查看和浇灌控制，实现实时农场环境视频监控及数据云保存，并结合农作物最优生长环境进行控制和调节，全程参与农作物的生长全过程，成功地将科技运用到农事劳动教育中（见图1.29）。

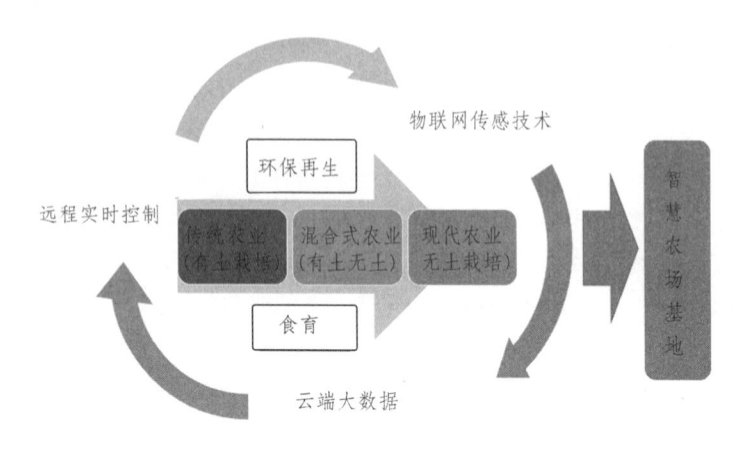

图 1.29　智慧农场基地教育系统构成

农事劳动教育旨在实现"全人教育"的教育目标，核心是培养学生的综合素养。学校通过开展农事劳动教育，帮助小学生树立起坚韧的品质，提高了抗挫折能力，同时也使学生拥有了一颗敬畏与感激之心，感激劳动者的辛勤付出，敬畏食物的馈赠等，较好地培养和发展了学生的情感素养，用实践体验代替了言语的说教，让学生的情感素养在实践中自然而然地得以提高。

智慧农场的"智慧"体现在基于物联网技术的智能传感、云端大数据、远程实时控制等方面，实现了学生劳动体验从传统农耕到现代农业科技的飞跃，激发了学生参与劳动教育的兴趣，丰富和完善了学校劳动教育课程体系，也有效实现了"全员育人""全周期育人"和"全方位育人"的目标。

实践中，我们定期召开智慧农场基地学校现场研讨会，组织公司技术人员、农业专家和智慧农场基地学校的项目负责老师，一起交流智慧农场基地的装备应用情况，共同讨论如何在课题的指导下来开发校本农事劳动教育课程和信息技术创新课程，从而有效帮助学校理清思路，挖掘智慧农场项目的育人价值，促进学校和教师研究的热情，保证农事劳动活动的深入化和常态化开展。

锦江区智慧农场基地校的设置，贯穿传统农耕农业与现代农业的比较（见图 1.30 和图 1.31）。学生在传统农业的全过程、全周期种植中建构了传统农事劳动者的品格与德行，也在物联网技术、大数据、远程控制等技术中培养了现代农事劳动者的创造力。

图 1.30 成师附小万科分校的智慧农场

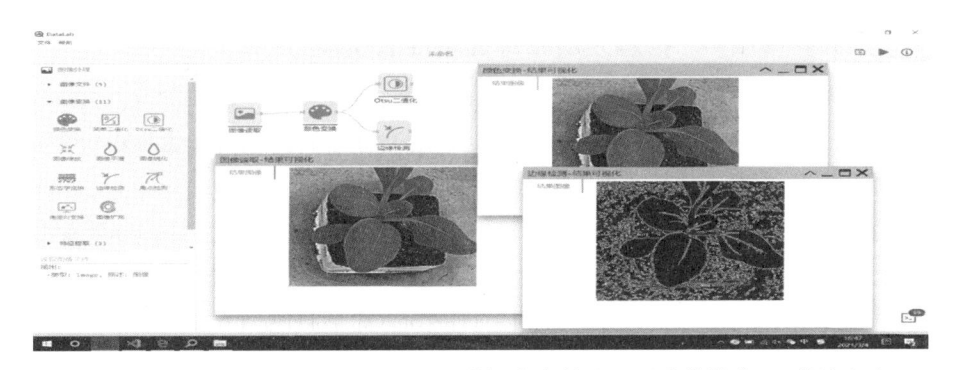

图 1.31 天涯石小学 Farmbot 机器人微控生态箱的图形化模块化 AI 算法程序进行数据采样、筛选，完成数据训练

（五）不断深入：课程体系与实施路径相辅相成

在区域农事劳动教育的深度推进中，除了充分用好区域内智慧农场基地校资源外，研究团队反思实践中的问题，深入实践和研究，逐步形成了"区域农事劳动课程体系建构"和"区域农事劳动课程推进路径"（见图1.32）。一方面，通过课程体系来引领农事劳动课程的全面实施，充分挖掘并利用校内外农事劳动教育资源，搭建课程资源共享平台；另一方面，在课程的具体实施过程中，开发区域特色农事劳动课程，拓宽农事劳动实施途径，进而丰富课程体系，最终探索出区域推进农事劳动教育的有效策略。

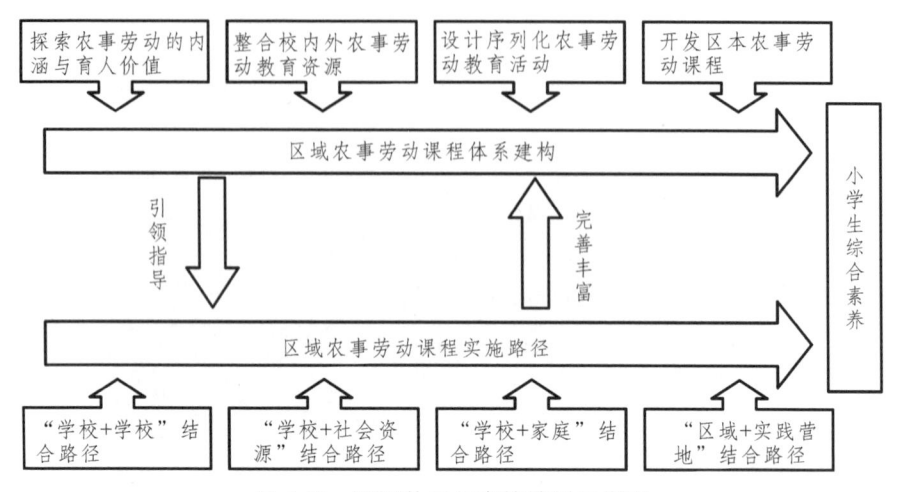

```
┌─────────────┐  ┌─────────────┐  ┌─────────────┐  ┌─────────────┐
│探索农事劳动的│  │整合校内外农事│  │设计序列化农事│  │开发区本农事劳│
│内涵与育人价值│  │劳动教育资源 │  │劳动教育活动 │  │动课程       │
└──────┬──────┘  └──────┬──────┘  └──────┬──────┘  └──────┬──────┘
       │                │                │                │
       └────────────────┴────────────────┴────────────────┘
                区域农事劳动课程体系建构                    ──→  ┐
                                                                │小
          │ 引领                           ↑ 完善               │学
          ↓ 指导                           │ 丰富               │生
                                                                │综
                区域农事劳动课程实施路径                    ──→  │合
       ┌────────────────┬────────────────┬────────────────┐    │素
       │                │                │                │    │养
┌──────┴──────┐  ┌──────┴──────┐  ┌──────┴──────┐  ┌──────┴──────┘
│"学校+学校"结│  │"学校+社会资 │  │"学校+家庭"结│  │"区域+实践营 │
│合路径       │  │源"结合路径  │  │合路径       │  │地"结合路径  │
└─────────────┘  └─────────────┘  └─────────────┘  └─────────────┘
```

图 1.32　课程体系与实施路径示意图

三、研究特色

（一）有高度——构建劳动教育区域推进模式

本研究着眼于区域高度，构建出了劳动教育区域整体推进的模式，打破了劳动教育实施学校内单一、学校间断连、学校周边社会资源利用不充分以及缺少与实践基地合作导致学生劳动实践体验不足等局面，为区域内小学生劳动教育的深入开展奠定了良好基础，为区域外小学生劳动教育开展提供了参考范式。

研究团队构建的这种以区域为单位，整合教研、技术部门、学校、社会资源、家庭、实践基地多方力量，共同推进的模式，很好地破解了学校开展生产劳动（农事劳动）教育的难题。这种推进模式目前走在了劳动教育研究的前沿，很好地促进了区域内外农事劳动教育资源的有效整合，推动学校之间场地资源、课程资源、师资资源等的联合贯通，夯实了小学生的农事劳动基础，为区域学校劳动教育的均衡发展提供了良好的操作思路。

（二）有深度——以农事劳动深化劳动教育内涵

随着城市化进程的加快、科学技术的发展、大型农事器械的生产和应用，农事劳动愈渐淡出人们的视野，边缘化明显。当前学校劳动教育的已有研究中，很少把研究问题直接聚焦到农事劳动教育上，只是把农事劳动教育作为劳动教育的一个分支而一笔带过，忽视了农事劳动体验性强、收获感足等显著特点，更忽略了农事劳动在"劳动育人"中的独特价值。

研究团队以生产性劳动中小学生能参与、能胜任、感兴趣的农事劳动为研究视角，并把其作为落实劳动教育的抓手，结合学科教学、德育、天府文化、传统节日、节气，以及学校的不同教育主题，以学科深度学习、项目式学习以及全景式深入体验等方式适时开展不同农事劳动教育，充分展现出农事劳动内容丰富、形式多样、意义重大的优势，突破了以往劳动教育以体力劳动或知识学习为主的片面的、单一的大众认知，引导师生树立正确的、科学的、全面的劳动观念，增强对劳动教育的认同感。

劳动教育旨在育人，育人则离不开真实的教学情境，农事劳动则是一种置身于真实情境中的教育。开展农事劳动教育，即让学生参与到农事劳动的实境中学习，能直观了解农作物从播种到收获的全过程，在农事体验中丰富认知，在农事劳动实践中学习基本劳动技能，从而提升学生分析问题、解决问题的能力。学生通过农事劳动体会劳动的辛苦，品味劳动创造的价值，进而增强对生命守护的责任，最终促使自身的综合素养在一次次农事播种、管理、收获中得以提升，充分发挥农事劳动教育这一载体作用，实现真正地促进自身德智体美劳全面发展。

（三）有力度——构建课程体系让劳动教育有章可循

研究针对当下劳动教育（尤其是农事劳动）内容分散、不成体系、劳动教育推进随意等问题，进行了区域农事劳动教育课程体系的建设。课程体系建设中，整合区域内外农事劳动资源，从课程实施4条路径来确定主题和实施方式。区域主导下由学校、基地、社会资源共建共享课程内容，构建了一套符合学生发展需求和学校教育现状的农事劳动教育课程。课程在实践中逐渐完善，开创了课程体系的建构和农事劳动教育实践并驾齐驱的新局面，促进了农事劳动教育的立体发展。

将理论与实践相结合、共建共享的农事课程体系不仅实现了区域内外农事劳动教育资源的有效整合，为区域内的学校提供了可供选择的课程资源库，也为社会资源、劳动基地在更好地满足学校劳动教育需求方面，提供了思路和可用资源。作为区域课程体系，农事课程体系也可以为其他区域的劳动实践教育提供可参考、可选择的行动方案。

（四）有效度——借力信息技术让智慧劳动全区普及

作为区域农事劳动教育的辐射点，一方面基地校之间要实现场地共享、资源互通、课程共建，让学生对农事劳动教育的各领域体验、参与和认识形成一个闭环；同时这些基地校还可以带动影响周边的学校，给周边学校师资、资源、课程提供支持和指导，实现区域协同推进。

各基地校的"智慧农场"充分利用学校已建成的校园网络平台，以物联网传感技术为依托采集数据，利用网络传输技术、数据管理、检测与分析平台和各种信息化终端，形成"互联网＋"环境下，学生、教师、家长共同参与的智慧农场教育系统。同时，智慧农场的"智慧"更是借助信息技术，将智慧劳动以点带面，从周边学校到全区学校，从而在全区普及。

四、效果与反思

（一）成果应用效果

研究过程中，以整合资源、共建共享为理念，建设了区域智慧农场基地校并实现以点带面的全覆盖；搭建出了完整的区域内校内外结合的小学生农事劳动的课程体系，初步实现了以课程体系来引领农事劳动教育的全面实施；探索出"一核四翼"区域农事劳动实施路径，实现了校内外结合、共建共享的区域农事劳动教育的全面实施和推进。

（二）成果社会影响

本研究取得了较大的改革效益与社会影响力，3年来共研究发表论文8篇，出版著作3部，举办了成都市推广会，并全面发行，辐射面广，接待外来人员1 000余人次；各级各类新闻报道成果22次。学生获得区级以上奖项400余项，发表与农事劳动教育相关的美术作品、小文章等100余次。此外，学生的《利用环境电磁能量的绿色灌溉系统》获得2020年专利认证，主研教师受邀讲座27次，各级公开课展示17次，在比赛中获得区级及以上奖励174项。

（三）反思与展望

智慧农场为劳动教育提供了应用场景，形成"传统精神弘扬、现代技术运用、劳动体验真切"的校园农事劳动教育实践基地。基于物联网技术下的智慧劳动教育，让学校教师拥有现代丰富的智慧管理资源和教学资源，在"亲近田园、体验劳作、分享协作、闪亮成长"的劳动教育中，引导学生在真实生活、生产、生态中体验、学习、实践，从小崇尚劳动、尊重劳动。区域协同打造和推进使教育资源利用效益最大化，形成了很多可推广、可借鉴的经验。下一步锦江区还将持续开展研究，并加大推广普及工作，让区域内各校的劳动教育都能齐头并进，切实推进。

第二篇

新技术应用赋能教学变革

专家导读

成都市国家级信息化教学实验区的建设旨在推进信息技术在教育教学中的应用，提高教育教学质量和效率，培养高素质的信息化教育人才，同时还涉及推进教育管理的现代化和提高学校的管理能力等方面。实验区需要通过推广新型教学模式、开展教师培训、建设教育信息化平台等方式，推动教育教学改革和信息技术应用的深度融合，提高学生的综合素质和创新能力。具体而言，成都市国家级信息化教学实验区的工作包括但不限于以下几个方面：第一，新技术在教育教学中的应用，包括虚拟仿真教学、电子化教学资源、发展在线远程教育等。第二，推动教育教学改革，探索信息技术在教学模式、教学方法、评价体系等方面的应用，提高教育教学质量和效率。第三，建设师资队伍，培养高素质的信息化教育人才，提高教师的信息化教学能力和管理水平。

在成都市国家级信息化教学实验区建设这一过程中，新技术在教育教学中的应用成为一个重要关注点。从新技术应用层面来看，国信区改革工作主要如下：一是运用新型技术与学科教学融合，形成新型教学模式，培养学生的跨学科思维、创新能力与信息素养；二是充分利用人工智能技术、区块链、云技术、大数据、脑科学和 5G 技术等新的技术形式，构建微课、翻转课堂、研究性学习等新型教学模式，形成智慧教学示范课；三是运用"互联网＋教育"（远程直播、录播）突破时空限制，构建区域线上线下双师混合教学新生态，帮扶带动教育薄弱地区，助推区域教育优质均衡发展；四是运用新型技术提升教师能力，进行教师培训，开展常态化线上线下教研活动，并建立网络直播、网络论坛、网络听评课相结合的智慧教研模式。五是利用新型技术对课堂生成性行为进行数据采集、监控及精准分析。

由此可以看出，新技术应用在本次实验区建设中具有以下特征：

（1）融合性：将多种新技术应用融合到教育教学中，实现互相支持和互相促进。例如，在成都市国信区遴选出的 9 个新技术的实践中，将人工智能技术、虚拟仿真技术、微课程、教育 APP、数字环境、在线教育、远程教育等融合到教育教学中，提供更加全面和多样化的教学服务及资源。

（2）效率性：通过新技术应用提高教育教学效率和质量，实现教育教学的高效、智能化和个性化。例如，在英语 AI 听说系统对教学效果影响研究中，利用 AI 听说系统与 AI 作答器，能够精准定位到学生发言薄弱点，教师能更有针对性地进行教学，节省了教师的时间，提高了教学效率，同时学生也能得到反馈，及时纠错，提高学习质量与效率。

（3）突破时间与空间的限制：利用在线教育、远程教育、微课程、教育 APP 等方式突破时间或空间的限制，使学生随时随地都能学习。例如，"基于微课程资源的培智学校教学模式研究"中，利用微课的特点，将教学内容分解成若干小块，为培智学生打下良好基础，还能使他们随时随地都可以学习。在"善用 APP，探索小学生自主学习体系建设的实践"中，学生能够随时随地利用教育 APP 进行自主探究、同伴交流共享、反馈学习效果、自主拓展等。在成都市天涯石小学专递课堂建设与实施实践中，凭借"5G + 三个课堂"技术的稳定、高清信号输出，交互式直播课堂系统，显现全国实时跨地互动、本地录制、资源共享等功能，有效地实现优质教学资源的录制、存储和传播普及，同时也突破了时空的限制。

（4）精准性：精准教学通过教育大数据分析等技术手段，实现了对学生学习过程的全面监测和精准评估，为教师提供了更具针对性的教学指导，进而提高教学效果和学生综合素质。例如，在基于数据的个性化教学、英语 AI 听说系统对教学效果影响研究和人工智能时代背景下"5I"课堂实践案例中，均可以利用数据进行精准定位，精准掌握学生情况，提供个性化学习资源，从而进行精准教学。

（5）创新性：通过新技术应用推动教育教学的创新和变革，促进学生的创新思维和实践能力的培养。例如，在双核驱动、点面结合，开创虚实融合的实验教学新模式实践中，通过虚拟仿真技术，学生可以在更加真实的学习环境中进行实验，促进了学生创新思维和实践能力的培养。

结合国信区改革的活动与过程来看，本次改革中新技术在教育教学中的应用实践类型丰富，解决方法各不相同。但如果整体分析，会发现具备以下几个共同的特点：

（1）以学生为中心：实践均体现出了改革以学生为中心，提供个性化的学习支持和服务，满足学生多样化的学习需求，针对学生的情况推送个性化学习资源，促进学生全面发展。

（2）以教育教学为核心：实践均体现出以提高教育教学质量和水平为核心目标，注重优化课程设置，提倡新型的教学模式，强调要发挥学生的自主性，促进学生进行深度学习，倡导创新教学和课程设计。

（3）以信息技术为支撑：实践所呈现的改革方式均以信息技术为支撑手段，在加强信息化基础设施建设的基础上，强调提高信息技术应用水平和资源配置能力，推动数字化、网络化和智能化的教育教学。

（4）以教师培训为重点：改革以教师培训为重点，加强教师信息技术应用和教学能力培养，支持教师开展创新教学和课程设计。

整体来看，基础教育中新技术的应用呈现出的特点可以归纳为：理念为先、场景为要、应用为王、资源为基、数据驱动、技术赋能、环境变革、流程再造。

基于以上分析与总结，我们遴选了在实验区建设中的8个模式分别进行呈现，以期为后续的建设工作提供一些值得参考的实践。

技术赋能　创新发展
——教育部"基于教学改革、融合信息技术的新型教与学模式"实验区成都实践

基于微课程资源的培智学校教学模式

【导语】

本微课程资源库以及基于微课程资源的教学模式均是探索信息技术支撑下适应青羊特校（培智学校）教与学实际需要的模式。微课从智力障碍学生身心特点及发展需要出发，以《培智学校义务教育课程标准》为指导，通过信息技术手段制作而成，最终将教学内容、过程、拓展材料直观地呈现给学生。将微课运用于课前预习、课中学习以及课后复习的教学模式，把教师的教与学生的学串联起来，将信息技术运用贯穿始终。回应了"以课堂教学为重点，以信息化为驱动，变革教师教学，变革学生学习，推进信息技术与教育教学的深度融合"的目标。

一、问题的提出

（一）研究背景

1. 信息技术的发展为课堂教学赋能

教育部指出：要努力推进信息技术在教育教学中的整合，鼓励在教学中广泛应用信息技术手段，并把信息技术融合在其他学科的学习中。

随着科学技术的进步，人类已经进入信息技术广泛应用的时代。信息技术在教学实践中扮演着越来越重要的角色。将信息技术灵活多样地应用于课堂教学实践中，能创设新颖的智慧教学环境，同时还能与各学科教学相整合，有利于提高教学质量。信息技术已然成为教师教学和学生学习的重要工具，在教育教学中的应用已是大势所趋。

2. 信息技术2.0为学科深度融合创新助力

教育信息化2.0行动计划实施后，教师们历经了网上学习、选择能力点、完成能力点作业、将能力点技术运用到课堂教学中的培训学习，树立了新的教育理念，提升了教育观念，掌握了现代化的教学方法和教学手段，提升了熟练运用信息工具等对信息资源进行有效的收集加工组织运用的能力，这为教师完成制作微课并将微课的运用贯穿于学科教学的全过程提供了助力。

3. 信息技术吸引培智学生主动参与课堂

培智学生的思维多停留在具体形象思维阶段，缺乏分析、综合、抽象、概括的能力，以无意注意为主，注意的分配与转移能力差，利用微课声画并茂、动静相宜、感染力强的特点，使学生身临其境，从而调动学生的学习积极性。信息技术的运用可以减少学生学习过程中出现的困难和问题，创设情景、渲染生活氛围，激发学生丰富的情感，调动学生的学习积极性，让学生主动参与到学习中来。

（二）主要解决的问题

1. 资源缺乏，难整合

培智学生因其具有感知速度缓慢、感知的范围狭窄、感知的信息量少，思维长期停留在直观形象阶段，且思维刻板、缺乏目的性、注意力不集中、个性方面缺乏主动性等特点，需要教师以图片、动画、微课视频等多元化形式进行教学。而在检索与获取相关资源时，发现当前存在途径单一、选择杂乱和操作烦琐等问题，而已有的资源也难以整合形成系统化的资源。

2. 资源质量参差不齐，难运用

网络中的教学设计、多媒体课件及微课视频良莠不齐，造成教育教学相关教师在选择、参考与使用现有教学资源时存在质量不佳的风险。除此之外，教师的学历、教龄和能力差异较大，自制的教学设计、课件和微课质量参差不齐，还存在资源利用率低、内容更新慢、缺乏个性化等问题，难以统一化和规范化，造成了知识与技能教授方面的一系列问题。

3. 资源分散，难共享

因培智教育相关教材自身存在版本繁多、内容杂乱等问题，无论是网络上现有的相关教学资源，还是学校教师们自制的教学资源，均存在素材单一、分类杂乱，整体结构设计不科学，共享性差、时效性差，目标对象不明确等问题，未能构建形成一套设计科学、操作简洁的教学资源库系统。除此之外，互联网上现有针对培智学校的教育教学资源、材料少之又少，教师利用仅有的教学资源进行教学准备和实施时，容易形成"信息茧房"，不利于教师教学水平的提升和学生的学习。

二、研究举措

（一）立足培训，提高教师信息化水平

为全面促进学校教师主动适应互联网、人工智能等新技术变革，加快信息技术与教育教学融合创新，切实提升信息技术应用能力，积极有效开展教育教

学,邀请专家为教师进行专业的培训,或者邀请学校信息技术运用能力突出的教师为其他教师做培训。具体包括:优化教师信息化技术、提高教师拍摄技能的摄影技巧培训、教师信息素养培训、微课制作培训、各类制作微课的APP操作技巧培训、一体机使用培训等。

(二)组建团队,搭建教学模式框架

建立基于微课程教学环境下的教师团队,即构建共享、共建、共进的专业发展的教师学习共同体,以保证学科持续、健康、稳定发展。首先确立团队的建设目标,知道团队要做什么、应该做什么。营造良好的氛围为搭建教学模式框架的任务创设良好的沟通环境。教师团队在任务的驱使下,探讨基于微课程教学模式的框架,包括选择微课程主题、微课教学设计方案的设计打磨、微课视频拍摄的各环节部署、微课制作使用的APP汇总、微视频在课前课中课后的运用、共享微课程的素材等。

(三)制作微课,形成微课程资源库

确定好微课程主题、设计好微课程方案后,就要落实微课的制作。微课大多采用"PPT录屏""视频拍摄""PPT录屏+视频"的形式制作,要求片头有对微课标题、教师等信息的呈现,以使微课的体系具有完整性,从而结构完整、视频有字幕、分辨率高、教师语言流畅。分学科汇总形成学校的微课程资源库,并将资源库共享,方便教师使用微课资源。

(四)实施教学,探索微课教学新路径

微课的运用为课堂教学带来了便利。微课能满足不同学生对知识点的差异化学习需求,基于微课的移动学习、远程学习、在线学习越来越广泛。学科间的差异、学生能力的差异决定了微课为不同学科提供支持,教师也在教育教学的过程中形成了运用微课教学的有效方法,如:结合教学设计微课实施方案,创设教学情景充分发挥微课优势,全面渗透微课促进学生发展,借助微课直观演示突出重点等。

三、研究成效

(一)研究成果

1. 形成了培智学校微课程资源库

为适应培智学生的学习需求,微课程开发组从智力障碍学生身心特点及发展需要出发,以《培智学校义务教育课程标准》为指导,根据多年来的教育教

学实践经验，开发制作微课程。微课程编写注重生活化、直观化，化抽象为形象，同时遵循"小步子，多循环"的原则，将教学内容分解成若干小块，加强对知识的理解，更好地为培智学生学习打下扎实的基础。经过长时间的积累，学校形成了微课程资源库，包含生活语文、生活数学、生活与劳技、运动与保健、绘画与手工、园艺、陶艺等多门课程的微课集。图2.1展示了学校部分微课视频。

图 2.1　微课视频

2. 探索出基于微课程资源的教学模式

为了更有效地运用微课帮助孩子掌握知识，帮助教师提升课堂教学效率，帮助家长辅导有的放矢，我们总结出运用微课程资源的教学模式，涉及课前的预习、课中的学习以及课后的复习3大板块，具体如图2.2所示。

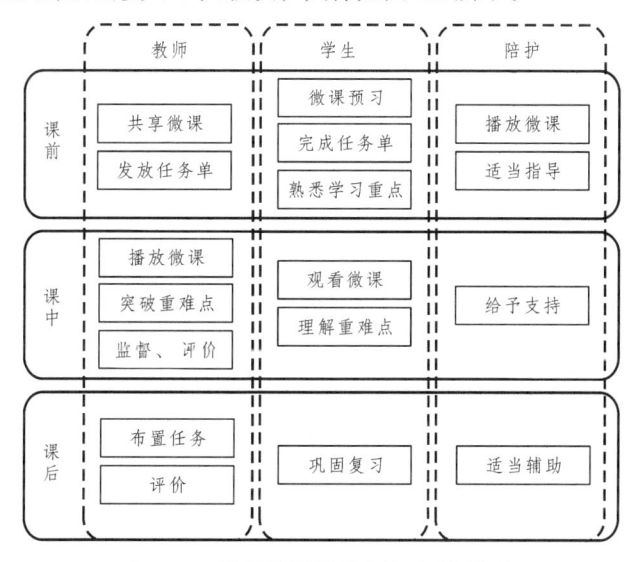

	教师	学生	陪护
课前	共享微课 发放任务单	微课预习 完成任务单 熟悉学习重点	播放微课 适当指导
课中	播放微课 突破重难点 监督、评价	观看微课 理解重难点	给予支持
课后	布置任务 评价	巩固复习	适当辅助

图 2.2　基于微课程资源的教学模式

（1）课前预习。

课前教师发送微课视频和任务单资源给学生，学生在观看微课和完成任务单的过程中，让学习重点内容在脑海里留下了印象，学生对要学习的内容有了大致的了解。这对于学生在课中学习打下了良好的基础。学生对学习内容有了思考、想法，都可以带到课上来进行深入的学习，达到掌握知识的效果。同时，微课的趣味性、流畅性、信息性也为学生提前预习提供了便利。

（2）课中学习。

微视频是课中学习当堂课教师讲解突破重难点的利器。微视频的制作注重遵循学生的视听觉学习特点，同时遵循"小步子，多循环"的原则，将教学内容分解成若干小块。结构化的教学安排便于学生学习，也利于教师清晰地呈现教学内容，讲透重难点，让学生学习起来更加轻松。

（3）课后复习。

易遗忘、短时记忆是培智学生的典型特点。微课程的加入可适时地帮助学生回忆巩固以及掌握所学知识点。学生在校的陪护可能不是家长，家长在家辅导学生的时候，也可以借助微视频理解学习要点，以便帮助孩子在家巩固知识。对于能力较好的学生来说，微视频的再观看、再学习更有利于培养学生的自主学习能力。

（二）研究效果

1. 知识掌握更牢固

微课打破传统教学的固有模式，借助信息化手段开展教学活动，提高了课堂的趣味性，帮助培智学生感受到学习的乐趣，减小学习压力；还可更加系统地学习知识，并掌握所学内容，进而提升培智学生学习知识的信心。课前发放微课进行预习为学生初识知识建立意识；在有限的课堂时间里，通过微课提升课堂教学效率、突破教学重难点；课后学生根据自己的实际情况反复观看微课，家长辅助学生把握学习节奏，通过微课复习巩固探索知识。在微课的加持下，学生能更加系统地学习知识，促进深度学习，以更加牢固地掌握知识。

小胡同学在劳动技能课"蒸鸡蛋羹"这一课的学习中，在学习"打鸡蛋"这一步骤时无法理解"用大拇指抠住鸡蛋壳轻轻掰开"的操作。尽管老师使用了图文结合、现场演示的方法，但小胡同学始终无法掌握"抠"和"掰"应该使用的力气和技巧，导致在实践练习中总把鸡蛋壳捏碎。因此，老师在资源库中搜寻了打开鸡蛋的微课视频，视频中详细解说了打开鸡蛋的每一步以及对应的操作展示，还有出现鸡蛋碎壳掉进碗里的解决方法。小胡同学在家观看老师提供的微课视频后，理解到动作的连贯性，立即在家进行了实践操作，一下子就按要求打开了鸡蛋壳，达到了学习目标。

2. 学生学习更灵活

微课让培智学生的学习地点、时间和内容更加灵活。在传统培智教学当中，学生学习的场地局限于学校、课堂和实践基地。建立了培智学校微课程资源库后，学生学习的场地更加丰富，如家庭、社区等，弥补了学校学习的空缺部分。在日常教学中，学习的时间是固定统一的作息表，培智学生由于自身情况的特殊性，如疾病、情绪等，并不都适合统一的作息时间。通过培智学校微课程资源库，学生可在适合自己实际情况的时间进行学习。在以往的培智教学当中，教师会根据学生的情况进行个别化教育计划的编写和实施，受学习场地的限制，生活自理领域的评估可能会存在偏差，导致教学内容和学生实际需求不匹配。建立了培智学校微课程资源库后，培智学生根据自己的短板学习适合自己实际需要的内容，能更好地提升自身的综合能力。

3. 教师教学更系统

教师课前提供微课，通过任务驱动、兴趣驱使的方式，引导学生进行课前自学。通过家长了解学生个体的学习情况、学习疑难点，以便对学情进行统计和分析，动态调整教学内容。课中针对学生的学习难点进行突破，对学生进行个性化的指导。课后，微课帮助教师实现个别化的巩固，通过了解学生巩固情况，形成完整的教学闭环，使教师教学更加系统。同时，教师利用各个微课的内容，通过自己的巧妙加工将教学资源在教学任务、教学活动、教学环境之间建立有意义的关联，将各个微课有机地串联起来形成一个有机整体，在实现微课系统性的同时达成教学的系统性。

4. 课堂教学更高效

微课运用于课堂后，在学校教育中受到广大师生家长的喜爱。微课主要以短视频的形式呈现在学生面前，视频里的教学内容设计是在传统教学设计、教学内容的基础上进行反思改进后所得到的优质教学资源。学生借助微课进行有针对性的学习，根据自己的需求对新知学习或者对已学知识进行巩固和补漏，从而实现个性化教学，强化教学效果。兴趣对人的活动具有非常重要的作用，学生的学习兴趣一旦被激发，就会产生聚精会神的注意力、愉快紧张的情绪及坚强的意志等，从而强化学习活动的效果。培智学生的课堂强调生活性，运用微课创设教学情境，模拟再现生活，使学生进入身临其境的问题环境。

微课最直观的评价是学生的学习目标达成度。学生通过微课，对需要了解、掌握的知识和技能有了更直观的了解、更快速的理解，最终达到相应的目标要求。以往需要花两节课的时间去学习蒸鸡蛋羹的材料、步骤和重难点，需要教师在课堂上反复强调的"打鸡蛋""搅鸡蛋"等关键步骤，"挑鸡蛋壳""加适量水"等细节，通过微课的讲解和演示，学生可以更快速、直观地理解和掌握，最终达到学会蒸鸡蛋羹的学习目标。学校的微课程资源库为教师的课堂教学提供了很好的补充，为课堂上没有达到学习目标的学生提供了学习机会。

5. 家长辅导更有方

微课不仅是课堂教学的延伸，帮助学生更好地掌握相关知识，更是家长在家辅导学生学习的工具。家长通过观看微课，跟着微视频的引导正确地辅助孩子学习，让家长摆脱辅导学生学习无从下手的困境，提高家庭教育能力。同时也强化了家庭与学校教育之间的深度合作，对于家校合作模式来说，是一种有效的探索。

四、获奖情况

（一）教师教育教学信息化大赛获奖

学校教师积极参加成都市教师教育教学信息化大赛。唐小红老师的"微信支付购物及其注意事项"和陈彦池老师的"学冲豆浆"分别获得成都市一、二等奖的优异成绩。

（二）第五届特教教师和资源教师信息技术应用能力展示交流活动

唐小红、白玮、袁罗群、王海燕、赵敏5位教师参加"在第五届特教教师和资源教师信息技术应用能力展示交流活动"的作品拟结集出版。

（三）微课获奖

杨媛琳老师的微课"学摘生菜"和王凤玲老师的微课"使用工具切胡萝卜"在区中小学劳动教育微课资源评选活动中获二等奖；罗蓓老师的微课"擦茶几"在区信息化大赛中获三等奖。

（四）信息技术相关论文获奖

教师在课堂中运用信息技术，思考、总结、提炼，形成的论文《微课运用于培智学校劳动技能教学的实践研究》《运用微课提高培智学校劳动技能的教学效率》也分别获得二、三等奖。

五、推广情况

（一）特奥运动微课推广情况

按照省残联、省体育局、省教育厅《关于进一步加强四川残疾人体育工作的实施意见》（川残发 2 号）和省、市残联《关于组织开展"体育复健进校园"运动项目的通知》要求，以及市特教资源中心、市特教专委会《关于开展特奥项目进培智教育课程的工作方案》（成特资〔2021〕1 号）安排，进一步提升特殊教育体育教师、教练员的专业水平，成都市青羊区特殊教育学校特奥部在成都市特殊教育资源中心的指导下，开展了特奥项目进课程的微课样本的制作和拍摄工作。特奥维克样本的制作、拍摄历时一年，共拍摄了关于特奥体育项目的 9 个微课样本视频，具体如图 2.3 所示。

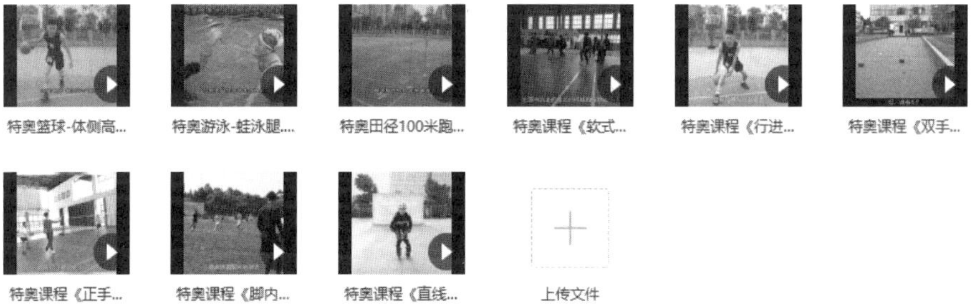

图 2.3　特奥体育项目 9 个微课样本视频

微课样本视频从个人准备、场地准备、运动器材准备、热身、运动流程等方面做了详细的介绍。在特教云平台，面向全体特殊教育学校师生及家长，孩子们能在视频的引导下进行特奥训练，得到了师生及家长的一致好评。

（二）园艺微课推广情况

微课"丝网花"考虑到特殊教育学生的学习特点，采用了特制的辅具、简化的设计和色彩丰富的画面，来帮助学生更好、更快地掌握丝网花的制作技巧。

该微课简洁明了地呈现了制作丝网花的通用步骤，同时强调了成品丝网花的质量标准，对培养特殊教育学生安全意识、质量意识、耐心细致、收拾整理等职业素养有一定的帮助。微课"水培绿萝"采用视频的形式，将水培绿萝所用到的原料与工具全部列举出来，并将水培绿萝的步骤分为脱盆、清洗、消毒、修剪、栽植、管理等 6 步一一进行呈现。视频教学并辅以教学手册的方式，激起了学生的兴趣与好奇心，同时促使学生产生沟通与交流的需要（如与训练者积极互动、同伴之间交流比赛等），进而加强他们的沟通交往能力。目前，两份微课已纳入成都市培智职业高中课程样本资源库，供全市特殊教育教师参考，受到好评。

【点评】

特点介绍：新技术使知识内容通过图像、动画、声音、影像等一种或集中形式的组合来表现，从而使知识内容更加丰富。运用新技术能够刺激多种感官，有利于激发学生的学习兴趣，还能扩展教师与学生的信息源。教师和学生访问电子化的资源库可以直接获取相关的素材和资料。并且新技术可生动直观地展示原来无法直接展示的东西，且具有交互性，摆脱了传统的、被动的注入式的教学方式。新技术能够提供虚拟化的教学环境，意味着教学活动可以在很大程度上脱离物理空间和时间的限制。

新技术应用体现：主要体现在微课的制作，教师教学使用微课，学生课前预习课后巩固使用微课，家长使用微课进行辅导以及在希沃白板 APP 上保存共享等方面。

人工智能时代背景下"5I"课堂实践

【导语】

《新一代人工智能发展规划》强调加快人工智能的创新应用。教育是人工智能主要应用领域之一,各种智能技术成为人工智能时代学习环境形态转变与升级的有效突破口,不仅能够通过各平台系统和工具实现智能化方向上功能的延伸,为教与学活动提供了多变性的教学"情境",也可以作为中间桥梁,链接环境中各子对象,在生态平衡关系基础上充分发挥其生产力作用。在当前信息技术发展日趋成熟的条件下,以各种智能技术为支撑的智慧学习环境研究是我国人工智能教育应用发展的主要方向。

"智慧学习环境下的'5I'课堂构建研究"中,在二年级 2 班语文课堂上以《亡羊补牢》为例,运用多种技术围绕教学目标展开课堂实践研讨。通过对教学过程中及课堂动态数据的融合,精准把控学生学情及动态联结。

一、研究背景

在当前信息技术发展日趋成熟的条件下,以各种智能技术为支撑的智慧学习环境研究是我国人工智能教育应用发展的主要方向。教育的最终目的不再是简单的传递、灌输知识,而是把教会学生创新、批判、独立思考等高阶学习能力视为最终归宿,致力于培养全面发展的创新型人才,让学习者具备在信息时代生存的必备技能。

基于人工智能时代的快速发展,学校开展了"智慧学习环境下的'5I'课堂构建研究",其中"5I"中第一个 I 即"我"(I),指以学生为中心开展教与学活动,在过程中充分展示自我;第二个 I(Interaction),即多维多向互动,实现学习个体的激活;第三个 I(Interconnection),即资源互连共享,利用互联网信息技术手段,提供丰富的学习资讯(资源推送);第四个 I(Immediate-feedback),即及时反馈数据,利用技术手段进行学习数据反馈;第五个 I(Inspiration),即激发学生潜能,通过数据,了解学生潜能发展状况,发现学生已有兴趣,精心设计教学活动,激发学生潜能(见图 2.4)。

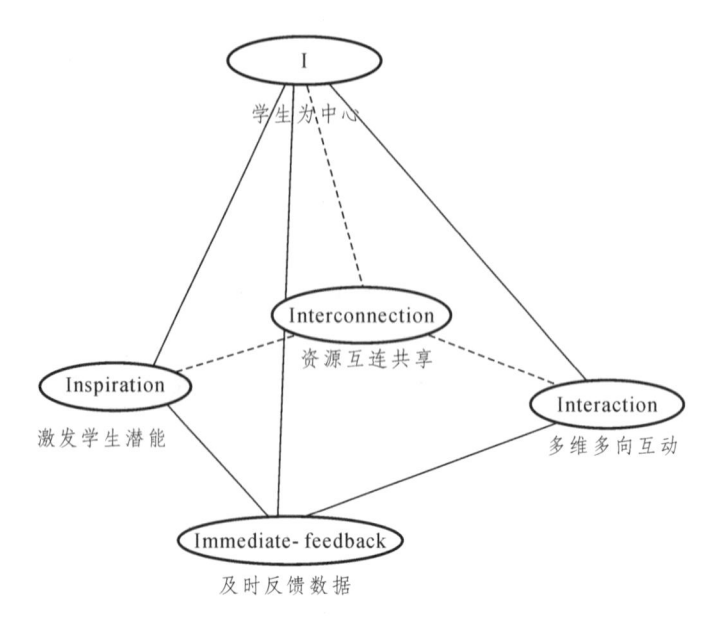

图 2.4 "5I" 课堂教学模式

"5I"课堂构建是指为了在课堂的交互环境中实现教师和学生的个体发展，促进教师和学生的潜能发展等目标，教师和学生在教学过程中所采取利用学习资讯进行资源融合开展教学的行为，主要关注教师与学生的相互作用，包括教师的教授行为与学生的学习行为两类。本研究通过"构建 5I"课堂推动教师使用信息技术教学平台时教学的方式、评价方式等方面的转变，通过技术的支撑形成更有利于激发学生学习兴趣的教学方式。

尽管已有许多学校开展智慧教育试点，但部分学校仍停留在表面，甚至有的学校由于技术条件限制尚未呈现出人工智能时代的特征。

二、学情分析

本班学生自一年级起就在多种场合将智能技术运用于学习当中。从较为普遍的教师助手、智慧云平台，到希沃软件和微课录制，再到腾讯趣答和 AI 听说课堂，学生对智能技术在课堂和学习中的运用是很熟悉也很喜欢的。对于每一种智能技术运用的新体验和新尝试，都受到学生的极大欢迎。建立在机器学习和数据挖掘技术上的个性化学习研究是国外智慧教育研究的热点。于教育者而言，通过深入挖掘海量的教育大数据，可以发现学习者的规律，分析预测学习者的学习行为，提供个性化学习的支持和测评。我们也在追求致力于实现主动、深度、无边界的学习方式。教师的教是为学生的学而服务的，学习方式的变革必然引起教学方式的变革。

三、设计过程

（一）学生主体，掌握人工智能时代基础教育的动力机制

1. 需求导向，依标扣本

伴随着人工智能技术在教育中的广泛应用，人工智能将逐步具备部分课程主体功能，发挥课程主体作用。人工智能时代的课程，是智能社会价值观念下，根据智能社会人的全面而又具个性发展的需要，由人工智能技术推动的课程结构、内容、实施和评价等变革，表现为课程的融合过程。因此，无论应用的是哪一种智能技术，其核心都是围绕学生主体的课堂实践，其作用一定是围绕新课程标准下教学目标的精准施教。针对不同教学目标及学生学情，熟练掌握并运用智能技术，是对教师职业素养的考验也是挑战。在设计之初，需要针对教学目标对每一环节所需要的智能技术进行匹配和演练，寻求最适宜学生的教学方式。

2. 匹配学情，师生演练

智能技术应用于课堂是需要在过程中反复熟悉的，在课程设计之前，花费时间让学生了解并掌握智能技术的运用至关重要。其一，可以便于让学生尝试并掌握各种智能技术的学习方式；其二，只有从实践中得出的经验才是真正有价值的，只有从实际操作中才能知道如何匹配学生需求，如何有效达到教学目标。因此，在课程设计当中，依据学生感受和实际操作进行有效演练非常必要，在这个过程中，师生能真实感受到教学过程的有效性和局限性，从而对课程设计做出有效的调整。教师的教是为学生的学而服务的，学习方式的变革必然引起教学方式的变革。技术的发展是为教育服务的。冰冷的技术支撑下的智慧教育往往容易忽视学习者的情感需要及个性化的学习需求。因此，技术的设计与应用应该从学生的学习需求出发。

（二）教师主导，探索人工智能时代基础教育实施路径

1. 顶层设计，确定人工智能时代基础教育新特征

建立课程团队，形成人工智能时代背景下"5I"课堂实践的价值理念共识，确立设计方案。从以往课程经验中系统分析人工智能时代背景下"5I"课堂的新内涵、新特征，确定课程设计的切入点。

2. 技术创新，建立人工智能时代基础教育新模式

选取代表性班级、学科教师开展课堂实践研究，制定教学设计方案。一方面，开展人工智能技术支撑下"5I"课堂的探索；另一方面，探索人工智能与基础教育的融合，人工智能时代背景下开展教学的新策略。做好模式提炼、策略提升和经验积累，并积极总结、推广。

3. 教师研修，构建人工智能时代基础教育共同体

"5I"课堂实践对教师信息素养是有一定要求的。教师与学生的理念和技术素养是实施关键。对教师进行教育理念、方法及技术的培训和研修是相当必要的，以保证教师教学理念的更新，促进教师信息技术应用能力的不断提升。虽然《教育信息化 2.0 行动计划》开启了新一轮教育信息化建设，但目前也有部分师生信息素养较为缺乏，且信息化设备的使用频率较低，仅停留在简单的电脑基本应用层面，导致智能教育数据缺失。因此，构建教育共同体有利于积极推进师生从技术应用向能力素质的拓展。

四、实践过程

（一）创新评价方式，活化课堂教学

1. 关注所有，查漏补缺

在小学低段的语文教学中，学生生字的认读及课文的朗读尤为重要，在本堂课中多次采用 AI 听说课堂，将该课重要生字词及重要语句及段落进行学习和巩固。在评价过程中，每一个学生的认读及朗读过程都会得到第一时间的反馈，便于及时纠正。常规课堂中，由于时间有限，难以掌握每一个学生的学习情况，而利用 AI 听说课堂，能真正意义上做到关注每一个学生。

2. 关注整体，看见学生

在课堂实践中，显性化与隐形化、总结性评价与伴随式评价相结合，从而做到关注每一个学生整堂课情况。针对学生的每一次学习过程，会做出横向和

纵向的多元对比。每一次提升和熟练不仅让学生得到认可，也是对知识点学习过程的动态展示。将常规课堂中依据教师主观经验的判断转向客观大数据的支持，从单一模态的信息变为多模态化的信息。

（二）数据资源建设，探索结构样态

1. 技术赋能，注重设计

促进技术与教育的深度融合，需要看清技术和教育之间的关系。技术的应用始终是为教育服务的。在课堂实践中，充分考虑学生情况，采用白板、希沃、AI 听说、智慧云平台等多种智能技术，注重整体设计，以有效完成整体教学目标。智能技术的应用与融合，是围绕教学目标而展开的，而不仅仅是单纯的技术展示，为技术而技术，无效且无任何价值意义。人工智能最终考察的是人类积累的经验多样性和人类想象力的丰富性，代表人的品质属性。人工智能时代的教育是教师综合设计能力的体现，教师技术能力关系着能把人工智能运用到多高的水平。

2. 数据驱动，上下联结

该课堂实践不仅在课程教学过程中关注学习者每一次互动数据和综合数据，更是结合视频监控设备采集的数据，充分发挥大数据的价值。在学生的综合素养自动评估中，录播室中大量过程性数据附着在各类传感器及应用系统上，在运用过程中将学生动态与数据充分融合。首先，教师在课堂过程中可以掌握学生的每一次数据，从而心中有数，在后续学习中有针对性地进行查漏补缺；其次，综合各模态数据的融合性，使课后巩固方向更为明确且有针对性，更有利于学生核心素养的提升；最后，实现教育内部联结的同时，使教育系统和社会系统紧密联结。

（三）"5I"课堂构建，把握价值定位

1. 学生主动，积极活跃

学生在课堂中能够主动参与知识的构建，比如词语的理解和文章内容的表达，能够参与到教师精心设计的学习活动中，并在学习活动中培养自身的语文综合素养。

2. 多维互动，形式丰富

课堂体现了师生与教材的互动，师生和生生的互动，主要体现在启发和表

达方面。智慧环境下的 AI 听说课堂的多维互动，主要体现为个性化的朗读，有个人的、随机的、集体的多种形式。

3. 调用资源，自主学习

课堂学习过程中使用希沃和听说课堂，调取资源，主要应用于文本填空和生字学习。低段学生选取资源的能力还在发展中，所以由教师进行选取，后期将更多侧重培养学生自己调用资源的能力，帮助学生进行自主学习和知识构建。

4. 及时反馈，精准调整

运用科大讯飞答题器及时反馈数据，无论是教师还是学生都对知识掌握有了具体了解，依据掌握情况有针对性地进行教学。

5. 整体参与，激发潜能

整节课的每次反馈可以及时看到学生状态。AI 智能分析系统正在升级，后期会导入所有学生的名单，检测到每个学生的单独行为报告，掌握整体参与及具体情况，以此精准激发学生潜能。

五、实践启示

（一）围绕学生主体，实施系统策略

人工智能时代背景下的教学一定是以学生为主体的教学，切实针对学生真实情况，制定教学策略，落实教学目标，打造智能、融合及互联的教育管理体系，努力构建并实施系统性的策略。

（二）提升师生素养，构建评价体系

在教学过程中，学生是主体，教师是主导。在人工智能时代背景下，教师和学生的理念、技术素养是实施的关键。重视师生信息素养的培养，应对教师进行理念和方法的培训，保证教师教学理念的更新，促进教师信息技术应用能力的不断提升，使师生切实体验人工智能给教学和生活带来的便利。

（三）加强实践研究，促进广泛应用

对于过去开展信息技术辅助教学的经验，教师要善于总结和反思。人工智能时代的来临，需要我们站在新时代的高度，依照人工智能发展的特点，抓住人类科技发展的机遇。目前，随着青年教师的逐渐增多及经验教师的勤学多思，

越来越多的一线教师掌握了作业自动分析、智慧平台运用、图文扫描识字及智能语音输入等技术。智能技术不仅节省了日常教学中重复性劳动的时间，更让我们有更多的精力和时间投入到教学的思考中。

（四）多维实践探讨，发展关联研究

教育一定不是单学科或是单技术的，作为教育工作者，要用人工智能促进教育科学研究的新发展。人工智能时代，需要更多关注与之相关联的脑科学、教育哲学、认知心理学等研究，对于教师自身和课堂本身都有更高的要求。

【点评】

特点介绍：以学生为中心开展教与学活动，在过程中充分展示自我；多维多向互动，实现学习个体的激活；资源互连共享，利用互联网信息技术手段，提供丰富的学习资讯（资源推送）；及时反馈数据，利用技术手段进行学习数据反馈；激发学生潜能，通过数据，了解学生潜能发展状况，发现学生已有兴趣，精心设计教学活动，激发学生潜能。

新技术应用体现：利用人工智能技术，有效地形成精准学习数据，教师基于数据进行教学决策；辅助教师指导学生认读、朗读，并及时反馈练习过程，横向和纵向多元对比，认可和纠正的同时对学习过程进行动态展示；转变教师在常规课堂中依据主观经验的判断为客观大数据的支持，变单一模态的信息为多模态化的信息。

技术赋能　创新发展
——教育部"基于教学改革、融合信息技术的新型教与学模式"实验区成都实践

小学英语教学中使用英语 AI 听说系统的实践与思考

【导语】

小学英语教学中使用英语 AI 听说系统体现了国信区的改革目标，特别是回应了推进教育数字化转型、变革传统实验教学模式的目标。通过虚拟实验平台的建设和虚拟实验教育资源的共享，推动线上和线下课程教学模式的变革，构建不同学科、学段虚实融合的教学模式和应用模式，形成不同条件下实验教学的路径和方法，全面推进虚拟实验教学改革，实现了虚拟实验教学改革的路径创新。同时，还加大投入，优化虚拟实验教学，强化基础实验环境支撑，以保障虚拟实验教学开展需要的高带宽。这些措施有助于推进教育数字化转型，变革传统实验教学模式，实现国信区的改革目标。

一、研究背景

（一）国家政策背景和时代需求

1. 政策背景

《加快推进教育现代化实施方案（2018—2022 年）》，以习近平新时代中国特色社会主义思想为指导，全面贯彻党的十九大和十九届二中、三中全会精神，以培养社会主义建设者和接班人为根本任务，以全面加强党对教育工作的领导为根本保证，以促进公平和提高质量为时代主题。

《教育信息化 2.0 行动计划》将教育信息化作为教育系统性变革的内生变量，支撑引领教育现代化发展，推动教育理念更新、模式变革、体系重构，使我国教育信息化发展水平走在世界前列，发挥全球引领作用，为国际教育信息化发展提供中国智慧和中国方案。新时代赋予教育信息化新的使命，也必然带动教育信息化从 1.0 时代进入 2.0 时代。为引领推动教育信息化转段升级，提出教育信息化 2.0 行动计划。

《中国教育现代化 2035》提出了推进教育现代化的八大基本理念：更加注重以德为先，更加注重全面发展，更加注重面向人人，更加注重终身学习，更加注重因材施教，更加注重知行合一，更加注重融合发展，更加注重共建共享。

明确了推进教育现代化的基本原则：坚持党的领导、坚持中国特色、坚持优先发展、坚持服务人民、坚持改革创新、坚持依法治教、坚持统筹推进。

2. 时代需求

互联网、云计算、大数据、数字画像、VR 技术等不断地改变着人们的学习和生活。信息技术手段使教学方法、教学手段、学生的学习方式、学习手段都发生了天翻地覆的变化。人工智能应用于教育是教育改革和发展的需求，是贯彻网络教育方针的时代要求，其核心是解决好培养什么人、怎样培养人的重大问题，重点是面向全体学生、促进学生全面发展，着力提高学生服务国家服务人民的社会责任感、勇于探索的创新精神和善于解决问题的实践能力。当然人工智能除了可以为学生提供服务外，也可以给教师提供更有效的教学策略和教学方法。现今，随着计算机、教育的飞速发展和紧密结合，人工智能和教育已经成为密不可分的一个整体。

坚持以人为本，全面实施素质教育。人工智能应用于教育，是教育改革和发展的主题，是贯彻党的教育方针的时代要求，其核心是解决好培养什么人、怎样培养人的重大问题，重点是面向全体学生、促进学生全面发展，着力提高学生服务国家服务人民的社会责任感、勇于探索的创新精神和善于解决问题的实践能力。

怎样将人工智能技术高效地应用于教育是很多研究人员关注的问题。虽然近几年的研究取得了一定的成效，当然也遇到了一些问题需要加以改进和解决。随着网络教育和信息时代的发展，人们对于教育的概念和形式也有了新的认识。传统教育已经满足不了学习者多样的需求。人工智能在教育中的应用不仅可以满足传统教学满足不了的学生多样的需求，使教学更富有新意和吸引力，还可以改善现有的学习环境，全面提升教学效果。世界在飞速发展，生产力的提高、科学技术水平的高速发展，使我们不难预见人工智能技术应用于教育的发展前景。随着人类信息化社会的飞速发展和网络的普遍化，教育还需要一定的智能，为人们提供高级的信息处理能力。教育的变革总是跟时代科技的发展水平密切相关。我们所说的教无定法即人们不可能一直采用一种教学方法，如果一直采用同样的教学方法，教育的发展就会停滞不前。先进的科学技术是现代教育的前提。人工智能是一门实践性很强、极富创造性、具有明显时代发展特点的科技手段，有利于学生创新精神和实践能力的培养。人工智能技术已经实现了很多功能，如语音识别、数据挖掘、自然语言理解和转化等。

（二）区级智慧教育的发展需求

2019 年，成都市武侯区被批准成为全国首批"智慧教育示范区"，武侯区人民政府办公室印发了《成都市武侯区智慧教育建设五年规划 2019—2023》。

智能教学系统是人工智能技术在教育中的重要应用之一，是对计算机辅助教学（CAI）相关研究的进一步发展。智能教学系统旨在为学生创造一个优良的学习环境，使学生可以方便快捷地调用各种资源，接受全方位的学习服务，以获得学习的成功。当前的智能教学系统主要依靠智能主体技术来进行构建，通过建立教师主体、学生主体、教学管理主体等，根据不同学生的特点来制定和实施相应的教学策略，为学生提供个性化的教学服务。

（三）学校教学面临的困境

现在学校的班级一般都是 40～50 个学生，1 个任课教师很难准确关注到学生的个别化、差异化等问题。教学手段和资源也不能完全满足学生多样化学习需要，存在教学结果重知识掌握、轻素养发展等问题。针对不同的孩子用同样的教学目标明显不能满足全体学生的需求，会让那些学习能力不足的学生越来越困难。但是如果我们只是一味地照顾他们，那些学习的能力较强的学生又会感觉太简单，以致学习动力不足。长此以往，不同学生的发展需求将得不到满足。想要在课堂上培养出既基础扎实又有创新创造力的学生，要求我们要以每个学生主体为中心，所以迫切需要运用一些手段来辅助教学，实现真正的因材施教。

课堂教学是学生获得知识最为直接的环节。英语作为一门语言学科，听读、跟读、朗读是课堂教学的必要环节。受到语言环境的影响，学生学习和使用英语的频率较低，甚至对于部分学生来说，除了在学校上英语课外，没有任何其他学习和使用英语的语言环境，致使学生对使用英语交流产生恐惧感，更加不敢开口说英语。智慧教育下的课堂教学已经从以教师为中心转变为以学生为中心。传统教学中的教学和测评方式已经不能满足新时代个性化、差异化的教学需要。

二、实施举措

在小学英语课堂中使用英语 AI 听说系统这种新的教学理念和课堂模式正在逐步形成。作为一种新型教学模式、现代化教学手段，现代化系统给教育行业带来了新的挑战。教师在课堂教学时，通过现代信息技术可以随时进行知识点的课堂训练，并及时了解学生对知识点的掌握情况，再根据这些数据对掌握有所欠缺的学生进行个别辅导或进行记录，以待课后强化，这就是智慧教育下的小学英语教学新模式。

（一）从教师教学到学生自主探究

传统小学英语教学，强调教师的主体地位，由教师引导、教学和总结，教师的教贯穿课堂教学的始终，在传统的大班教学环境下这是最有利于集体学习的教学模式。学生自主探究的课堂则是以学生为主体，学生可以主动"问学"，教师可以向学生"问学"，通过现代信息技术的测评反馈和数据生成，及时调整课堂教学环节，能真正关注学生的思维，帮助他们养成良好的英语学习思维和习惯。教师通过问题的预设、生成和整合，彻底激发了课堂活力，能够准确捕捉学生的需求。

（二）差异化、个性化教学

小学英语教学中，学生对不同课型会表现出不同的学习能力和学习需求，其中口语交际、语音课等会有较明显的表现。传统课堂中，教师一般会采用集体朗读或部分学生抽读的情况进行教学和测评。而智慧教育下的小学英语教学则会更关注每个学生的个体表现，通过现代信息技术达到人人朗读有反馈，人人能测评，使教师能根据学生需求布置分层的教学活动，从而实现差异化、个性化的教学。

（三）作业改变，智慧课后

小学英语作业往往是令大部分教师头疼的事情。一般简单的抄写作业容易批改，一旦遇到需要听读和背诵的作业，对教师来说就不是简单的事了。因为教师没有那么多时间来逐个检查所有学生的完成情况，通过抽查的方式又无法全面了解所有学生的完成度，也容易让学生有侥幸心理。

在智慧教育教学中，英语教师可以利用相关软件来布置听读作业，如听读单词、课文、歌曲等，还可以布置课后强化练习作业，如朗读课文、操练句型，还可以布置习题操练，对学生进行在线习题测验。相关软件里的题目多样化、题型多样化，能实现在线完成并订正自己的作业。同时，相关软件有时还可以对发布的语音进行评分，以此激励学生不断提高自己的口语表达兴趣和能力（见图 2.5）。

技术赋能　创新发展
——教育部"基于教学改革、融合信息技术的新型教与学模式"实验区成都实践

图 2.5　学生利用软件进行习题测验反馈

　　以往教师布置的英语口头作业往往会被学生遗忘，而教师也很难及时对该项作业进行检查。现在这些相关软件能够将学生的朗读进行逐句录音上传并评分，教师利用课余碎片化时间进行检查，既节约了学生的时间，也节约了教师的时间，最大限度地确保了学生英语口语的良性发展。最重要的是，相关软件可以将学生的作业情况进行数据分析并形成报告反馈给教师和家长。对英语这门语言学科来说，作业形式的改变，给学生带来一定的学习乐趣，也给教师带来不一样的教学体验。智慧教育需要教师首先转变自己的教育思想和教育观念，提高教育教学质量，以培养出具有创新意识的人才。

　　在小学英语课堂中使用英语 AI 听说系统，能够提高学生和教师的学习质量和效率。例如小学英语课堂中的语音课中，传统教学中由教师主导学生总结发音，课堂中抽查部分学生的学习效果。而智慧教育下的小学英语教学中学生可以根据自己的猜想利用 AI 听说系统去测评自己的发音，并根据系统反馈了解自己的猜想是否正确，再根据猜想来进行总结。教师只需要最后引导出正确的总结结论。学生根据学习到的发音规律通过 AI 听说系统去拼读单词，教师根据系统显示的所有学生的数据，对不同学习程度的学生安排不同的学习任务（见图 2.6）。在智慧教育下的小学英语教学中，学生有了更多学习途径，在轻松的学习氛围中可以抓住学习重点，大大提高了他们参与课堂学习的自主性。AI 听说系统中的学习测评反馈，让学生能及时了解自己的学习情况，为老师进行差异化、个性化教学提供真实有效的数据依据。

学生表现

三年级1班 学生在此时间段内：

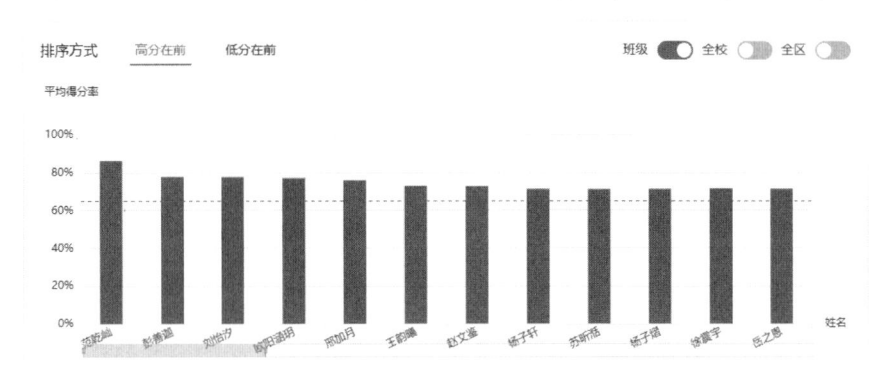

需要重点关注 ⓘ 的学生有：王振凯、刘赣润、肖佳蕊，可回听学生答题情况，定位薄弱项，针对性指导，夯实基础。

值得表扬 的学生有：范乾屾，可向全班示范优秀作答，同时指导提升，帮助学生不断提高英语听说能力。

图 2.6　AI 听说系统数据分析

三、成效与反思

在经过反复教研和实践后，我们也取得了一些成效。

（一）学校英语课堂教学的成效

（1）我们制定出英语课堂教学人工智能及时评价系统的评价方法、评价内容、实践特征等一系列可实施方案。

（2）借助人工智能英语听说系统，形成英语课堂智慧教学环境、教学模式、教学策略。

（3）形成英语课堂教学人工智能及时评价的典型教学实践。

（4）总结提炼出英语课堂教学人工智能及时评价实践研究的研究论文、经验总结、阶段性报告和结题报告。

（二）对学生成长的成效

满足学生多样化学习需要和学习兴趣，实现学生的个性化学习、自主学习和碎片化学习，让学生智慧学习和学会学习。

（三）对教师发展的成效

深化教师对人工智能教学内涵、要素和基本特征的认识，更新教学观念和教学思路，提高课堂教学的效率和效益，并最终实现教师智慧地教和学生智慧地学。

（四）对区域智慧教育高质量发展的成效

形成区域智慧教学的新生态，突出区域智慧教学的特色，提升教育教学质量，加快推进智慧教育示范区建设。

在小学英语课堂中使用英语 AI 听说系统后，学校教研组也及时进行了总结和反思，主要有以下几点：

（1）我们应该把课堂还给学生，教师要从讲授转换到引导，这样才能真正激发学生的思考能力和自主学习的热情。

（2）我们应该尽可能关注到所有学生的学习情况，这样不仅让教师能更准确地针对不同学生、不同班级进行教学备课，更能让学生感受到教师的关注，对他们的学习积极性能起到推动作用。

（3）教师应该紧跟时代的步伐，不断学习新的教学理念、教学方式，从而不断优化学生的教学体验。

（4）在使用过程中，我们也发现了一些问题。比如学生对答题器的操作不规范，使用答题器会在一定程度上影响学生上课的专注度，教师需要非常熟练地运用该系统进行整合备课等。对于这些问题，我们也及时与第三方技术人员、厂家进行了沟通交流，相信在长期的日常教学中这些问题会得到不同程度的改善和解决。

四、获奖及推广情况

（1）学校英语教师杨怡老师于 2022 年 4 月在武侯区"人工智能教育社会实验"线上研讨活动中，承担了教研课"Let's Spell"。

（2）学校英语教师杨怡老师在 2022 年武侯区智慧教学新生态项目学校优质课展评活动中获得一等奖。

（3）学校英语教师杨怡老师在 2022 成都市龙江路小学分校青年教师课堂教学大赛中获得一等奖。

（4）学校在专用教室（英式教室）安装了完整的英语 AI 听说系统，还有一套设备备用。全校所有师生均可使用该设备进行授课。目前已展开使用的学科有英语、音乐、体育、科学等，不同学科教师使用 AI 听说系统进行了授课、检测、问卷收集等不同场景下的运用。

【点评】

特点介绍：强调课堂从教师教学到学生自主探究。传统小学英语教学，强调教师的主体地位，由教师引导、教学和总结，教师的教贯穿课堂教学的始终。学生自主探究的课堂则是以学生为主体，学生可以主动"问学"，教师可以向学生"问学"，通过现代信息技术的测评反馈和生产数据，调整课堂教学环节。

通过利用 AI 听说系统进行了差异化、个性化教学。传统课堂中，教师一般会采用集体朗读或部分学生抽读的情况进行教学和测评。而该实践中的小学英语教学则会更关注每个学生的个体表现，通过现代信息技术达到人人朗读有反馈、人人能测评，教师能根据学生需求布置分层的教学活动，从而达到差异化、个性化的教学。

新技术应用体现：利用人工智能中的语音识别技术完成学生的英语学习指导与纠正。在朗读环节，使用英语 AI 听说系统，可以实现每个学生的朗读都能及时准确的反馈。在纠音练习环节，教师可根据系统后台检测数据，有效了解不同班级、不同学生的发音困难词汇，并进行有针对性的纠音练习。在课后练习环节，根据系统后台生成的数据，教师可制定不同学习需求的学习任务。

技术赋能　创新发展
——教育部"基于教学改革、融合信息技术的新型教与学模式"实验区成都实践

善用教学 APP，探索小学生自主学习体系建设

【导语】

该研究基于一线教学实践，进行小学数学教学 APP 应用策略的创新研究，并聚焦于小学数学学科核心素养学习力提升，落地于自主学习导向，具有重要的理论价值和实践意义。研究发现，教学 APP 的有效应用给小学数学课堂带来了新的生命，构建了更为开放的智慧课堂。教师和学生通过网络、平板等现代化手段建立起联系，不断融合线上线下教学，实现了课堂向高效、智慧的转型。总的来说，教学 APP 作为一种新型移动学习资源，是促进信息技术和数学教学融合有力的桥梁，也是促进教育信息化发展的得力助手。本研究利用信息技术调动学生学习的内生动力，促进学生养成自主学习习惯，提高自主学习能力；借助信息技术，促进教学组织方式重构和教学方法创新。

一、问题的提出

（一）背景

1. 自主学习是提升学科核心素养的重要学习方式

《义务教育数学课程标准（2022 年版）》指出："学生的学习应是一个主动的过程，认真听讲、独立思考、动手实践、自主探索、合作交流是学习数学的重要方式。"在新课改的要求下，老师在教学中需要更加重视学生的学习过程与方法，不断在数学教学中对多样的教学方式进行运用和探索。

2. "他主"是当前小学数学自主学习中存在的问题

当前的小学数学课堂形式化，自主学习演变成他主学习，学生总是被老师牵着走。老师在提出问题时，少数优秀学生的回答被认作代表了全部学生的答案。学习能力突出的学生在自主学习中总是具有明显优势，而学习能力薄弱的那部分学生在自主探究的学习中参与度不高，总是附和着被动学习。

3. APP 的使用有利于实现学生的自主学习

教学 APP 的应用摆脱了传统教育固定时空的束缚，给予学生学习更大的自

由。丰富的学习资源，活泼生动的表现形式使学习变得更动态、有趣、直观、易懂。难易程度不同的学习内容和信息与个性化推送功能，能够满足不同学习风格、认知结构和思维模式的学生个性化的需求。此外，普遍具有的社群功能可以实现学生、家长、教师三方的实时交流分享。APP 具有的鲜明特点和优势正是支持学生自主学习的有力保障。

（二）主要解决的问题

（1）教师对教学 APP 认知零散、片面，缺乏正确认识。因为没有对教学 APP 进行系统的了解、学习与尝试，教师对教学 APP 不熟悉，不知道教学 APP 的内涵与特征，制约着 APP 在教学中的使用。

（2）教师知道一些常见的 APP，但使用不得当。因为缺乏教学 APP 使用的经验，没有教学策略指导，APP 与教学活动融合度不高，表现为使用环节生硬，对教学效率提升支持作用不大，没有体现出技术支持的优势。

（3）学生缺乏对智能终端的使用与管理能力。体现在 3 个方面：一是软硬件使用不熟练；二是使用时分心，自行下载或使用其他软件；三是使用无节制，对视力不利。其中第二、三条会引起家长焦虑。

二、解决问题的过程与方法

（一）明晰认知

通过对 APP 使用情况调查及数据分析、APP 功能及特点调查和数据分析，我们明确了对教学 APP 特征的认识。

1. 智能反馈功能，提高教师工作效率

教育 APP 可以快速及时批改学生作业，统计出错点、出错人数，甚至分析错因，不仅能极大地减少教师教学工作中机械重复的劳动，同时能为教师的教育教学工作提供参考与资源。老师有更多时间与精力致力于学生数学自主学习研究，并能根据 APP 提供的信息资源调整数学教学。

2. 提供多种资源，支持学生自主学习

（1）打破时空限制，实现自由学习。

教学 APP 的应用可以摆脱传统教育固定时空的束缚，帮助学生利用碎片时间学习，不受区域和时间限制，根据自己的需要随时随地开展学习活动。

（2）内容直观有趣，激发学习动机。

教学 APP 提供了丰富的多媒体资源，将教学内容更加动态、有趣、直观地展现，让学生主动学习、快乐学习，乐在其中。

（3）资源丰富多样，满足个性需求。

教学 APP 可以提供不同难易程度的学习内容和信息。测评的方式多样化，学生可以根据自己的学习进度和能力选择合适的测评内容及方式。教学 APP 还会根据学生的学习水平推送相应的学习资源，能够满足不同层次学生的个性化学习需求。

3. 社群交往功能，促进家校密切合作

教学 APP 普遍具有社群交往功能，可以实现学生、家长、教师三方随时随地地交流分享。同时，学习者也可以围绕教育教学主题开展相应的社交活动，增强学习者之间的交流学习体验。

（二）选择策略

1. 深入解读教材

解读教材是做教学设计的第一步，研读好教材和课程标准，准确把握教学要求，对关键的学科知识本质进行深入解读，设计出合理的教学环节。根据教学设计，明确对教学 APP 的需求。比如，需要有微课的 APP、能为学生提供操作的工具类 APP、能够提供即时反馈的 APP 等。

2. 精心筛选软件

在对教材有了充分的解读之后，明确了我们对于 APP 的需求，接下来，就要选择我们需要的 APP 来支持教学。首先，我们可以在网络和软件市场上，搜索关键词进行查找；其次，要对查找的 APP 进行试用，了解其功能和能提供的素材；最后，将初次选择的 APP 与教学设计相结合，看其是否适用于教学设计，如是否符合环节目标、是否能够支持学生学习、是否具有使用优势等。

3. 整理形成资源

在长期的教学实践过程中，我们积累了一批可运用于教育教学活动的 APP，为了方便教师能够快速地选择到自己所需要的 APP，我们可以进行分类整理，形成资源库，具体如表 2.1 和表 2.2 所示。

表 2.1　学生课堂学习各环节适用的 APP

不同环节功能需求	适用的 APP
提出活动任务：任务的提出一定要鲜明有趣，既能让学生明确问题，同时能激发学生解决问题的兴趣	能创设生动情境，提供视频、微课、图画的 APP，如新世纪小学数学、乐乐课堂； 有搜索功能的 APP，如百度
进行自主探究：为学生自主探究提供研究材料、工具、游戏等，支持学习活动的开展和持续推进	能为学生提供研究材料、研究工具，支持学生自主活动的 APP，如小学数学动画、东师理想、睿知云、智慧移车库、汉诺塔、数独、计算器、百度地图等
同伴交流互动：要有生生之间进行交流互动的平台，实现智慧共享	支持师生、生生互动的 APP，如东师理想、睿知云、学习通、希沃助手、鸿合互动白板、腾讯会议、锦江 i 学、QQ 群
实现数学提升：通过工具实现思维可视化，深化数学理解，提炼数学本质	将抽象数学问题具体化为图像、视频、微课，如几何画板、乐乐课堂、EV 录课
反馈学习效果：要有工具能反馈学习效果，包括初始材料和统计数据。初始材料是学生提供的每一份具体作品，可以反映出每一位学生的不同想法。统计数据对提交的材料按标准分类，可以知道总体状况。这个材料可以按对错分类，也可以按不同思路或关注点分类	能收集多种类型作品的 APP，如学习通、QQ 作业、睿课堂画板； 能收集不同信息的 APP，如问卷星、QQ 微信的调查功能、QQ 共同编辑功能； 提供练习并立即批阅，同时反馈学习数据的 APP，如作业盒子、狸米学习、睿课堂练习； 及时批阅作业的 APP，如爱作业
形成知识网络：提供能进行知识整理的工具，帮助学生构建认识系统，实现知识结构化	思维导图类 APP，如 Xmind
自主拓展提升：提供系统学习资源，智能反馈学习效果，满足同伴相互交流或者解问答疑	能提供系统学习资源，支持学生自主拓展学习的 APP，如国家智慧教育云平台、四川省智慧教育云平台、新世纪小学数学、乐乐课堂、狸米学习； 能针对问题答疑解惑的 APP，如百度搜题、小猿搜题

表 2.2　学生在线学习适用的 APP

不同功能需求	适用的 APP
资源组织：能找到与教学同步的各种学习资源供学生学习，支持教师根据本班情况自创资源	国家智慧教育云平台、四川省智慧教育云平台、区教育资源云平台、新世纪小学数学、EV 录课、QQ 影音
教学组织：支持教师组织学生开展学习、发布任务、学生完成任务、提交作业、反馈学习效果，提供师生交流互动平台，可存储教学资源与学生作品，支持师生互动、生生互动	QQ 群、腾讯课堂、超星学习通、锦江 i 学
学生辅导：及时反馈学生学习状况，教师及时对全体学生或个别学生进行指导与帮助，保障学习效果	QQ 作业、超星学习通、锦江 i 学

（三）使用策略

1. 在教学环节中的使用策略

结合小学数学教学的一般教学环节，我们总结出了在各教学环节中使用APP的策略（见图2.7）。

自拟计划	自我控制	自动调节	自主评价	自我修正	自我总结
提出数学问题 设计解决方案	整合学习资源 进行尝试探究	借助交流反馈 实现认知提升	结合生活实际 实现理解应用	借助数据统计 做好查漏补缺	进行知识梳理 完善知识结构

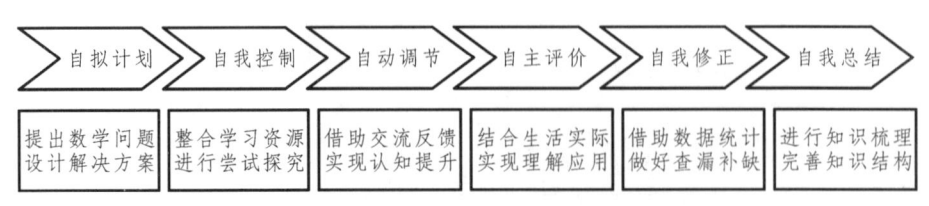

图2.7 在各教学环节中使用APP的策略

（1）提出数学问题，设计解决方案——自拟计划。

在小学数学课堂上使用APP，一定要有助于学生理解数学问题，聚焦核心问题。充分利用现代信息技术中形象具体、动静结合、声色兼备的特点，可以把抽象的知识情境化，把静态的知识动态化，把复杂运动的过程清晰化，让学生在具体直观的情境中聚焦数学问题的核心，直面问题，突出重点。

让学生制订学习计划是培养学生自主学习意识与能力的重要途径。学生在明确问题后，可以根据课程要求和自身条件自主设定要达成的目标，选择学习的方式方法，选择需要的学习工具等。

（2）整合学习资源，进行尝试探究——自我控制。

教师在进行教学设计时，需要在优化整合教材资源的同时，结合教学实际和需求准备教学材料。但现实中的教学材料往往多、乱、杂，学生不仅容易丢失遗忘，花费大量时间，而且操作上也存在着一定局限性。如果利用APP在平台上提供一些采用数字模拟技术的教学材料，学生就能够进行更加自主的操作，便于加强认知理解。

比如，在"认识人民币"一课中，要准备齐全各种人民币十分不易，而且在模拟结账付款的情景时，也不可能穷尽不同金额的各种组合方法，以致学生思维受限。但如果在教学中使用电子白板APP，只需使用无限克隆功能，就可以轻松解决上述问题。

（3）借助交流反馈，实现认知提升——自动调节。

学生在课堂上的问题大多是随机的，教师无法捕捉到所有学生的想法。利用APP平台支持学生交流展示，了解其他同学的做法，就会站在不同的角度看待问题，从而引发思维的调整，从一元认知走向多元认知。

（4）结合生活实际，实现理解应用——自主评价。

数学源于生活，高于生活，最终要回到生活生产当中去。因此，学生学习到的知识与方法需在应用中进一步内化和提升。练习类APP题库提供大量在生活情境当中遇到的各类问题，有利于学生分析应用能力的培养。题库中的问题可以根据需要进行挑选，从而更具针对性。系统反馈能及时引发学生的个体反思内省，促进学生对自己的学习效果进行客观的评价，调整自己的认识或方法，实现个性化发展。

（5）借助数据统计，做好查漏补缺——自我修正。

课堂上的随堂练习选择要精、准，既能反映本次学习目标的达成，又要能体现出学生的差异性，就可以使用APP来完成随堂练习。当学生完成相应的练习后，APP会及时反馈学生个体成绩和班级成绩，学生通过对比可以对自己的学习状况有一个客观评价，并思考补救措施。APP能够有效对全体学生的数据进行统计，并用直观的柱图或饼图显示出来，让教师及时了解学生的整体学习状况，从而调整自己的教学行为。

（6）进行知识梳理，完善知识结构——自我总结。

课堂小结是对一节课内容的回顾和总结，能让学生巩固学习内容。当课堂进行到需要归纳总结的时候，教师单方面总结显得生硬，学生单方面总结表达不易准确。引入APP的某些功能来进行总结，既能吸引学生的兴趣，又能在轻松愉快的氛围中实现本课内容的高度聚焦，让学生的知识结构更加完善。

2. 在不同年段的使用策略

（1）小学低段侧重激发自主意识。

小学低段学生的年龄较小，自控能力弱，学习能力还没有发展起来，对教师的依赖性较强。因此，教学的侧重点为激发学生自主学习的兴趣和意愿。借助APP为学生主体活动搭建互动平台，可以让学生进行轻松快乐有意义的学习。图2.8是利用APP支持低段学生自主学习的基本流程。

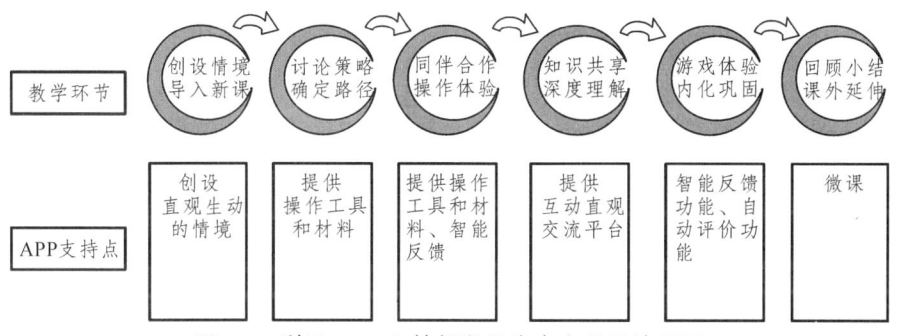

图2.8 利用APP支持低段学生自主学习流程图

（2）小学中段侧重培养自主习惯。

小学中段学生的自控能力及思维能力都有所发展，同时语言表达能力也得到了提升。这个阶段要充分锻炼他们的独立思考与语言表达能力，充分的碰撞交流能够开阔学生的眼界，激发他们思考的热情、增强学习自信心，逐渐养成自主学习的习惯。图 2.9 是利用 APP 支持中段学生自主学习的基本流程。

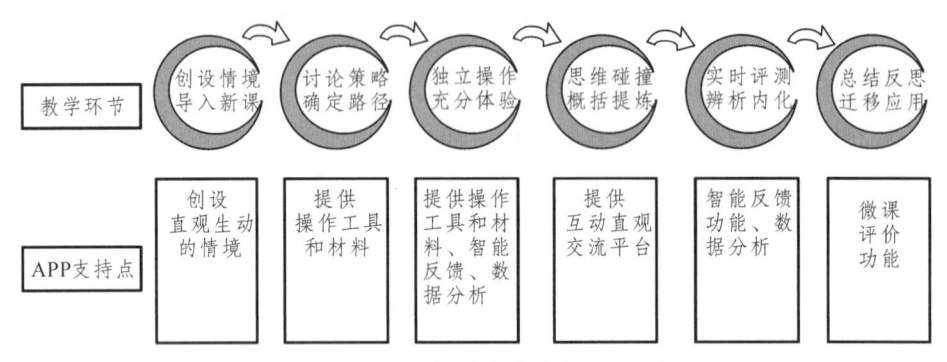

教学环节	创设情境 导入新课	讨论策略 确定路径	独立操作 充分体验	思维碰撞 概括提炼	实时评测 辨析内化	总结反思 迁移应用
APP支持点	创设直观生动的情境	提供操作工具和材料	提供操作工具和材料、智能反馈、数据分析	提供互动直观交流平台	智能反馈功能、数据分析	微课评价功能

图 2.9 利用 APP 支持中段学生自主学习流程图

（3）小学高段侧重独立思考。

小学高段学生的自主意识得到进一步发展，自我控制能力有了很大提升，有了一定的知识积累，语言理解与表达能力有了很大提升。这个年龄段的孩子喜欢有挑战性的问题，具备独立分析解决问题的初步能力，自己的探索与发现能给他带来欢乐与成就感。图 2.10 是利用 APP 支持高段学生自主学习的基本流程。

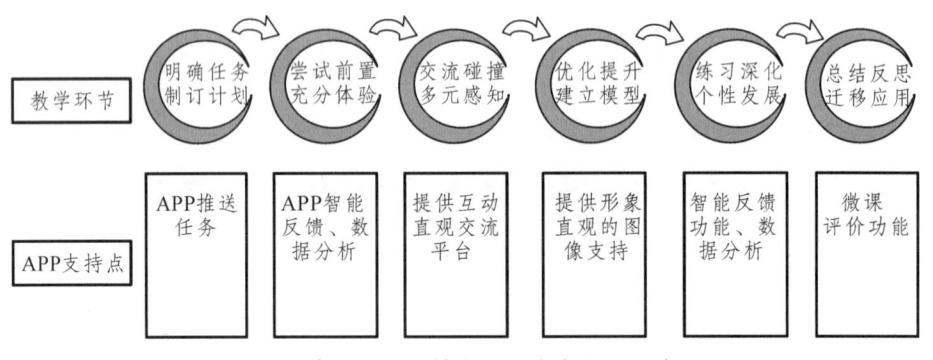

教学环节	明确任务 制订计划	尝试前置 充分体验	交流碰撞 多元感知	优化提升 建立模型	练习深化 个性发展	总结反思 迁移应用
APP支持点	APP推送任务	APP智能反馈、数据分析	提供互动直观交流平台	提供形象直观的图像支持	智能反馈功能、数据分析	微课评价功能

图 2.10 利用 APP 支持高段学生自主学习流程图

（四）管理策略

技术是把双刃剑，用好了可以有效提高教学效益；如果管理不当，也可能让孩子沉溺网络、痴迷游戏，而难以自拔。如何帮助学生合理使用平板，发挥正向积极的促进作用呢？

1. 家校携手，构建绿色空间

通过沟通与家长、学生达成一致，明确使用平板和 APP 的目的和要求。因为小学生年龄小，自控能力弱，家长不能把平板当做电子保姆塞给孩子了事，而是要介入其中，帮助他们养成合理使用教学 APP 的好习惯。孩子学习用平板避免与游戏休闲软件装在同一个设备上，以免分散注意力。家长也要尽量避免在孩子面前使用平板打游戏，以免做出不良示范。家长要充分考虑孩子的自我管理能力，在使用之前要协商好设备管理的办法。对于自控能力强的孩子，可以自主进行设备管理；自制能力较弱的孩子，父母可以协助管理；自我管理困难的孩子，建议暂时不用 APP 进行学习，或者是在教师与家长的督促下使用。

2. 正面示范，树立正确观念

在平板上下载各种学习 APP，学生需要使用这些 APP 完成课前、课中、课后的一些学习任务。学生在完成学习任务的过程中，能真切体会到自己的成长与收获，从而建立起 APP 是学习工具的观念，在此基础上逐渐养成使用工具辅助学习的意识与习惯。同时要注意，小学生年龄较小，注意力持续的时间较短，所以需要在相对固定的时间使用 APP，每天使用的时间不宜过长，根据学习内容的不同，建议每次使用的时间从几分钟到 20 分钟为宜。

3. 提前了解，提高使用效率

小学生好奇心强，注意力容易分散。新工具的介入肯定要有一个新认识的过程。在 APP 进课堂之前，让学生提前熟悉工具的使用，可以有效提高课堂效率。

4. 细化要求，养成良好习惯

在课堂上使用 APP 时，教师应提出具体细致的要求，引导学生进行设备的有效管理（见图 2.11）。

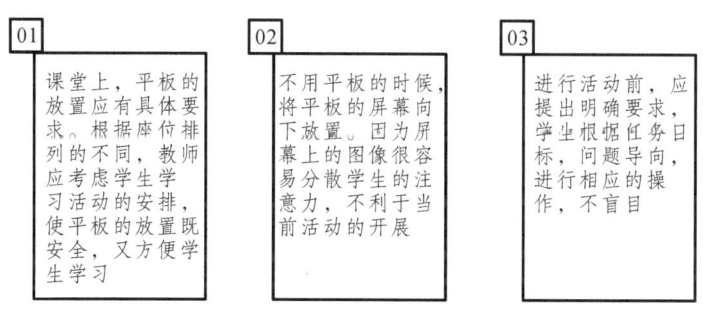

01	02	03
课堂上，平板的放置应有具体要求。根据座位排列的不同，教师应考虑学生学习活动的安排，使平板的放置既安全，又方便学生学习	不用平板的时候，将平板的屏幕向下放置。因为屏幕上的图像很容易分散学生的注意力，不利于当前活动的开展	进行活动前，应提出明确要求，学生根据任务目标、问题导向，进行相应的操作，不盲目

图 2.11 课堂使用 APP 的规则

在研究过程中，我们发现，以上4个方面的引导与管理措施开始得越早，成效越好，越有利于学生良好使用习惯的养成。

三、效果与反思

该研究曾获全国中小学教育装备新技术应用创新实践一等奖，被评为成都市课题研究优秀等级，发表于《教育技术与装备》，相关小课题连续两年获得锦江区教育科研一等奖，课题组成员多次受邀到不同平台进行交流。研究成效如下：

（一）学生的改变

1. 形成自主探究意识

教学APP的使用让学生体验到数学学习的成功和快乐，从而激发了学生对于数学学习的兴趣。从课本走向课外，通过微课、游戏充分调动了学生自主学习的积极性，对学生学习给予智能化反馈，增强学生学习的信心，提高学生自主学习的能力，形成主动探索的行为习惯。

2. 追求个性化发展

学生通过使用教学APP获得丰富的学习资源，并会根据自己的学习需要进行筛选，取其精华，去其糟粕。在使用各种软硬件的过程中，掌握自己获得知识的途径，根据自己实际要求自觉获取所需的知识与方法，实现个性化发展。

3. 提升高阶思维能力

APP中各式各样的教学方式可以提升学生思维的灵活性、深刻性和独创性。教学APP中各类数学问题的呈现更加生动直观，学生可以通过运用分析、比较、概括等思维操作，发现形式不同而本质相同的数学对象之间的内在联系，从表象中挖掘隐含条件，从而提高学生的高阶思维能力。

（二）教师的改变

1. 思维开阔，意识转变

教师在传统备课时总是被教材和教学参考束缚。教学APP走进课堂后，极大地拓宽了教师备课的思路，也给教师提供了更加丰富的教学资源。在课堂上，教师可以根据学生的情况开展同时不同步的测评。在课堂之外，通过教学APP，教师在家也能及时了解到学生的学习状态，为下一堂课的教学进程做出调整。教师在不断适应学生的脚步，以开放的姿态迎接学生的挑战。

2. 方法更新，教学相长

教学 APP 的出现不仅带给了学生新的学习方法，也带给教师新的教学方法。学生"学法"的改变促进了教师"教法"的改变。课堂上多了互相讨论、小组探究、畅所欲言的情形，少了教师的一言堂。在教学 APP 的帮助下，教师的教学方法更加多样化，可利用的教学资源更加广泛，技术与课堂的融合更加巧妙。用智慧的方法教智慧的学生，实现教学相长。

3. 能力发展，素养提升

通过对教学 APP 的应用策略研究，教师经历了调查分析、提出策略、反思调整的过程，积累了使用教学 APP 的经验，总结了方法，掌握了技巧，促进自身教学能力的提高。对教学 APP 的调查与应用，促使教师自觉将信息技术与数学学科教学相融合，提高了教师的信息化素养。

（三）课堂的改变

1. 课堂转型，强调学生主体

传统课堂强调以教师为主导，学生往往处于被动接受的状态，课堂参与度不高。教学 APP 的使用给小学数学课堂带来了新的生命，构建了更为开放的智慧课堂。教师和学生通过网络、平板等现代化手段建立起联系，学习过程中及时反馈、及时评价、及时补差，实现了课堂向高效、智慧的转型。在这一过程中，学生主动参与，乐于探究，使课堂成为学生活动的主阵地，凸显了学生在课堂中的主人翁地位。

2. 课堂增趣，享受学习过程

使用教学 APP 后，教师在课堂上再现生活经历，学生如身临其境，获取知识的能力得到提升。同时，课堂内容不再是仅限教材，增添了更多的有趣的事物，极大地吸引了学生的兴趣。用鲜活的实情实景代替生硬的数学知识，使学生充分享受数学的乐趣。

APP 进入课堂，给课堂带来了丰富的学习资源，给课堂带来了新的活力，给每个孩子带来了更多自主探究的机会与个性化指导，促进了师生之间、生生之间的交流与合作，促进了师生信息素养的提升。在本次研究中，我们感受到了技术与学科教学相融合的优势，在今后的教学中，我们还要不断尝试使用技术优化教学，使课堂更具趣味性，更有实效、有内涵。

技术赋能　创新发展
——教育部"基于教学改革、融合信息技术的新型教与学模式"实验区成都实践

【点评】

特点介绍：立足于小学数学一线教学实际，从一线教学实践中，形成适切的选择与应用教学 APP 的认知，形成基于发展小学生数学学科核心素养的多元教学策略和模式，构建自主学习导向的小学数学课堂，提升小学生自主学习能力，提高教师自身的教学水平和信息素养。本实践结合教学实际，以技术和教学应用的融合创新为核心，研究和探索基于数学核心素养提升的教学 APP 应用方法策略和模式，致力于解决小学生自主学习和个性化学习的实际难题，以推动学生学习力的整体提升。

新技术应用体现：重点在于利用各种移动应用，完成对教与学活动的支持。移动应用（APP）对教学有很多支持点，如提出活动任务、进行自主探究、同伴交流共享、深化数学理解、反馈学习效果、形成知识网络、自主拓展提升。师生针对不同环节的教学需求，可以从中选择不同的技术进行教学，这样的应用对于学习活动的组织者与参与者而言，都具备极简和易得的特征。

名师专递课堂助力民族地区音乐教育发展

【导语】

在信息技术高速发展的大背景下，成都市天涯石小学以三个课堂的建设全面推动国信区的新技术应用。成都市天涯石小学在专递课堂中初步缓解了农村偏远地区"开不好课、开不齐课"的现象，积极推动"专递课堂"建设，巩固深化"教学点数字教育资源全覆盖"项目成果，有效促进优质资源共享，推动教育均衡发展。学校构建了小学音乐信息化教学创新融合的新路径，在专递课堂中，提升教师信息化专业素养，提高民族地区学生的音乐基础素养，借势借力促自身成长，逐步使依托信息技术的"优质学校带薄弱学校、优秀教师带普通教师"模式制度化，共筑双向奔赴的信息化育人时代。

在成都市天涯石小学的音乐教室里，郭维纳老师正在给孩子上音乐课。除了在教室里的孩子外，还有远在470千米外的四川若尔盖县红星镇中心校的孩子们。红星镇三年级二班的42名学生通过网络，和大屏幕里的郭老师以及天涯石小学的孩子们一起学唱儿歌《两只小象》。这所坐落在青藏高原东北边缘的学校有60多年历史，但是一直缺艺术类老师，以前的音乐课常常由语文老师代替上课。2020年秋季学期开始，天涯石小学通过"一块屏"与红星镇中心校建立起专递课堂，让山里的孩子们有了专业音乐老师。9岁的藏族女孩康周旺姆很盼望每周五的音乐课，不仅自己时常哼唱，还回家教弟弟妹妹唱。

成都市天涯石小学是首批"四川省艺术特色示范校""成都市艺术特色示范校"，学校以培养"品行高雅、身心和谐、乐学善思、求实创新"的未来人才为教育目标。学校音乐教研组有教师8人、市学科带头人1人，其中区特级教师、学科带头人2人、名师工作室领衔人3人，音乐教师团队在学科教学、学术研究及学科活动中精益求精，多次在省市区赛课、展示活动、艺术类比赛、技能赛中获优异成绩。

一、实施背景与主要内容

在信息技术高速发展的大背景下，国家先后颁布的《国家教育管理信息系统总体规划纲要》《教育脱贫攻坚"十三五"规划》《教育信息化2.0行动计划》

等文件指出：不断推进教育信息化的建设和应用，初步缓解农村、贫困地区"开不好课、开不齐课"的现象，有效促进优质资源共享，推动教育均衡发展。受自然条件、语言等限制，民族地区仍然存在教育资源不均衡的现象，尤其是在艺术教育方面。因民族地区艺术教育师资队伍缺额较大，学生很难有机会能上一节专业、优质的艺术课。针对解决教育不均衡的问题，教育部提出了具体的建设建议：积极推动"专递课堂"建设，巩固深化"教学点数字教育资源全覆盖"项目成果，进一步提高教学点开课率，提高教学点、薄弱学校教学质量，推广"中心学校带教学点""一校带多点、一校带多校"的教学和教研组织模式，逐步使依托信息技术的"优质学校带薄弱学校、优秀教师带普通教师"模式制度化。在教育部关于加强"三个课堂"应用的指导意见中指出：促进信息技术与教育教学融合应用、探索信息化背景下育人方式和教研模式等重要任务，积极推进"互联网＋教育"发展，促进教育公平，建立健全利用信息化手段扩大优质教育资源覆盖面的有效机制，通过专递课堂进行有效教学，将区域、城乡、校际差距有效弥合，推动优质教育均衡发展。

基于专递课堂的相关背景和意义，学校从 2020 年 6 月正式搭建与阿坝州若尔盖县红星镇中心小学的"专递课堂"。

二、"专递课堂"的实施策略

学校建立了由信息技术副校长为主导，信息技术中心牵头，鸿合技术与锦江区电教馆支持，阿坝州学校领导配合的组织机制，从教研指导、教师培训、技术支撑、运行维护、咨询服务等方面，保障"专递课堂"的常态化应用。两边学校通过鸿合互动录播软件在交互平板上进行互动，能更快、更及时地传递信息，有效支撑专递课堂的正常进行，保证课堂画质清晰、音乐播放流畅、师生沟通畅通。天涯石小学音乐教研组与红星镇小学教师团队对接，固定教学时间，从 2020 年 9 月正式启动每周一次的音乐专递课堂。音乐专递课由天涯石小学音乐教师进行授课，红星镇中心小学教师辅助教学。红星镇中心小学学生通过专递课堂与天涯石小学学生进行同步学习，在体验、感悟过程中学习音乐知识与技能，提升音乐素养，搭建良好的网络师生关系。

（一）"专递课堂"开展思路

我们对若尔盖县红星镇小学，采用同步上课的方式，帮助其开齐、开足、开好国家规定课程，促进教育公平和均衡发展。在专递课堂的备课上，音乐组定期开展研讨活动，共析学情背景，共定教学目标，共议教学过程，共磨典型课例；在课堂上，教师通过教学情境的创设，巧妙有趣的互动，激发学生聆听、联想、想象、模仿，带领红星镇小学的学生在听、想、唱、演的教学过程中体验一堂堂优质的音乐课，有效提升学生的音乐核心素养；在反思方面，由同组教师对教案、课例进行讨论、评价，同时邀请专家进行有针对性的点评和指导。"备—展—思"的动态循环，实现了对"如何上好音乐专递课堂"的闭环教研。

（二）专递课堂推进路径

在常态教学中我们面对的是四五十名学生的教学，而专递课堂中需面对线上线下近100人的教学，由现场授课转变为直播现场授课。因此，在专递课堂的搭建中，我们做了深入的调查研究，用文献研究法、行动研究法、观察法、随机访谈法、问卷调查法为专递课堂服务。

1. 专家引领

由省市区教研员、锦江区电教馆、鸿合公司为学校搭建顶层设计，到校进行技术和教学指导，我们通过"专递课堂"这样的在线教学，逐步突破教育时间和空间的限制，让远在千里之外的学生在如天涯石小学的课堂现场接受专业、有趣、形式多样的音乐教学（见图2.12）。

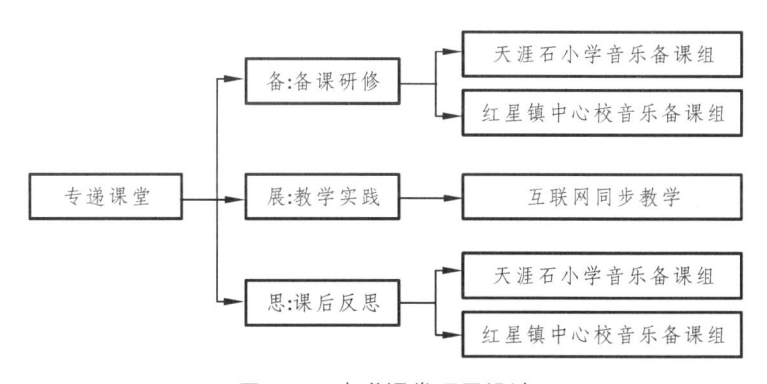

图2.12 专递课堂顶层设计

2. 团队协作（见图2.13）

鸿合公司：提供硬件设施支撑，提供设施设备操作的培训以及技术力量支撑。

音乐组：加强研修、集体磨课、研课、议课，课前进行学情分析、课堂进行实录调控、课后进行评价反馈，三个方面准备不断优化教学手段，调整教学内容。

图 2.13 专递课堂团队组成

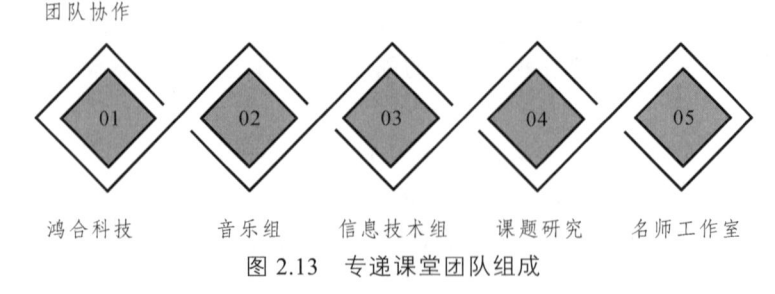

信息技术组：提供信息技术支撑，实现音乐与信息技术深度融合。

课题研究：两个专递课堂小专题（音乐组），由课题引领，用理论深化教学。

名师工作室：学校成立了区级专递课堂名师工作室，围绕研究方向，搭建研修平台，探讨信息技术与音乐教学创新融合的新路径，促进专递课堂的教育研究。

三、"专递课堂"教学实践

（一）课前准备

基于专递课堂面对的学生不同，时空不同，两地学生的民族、文化背景、音乐素养不同等因素，隔屏互动增加了上课的难度。任课教师需兼顾两地学生的学情、学习能力进行精心备课，通过线上交流提前将教学内容与对方教师进行沟通，根据对方学生能力反馈进行课前调整，提前通知对方学生按教学设置摆放椅子，准备打击乐器、乐谱，接收多媒体课件等，对教学环节进行充分预设，让两地学生互动参与听、想、唱、演的教学活动。

在课前，任课教师会通过网络了解学生们的学情和文化差异。郭维纳老师执教的"妈妈的心"一课，课前先与对方学校老师进行沟通，通过充分了解学生所处的环节、学习的层级，预设了让汉族和藏族两个不同地区、不同民族的学生体会妈妈对儿女无私的爱，从而激发学生爱妈妈、爱长辈的情感，最后将一首歌唱妈妈的歌曲升华为歌唱祖国妈妈的歌曲。

又如林涛老师的"草原上"一课。如何让两地近90名学生唱好一首蒙古歌，融入歌曲并表现歌曲是本堂课最大的难点。课前，对教学环节进行充分预设，线上将教案、音乐素材、乐谱和教案发给对方学校，在线答疑解惑。林涛老师将蒙古族舞蹈的特色道具引用到教学中，而每位学生都会用到蒙古族筷子，于是通知两地学生在课前准备家里用的筷子作为道具，充分考虑了边远山区购买困难的实际情况。

（二）教学实施

专递课堂以双师课堂的形式，以本校老师教学为主，对方老师配合管理为辅，及时调控和管理课堂秩序及教学中视频、音频播放，课件播放、延时等现象。课堂上老师对两地学生及时进行有效评价，同时开展两地学生的生生互评。评价的内容有指向小组合作水平的，有指向同学技能技巧的，还有指向全班参与度的。

专递课堂的同步教授，由教师示范转向两地学生的单独示范再到学生的集体展示，教学环节层层递进，难点逐步突破。课堂上，老师及时关注 90 名学生的参与度和达成效果。在隔屏互动中，需要对方学校老师起到良好的协调作用，从而节约时间、提高效率，保障教学的正常进行。

天涯石小学音乐教研组通过"专递课堂"这一项目式牵引，为整个音乐教研组搭建了更好的学习平台，凝聚整个音乐组力量，共议教材，集体听课，共同研课，力求共同提升。

（三）课后反思

专家对授课内容和形式提出指导意见，组内老师进行集体评课，在不断地交流、学习和思维碰撞中提炼经验，优化教学手段，在线上以文字交流、视频通话和问卷调查的形式了解学生对授课内容、授课形式的喜爱程度，根据教学意见、建议及时反思和总结。我们的专递课堂，都以类似的方式和手段展开，有效突破了专递课堂中时间和空间的局限。

四、"专递课堂"实施成效

（一）学校影响范围明显扩大

作为锦江区较早推进和落实"三个课堂"建设的学校之一，学校搭建的专递课堂有效突破了教育时间和空间限制，为千里之外的民族地区学生输送了优质的音乐教学资源，如在天涯石小学的课堂现场接受专业、有趣、形式多样的音乐教学，进一步扩大了学校的引领影响范围，显著提高了学校的影响力。

（二）教师专业能力大幅提高

通过"备—展—思"的动态循环教研，教师民歌教学的设计、课堂教学、反思总结能力得到有效发展。专递课堂构建共同成长的师师互研互学的研修氛围,建设"处处能学、时时可学"的开放的教师研修环境。在小学音乐课教学中信息化技术手段运用能力得到有效提升,通过有效的音乐教学模式,信息化技术手段与教育教学创新融合,合理运用技术优化教法学法,积极探索未来音乐教育新样态。本实践市级论文获奖 3 次,区级交流 2 次,跨区域交流 2 次,获市级优质课评选二等奖、区级优质课评选一等奖,在《四川教育》上发表论文 1 篇,新华社报道 1 次,成立了 2 个区级名师工作室。同时,在多元文化交融背景中进行专递课堂民歌教学,一方面提升了教师信息技术应用能力,另一方面有效促进了教师文化发展,有益于进一步的跨民族音乐专递课堂教学实践。

(三)学生音乐核心素养显著提升

现状摸底问卷调查数据表明,学生在音乐知识与技能方面存在明显不足,如 31.7%的学生只能唱出指定乐谱的部分内容,13.1%的学生完全不能唱出指定乐谱,12.2%的学生不会任何乐器。通过在专递课堂上使用 5 种策略进行跨民族民歌教学,有效提升了民族地区学生的音乐核心素养。对方学校教师提到"由于师资匮乏,红星镇的老师们也可通过专递课堂,系统地了解音乐课的上课流程、教学方法及教学手段,逐渐提升少数民族地区教师对音乐教学的认识"。

教师使用《学生演唱评价量表》对红星镇学生演唱过程进行测评,学生了解了正确的发声方法、位置、声音状态、知道什么样的歌声才是最美的声音,学会了不喊唱、有气息支撑地歌唱,学生歌唱的自信在逐渐建立;在技能方法运用方面,学生的识谱能力得到了相应提升,对音准、节拍、旋律都有了全新的认识;学生的审美情趣与天涯石小学的学生们产生了强烈的共鸣。学生们表达出来的这种对音乐和文化传承的热爱是我们为民族地区搭建专递课堂的初衷之一。

五、"专递课堂"的思考与感悟

(一)优化专递课堂

首先,我们将不断提升教师信息技术素养,灵活运用信息技术,给偏远地区的学生更流畅、更便捷的课堂教学体验;其次,提升教学能力,不断完善专业素养和专业技能,给学生更专业、更高效的课堂教学;最后,提升研究能力,不断探索信息化技术手段与音乐教育教学的创新融合。加强在线教研,进行及时的交流与反馈,保障专递课堂质量的提高和教师专业素养的有效提升。学生来自不同民族、文化背景、知识水平、个性特点均存在差异，在课前进行两地的集体备课，将教学资源共享，共同研讨教学内容，制定并优化适合两地学生的教学方案。

（二）搭建名师课堂、名校网络课堂

为推动课堂革命，创新教育教学模式，促进育人方式转变，支撑构建"互联网＋教育"新生态，加快推进教育现代化，针对基础教育阶段促进教育公平，提升教育质量的现实需求，我们还将不断完善和优化理念、技术，搭建三个课堂，即"专递课堂"之外的"名师课堂""名校网络课堂"。依托电教馆、中教云平台，以网络学校、网络课程等形式，系统性、全方位地推动学校优质教育资源在若尔盖县乃至阿坝州内共享，满足阿坝州学生对个性化发展和高质量教育的需求，搭建全学科名校课堂。

【点评】

特点介绍："走向深度融合"是学校信息化教学发展的整体目标，学校在信息化发展过程中，积极响应《国家教育管理信息系统总体规划纲要》《教育脱贫攻坚"十三五"规划》《教育信息化2.0行动计划》等文件要求，不断优化学校现有资源，搭建"专递课堂"，将优质资源覆盖至薄弱学校。逐步使依托信息技术的"优质学校带薄弱学校、优秀教师带普通教师"模式制度化，有效缓解对方学校开不出、开不足、开不好国家必修课的困难，促进教育公平和均衡发展。

学校凭借"5G＋三个课堂"技术，搭建了获取信息、资源共享、多重交互、自主探究、协作学习的多方面需求的教学环境。结合新课标，以信息技术支撑的"备、教、学、评"一体化教学模式贯穿教学全过程。学校专递课堂由专家引领，以课题研究为契机，信息化名师工作室为标杆，通过环境创设、教师培训、教研组协同发展等多种策略，稳步提升专递课堂的课堂常态化。

新技术应用体现：应用特定平台的智能交互平板和专递课堂软件进行高效备课、课前约课、建立课程、进入课程、课上互动。辅助教师通过网络进行教学，同时还可进行视频资源的管理及分享。凭借"5G＋三个课堂"技术的稳定、高清信号输出，交互式直播课堂系统远程同步课堂，具有全国实时跨地互动、本地录制、资源共享等功能，有效地实现优质教学资源的录制、存储和传播普及，挖掘录课资源的教研价值。

技术赋能　创新发展
——教育部"基于教学改革、融合信息技术的新型教与学模式"实验区成都实践

信息技术支持下的初中生物学概念深度构建

【导语】

利用现代化信息技术突破传统实验室的限制，将显微镜下的微观细胞转化为宏观事物，实现课堂学生对观察现象的交流共享，引导学生构建生物学概念，达成了实验教学与概念教学的有机融合。为实现立德树人根本任务，坚持以学生发展为中心，遵循学生身心发展规律、学习规律、教育规律和信息技术应用规律，探索了信息技术支撑下适应本地区经济社会和教育发展实际需要的初中生物教与学模式，推进信息技术与教育教学的深度融合。

生物学是一门以实验为基础的实验科学。生物实验在帮助学生感知生物学事实，领悟生物学现象，构建重要概念等方面具有重要的作用。2018年《成都市教育局关于进一步推进高中阶段学校考试招生制度改革的实施方案》一文中提及，在未来中考改革中要"改革优化考试内容，引导发展素质教育"[1]，新增生物实验操作考试，并将分值提高到15分。在信息化时代背景下，现代信息技术融入初中生物实验教学中，不仅是教学改革的要求，亦是时代发展的必然趋势。政策和现实等诸多方面的变革，使一线教师需重新思考实验教学的意义，进一步去探索实验教学的意蕴。

一、教学内容背景分析

实践内容选自义务教育教科书《生物学》（北师大版）七年级上册第3章第2节细胞是生命活动的单位。涉及的重要概念为"细胞是生物体功能的基本单位"。细胞学说是整个生物学科的基础理论之一，是生物学学科知识体系必不可少的一部分。学习细胞学的相关知识，有利于学生了解微观世界，丰富其认识世界的层次性和多样性；有利于学生在学习的过程中初步建立"结构和功能相适应"这一重要的生物学科思想。同时细胞相关知识的学习也为学生后续建构其他生物学的重要概念打下了基础。因此，认识细胞是认识形形色色的生物体乃至整个生物圈的基础，也是学习和研究生物学的基础。

---

[1]《成都市教育局关于进一步推进高中阶段学校考试招生制度改革的实施方案》[EB/OL]. http://www.chengdu.gov.cn, 2018-12-17.

通过前期的学习，学生已形成"细胞是生物体结构的基本单位"这一科学认识，但前期学生多是观察洋葱、口腔上皮这样的多细胞生物装片，在光学显微镜下难以体现出细胞的生命活动，导致学生虽然认识了结构，却无法建立细胞结构与功能相适应的生物学观点。所以在教材中设计通过观察一种活体单细胞生物的生命活动，学生能够直观地感知单细胞生物能够进行各种复杂的生命活动，从而建构起"细胞是生命活动的单位"这一概念。可以说，这一节内容是实验教学与概念教学结合的典型实践。

二、传统实验课教学的困境

（一）学生参与探究机会较少

《生物学课程标准》指出：有效的教学活动不应该单纯地模仿和记忆，动手实践，自主探索和合作交流是学生学习的重要方式。但在传统的课堂中，部分实验的观察周期长，实验材料受限，教学经费有限以及实验仪器陈旧等客观因素，导致许多实验活动无法真正开展。以观察单细胞生物草履虫这一实验为例，大多数情况下，学生亲身实践较少，往往是教师播放网上下载的单细胞生物生活视频带动学生学习，以期让学生掌握"细胞是生物体功能的基本单位"这一重要概念。但学生因无法亲身参与实践，对概念的学习程度也就难以深入。

（二）师生共享交流程度较浅

显微镜作为生物实验教学中不可或缺的工具，在 2021 年生物实验考试中，有 70% 的题目都涉及显微镜的操作。本节课同样需要在显微镜下进行，不同于观察口腔上皮细胞和洋葱鳞片叶表皮细胞等多细胞生物临时装片，单细胞动物是能够运动的，同时还能进行摄食、消化、排泄等各种生命活动。所以每台显微镜下单细胞生物的生命状态都是不尽相同的。那么用传统的光学显微镜进行教学，教师无法随时随地掌握学生观察的情况，所以难以对学生的探究学习效果做出准确的评价。面对不同学生的问题，因为课堂时间有限，也难以对学生做出及时而准确的反馈。当学生观察到单细胞生物的各种生命活动时，既无法拍摄记录下来同他人共享交流，也无法保留这些图像用于课后继续思考分析，这就易导致教学效率低下。多是学生的孤立探索，师生无法就课堂当下观察到的生命活动现象进行共享交流，亦没有共同学习的事实基础，因此师生、生生之间的学习陷入了一种割裂的状态。

（三）学生概念建构效率较低

实验课顺利完成的基础是学生能熟练进行实验操作，在传统课堂上，为了让学生熟悉实验操作，往往是课堂要匀出一部分时间给学生进行实验步骤说明，或者是老师在课堂先进行示范，再由学生进行操作。40分钟的课堂有许多宝贵时间放在了学习单细胞生物临时装片制作上，但学习的重心并非临时装片的制作，而是对单细胞生物生命活动的观察，继而通过对单细胞生命活动的分析，建构起"细胞是生命活动的单位"的概念。生物学的重要概念处于学科的中心位置，对学生学习生物学以及相关学科具有重要的支撑作用，为学生提供了事实基础和实践经历，学生在实验过程中观察的现象、发现的规律，正是理解核心概念的一座桥梁。

三、解决问题的过程和方法

2019年6月，中共中央、国务院出台的《关于深化教育教学改革 全面提高义务教育质量的意见》中提到要"要精准分析学情"，学情分析是教与学的先导，是实施教学的重要基础。七年级学生刚接触生物学这门理论与实践并重的学科，他们具有较强的好奇心，思维活跃，在课堂上渴望表达，渴望动手探究。从七年级学生的实践操作能力上看，通过前期的学习已经能熟练使用光学显微镜，掌握了制作临时装片的基本技巧。在信息技术使用能力上，学生能够操控平板电脑，运用未来课堂进行网上学习。这些都为课程的实施提供了良好的技术支持。另外，在认知水平上，本节课之前学生已经学习了简单的实验知识和细胞结构的相关知识，为本节课提供了基础知识支持。

（一）课程设计思路

在义务教育课程标准中提到活动建议"观察某种原生动物的趋性、运动、取食"。草履虫因其个体较大、结构典型、容易获得、观察方便，因而成为观察单细胞生物生命活动的理想材料。观察草履虫也是初中学生接触到的第一个活体观察实验。

本节课采用 EOEE 教学四部曲，设计了启之入疑（Engage）、观之入微（Observe）、探之入新（Explore）、升之入情（Emotion）四个教学环节。首先，启之入疑：从身边常见的生物——金鱼出发，观察金鱼的生命活动，再提出推理问题"一个细胞能否也进行生命活动？"然后进入第二环节，也就是本节实验课的探究观察环节，即观之入微：分别设置两个观察任务，即观察单细胞生物草履虫对生理盐水刺激的反应，以及制作草履虫临时装片，显微镜下观察草履虫的生命活动。学生完成观察任务，拍摄记录观察现象，以未来课堂为媒介实现信息的共享交流。第三环节，探之入新：结合观察到的生命活动现象，分析生命活动的完成与细胞结构之间的关系，并建构生成"细胞是生物体生命活动单位"这一概念。最后，升之入情：引入无法像金鱼和草履虫能通过运动觅食的植物，植物能通过光合作用制造有机物，夹缝中生长的植物虽然生活艰难，但展现了生命本身的坚韧。

总体设计思路如图 2.14 所示。

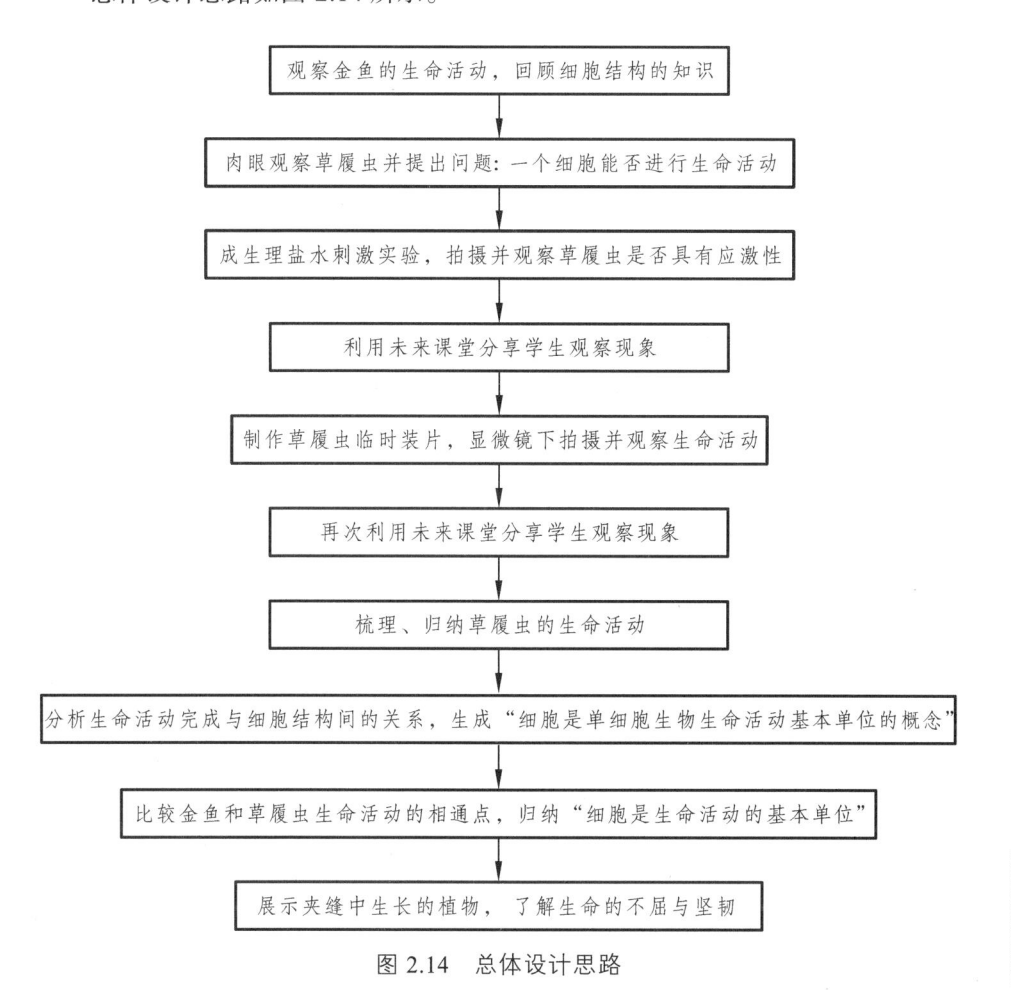

```
观察金鱼的生命活动，回顾细胞结构的知识
            ↓
肉眼观察草履虫并提出问题：一个细胞能否进行生命活动
            ↓
成生理盐水刺激实验，拍摄并观察草履虫是否具有应激性
            ↓
利用未来课堂分享学生观察现象
            ↓
制作草履虫临时装片，显微镜下拍摄并观察生命活动
            ↓
再次利用未来课堂分享学生观察现象
            ↓
梳理、归纳草履虫的生命活动
            ↓
分析生命活动完成与细胞结构间的关系，生成"细胞是单细胞生物生命活动基本单位的概念"
            ↓
比较金鱼和草履虫生命活动的相通点，归纳"细胞是生命活动的基本单位"
            ↓
展示夹缝中生长的植物，了解生命的不屈与坚韧
```

图 2.14　总体设计思路

课堂教学流程如图 2.15 所示。

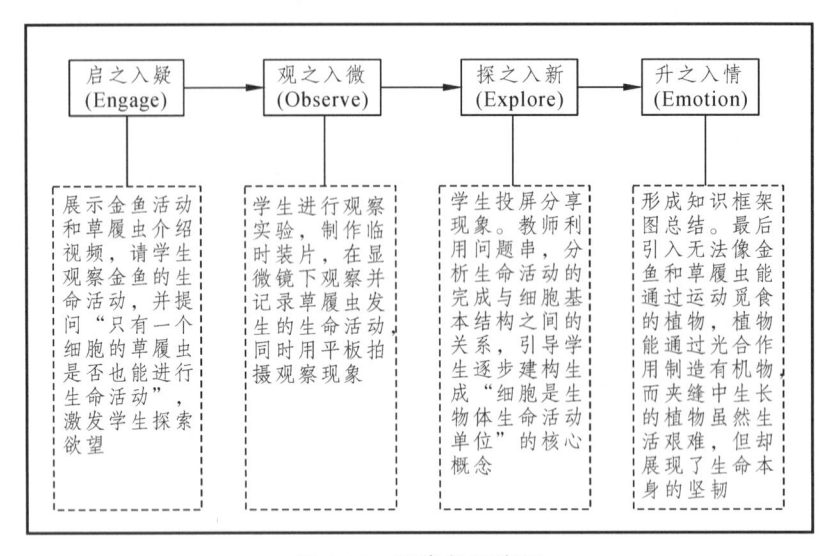

图 2.15　课堂教学流程

（二）现代信息技术在实验教学中的具体应用

1. 数码显微镜为实验教学赋能

2020 年以来，彭州市电教馆陆续升级各个学校生物实验室的相关设备，其中涉及为每校添置数码显微镜和希沃电子白板。鼓励生物教师进行数码显微互动系统支持下的初中生物学教学实践探索。数码显微镜具有普通光学显微镜无法比拟的优势，许多学者的实践研究表明数码显微互动系统在实验教学中能够充分有效地进行师生互动教学，拓展了实验教学空间，优化了实验教学过程，具有很高的应用价值。本节课的内容体现在以下两个方面：

一方面，数码显微镜能够完善实验教学手段。初中生物教学中有诸多经典的教学仪器，如生物模型、生物挂图、生物标本，这些经典教学仪器虽然使用率高、易于保存，但往往学生只能小心翼翼地"远观"，不能随意触碰，影响学生的学习兴趣与教学效果。数码显微镜的引入为生物教学注入新的活力。在课前笔者便成立了实验小组，鼓励学生能够在空余时间进入实验室进行观察。利用数码显微镜自带的内置镜头，对观察到的单细胞生物生命活动进行拍摄、录影。在这个过程中，不仅让学生熟悉了仪器设备的使用方法，还能够对传统的实验做更加深入的研究和补充。

另一方面，数码显微镜能够激发学生自主学习。北师大版本教材选用的是变形虫，但变形虫活体材料不易获得，在经过师生的讨论后，学生建议选择同样是单细胞的草履虫作为观察对象。通过查阅资料，学生对网购回来的草履虫采用牛奶培养法进行增殖培养，丰富了实验的过程体验。然后实验小组成员利用数码显微镜的图像捕捉功能，观察草履虫的同时将显微图像记录并储存起来，还可以捕捉独特的实验现象。以本节课来说，单细胞生物的运动容易观察，但是生殖现象却不是时刻能捕捉到的。因此，当实验小组在观察到某些独特现象时，便及时捕捉和保存下来，便于课后分析和研讨。学生的自主性和能动性被极大地激发了。

2. 平板电脑学习终端为实验教学加码

平板电脑作为移动学习终端与教育教学融合已经是未来教育的主流趋势之一。在本节课中平板电脑更是发挥了极大的作用。

（1）课前上传实验操作微课视频，延伸了学习时空。

与传统经典实验遵循固定的步骤不同，为了能让学生尽可能地在较短的时间内观察到更加丰富的草履虫的生命活动，笔者对实验方案进行了很大的创新修改。具体体现在：首先用生理盐水代替了食盐颗粒，来观察草履虫的应激性；其次用银耳汤代替了棉花纤维阻拦草履虫的运动；最后，用绿色螺旋藻代替中性红染料喂食草履虫，观察草履虫的摄食。因此，该实验与前面已经学过的制作临时装片的步骤略有不同。在课前，教师先培训了几位实验小组长，并拍摄小组长操作的画面，制作成实验微课，传送到平板电脑的"未来课堂"学习平台上，学生可自主下载，观摩实验操作步骤。以平板电脑为媒介，延伸了学生的学习时空。

（2）课中随时拍摄重要实验现象，共享探究成果。

平板电脑能够记录实验过程，保留实验现象，其拍照和录像功能能够让数据收集更为直观，可为课堂探究积累珍贵的原始素材。在学生展示环节，学生可利用平板电脑具有的投影功能，将拍摄的图片或视频投射到大屏幕上进行展示交流。学生能自主展示，描述观察现象，拓宽了课堂师生、生生的互动渠道，提升了成果分享的真实性和说服力。同时也让教师掌握班级学生的实验进度，为准确评价学生学习效果提供依据。学生通过操作实验，拍摄现象、分析现象、交流想法等活动，在行动、思考、表达的过程中，建构起"细胞是生命活动的单位"的概念，逐步发展基于生物学事实、证据运用的分析与推理、归纳与概括的科学思维能力。

（3）课后简单剪辑原始拍摄资料，保留珍贵素材。

对于本次实验课拍摄的生命活动视频，可以作为以后教学的珍贵资源。因此在课后，教师要求学生挑选出清晰的片段上传到平板电脑的"共享文件夹"中，教师对各类片段进行剪辑整合，最终形成了草履虫生命活动的视频。同时在学生的提议下，将视频上传到公共网络中，他人可以通过微信扫描二维码的方式观看学生的拍摄作品。通过这个环节，学生更有学习的成就感与获得感。

用信息技术为初中生物实验教学赋能加码，不仅能激发学生的学习兴趣，也能更有效地实现实验教学与概念教学的有机整合。学习因探究而充满了奇遇，教学也因互动而提升了效率。

四、信息技术融入实验教学的优势

（一）多亲身探究实践，少被动学习困顿

2022版义务教育生物学课程标准指出："科学探究是学习生物学的重要方式，生物学课程高度关注学生学习过程中的实践经历，强调学生学习过程是主动参与的过程。"因此，本节课将学生真正带入实验室，让学生有机会动手实践，合作探索，变被动学习为主动探索，通过在显微镜下观察一种单细胞生物的生命活动，认同"一个细胞也能进行生物基本的生命活动"，从而建构生成"细胞是生物体功能的基本单位"这一概念。

（二）多师生共享交流，少学生孤立学习

本节课学生使用平板电脑记录实验过程，拍摄实验现象，同时利用未来课堂同步学生观察现象，师生可以就课堂当下观察到的生命活动现象进行共享交流，这就有了共同探讨的生物学事实基础，拓宽了课堂师生、生生的互动渠道。

（三）多高效概念建构，少实验步骤说明

本节课通过课前制作微课，传送到"未来课堂"学习平台上，学生可自主下载，观摩实验操作步骤。以平板电脑为媒介，延伸了学生的学习时空，为课堂上高效建构生物学概念留下了更多的时间。

五、实践成效与反思

杜威认为"学习是基于有指导的发现而不是信息的传递"。在本节课中，教

师借助现代信息技术优化生物实验教学，以未来课堂为媒介，将平板电脑和电子白板联结在一起，实现强大的交互和展示功能，实现全班学生观察现象交流共享，遵循"启之入疑、观之入微、探之入新、升之入情"的实验教学四部曲。教师一路提问、追问，学生主动思考，师生共享学习成果。

（一）实践成效

（1）学生通过分析生命活动的完成与细胞基本结构之间的关系，建立结构与功能相适应的整体认识观，能够理解细胞是生物体生命活动的基本单位。

（2）学生通过操作显微镜，学会用显微镜从微观水平研究微观世界里的生命活动，提高科学实践的探究能力，丰富其认识世界的层次性和多样性。

（3）学生通过分析观察现象，逐步发展基于生物学事实和证据运用的分析与推理、归纳与概括的科学思维能力。

（4）最终学生将撰写的实验报告和拍摄的观察作品参加了成都市第37届青少年科技创新大赛并获得二等奖，将课堂的学习延伸到了课外。教师也在教学实践中形成理论性的构思，撰写了相关论文《现代信息技术在初中实验教学中的应用》，获得成都市第十八届教改论文二等奖。另外，课堂实录也获得成都市课堂大比武二等奖。

（二）教学反思

1. 勇于进行实验创新，传递重要概念

北师大版本教材在这一节内容上选用的实验材料是变形虫，但变形虫活体材料不易获得，因此选择同样是单细胞生物的草履虫作为观察对象。在其他教材版本中虽然不乏利用草履虫进行实验的实践，但是实验方法比较传统，实验效果不好，同时面临着观察时间周期长的问题。既然没有现成有效的实验方案可遵循，就需要教师结合教学目标，对实验进行创新性改进。查询大量论文资料并亲自试验，形成了一套行之有效的实验方案。创新点如下：第一，用生理盐水代替食盐颗粒，探究草履虫的应激性；第二，用银耳汤代替棉花纤维减缓草履虫运动，便于观察；第三，用螺旋藻喂养草履虫，来观察摄食现象；第四，用草履虫收集网对草履虫进行提纯培养，提高草履虫密度。正是在实验改进的基础上，让学生更便于操作，更能够清楚地观察实验现象。通过亲身实践观察了草履虫的生命活动，他们能够真正认同"只有一个细胞也能完成生命活动"，从而建构了"细胞是生命活动基本单位"这一重要概念。面对教材上的实验，

教师可以因地制宜，对实验进行改进，以达到更好地将实验教学同概念教学融合的目的。

2. 信息技术融入教学，提升课堂质量

在多媒体环境下，将现代信息技术融入实验教学中，比如利用数码显微镜拍摄草履虫生命活动，用于课堂展示补充，丰富学生对单细胞生物生命活动的认识。制作实验微课，上传到学习终端，学生可提前预习。课堂教学时，师生通过未来课堂进行观察现象的共享，拓宽了师生交流的渠道。学习结束后，将学生拍摄的视频剪辑后，上传到腾讯视频，可通过扫描二维码的形式观看学生的作品，为课堂积累了丰富的原始素材。在信息技术的帮助与加持下，生物实验教学更大地激发了学生的学习兴趣。现代信息技术做到了在生物实验教学中为师生赋能加码，帮助学生感知生物学事实，建构生物学核心概念，提升了课堂教学的效率，更好地发挥了教师的主导作用和学生的主体作用。师生能在课堂中欣喜相逢，教师在课堂上建构出一堂堂优质、灵动的课程，学生在课堂的时空中能够获得更好的课堂学习体验，使知识和技能有了长足进步。

【点评】

特点介绍：现代信息技术与教育教学的有机融合是教育发展的重要趋势。生物实验在帮助学生感知生物学事实、领悟生物学现象、构建重要概念等方面具有重要的作用。利用现代化信息技术突破传统生物实验的限制，以未来课堂为媒介，以数码显微镜为辅助，将平板电脑和希沃电子白板联结在一起，实现强大的交互和展示功能，引导学生建构生成生物学核心概念，达成了实验教学与概念教学的有机融合。相比于传统教学模式，其有以下特点：第一，多亲身探究实践，少被动学习困顿；第二，多师生共享交流，少学生孤立学习；第三，多高效概念建构，少实验步骤说明。

新技术应用体现：课前教师制作实验微课，上传到学习终端，学生可提前预习。教学过程中，师生通过未来课堂APP进行观察现象的共享，同时利用数码显微镜拍摄图像作为课堂补充。学习结束后，将学生作品上传到腾讯视频，积累丰富的原始素材。新技术的应用体现为以平板电脑为教学中介，其拍照和录像功能能够让数据收集更为直观，可为课堂探究积累珍贵的原始素材。同时学生能将拍摄的图片或视频通过未来课堂APP，同步到希沃白板上进行展示交流，提升了成果分享的真实性和说服力。

基于数据的个性化教学　助力学生感悟度量本质
——数学学科线上线下融合式教学改革实践

【导语】

国信区的改革目标之一是"面向学校课堂教学方式变革，推动课堂教学与信息化的深度融合"。泡小西区课堂改革的目标是通过多教学要素的融合推动课堂的深度学习，通过重构教学组织形式实现课堂的有效教学，通过多样化的评价设计保障课堂的持续改进，两者是不谋而合的。实践中，教师运用智慧教育平台了解学情，精制教学目标，实施以学定教，外显学生的思维发展，提供个别化指导，有效地推动了教学与信息化的深度融合，助推学生的深度学习。

一、实践背景

第四次工业革命催生了信息技术支撑的智慧教育。理念更新与技术迭代同构的课堂革命大势，既为教师提供了课堂提质增效的机遇，又让广大教师面临教学实践的新挑战。中共中央、国务院印发的《中国教育现代化2035》指出"利用现代技术加快推动人才培养模式改革，实现规模化教育与个性化培养的有机结合"。混合式教学是实现规模化与个性化教育有机结合的重要方式。反思现实，混合式教学在推进过程中暴露出"混而未合，混而不深，混而低效"的共性问题，迫切需要得到解决。

（一）小学课堂混合式教学"混而未合"

教师运用技术的目的不明，技术与教学相互割裂，协调性差，功能整合不足。一些课堂看似高技术，实际是披上信息化外衣的传统教学，甚至出现教师课堂"炫技"现象。这种随意、零散、无序的技术运用，导致混合式教学"混而未合"。

（二）小学课堂混合式教学"混而不深"

技术运用流于形式，课堂多是抢答、点赞、上传作业等浅层次认知活动，缺少讨论、探究、合作解决问题等能够促进学生深层次认知的活动。教师没有根据学科特点和学情变化选择合适的技术，在教学的关键环节仅重视技术的作用，这种表面"积极""活跃"的互动难以调动学生思维和行为的自主、深度参与，导致混合式教学"混而不深"。

（三）小学课堂混合式教学"混而低效"

混合式教学的评价跟进不力，缺乏对目标达成过程与结果的随时监控与调整，教师不及时、不会用，甚至不用评价反馈的数据指导教学的现象依然存在；缺乏多类型评价方式，对学生的个性发展与情感状态关注不够，导致混合式教学效益低下。

自2008建校以来，成都市泡桐树小学西区分校以教育信息化为办学特色，经历了"基于交互式电子白板开展初步的混合式教学研究""基于线上线下的混合式课堂进程改革""创建并运行混合式教学的'大课堂矩阵'教学模式""完善并整体运行混合式教学模式整体改革行动框架"等阶段，致力于研究混合式学习环境下的教学改革。构建"大课堂矩阵"教学模式，将课堂延伸为线下为主、线上为辅的课前课中课后三段式课堂。

作为"基于教学改革、融合信息技术的新型教与学模式"实验校，泡小西区融合《信息技术应用能力提升2.0工程》提出的"全面促进信息技术与教育教学融合创新发展"要求，结合校情确定主题为"搭建有温度的智慧阶梯，整校推进大课堂实践研究"的校本研修，思路为：强化科研意识、转变课程理念、落实研修实效。在此背景下，全校所有学科教研组致力于推动"大课堂矩阵"教学模式应用于学科教学改革。

二、实践举措

在整校研修开始之前，泡小西区通过问卷调查，了解到75.82%的教师希望在"了解学生真实学情"方面得到信息化支持。于是学校以此为突破口开展研修培训，将"技术支持的学情分析"作为全校每一名教师的必修能力点，各学科教研组以此为基础匹配符合学科发展特色的其他能力点。

各学科将2.0培训融入日常教育教学教研工作，以能力点为导向，以技术应用为辅助，以数据为支撑，通过关注课堂形态、关注教师教学行为数据分析，引导学科课堂新模式的建构。

通过各学科教研组扎扎实实地研修培训，学校在各个学科教学中应用"大课堂矩阵"教学模式。横向打破时空界限，将课堂延伸为线下为主、线上为辅的课前课中课后三段式课堂。纵向探索"课前课中课后"均有教师导学评学、学生研学共学多层次任务的矩阵教学模式。

（一）"大课堂矩阵"教学模式的含义

"大课堂矩阵"教学模式是指教学时空与教学主体两类要素队列组合形成的教学活动结构框架。"大课堂"是相对于40分钟的传统"小课堂"而提出的，借助信息技术实现"小课堂"横向和纵向的延伸。横向打破传统课堂的时空界限，将"小课堂"延伸为线下为主、线上为辅的"课前—课中—课后"三段式课堂。纵向变革了传统"课前预习—课中授课—课后复习"单一任务的线性教学模式，探索了课前、课中、课后均有"教师导学评学，学生研学共学"，且有多层次任务的矩阵教学模式。

（二）"大课堂矩阵"教学模式的组织结构

如图2.16所示，混合式教学的"大课堂矩阵"教学模式形成了"三段十八环节"的教学改进关键环节。每个环节都是师生在课前—课中—课后行为交互形成的线上线下教学活动。既有以教师为主的活动，如发布任务、问题导学等；也有以学生为主的活动，如自学议学、共学共思等；还有师生共同的活动，如前测反馈、个性化促学。旨在借助信息化手段，通过线上线下师生交互，为学生创建学习新场域。根据学情，师生既可按时段推进每个环节，又可灵活选择，或重复或跨越，形成适合班情的教学流程。

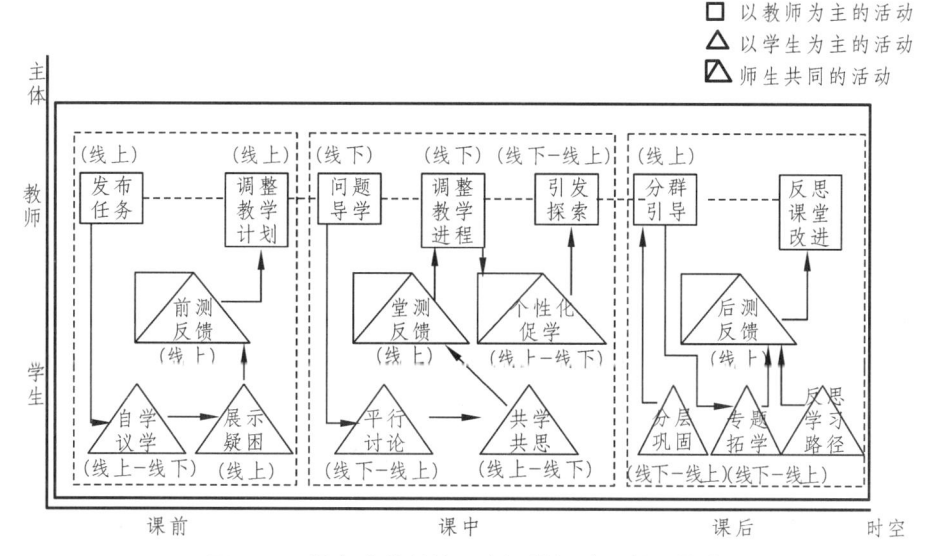

图2.16 混合式教学的"大课堂矩阵"教学模式

混合式教学的"大课堂矩阵"教学模式分成课前、课中、课后 3 个小矩阵实施。

1. 课前矩阵：探明学情，精制教学目标

课前，教师制定课堂教学目标并进一步分解教学任务，设计符合学生最近发展区的教学支架，以导学单、微课等形式线上发布任务。学生利用平台、教材等资源自主预习并完成导学单任务后，与同伴进行同步或异步交流，也可进一步在线提出自己的困惑、想法，教师及时在线上进行针对性指导。教师线上发布课前测并根据前测反馈的学生自主学习的情况，了解学生的认知起点，聚焦核心问题调整课中的教学计划。课前，学生对将要学习的内容和目标有了大致了解，自行解决消化一部分知识内容，主动做好进一步学习的准备。

2. 课中矩阵：问题教学，达成教学目标

课中，教师针对课前定位的核心问题以任务单的形式引导学生开展探究性活动，组织学生自主学习，合作交流，深度思考，达成教学目标。学生在独立思考的基础上，以线上、线下的方式，发表观点、参与讨论、分享心得体会，进一步与同伴开展合作学习、探究解决问题，达成共识或产生新的疑问。教师关注学生学习状态并及时肯定、鼓励学生，对学生的学习成果予以点评和指导；借助平台发布课中测，通过数据的即时反馈了解学生的认知增量，及时调整课堂教学进程，对学生进行针对性的集体辅导或个性化指导。教师根据课堂上新产生的问题，以线上线下的方式引发学生课后的进一步探索。

3. 课后矩阵：巩固拓展，深化教学目标

课后，学生基于个体学习报告反馈和进度差异分层学习，可以通过回溯课堂主环节、查阅线上线下资源、线上同伴交流等方式巩固提升认知。教师根据学生的兴趣点设计并发布拓学单与配套在线资源引导学生探究。学生根据教师发布的拓学单自主选择主题，利用自选或推送的线上线下资源拓展性学习，拓宽自己的知识面。教师发布课后测并根据数据反馈了解学生的学习效果，实施线上线下个别指导。教师通过回溯课堂环节，反思"大课堂"教学的薄弱环节，改进课堂教学，为下一阶段的教学矩阵做准备。学生可以通过在线查阅阶段学习报告和回溯课堂环节等方式反思学习路径，巩固学习成果。

（三）"大课堂矩阵"教学模式的实施准则

1. 实现时时参与的多要素共融

师生共建共享资源空间，灵活选取教学资源，随时调取、随时储存。学生可随时组合使用多类型设备开展无缝学习。通过课内课外、校内校外场景融合，学生能时时进行正式、非正式学习，即学生时时可学。

2. 搭建处处共在的共学共研空间

师生借助信息技术提供的线上交流平台随时随处交流讨论，形成虚拟的学习社交生态圈。学生在课堂内外根据自身兴趣、能力、思维方式等选择学习伙伴，在线上线下开展对话与探究活动。

3. 满足人人获得的即时反馈及评价

教师通过数据支持和评价反馈，把控和调节矩阵各环节，推动"大课堂"的持续改进。利用信息技术伴随式采集每一个学生学习过程的数据并提供"学习画像"，教师根据阶段诊断报告精准判断，对学生给予针对性指导。

基于整校推进的学科研修培训，以及对新课标的解读，结合学生现阶段学习内容，五年级数学组研究重点确定为图形教学与信息技术的融合。以"长方体体积"一课为例：

（1）能力导向，环境支撑。

课前，教师依据技术支持发布学习任务，引导学生自主开展前置性学习。通过学生前测数据反馈（见图 2.17），精准把握学情。课中，教师引导学生聚焦核心问题，组织小组合作探究共学共思，运用智慧教育平台让学生思维外显，利用生成性资源引发学生讨论探究明理。课后，为确保学生有真收获，教师通过课后测分层巩固，利用智慧平台对课堂进行延伸和拓展，个性化地促进学生主动学习（见图 2.18）。学生通过智慧教育平台回溯学习历程，反思学习路径，提升反思能力。在群智建构的基础上进一步内化完成个体知识建构，最终感悟从一维的线到二维的面再到三维的体，感悟度量本质的一致性。

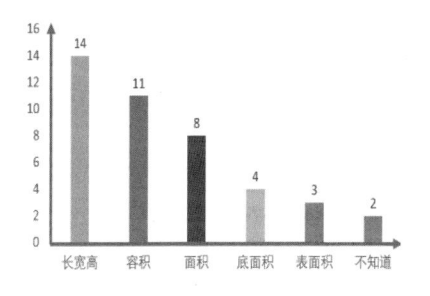

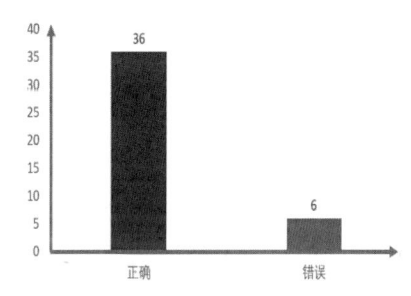

图 2.17 前测数据

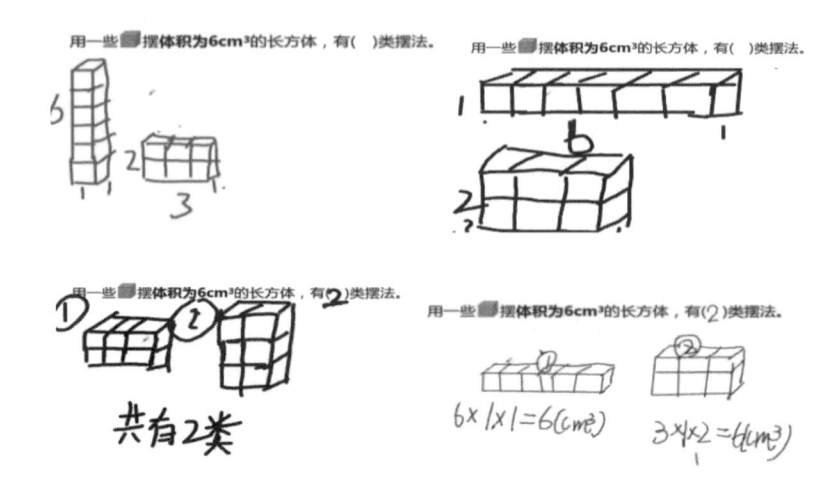

图 2.18　学生个性化表达

（2）探究设计，聚焦思维。

如何让学生理解公式背后的道理？在摆"体积单位块"的活动中，运用智慧教育平台问答题功能，学生通过拍照上传自己小组的实验结果，不仅让学生更聚焦问题探究，而且也使收集的素材更丰富，学生通过对比、解读小组作品最终明白公式背后的道理（见图 2.19）。

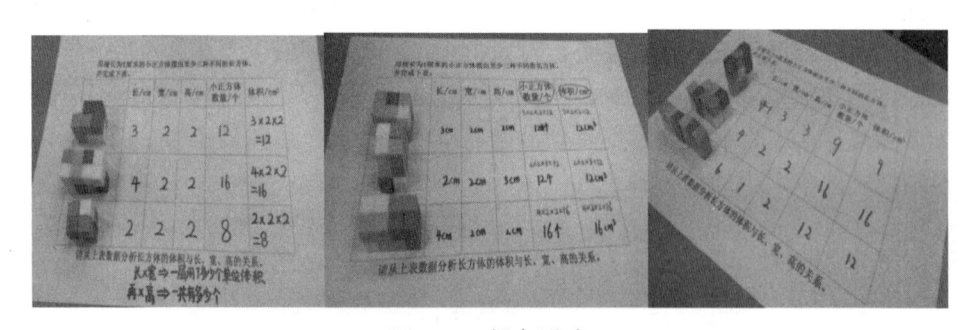

图 2.19　探究活动

（3）个别指导，个性发展。

为了解学生对公式的理解和掌握情况，教师通过智慧教育平台互动题板功能发布任务：用一些棱长为 1 厘米的小正方体摆体积为 6 立方厘米的长方体有几类摆法？学生通过在互动题板上画一画表达出自己的想法，通过收集学生作品及时反馈学生思考，在对比交流中促进学生高阶思维的培养（见图 2.20）。

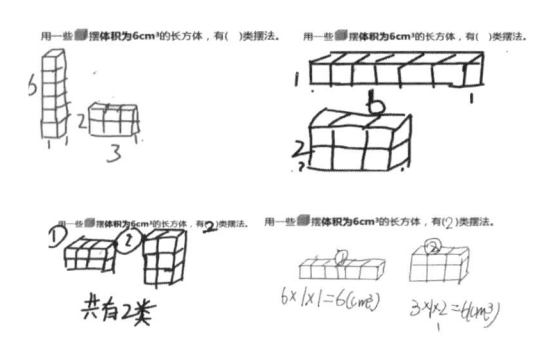

图 2.20 学生个性化表达

（4）数据测评，对比提升。

教研组利用课堂观察数据进行量化评价。在教师执教的过程中，教研组通过数据采集、数据挖掘、数据分析，出具课堂教学行为分析报告，以数据客观显现教师在教学中的问题。课后，教研组针对问题组织会诊，与教师共同设计改进方案，直接从线上线下融合教学的教育思想和方法入手改进教师的教学行为。接着，该教师再次执教，教研组再次利用数据出具新的课堂教学行为分析报告。通过对两份报告数据进行比对分析（见图2.21），教师能直观感知线上线下融合教学中流程再造和策略实施带给课堂的改革，能顺着这个方向继续开展实践研究。

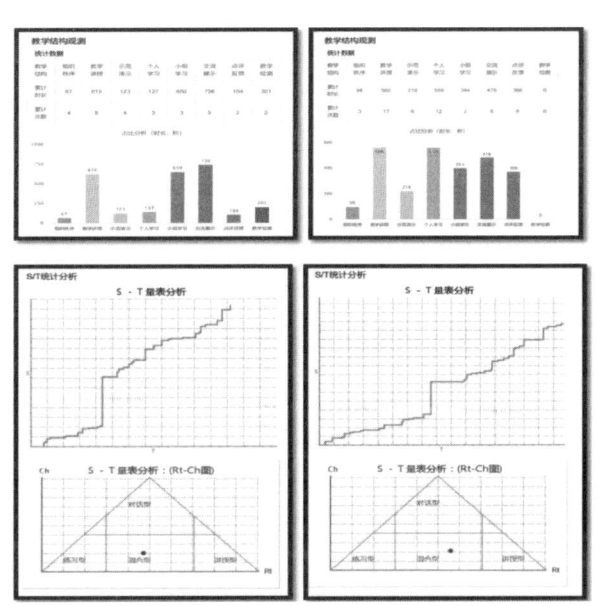

图 2.21 课堂数据对比报告

（5）以展促培，以赛促研。

在系统化推进智慧课堂研修过程中，学校重在常态、重在应用、重在研究，特别注重以展促培、以赛促研。学校组织学科教学展示交流活动，推动各教研组将培训落到实处，并将展示课例作为成果向各级送教、赛课平台输送，引导教师关注自己的专业发展方向。

（6）系统研修，资料装袋。

各教研组用课题管理的思路推动研修培训，融合研修过程开展相关的小课题研究，并根据研修经验进行小课题汇报，最后将研修成果进行整理，包括单元整合及板块化课例设计、教师以能力点为导向的典型课例、教师以课例为支撑的反思论文等，规范装袋。

三、实践成效与反思

（一）课堂培育学生学习力

在整个教学实践的过程中，学生的学习力得到了提升。同一问题能从不同角度进行思考，学生数学思维得到发展、问题解决能力得到培养。且在区域性数学学业测评中，学校学生的整体水平均高于区域内平均值。

（二）技术赋能教师专业发展

有了技术的赋能，教师的专业得到了发展，学校教师团队在国家级信息化赛课活动中获奖270项，学校实践入选全国基础教育信息化应用典型实践集。

四、教师反思

（一）探究问题来源于学生的真实需求

在日常教学中我们需要理解与尊重每一位学生的问题和需求。以学定教、顺学而教，课堂不仅需要引导学生知其然，更要知其所以然。

（二）基于学生的个别化指导促进学生的个性成长

教学过程中，教师借助信息化手段以数据外显学生的思维发展过程，为不同学习能力、不同学习进度的学生提供个别化指导，让每个学生获得个性化成长。

（三）内容的结构化设计助力学生的数学思维发展

作为教师，我们应以结构化视角引领教师教学行为的转变，以信息技术为载体推动知识整体融合与学生学习方式改革，引领学生走向深度学习。

五、获奖情况

研究经验发表于《人民教育》等核心刊物，案例收录于教育部基础教育信息化应用典型案例集；参加2021年普教教学成果评审获四川省二等奖等；出版《搭建有温度的智慧阶梯》和《润生有温度的智慧学习》两本著作。

六、推广情况

2021年5月参与陕西省智慧课堂教学应用研讨会公开课，获专家好评；参与2021年"阆师杯"信息技术与学科融合研讨会公开课，获好评；在新世纪小学数学第三届名师工作室教学设计与课堂展示，荣获全国一等奖。

【点评】

特点介绍：（1）体现了"一校一案"。泡小西区通过问卷调查，了解到75.82%的教师希望在"了解学生真实学情"方面得到信息化支持，于是学校以此为突破口开展课堂改革实践研究，以数据定位学生的真实学情。（2）规模化、常态化、持续性推进。学校全部学科均参与课堂改革实践研究，将研究历程融入日常教育教学教研工作，以课堂教学方式变革为方向，以技术应用为辅助，以数据为支撑，通过关注课堂形态、关注教师教学行为数据分析，引导学科课堂新模式的建构。（3）建立教学模式作为支撑。以"大课堂矩阵"教学模式形成"三段十八环节"的教学改进关键环节，实现时时参与的多要素共融；搭建处处共在的共学共研空间；满足人人获得的即时反馈及评价。

新技术应用体现：依托网络学习空间发布学习任务，引导学生自学、共学、拓学，通过数据即时反馈，精准掌握学生的认知基础、结构和增量；利用网络学习空间问答、录屏等技术展现学生思维过程，在对比交流中培养高阶思维。课后通过智慧教育平台回溯学习历程，反思学习路径，提升反思能力；在群智建构的基础上进一步内化完成个体知识建构。

技术赋能　创新发展
——教育部"基于教学改革、融合信息技术的新型教与学模式"实验区成都实践

基于数字环境下学生自主学习教学模式的构建与实践研究

【导语】

本实践研究关注的核心是学生的自主学习,在立德树人思想的基础之上,培养学生的核心素养。通过探索在日常教学中全方位地融入信息技术,归纳将信息技术应用于各个学科的路径、方式和方法。其中尤其注重探索激发学生学习自主性和培养学生探究科学性的教学方式,打造丰富的数字资源库,努力创造适合每一个学生发展需求的教学活动。

一、实践背景

(一)教育信息化的大背景

随着人们告别工业社会进入信息时代,信息技术对人们的影响已经渗透到社会的方方面面,日本、美国、欧洲等国家都在各个领域积极进行信息化建设,力图在信息爆炸时代,通过新技术、新手段获得并运用更多信息,在国际竞争中占据主导优势。2012年3月,教育部颁布的《教育信息化十年发展规划(2011—2020年)》中明确指出:"要建设并不断更新满足各级各类教育需求的优质数字资源,开发深度融入学科教学的课件素材、制作工具,完善各种资源库,促进智能化的网络资源与人力资源结合。"2013年,我国明确把教育信息化作为推动中国教育改革的重要内容。2015年11月,刘延东出席全国第二次教育信息化工作电视电话会议并且发表讲话,她在肯定了"十二五"期间"三通两平台"建设的突破性进展的同时,强调:"在'十三五'时期,要大力推进信息技术与教育教学、创新创业的融合发展,促进教育公平,提高教育质量,为培养现代化建设所需高素质人才提供有力支撑。"纵观2017年《地平线报告》基础教育版,聚焦未来五年教育的新趋势、新技术和新挑战,其中重点提到了创客空间、分析技术、人工智能、虚拟现实等六项技术,并提出面对新技术的挑战之一就是如何重构教师结构,转变教学模式,提升学生学科和数字化素养。2019年,教育部办公厅印发的《2019年教育信息化和网络安全工作要点》提出,

要深入落实《教育信息化"十三五"规划》和《教育信息化 2.0 行动计划》，实施好教育信息化"奋进之笔"，加快推动教育信息化转段升级，积极推进"互联网＋教育"，坚持高质量发展，以教育信息化支撑和引领教育现代化。可见，教育信息化的发展是必然趋势。"互联网＋基础教育"的提出更是顺应教育信息化发展的潮流，数字环境作为支持教育信息化的有力手段，促进了"人人通"的实施，充分展现了学生的主体性。

（二）自主学习、核心素养发展的需求

1971 年联合国教科文组织发表《学会生存——教育世界的今天和明天》报告，将终身教育概括为"由一切形式，一切表达方式和一切阶段的教学行动构成的一个循环往复的关系时所使用的工具和表现方法"。教育的最终目的是让受教育者能够更好地适应社会。而为了更好地适应社会，必须培养学生自主学习、终身学习的能力，即我们所倡导的"授人以鱼不如授之以渔"。学生发展核心素养，作为衡量学生是否能够适应终身发展和社会发展需要的必备品格和关键能力的标准。2016 年 9 月 13 日，中国学生发展核心素养研究成果发布会在北京师范大学举行，敲定中国学生发展核心素养，以科学性、时代性和民族性为基本原则，以培养"全面发展的人"为核心，分为文化基础、自主发展、社会参与 3 个方面。其中，文化基础是人存在的根和魂，我们现行的教育也主要以传递文化知识为主；自主发展是人作为主体的根本属性。强调学生要学会学习和健康生活，而我国现行的课堂教学模式中，多以教师讲、学生练为主。在教学设计上不符合人本主义的"以学生为中心"的思想、在知识的建构上不符合建构主义的"学习是知识意义的主动建构"的理论，从而也直接影响学生自主学习能力和终身学习能力的培养。社会参与是人的本质属性，如果一个人没有学习的能力，没有终身学习的意识，那么其社会参与能力也会受到影响。由此可见，培养学生自主学习能力的重要性。

二、实践举措

（一）学习理论知识，把握指导思想

电子书包从兴起至今，在国内外已经有相当多的应用探索，在众多的可供借鉴、参考的实践中，更要寻根溯源。从教育学、自主学习理论等方面出发，并结合中学生发展核心素养对中学生提出的新要求，确定本实践开展的指导思想，在思想的引领下科学地开展实践研究。

（二）"以生为本"找准着手点

教育应该是"以人为本"的，"以人为本"的教育既要求要有科学的指导思想，又应该充分了解"人"的需要。因此，在实践研究开展之前，采用问卷、课堂测验、课堂效果分析等多种方式分析学生群体。具体研究方案如下：

准备阶段：家校联合周知方案与环境建设。初一上期期末家长会，告知家长并在假期熟悉教师所提供的数字化学习环境的使用规则。同时，架设班级的网络平台，使所提供的数字化环境的适用与研究得到技术保障。

预热阶段：培养学生对于软件环境的科学使用。在教师的指导下，完成课堂学习，在必要的时候借助以电子书包为载体的数字化环境的自学和检索功能，变"玩具"为"工具"。

探索阶段：软件的选择。根据学科的需要，选择猿题库、一起作业、盒子鱼等免费软件，从习题课开始进行数字化环境的教学模式探索。利用软件的数据功能，将作业的正确率量化，有指向性地监测教学效果，提升教学效率。与此同时，在频繁的数字化环境学习过程中，让学生能够更加自如、按需所求地获取数字化环境下的网络资源。

自主学习阶段：教师布置任务，把课堂逐渐转化为学生的自主学习。当学生完全适应了学校提供的数字化环境，那么每个人手里的终端都将成为他学习的工具。教师将更多地承担学习的设计角色，可以更多地将前置学习内容进行筛选和整合，布置任务让学生结合项目式的学习方法。在常态化的电子书包教室环境下的学习过程中，把学习过程转变成一个工程项目，把电子书包转变成一个百宝箱——类似于哆啦A梦的口袋，随时能够获取需要的资源。如此，把自主借助网络资源学习的能力内化成不由自主的学习本能。

反馈评价阶段：评价贯穿于学生分析探究问题、解决问题的过程中，老师组织学生通过相互评价作品深入理解课程内容。课堂上通过学生演示让其他小组清晰看到展示小组的成果。各个同学通过在线问卷调查，对学生作品给予即时评价、打分。完成后的作品通过网络学习平台发布到资源库中，与其他同学分享。

学生的探究和学习过程利用直播软件对家长进行直播，让家长更加了解学生的学习情况（老师争取每周有一节课利用网络对家长进行课堂网络直播）。

总之，其目的是让学生的学习具体化、方法化，使学生由"接受式"学习向"发现式学习"转变，由"独立学习"向"合作学习"转变，让学生的主体性得到加强，想象力和创造力得到释放。而结合初中生和高中生的特点，初中研究更注重学习能力的培养、学习习惯的养成，高中则更重视运用自主学习的能力进行知识的再学习。

（三）做好数字化环境软硬件的选择和建设，构建数字资源库

软硬件的配套是保证实践研究顺利开展的基石。因此，根据初高中的各种不同因素，以及各学科的不同特点尽量选择兼容性强，便于掌握的硬件产品和能够满足学科特点、学生个性化学习的软件产品。基于学校实际，学校电子书包配套的硬件产品为华为 s10-231w 平板，教学环境为天闻公司开发的 aischool 教学平台。结合学科特色，引入猿题库、盒子鱼等学科软件辅助教学；同时，结合学校实际，在硬件的选择上还利用了学校已有的云平台，软件上利用好分数、地理乐园等教与学的分析平台。看起来我们所依靠的数字化环境似乎有点杂，但这正是我们在研究过程，将数字化环境作为辅助教与学的工具性的认识，在工具的选择上灵活多变，从实际需求出发，从而跳出为使用工具而应用工具的传统误区。

同时，基于数字化环境的教学在学习资源的使用上有别于传统的教学方式，需要一些数字化资源的支撑。经过研究，初步确立了从以下几方面开展数字资源建设。

（1）取百家所长、成一家之风。目前，研究以电子书包为载体的数字化环境众多，开发出的数字资源也各有优势，可以在充分学习的基础上，结合学校特色，将这些网络资源进行选择、分类、系统化的整合，成为适合学校运用的数字化资源。

（2）建设校本特色、开发数字资源。在对课程进行梳理的基础上，结合学校实际和实践开展目标，在实践研究的带动下，发动学校教师在参与的过程中建设诸如微课、导学案、课件、文献资料、阅读材料之类的资源包，并分专题整理，形成校本数字资源。

（3）用之于生、取之于生。伴随着学生自主参与学习过程，会无意识或者有意识地开发出一些个性化的学习材料，将这些材料进行收集、整理、归类，形成练习作业、拓展学习等个性化的数字学习资源。

最终，将以上途径获取或建构的资源进行整理，形成系统化的校本数字资源，因地制宜地开展实践研究。

（四）总结教学模式

在实践研究中，梳理教学环节，在实践事先约定的思想的指导下再总结出

研究过程中较为稳定的教学活动框架和活动程序，并在教学实践中逐步完善，最终形成具有学校特色的教学模型和操作流程，总结培养学生自主学习习惯、提高自主学习能力的措施和方法，形成教学实施策略。

（五）总结促进教师专业化发展的方法和策略

基于数字化环境下的教学活动对教师的信息素养提出了更高的要求。在实践研究中，教师信息技术技能的提升贯穿于整个研究过程。

（1）在研究中，教师要具备先进的教学理念和思路。观念决定行为，有什么样的教育观念，就会有什么样的教育行为。很多教师在"分数至上"的教育环境中，已经锤炼出了一整套的看家本领，形成了一种固定的教学范式和习惯。在本实践的研究中，必然要打破自己和教育环境之间的一种平衡态，让自己处于一个新的、内心没有确切把握的动荡状态之中。

（2）在研究中，教师要探索研究全新的教学活动设计，在设计和落实的过程中，使信息化环境下的学科专业能力得以提升。

（3）在研究中，教师整合、开发、挖掘数字资源。不论是对网络资源的整合，还是亲手制作或是从学生的作品中挖掘，都是信息技术支撑下的一种全新体验。在这个过程中，信息技术操作能力无形中得到了提升。

（六）建立评价体系

在教学模式建立之后，所构建的模式是否有效，是否具有推广价值，都需要相应的评价数据作为支撑，而在评价维度的设置上则应注重多元化，主要从学生评价、师生互动、教师提升3个方面探索研究的评价体系。

1. 对学生个人成长的评价研究

学生个人评价体系构建要围绕核心素养的3个培养目标进行，并且在每个方面设置多个评价维度，阶段性地记录学生的成长数据，力争让评价贴近科学事实，对学生的成长和发展具有指导性的作用，让实践的研究成果具有实际的应用价值。

（1）文化基础——成绩跟踪分析。

学生文化基础分析主要基于平时练习和考试产生的数据，用电子书包环境收集这些数据，并形成个人、班级、年级的跟踪分析数据（见图2.22和图2.23），让学生结合自身的特点有针对性地学习，同时教师结合班级的特点营造班级氛围，年级结合年级的数据进行更好的组织和引领。

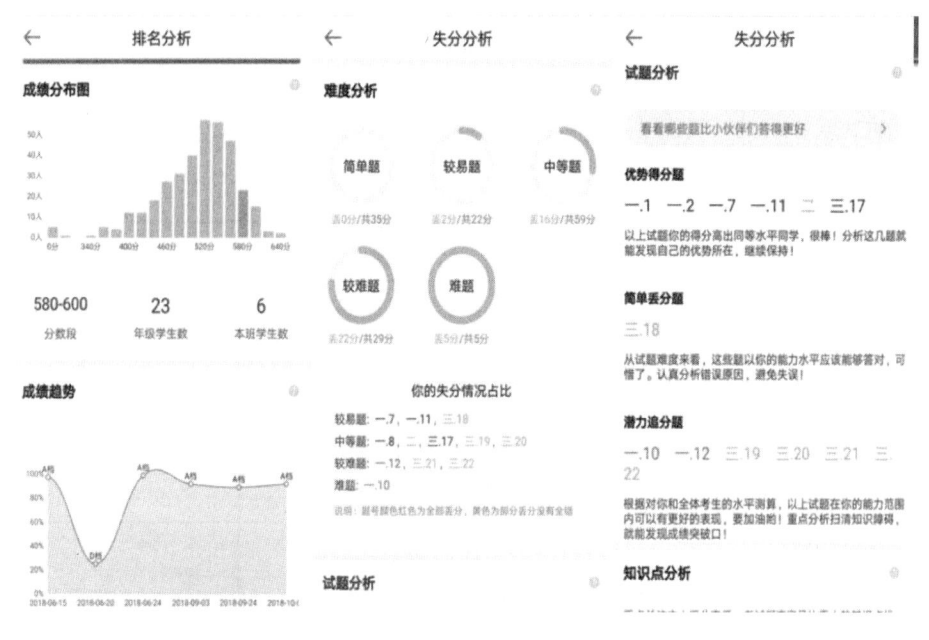

图 2.22　平时成绩分析数据

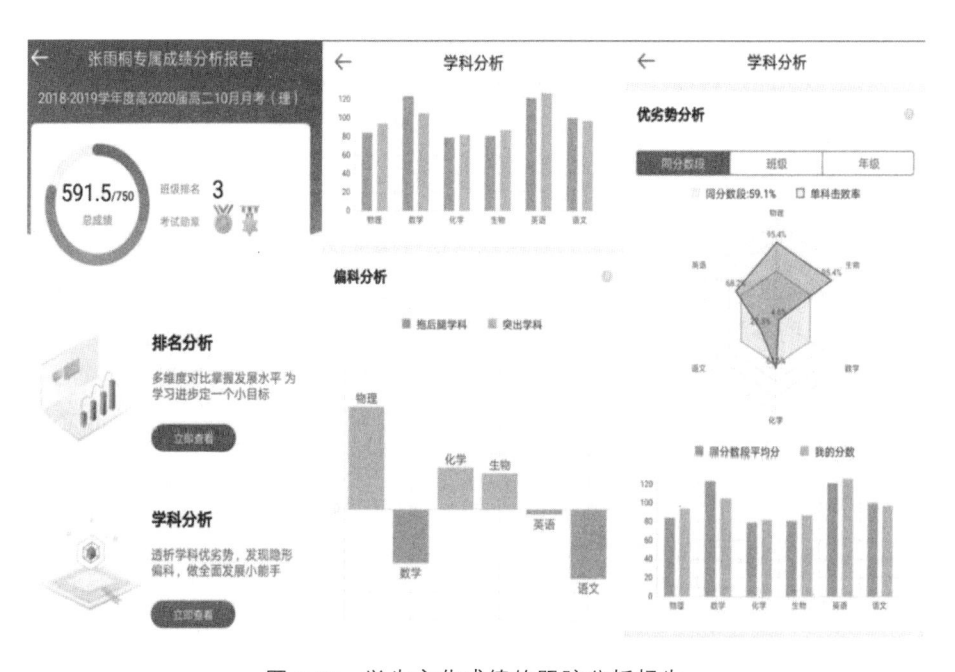

图 2.23　学生文化成绩的跟踪分析报告

（2）自主能力——自主学习、探索等多个维度分析。

学生的自主能力和社会参与能力的评价是实践研究遇到的一个难点，主要是数据收集缺乏标准，评价维度的设计也难以权衡所有的因素。虽然可以凭借主观印象看出学生这些方面的能力是增强还是减弱，但是不具有说服力，教师在查阅大量资料及结合实际的情况下拟定了如图 2.24 所示的研究框架。

科学的问题	心理维度	任务条件	自主的实质	自主过程
为什么学	动机	选择参与	内在的或自我激发的	自我目标、自我效能价值观、归因等
如何学	方法	选择方法	有计划的或自动化的	策略使用、放松等
何时学	时间	控制时限	定时而有效的	时间计划和管理
学什么	学习结果	控制学习结果	对学习结果的自我意识	自我监控、自我判断行为控制、意志等
在哪里学	环境	控制物质环境	对物质环境的敏感和随机应变	选择、创设学习环境
与谁一起学	社会性	控制社会环境	对社会环境的敏感和随机应变	选择榜样、寻求帮助

图 2.24　学生自主学习能力的研究框架

（3）社会参与——校园活动参与、社会活动参与对比分析。

在此方面的研究上，对学生平时进行社会参与的次数和有效性的数据进行收集。

2. 教师与学生互动维度

本方面主要侧重课上、课下师生互动的有效性评价。在教学活动中，教师与学生之间处于一种人格平等的"主—主"关系或"我—你"关系，教学是教师与学生间的平等对话，是教师与学生间的一种精神性交往，是教师与学生间的相互作用和影响，所以从师生互动角度的评价主要包括：师生之间是否有互动。在教师与学生之间进行的"授—授"过程实际上就是一种互动。除此之外，师生、生生之间的提问与对话，生间的合作学习，师生间的研讨，师生间的评价等都是互动。对于师生或生生之间的双向互动，需要强调的应是一个优势互补、资源共享、相互讨论、共同提高的过程，而不是一个虚假的表面形式，所以我们注重考察以下方面：第一，课堂互动的多元性、双向性、流畅性、实质性。第二，师生关系是否恰当。即课堂的民主性、平等性、亲和性。第三，监控是否有效。教师作为课堂的组织者和指导者，要及时、全面地了解学生的学习和活动以及各种变化情况，同时学生也要知道教师的一些想法和相关信息，因此师生之间要不断地反馈、信息交流，师生共同维持课堂的有序开展和持续。所以要考察的内容有：反馈是否及时、评价是否恰当、调整是否合理。第四，课堂气氛是否具有生命意义。课堂作为师生交往、交流、对话乃至生活的场所，要关注学生、教师的生命延续和生长发展，课堂要对学生具有吸引力，是学生向往的地方，学生在课堂上能够得到充分的展示和自由的发挥，能够享受到成功的喜悦、体验到生命的活力和人生的价值，所以要着重考察课堂气氛的和谐性、愉悦性、积极性、生成性。第五，课后互动的有效性。学生的自学和练习行为往往发生在课后，遇到问题时学生通过电子书包平台将疑难问题发送给教师，教师进行针对性的答疑解惑，并将学生的疑难汇总，进行教学设计的重新设计。

3. 教师维度

教师维度主要关注实践研究前和研究后教师在个人信息化素养、教育观、学生观、教学设计、课堂管理、个性化辅导等方面的提高。数据来源于平时课堂、转转课、赛课、公开课、论文等方面。因此，基于以上3个方面的视角，数据采集也主要集中于教师、学生、媒体、资源的外显特征上，确立评价对象，并借助对各要素之间相关关系的分析确立评价维度。各维度、各指标也并非简单的代数叠加，而是通过科学的研究方法定性或定量地把握其相互作用和整体关系。

三、实践成效与反思

传统的课堂教学具有一定的强制性，学生必须在教室内坐好并听完教师的讲授，而"直播教学"打破了物理上教室的强制性，虽然有在线数据的监控，但学生听课的效果是没法保证的。所以相比传统的课堂教学，教师除了认真准备课程内容，还要合理利用网络环境，提高学生学习的效度和黏度。我们要清楚"直播教学"面对的不是一个摄像头，而是互联网，我们应该充分发挥网络的特性，采用课堂教学无法采用的互动模式，如上网搜索：教师可以设置问题要求学生搜索信息，既能拓展学生的视野，又能让学生掌握科学的信息检索技能，提升信息素养；教师也可以就课堂生成的问题，进行实时的搜索，让课堂无限延伸，这也向学生展示了正确的求学态度。又比如在线游戏比赛：以地理课为例，在讲解中国行政区划时，可以让学生同时进行地理拼图游戏比赛，老师在直播间进行战况播报,营造紧迫又愉快的氛围,从而提高学习效率。网络的空间是无限的,可以给课堂带来更多可能,也给学生的学习创造了更多未知和惊喜,拓宽了学习的维度,加深了学习的深度。

四、实践获奖及推广情况

该实践荣获四川省教育发展改革研究优秀成果奖,学校庄三老师创建的基于数字环境下学生自主学习教学模式不仅取得了颇有成效的教学实践效果,还获得了优异的教学研究成果,被区域内学校广泛观摩学习。得益于网络空间大量丰富的资源、便捷高效的工具和应用,学校开展了一系列的教学实践探究活动和教学科研课题,如《基于 webquest 的信息技术教学探究》《将教育游戏融入中学数学核心素养培养的实践研究》《电子书包环境下初中地理课堂模式初探》等均在网络学习空间的助力下实现了教学工具、教学手段的创新。

【点评】

特点介绍:改革要求促进教学组织方式重构,本实践则着力打造教师与学生之间平等的"主—主"关系。课堂内,建立在信息化平台上的生生间的合作学习、师生间的研讨和评价等都是双向互动的,是一个优势互补、资源共享、相互讨论、共同提高的过程。学生在课堂上能够得到充分的展示和自由的发挥,能够享受到成功的喜悦、体验到生命的活力。而在课堂之外,学生完成自学或练习,遇到问题时通过电子书包平台将疑难问题发送给教师,教师进行针对性的答疑解惑,并将学生的疑难汇总,进行教学设计的重新设计。在这样的一个良性的教学模式之下,师生的信息素养得到提升,信息技术手段的使用调动了学生学习的内生动力,促进了学生自主学习习惯和能力的养成。

新技术应用体现:主要体现在 3 个环节上,一是数字化环境准备环节;二是资源开发环节;三是学生自主学习环节。首先,成熟的综合性数字化平台,结合校本特色进行系统化整合;其次,学校老师利用相关制作软件建立诸如微课、导学案、课件、文献资料之类的资源包,形成校本数字资源;最后,学生应用学习平台,生成生本数字化学习资源。

第三篇

信息技术重构教与学的新空间

专家导读

党的二十大报告首次把教育、科技、人才一体部署，充分体现了对教育事业的高度重视和教育在中国式现代化中的重要作用。基础教育是国民教育体系的根基，事关国家发展和民族未来，对培养堪当民族复兴重任的时代新人具有重要奠基作用。面对社会主义现代化建设的要求，基础教育必须牢牢把握好高质量发展的方向，努力将我国基础教育越办越好。

成都市"基于教学改革、融合信息技术的新型教与学模式"实验区建设与实践工作已全面展开，推进了物联网、大数据、虚拟现实、人工智能等信息技术在中小学的创新应用。利用已有或自建的立体化、网络化和数字化智慧教育环境，变革学习方式和教育模式，探索信息技术与教、学、测、评、管等教育教学主要环节的融合创新。重组教学资源，重构教学流程，重塑课堂生态，重建评价体系，深入研究混合式教学、分层教学、基于问题学习、移动终端教学、小组合作学习、项目式学习等现代教学模式和理念，逐步实现个性化学习、自适应学习，提升师生数字素养，提高教育教学质量，促进教育系统性变革，创新智慧课堂学与教模式，打造数字化高效互动教学新空间。

本篇精选了7个实践模式，展现利用VR虚拟技术、开源教学平台或数字徽章等新型信息技术重构的学与教新空间，通过"基于网络学习空间的游戏化创客学习""基于情境化猜想验证的探究学习""网络化的多维多层学习""数字教学环境支持下的混合式分层课堂""网络画板开创智慧实验教学""项目式教学促学科核心素养""建构虚实融合新空间　形成协同育人新动能"等不同主题，为广大一线教育工作者提供"在行动中研究，在碰撞中提升，在共享中发展"的可资借鉴的实证实践。

技术赋能　创新发展
——教育部"基于教学改革、融合信息技术的新型教与学模式"实验区成都实践

基于网络学习空间的游戏化创客学习

【导语】

"游戏化学习"是将游戏元素、思维和机制融入教学设计,吸引学习者,鼓励行为、维持动机、解决问题,使学习更加有效的教育理论或教育实践[1]。从早期简单的游戏活动,到基于游戏的学习、教育游戏、在线开放游戏化课程,再到今天应用虚拟技术、人工智能的沉浸体验的游戏化学习环境,大量研究证明,伴随着互联网的发展和智能终端的普及,"游戏化学习"可以重塑学习方式[2],促进深度学习,促成思维转变,是一种"以生为本"的好方法,但基于网络的游戏化学习如何融入学科教学却是困扰一线教师的难题[3]。

利用互联网的物化新空间,叠加游戏化学习的思想新空间,在学校"立人教育"办学思想的主导下,为适应教育信息化大环境,课程团队秉持"以学生为中心"的理念,通过自主搭建平台、开发课程、设计课堂、建立评价,构建融合"理念、课程、空间"的创客实践新体系,探索出"基于网络学习空间的游戏化创客学习"的新模式,既解决了传统创客教育时空限制问题,又形成可借鉴、可复制的课程体系,以网络和游戏的双重支持,开拓出学生乐学、教师乐教、师生共进、教学相长的好局面。

一、研究背景

(一)"立人教育"深入实践需要创客教育探索新模式

金牛实验中学是成都市首批义务教育名校集团的龙头学校,2012年起学校以"立德树人、立文养人、立身存人"的"立人教育"办学思想,坚持科研强校战略,打破创客教育时空瓶颈,基于网络学习空间的创客教育研究与实践正式启动,旨在形成有效学习模式,激励全体学生参与创客学习。

---

[1] [美]卡尔 M. 卡普. 游戏让学习成瘾[M]. 北京:机械工业出版社,2015.
[2] 尚俊杰,裴蕾丝. 重塑学习方式:游戏的核心教育价值及应用前景[J]. 中国电化教育,2015(5):40-49.
[3] 熊玉珍. 面向青少年传统文化素养教育的游戏化学习模型构建[J]. 教育信息技术,2022(10):11-14.

（二）"互联互通"时代指引需要创客教育奔赴新方向

2014 年第一届世界互联网大会提出"互联互通·共享共治"的主题，为学校的创客教育打破单机局限，突破只能在固定的时间和空间进行实践的认识，引发创客教育的教学环境依托网络学习空间的新思路，用上、用好已有平台，降低学生参与难度。

（三）发展规划前景启示创客教育需要掌握新方法

2017 年国务院印发的《新一代人工智能发展规划》，明确提到"实施全民智能教育项目，在中小学阶段设置人工智能相关课程，逐步推广编程教育，鼓励社会力量参与寓教于乐的编程教学软件、游戏的开发和推广"。发展规划的要点契合学校创客教育发展的方向，而游戏化学习方法非常符合初中学生的心理特征，所以掌握新方法进行创客教育的改革势在必行。

二、理论依据

（一）游戏化学习理论

美国明尼苏达大学心理学家 Landers 于 2014 年提出游戏化学习理论，认为游戏化特征与教学的融合能够通过影响学习者的认知行为、体验与态度，进而提升学习效果[1]。

尚俊杰等总结出游戏的三层核心教育价值，依次为游戏动机、游戏思维和游戏精神。游戏动机是最基础也是最具操作性的价值，强调将游戏应用到学习中，激发学生的学习动机；游戏思维是指不一定非要将纯粹的游戏应用到学习中，只要将游戏的元素、机制和设计应用到教育中，强调将非游戏的学习活动设计成"游戏"；游戏精神是指人的一种生存状态，表示人能够挣脱现实的束缚和限制，积极地追求本质上的自由，重过程而不重结果。三者的核心是深层内在动机，依靠内在动机而不是外在压力参与学习。[2]

马鑫倩等总结了游戏化学习在创客教育中的价值：游戏化学习的趣味性能够激发创客学习者的学习兴趣，维持学习动机；游戏化学习的探索性有利于发展创客学习者的创造性思维；游戏化学习中场景的虚拟性和交互性，为创客学

---

[1] LANDERS R N.Developing a theory of gamified learning linking serious games and gamification of learning[J]. Simulation&gaming, 2014, 45（6）: 752-768.
[2] 尚俊杰, 蒋宇. 游戏化学习: 让学习更科学、更快乐、更有效[J]. 人民教育, 2018（Z2）: 102-104.

习提供了亲身实践的条件和环境，体现了创客教育中的实践性；学习者在游戏化学习中表现出的协作性，体现了创客教育倡导的成果分享理念；游戏化学习中的关卡与奖励机制，与创客教育所强调的挑战性理念相吻合；游戏化学习中场景的多元化、学习活动的多类型，教学形式的多维度促进创客教育中学习成果的多样性。[①]

综上所述，从国内外学者已有的研究可见，游戏化学习理论可以为创客教育的设计提供很好的方向引导，在学习动机、思维培养和精神树立上可以更好地促进学习者的素养养成，同时也为创客教育的理念达成提供不同方面的支撑。

（二）MMESE 理论

1981年，在伟大科学家钱学森的亲自指导下，一门综合性交叉技术科学，"人-机-环境系统工程"（Man-Machine-Environment System Engineering，MMESE）在中国诞生。MMESE 是运用系统科学理论和系统工程方法，通过正确处理人、机和环境三大要素的关系，深入研究三要素最优组合的一门科学。系统中的"人"是指作为工作主体的人，如操作人员或决策人员；"机"是指人所控制的一切对象，如工具、机器、计算机、系统和技术的总称；"环境"是指人、机共处的特定工作条件，如温度、噪声、振动等。系统最优组合的基本目标是实现系统安全、高效、经济。"安全"是指不出现人体的生理危害或伤害，并避免各种事故的发生；"高效"是指全系统具有最好的工作性能或最高的工作效率；"经济"是指在满足系统技术要求的前提下，投资最省。

创客教育者有目的、有计划、有组织地开展以人工造物为核心的创客学习实践，在活动过程中强调以 MMESE 的思想，探究人、机和环境三要素的最优组合，在解决实际问题的基础上保障安全、高效、经济，体现创新、创造的价值性。

三、实施策略

围绕打破时空束缚与提升学习兴趣两个核心主题，建立通过搭建网络学习空间开展游戏化创客学习，由单机创客发展到网络创客，由传统学习变革为游戏化学习的研究实施总策略。

研究初始，通过对学校进行深入调研，充分掌握软硬件设备资源和师资情况，制定有针对性的研究方案。学校拥有一间3D打印室、一间机器人实验室。3D打印室包含58台电脑、6台3D打印机。机器人实验室包含18台电脑，18

---

① 马鑫倩. 游戏化学习国内研究综述[J]. 西部素质教育，2018，4（13）：8-10.

套 WER 初级、中级、高级组件，从积木、物联到智能设备。学校拥有一间中控机房，配备 3 台云服务器与云存储，提供全校基础算力。学校有线、无线网络均达到全覆盖，网络带宽出入达到千兆。学校拥有专业信息科技教师 5 人，其中包括一名专业网络工程师，多位学科带头人、骨干教师。学校较为扎实的基础条件为开展基于网络学习空间的游戏化创客学习提供了有力支撑。

（一）研发创客网络平台

学校创客教师团队发挥自身技术优势，采用国内外开源技术自主搭建游戏化网络学习空间，空间由数字教学、创新创造、分享交流、虚拟体验四大平台构成；特别关注学生兴趣激发，将四大平台命名为乐课教学平台、乐享社区平台、乐创工具平台和 VR 虚拟现实服务平台，这些平台均实现公益开源。

1. 乐课教学平台

乐课教学平台主要用于承载创客课程、开展学习活动。该平台可以实现展示、考试、互动、调查、签到和视频等近 20 项数字化在线教学应用，包括人工智能在线 Python 编程与自动批改，Scratch 图形化在线编程，Python 游戏化通关测试，各类作品文件批阅展示和在线流程图、在线像素画等特别应用。这些应用既能满足创客教育课程教学的需要，也能支持多个教师共享备课、协同备课，支持学生团队合作学习以及团队成员自评、互评，支持课堂实时测评、交流、分享、反馈。

乐课教学平台由学校创客教师团队利用 Learnsite 开源教学平台二次开发，学生可通过互联网访问网页界面，满足时时可学、处处可学的需要。

2. 乐享社区平台

满足师生在创客教育过程中进行社区展示、分享、讨论的需要，方便学生自主学习、小组协作。该平台设置了社区化的各类交流讨论区域，满足学生文章发布管理、学生博客、微博个性化呈现、学生小组讨论的需要；可设置个人空间、小组空间、班级空间、校级空间等各层级空间，并能自由组合；学生还可自主化设计个性化空间，满足个性化需要。空间具有在线实名管理、邮件激活、积分管理等功能。

乐享社区平台由学校创客教师团队基于国内著名 Discuzx 开源社区系统二次开发，开设文化、乐创、乐享、乐课、星榜五大讨论区，十几个下级模块。通过 QQ 群及各类丰富的插件，与 VR 虚拟现实服务平台实现账户同步，让学生权限得到有效管理。

3. 乐创工具平台

为学生提供动手创新创造工具，让学生富有兴趣地开展创新创造活动。该平台拥有 24 大类、几百个在线应用小工具。如：用于创造性、交互性学习的在线创作工具、在线图形化编程、在线 Python 编程等支持编程教育的工具；通关式游戏化学习编程的计算思维训练应用、在线打通"我的世界"游戏学编程的应用、各类在线体验人工智能的应用、在线 VR 虚拟现实编程的应用、音乐以及绘画学习编程等方面的应用；满足数学、英语、语文、物理、化学等多学科在线游戏化互动学习，满足创客教育各种应用工具。

乐创工具平台是由学校创客教师团队利用静态网页 Html5 技术，对全球开源的在线创客工具精心筛选集成。

4. VR 虚拟现实服务平台

通过虚拟现实技术，实现学生沉浸式学习体验，激发学生创新创造兴趣，培养高阶思维与数字创造力。该平台主要包括多人在线三维创作、编程、游戏、协作、任务分配等应用。学生可在三维空间中实时语音、文字聊天；可利用三维积木沙盒功能创建任意想象空间与实体模型；可实时模拟各类世界生态环境与生物生长；可通过平台自带的可视化编程机器人实现初学者编程学习；可实现 Python 调用三维空间任意功能；可与乐创工具平台部分在线工具相互调用实现编程互动；可通过编程增加自己的模块工具，展示自己的模型与模块；可直接在虚拟现实中体验。

VR 虚拟现实服务平台由学校创客教师团队基于《我的世界》游戏 Forge 版开源技术自主搭建，可以容纳上千人同时在游戏中进行创新创造。

（二）开发融合创客课程

围绕"创客立人"培养目标，在融合国家信息科技课程的基础上，学校创客教师团队自主开发围绕人工智能方向的 3D 打印和机器人课程系列资源。

1. 构建创客课程框架

学校创客教师团队通过对 3D 打印和机器人的创客教育理论与实践研究，结合学生认知规律与特点，构建了 10 个认知维度和 5 个层级的创客课程框架。

2. 规划创客课程内容

课程内容包含六、七和八年级课程。六年级包括 Scratch 游戏化编程、Blockly Game 积木编程；七年级包括 Arduino 开源硬件、Python 编程；八年级包括 3D 建模与打印、《我的世界》游戏化编程与虚拟机器人游戏化学习等课程。由浅入深，寓教于乐，凸显信息素养与计算思维的培养。

3. 开发创客课程资源

学校创客教师团队利用自主搭建的网络学习空间，以创客工作坊为单位，项目式开展资源建设。除开设线下创客创造硬件资源、离线开源创作软件资源外，还围绕课程内容的所有文字、图片、视频、声音、课例、模拟实验、软件、链接、游戏等资源以互动网页方式设计成网络学习空间在线活动学案。课程设计、资源汇聚、课堂教学、评价反思等全过程数字化，每小节课程资源可用学案包的方式分发并利用，学生在线作品配合在线创作工具迭代更新，全面激发师生社群活力。教学评一体化学案包成为教育现代化新型课程资源的重要特色，目前已累计几千份，为进一步探索游戏化学习方式的科学规律奠定了基础。

（三）探索游戏化学习方式

根据创客课程框架，制定游戏化学习晋级路线，建立游戏化学习通关积分制，开展项目式学习。将课程设计成初、中、高三级。初级阶段，以建立兴趣为主，通过游戏来提升学生用计算思维解决问题的能力，围绕解决问题提升孩子数字创造力。中级阶段，以拓展认知维度为主，通过多个软件互通互连来促进学生举一反三的数字连通力。比如学生通过 Blockly 实现拖拽式编程，迁移到 Scratch、Minecraft、3Done 软件中建模并交由 3D 打印机输出，或输出到 VR 虚拟现实中体验，愉快且高效地完成数字创作。高级阶段，以引导学生驱动学生的自主创新与合作为主，整合 Scratch 编程、Arduino 电子编程、3D 打印建模、机器人编程、人工智能、虚拟现实、传统信息技术等，融入 Minecraft "我的世界"游戏服务空间中全面锻炼学生数字生存力。

（四）设计创客授课模式

1. 以 "1+3" 不同课型开展教学

"1" 是指全校各班每周开设的常规课 1 次，"3" 分别指选修课、社团活动课和网络晋级选优拓展课 3 类。常规课每周 2 节，全面普及创客教育，激发学生的创新意识；选修课每周 2 节，针对有兴趣爱好的学生开设，主要调动学生的参与积极性，维持学习动机，进而提升创新能力；社团活动课每周 2 节，针对有较好基础与能力的学生开设，为他们在更高的平台上展示、竞赛做长期培养；网络晋级选优拓展课针对既有兴趣又有特长的学生开设，主要以线上社群、学生驱动学生的方式进行。

2. 以"养—练—做—评—悟"构建课堂

"立人创客"课堂范式是"养—练—做—评—悟",分别对应课堂的不同环节。"养"是科技兴趣养一养,重在用真实情境引导学生提出真实问题,启发兴趣;"练"是计算思维练一练,重在通过少量知识脚手架探索问题模式,发现问题规律与寻找解决办法;"做"是创客活动做一做,根据所得办法实际动手解决问题;"评"是创意构思评一评,重在对作品的创新创意进行评价反馈;"悟"是科学道理悟一悟,根据整体活动多次迭代优化过程,每次进行自我反思,直观体验自主成长与科技创新、思维方式、正确价值观。范式各部分可根据课型不同而适当增减组合,以兴趣为始终,从简单模仿到灵活实践,从评价反馈到举一反三。

(五)建立创客过程评价

学生合作成长小组是学校教育开展的重要载体。创客教育更需要学生团队合作。结合学校有限时空资源,建设"立人创客三人行"组织形态,方便40分钟内大班管理与创客活动开展,适合创客动手操作的特点。学生分成管人、管物、管事3个角色,4个层级,利用小组与积分管理整个班级,实现过程性评价。

1. 评价过程数字化全记录

以乐课教学平台数据分析为基础,结合开放性社会评价平台,落实课堂组织实时评价数字化记录。由学生团队自我评价、小组评价组成,平时记录形式多样,长期坚持,通过数据让学生清晰明辨优势与不足,探索"数字记录—深度体验—逐步成长"的游戏化学习评价。

2. 评价机制游戏化积分制

采用游戏化学习积分评价制,结合课程晋级通关获取积分,根据相应积分享受相应权限与资源,用积分打通各类创客活动与知识应用点,通过"数字记录—深度体验—逐步成长"正确引导学生深入创客实践并勇于挑战,建立课堂内外虚实结合的游戏评价机制。

(六)构建创客实践体系

通过多年创客教育实践探索,学校创客教师团队运用系统思维初步构建出融合"理念、课程、空间"的创客教育实践体系,如图3.1所示。

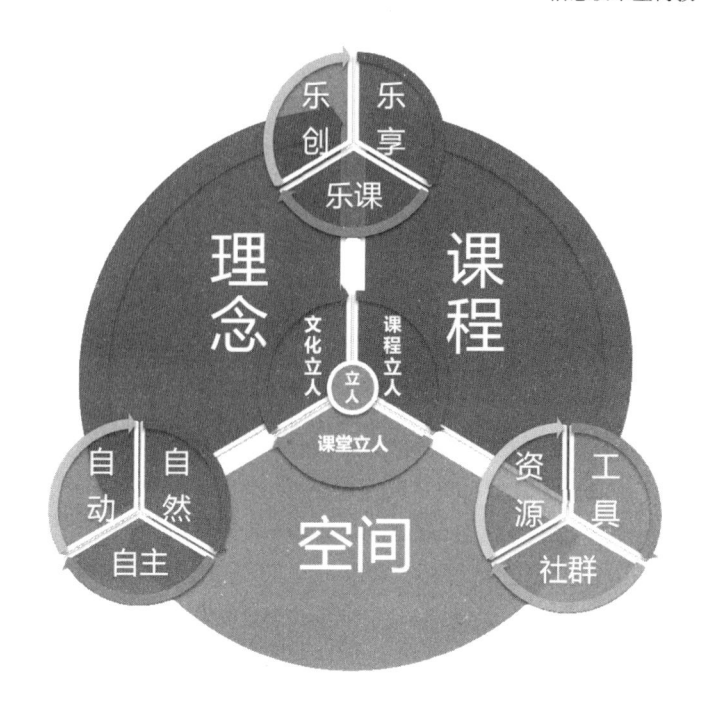

图 3.1 "理念、课程、空间"创客教育实践体系

其中,"理念"指以实践育人、以系统的方式育人,即我们倡导的创客立人。基于学校"立人教育"的"立德育人、立文养人、立身存人"3 条重要路径提出;参考钱学森先生倡导的人-机-环境系统工程理论,确立学校创客教育"人的自主、机器的自动、环境的自然三位一体"培养目标。"课程"指在创客立人理念指引下,我们建立创客教育课程体系,并通过乐创、乐享、乐课 3 个阶段的游戏化方式予以实施,推动课程立人。"空间"指我们建立数字教学、创新创造、分享交流、虚拟体验四大平台,并以系统思维将四大平台构建成创客教育网络学习空间,支撑课程的游戏化实施。

"理念、课程、空间"的融合是不断发展的系统工程,既符合国家 2022 年新课标实践育人、综合育人的总方向,也符合本校"立人教育"办学思想,故该体系既能解决学科教学问题,也能达成学校育人目标,有很好的推广基础。

(七) 形成创客教育推进模式

学校基于网络学习空间的游戏化创客学习研究经历了 5 个阶段:2012 年开启实践,仅以社团活动与选修课的形式面向部分学生开设,创客活动仅在单机上开展;2014 年在实践基础上搭建了信息技术教学平台,方便授课管理;2016

年将信息技术教学平台升级为创客教育平台,创客活动限于校园局域网内开展;2018年利用开源技术,通过搭建"我的世界"游戏服务平台,将整个创客教育从局域网扩展到互联网,同时全面开启基于网络学习空间的游戏化学习方式;2020年搭建创新创造平台与分享交流平台,并将四大平台整合为一个网络学习空间。通过贴合实际教学的不断探索,学校创客教师团队形成"实践—研究—再实践—再研究"的创客教育推进模式。

四、成果推广

经过十多年的团队共同努力,学校创客教育取得了阶段性成果:通过基于网络学习空间的游戏化创客学习找到一种更加有效的创客教育新模式;通过创客学习新模式的不断探索,形成师生共育、教学相长的良好形式,让学校有了自身特色。

(一)创客教育好局面

网络学习空间让学生的创客活动不再受时空束缚,既满足全校学生普及性教育,又实现了学生时时可学、处处可学。游戏化学习方式极大地激发了学生学习兴趣,降低了学习难度。创客活动过程中采用的项目式学习、小组合作式学习、个性化学习,促进了学生合作能力、问题解决能力,探究创新能力的培养,形成了学生乐学、教师乐教的良好局面。

(二)师生学校共发展

几年的实践,因学生全面广泛的参与,目前已经在平台上产生创作作品近十万件,其中部分作品获得国家、省、市、区众多奖励;学生创客团队多次受邀在国家、省、市、区活动中进行现场展示、交流,受到高度评价。

创客教师团队经过几年的实践研究,专业成长水平快速提升,课程开发能力不断增强,创客教学能力和水平得到业界高度认可,经常受邀参加各级交流、汇报、展示活动。

2017年10月众多学生作品获成都市第二届"创意之门"创作一等奖。同年11月创客师生团队代表受中国教育技术协会游戏专委会邀请于国家会议中心参加国家智慧教育展,代表国家向世界展示中国教育在游戏化学习方面的最新实践成果,受到教育部领导与各国参赞高度称赞。学校创客教师代表受邀参加高峰论坛发言。

2019年学校创客教育实践荣获中央电化教育馆第二十三届全国教师教育教学信息化交流活动基础教育组实践一等奖；同年荣获中国教育装备行业协会第二届全国中小学教育装备新技术应用创新实践一等奖。

2020年学校在"全国新时代高品质学校建设线上线下学术研讨会"STEM+教育分论坛进行专题分享。

2021年学校凭创客网络学习空间被教育部评为"网络学习空间应用普及活动优秀学校"；同年在核心期刊《教育科学论坛》2021年第3期发表论文《基于STEAM教育理念的立人创客实践》。

2022年学校创客教育实践被《教育文摘》专门报道，并被雒亮、祝智庭教授引入《元宇宙的教育实践价值与目标路径辨析》（该论文发表于2022年第6期《中国远程教育》）；同年11月受邀参加山东省"元宇宙与教育变革研讨会"做专题分享。

2023年学校创客教师团队代表受中国教育三十人论坛邀请参加"第五届世界教育前沿论坛"之"元宇宙与教育"圆桌论坛交流展示，被全国各大媒体报道。

创客教育已成为学校重要的办学特色之一，极大地提升了学校的品牌效应与知名度。学校连年多次受各媒体专访报道，常年接受全国各地师生代表到校观摩学习。

（三）示范推广做公益

基于游戏化学习的创客教育，因特色效果显著，在行业内形成了较好的示范、引领作用。在学校的主导下，已有数百所学校借鉴学校创客教师团队的方式搭建本校的网络学习空间。同时由学校牵头成立了覆盖区域内外的开源数字教学教师社团，专门开展网络学习空间应用实践研究。这种公益性活动下一步准备面向全国推广。

五、研究反思

学校创客教师团队通过深刻反思，总结经验教训，力求在智慧教育的新时期取得新进展。

（一）面向多学科拓展

学校基于网络学习空间的游戏化创客教育取得初步成效，是学校教育数字化、现代化的一大特色，但是其他学科尚未融入，而2022年新课标提出了优化课程内容结构、强化学科实践及跨学科主题学习的育人要求，需要创客教师团队加大面向其他学科的展示分享，争取更多学科应用融合，共同步入游戏化创客教育网络空间，全面变革学生学习方式。

（二）落实新课标实践育人要求

2022年新课标强调实践育人、综合育人，要求以学生为中心，以学生全面发展为方向。学校创客教育坚持实践育人，结合学生身心发展特点开展创新力培养，深得学生喜爱。但通过创客教育实践育人仍然面临诸多现实问题，需要不断增强对新课标的学习与解读，在实践中更好地践行。

（三）保持创新发展动力

基于网络学习空间的游戏化创客学习契合数字素养培养要求，提升了学校人才培养质量，但不能满足于目前取得的成绩。未来，人工智能、大数据等技术越来越深入大众生活，只有保持不断创新才能突破局限，保持创客教育的勃勃生机。

基于情境化猜想验证的探究学习

【导语】

教育部陆续公布的相关政策明确了 5G + 智慧教育的发展方向，聚焦课堂改革，推进信息技术与教育教学的深度融合，变革教与学方式，推进教育思维方式变革，提高教育教学质量，建立"智慧教 + 个性学"新型教与学模式，亦是落实新课程标准，培养学生通过自主探究发展数学核心素养的目标。

本实践以问题逻辑进行教学设计，以现实情境进行背景构建，从学生已有的生活经验出发，以任务驱动，经历自主探索、分组试验、合作交流等活动形式，设计"互联网+"信息技术环境下的课堂教学模式，开展基于网络的情景化猜想验证的探究学习。

基于网络的情景化猜想验证的探究学习，将信息技术与"统计与概率"领域的教学创新融合，充分利用更加生动、形象的数学学科信息技术教学工具——网络画板，开展"互联网+"环境下的"模拟实验"，实现课堂教学模式的变革与创新，促进现代教育理念、信息技术与数学学科的深度融合，提高学生的探究学习力、自主思考力、知识应用力，助力引导学生开展深层次探究，形成完善的思维方式；将现代信息技术与数学教学有效融合，促进以学生为主体的学习方式、教师为组织者的教学方式和师生有效互动、即时反馈方式的变革，借助平板电脑实现信息互动，使学生获取知识的方式变为主动；"互联网+"信息技术环境下的初中数学课堂，学习方式更加多样化；借助信息技术评价互动，课堂更具实效性，提高课堂教学效率。

一、研究背景

（一）落实教育信息技术的教与学模式改革要求

2020 年 7 月，教育部公布了《关于"基于教学改革、融合信息技术的新型教与学模式"实验区名单的公示》，旨在深入落实立德树人根本任务，重点聚焦课堂改革，推进信息技术与教育教学的深度融合，变革教与学方式，提高教育教学质量。2021 年 7 月中旬，教育部等十部门联合印发《5G 应用"扬帆"行动计划（2021—2023 年）》，明确了 5G + 智慧教育的发展方向；2021 年 7 月下旬，教育部等六部门印发《关于推进教育新型基础设施建设构建高质量教育支撑体系的指导意见》，意在推进教育思维方式变革、建立"智慧教 + 个性学"新型教与学模式。

（二）落实新课标发展学生数学核心素养的要求

《义务教育数学课程标准（2022 年版）》落实立德树人的根本任务，立足核心素养的发展，是"统计与概率"领域发展学生数据观念、模型思想、推理能力、几何直观等核心素养的重要载体。统计与概率是研究随机现象的学科，在义务教育阶段，概率的学习有助于学习者了解随机现象，所涉及的随机现象都基于简单的随机事件。但在初中概率概念教学的起始课中却存在着"鸡肋说"，主要原因为：其一，教师观念落后，忽略了概率统计知识的应用和由来；其二，受"应试教育"的影响，在教学过程中不注重"过程性"和"活动性"，学生在知识的形成过程中没有经过大量重复试验。在统计与概率章节，课标要求教师组织学生开展实验、操作、尝试等活动。采用数学实验教学，可以充分体现过程与结果、操作与思维、实验与论证、证伪与证实的有机融合，实现静态数学观与动态数学观的融通。要开展数学实验，传统的借助实物实验是必要的，但是不能满足大数据时代新课程标准的要求，必须开展"互联网 +"环境下的"模拟实验"，将信息技术与"统计与概率"领域的教学创新融合。网络画板充分利用更加生动、形象的信息技术教学工具，有助于开展数学实验教学。已有研究表明，网络画板教学与学生数学抽象核心素养具有极强的相关性，学生主动应用网络画板解决实际问题也形成较强的内在动机。[①]本实践以北师大版教材七年级下册第六章第二节"频率的稳定性"的教学为例，谈"'互联网 +'背景下初中数学智慧教学新生态"的思考。

二、理论依据

本实践以教育信息化 2.0 时代的智慧教学新理念为理论依据，即倡导和追求学为中心、能力为先、教学创新和个性化学习。

（一）学为中心

课堂变革从"教师中心"向"学生中心"转变，是教育信息化 2.0 时代课

[①] 李远明. 网络画板提升中学生数学抽象核心素养调查分析[J]. 中学教学参考，2021（9）：30-31.

堂教学变革的本质要求。教师将不再是主要的知识传授者，人工智能赋能的智慧课堂、智慧教学和智慧学习，不仅颠覆了传统课堂的环境、重建课堂的生态，也在重构师生关系、教师角色和学生地位。[①]从课堂教学的现实出发，学为中心理念关注3个方面：一是以学定教和为学而教。学是教的起点、过程和目的。课前的教学方案应根据学习需求和学情分析进行设计，根据学习需要设计方案、发起和组织学习活动，辅助、指导学习过程和进行学习评价，是未来课堂教学的趋势。二是教会学生自主学习。学为中心的智慧课堂，要求学生既是学习活动的发动者，也是学习活动的维持者。教师熟练掌握学习分析技术，基于学习大数据，桥接智能辅助教学系统和人工智能技术产品，精确把握学习者的兴趣、动机和学习习惯，精准定位学习进度和学习状态，引导和培养学习者自动、自主和独立学习能力，教学生学会自主学习，做学习的主人。三是教为学服务。教师由主要教学生知识转型为教学生生活、教学生做人和教学生学习，"教书"的定位将逐渐淡化，"育人"的职业特性会越来越凸显，"教书"的职能更多地被"育人"的职能所替代。教师将主要精力投入"立德树人"的核心目标中，关注学生的成长，关心学生的健康身心和人格养成，引导和培养学生成为有情趣、懂生活、全面和谐和个性化发展的人。

（二）能力为先

信息化2.0时代，培养学生自主学习、终身学习和创新思维三大能力成为课堂教学的核心目标，也是学校教育目的和课堂教学目标的核心诉求。能力为先不仅是信息化2.0时代智慧课堂的新理念，也是以培养创新人才为目标的智慧教学基本原理。课堂教学的首要目标是培养、提升学习者的创新思维和关键能力，应以培养创新意识和创新思维、提升学生创新能力为首要目标，知识学习不是目的而是手段，知识学习为能力发展服务，并为知识向能力转化提供条件和支持。搭建智慧课堂和自主学习空间，基于问题、基于项目及STEAM课程的引导发起学习，为持续学习、创新思维的灵感闪现提供真实（或虚拟）情境和技术支持；持续激发、培养学习兴趣和学习自信，给自主学习营造安全互信的学习氛围和环境；学习掌握新教学理念、学习分析技术和智慧教学方式，提升信息化教学能力和学习指导的技术含量，为混合式、体验式、个性化学习提供精准的技术支持和指导。

[①] 张晓宁，秦洪明，何冲. 学习科学视域下"以学为中心"的课堂构建——以清华大学附属中学朝阳学校为例[J]. 教育家，2022（33）：72-73.

（三）教学创新

教师基于核心素养和关键能力的目标要求，创造性开发设计教学方案、实施教学过程及进行教学评价的教学原理和理念。建立在学为中心和能力为先的基础上创造性教学。在网络化、数字化和智能化的智慧课堂中，教与学双方围绕激发学习兴趣和个性潜能开展教学创新。以问题、项目和课题进行自主合作探究学习，学习的发起、合作解决方案的设计、大胆的假设和逻辑的求证、资料的获取和数据的分析，以及观点结论的得出和发表，整个过程都是在教师引领、激励、期待、帮助和指导下完成的，教学过程在环境开放、人机交互、资源共享、自主探究、小组合作的智慧学习环境下开展，课堂教学成为师生创造潜能和创新思维火花不断涌现的创造工场及科学探究的实验室。

（四）个性化学习

个性化学习是智慧教育背景下学生有个性地全面和谐发展的教育理念，是智慧课堂环境下的教学目标，是智能化时代的一种全新学习方式[①]。个性化学习是学生有个性地全面和谐发展的必然追求，是学生创新能力培养的前提条件。个性化学习在网络化、数字化、智能化的智慧课堂环境，以智慧教学化解传统教学中个性化学习长期受限的时空难题和困境，为学生个性化学习搭建多维空间，提供自由、交互、多元、共享、个性化的成长环境和平台；基于兴趣与潜能的学习进度、学习内容的个性化定制，给自主学习确定目标、分配任务、匹配时间和进度、推送学习内容和资源，为个性化学习提供科学设计的实施方案和进度计划；大数据支持的精准学习策略指导和深度学习，智慧课堂的课程教学平台，将完整记录和保存直播课堂、视频观看、笔记、作业、单元测验、情感、认知行为等学习过程大数据，教师在深度挖掘和分析数据后，针对学生的个体差异、学习困难和问题，给予个性化精准答疑解惑和改进策略指导。

三、实施策略

成都市棕北中学教师中正高级教师 4 人，特级教师 5 人，区级以上学科带头人 43 人，区级以上名师优师 132 人，占比 54.9%。现有省级及市级名师工作

[①] 董玉琦，林琳，林卓南，陈兴冶，等. 学习技术（CTCL）范式下技术促进学习研究进展（2）：技术支持的基于认知发展的个性化学习[J]. 中国电化教育，2021（10）：17-23+42.

室各1个，区级名师名校长工作室7个，已形成了一支"师德高尚、精诚团结、业务精进、勇于创新"的教师队伍，为学校的科学发展、可持续发展提供了宝贵的人才资源。

成都市棕北中学是四川省现代教育技术示范学校，学校目前配备了1间智慧教室，每个教室均配置高清智慧黑板，4个教室配置全高清录播跟踪系统。有未来教室3间，其中，配有多媒体教学辅助系统的2间，配备先进的视频、会议、录播、跟踪系统的1间。学校配备固定学生机房1个，移动机房1个，创客实验室1个，校园安全视频系统2套，拥有标准化考试巡视系统，校园广播系统。同时，学校还配备了希沃授课配套软件，网络画板虚拟数学实验室，优学派智慧课堂，优学派互动课堂，101网校，AI英语听说系统，AI课堂教师观测分析系统，纸笔互动系统等。

（一）继承、整合与创新，优化课程培养核心素养

本实践通过频率的稳定性形成概率的统计定义，得出用试验估算的方法求概率，也是"一步试验"到"两步试验""古典概型"到"非古典概型"到"几何概型"等内容学习的知识基础与方法基础。

北师大版教材安排此内容为2课时，第1课时为掷图钉，第2课时为掷硬币，考虑到学生知道随机事件的可能性有大有小，已有"掷硬币"的生活经验，本课把"掷硬币"置于课前活动，在课中"掷围棋棋子"，从特殊到一般。两个试验均以现实情境背景构建，从学生已有的生活经验出发，以任务驱动，经历自主探索、分组试验、合作交流等活动形式，实现学生深层次理解情境。为了增加试验次数，教材中累加小组成员试验次数、累加全班学生试验次数。本实践在此基础上，开展模拟试验来大量增加试验次数，有利于学生发现活动蕴含的规律，提出问题，培养学生数据分析、创新意识等核心素养。

从频率的稳定性出发，形成"概率"这个概念，然后经历概念辨析、概念应用的过程，培养学生抽象能力、模型思想、应用意识等核心素养。

（二）启发、实验、探究与分享，变革教学方式培养核心素养

启发式、探究式、参与式、互动式，是新课标提倡的教学方式，本实践以教师为主导，以问题驱动激发学生思考，比如"为什么各组掷硬币正面朝上的频率与数学家的数据差异很大""怎样增加次数"等。为了得到大量的试验次数，

采用了模拟试验的方法，引导学生探索规律。学生参与掷硬币、掷围棋棋子、收集数据、画统计图的活动，小组内成员交流、小组代表分享，较好地体现了生生、师生的互动。在教学过程中，较好地体现了新课标的理念，有利于核心素养的培养。

（三）传统与现代结合，信息技术与教学融合培养核心素养

本实践利用平板和智慧课堂，贯通了课前学习—课中学习—课后学习，突破了时间、空间的限制。在课中，利用平板拍照上传、抢答、随机抽取、课堂评价等功能，激发学生热情。在累加全班次数时，利用了 Excel 统计试验次数，同步呈现频率折线图，快速直观。在"互联网+"环境开展基于网络画板的模拟实验，快速大量增加试验次数，从有限次趋于无限次。本实践充分应用现代信息技术，达到了传统教育技术难以达到的效果，用于突出重点，突破难点，但本课仍然使用了黑板 + 粉笔 + PPT 等传统教育技术，有利于明确学习流程，引发学生思考，形成探索结论。传统教育技术与现代信息技术，动、静结合，抽象与直观互相支撑，信息技术与教学深度融合，有利于培养学生核心素养。

（四）全程参与，深度体验，在活动过程中培养核心素养

以问题逻辑设计，本实践中的试验均是从"验证猜想是否正确"的问题出发，经历"猜想→实验→分析→交流→发现→应用"的过程，引导学生开展深层次探究，形成完善的思维方式。本实践设置了两个活动，第一个活动是频率的稳定性的探索，学生经历观察、猜想、试验并收集数据、画统计图、分析数据得出结论等活动的全过程，在"做中学"数学，并进行了理性思考与表达，学会用数学的眼光观察现实世界中大量存在的"不确定"现象，培养学生的抽象能力、数据观念；第二个活动是"概率"这一概念的生成与应用，在活动中明确知识的生长点与延伸点，形成认知结构，有利于学生实现知识与方法的迁移，学会用数学的思维思考现实世界中的"不确定"问题，在解决实际问题中学会用数学的语言表达现实世界。这两个活动中，学生均全程参与、深度体验，在活动过程中培养核心素养。

（五）实施模式结构图

实施模式结构如图 3.2 所示。

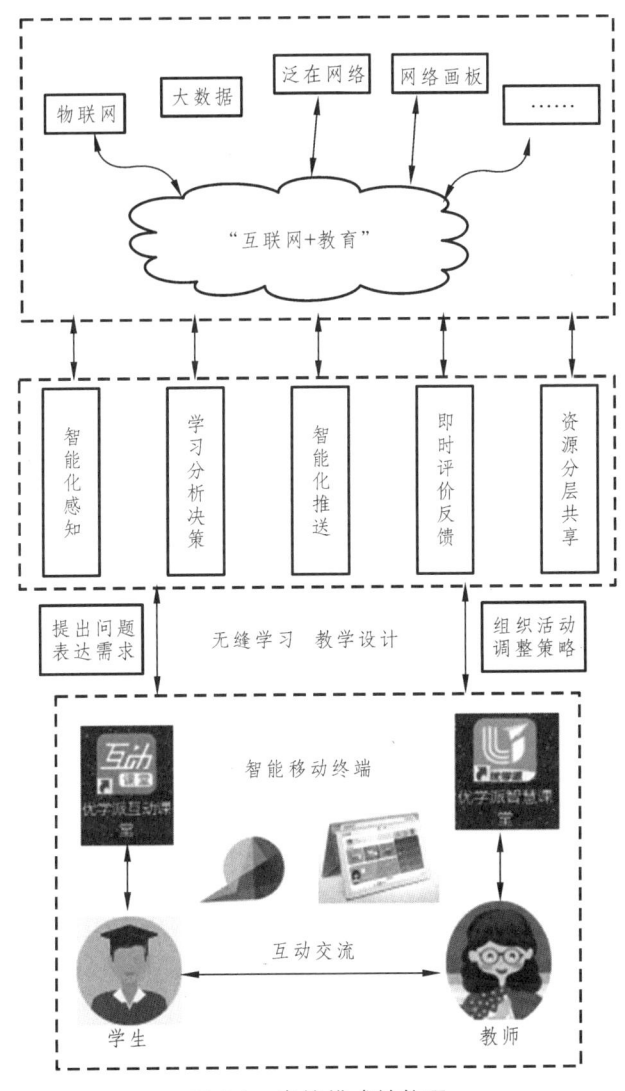

图 3.2 实施模式结构图

（六）创新点

1. 组织形式改变

改变统一化和单一化的教学组织形式，借助教师平板系统实时推送任务、"网络画板模拟实验"资源，实现资源分层共享；适时提供个性化学习干预，学生可根据自身学习掌握情况，灵活运用教学过程中提供的学习资源，倡导个性化学习和多样化学习。

2. 教学结构改变

信息技术与数学教学的融合，基于全过程教学大数据的采集、分析和应用。学生在完成每次实物试验后，将各小组的试验结果拍照上传至云服务平台；在逐渐增加试验次数的过程中，教师借助 Excel 表格绘制全班学生的实验数据的频率折线统计图，进行直观呈现，适恰地辅助每个学生顺利经历学习探究过程。从传统经验性教学向基于证据的教学转变，依靠数据精准地掌握学情，实现以学定教。

3. 互动交流形式改变

"互联网+"信息技术使交流互动立体化，通过学生平板和云服务平台的对接，无障碍地进行全时空的交流互动，师生交互式操作课件和动态化的呈现，使教师和学生之间以及同伴之间能够有效地互动，促进协作学习，为学生提供智慧的学习环境，实现从传统教室向智慧学习环境的转型。

4. 信息收集及反馈方式改变

采用问卷星、拍照上传、实时投屏等方式，借助平板电脑实现信息互动、收集与反馈，使学生学习全程可视化，通过智能算法，记录学生整个学习过程，并分析、精准定位学生的学习问题。教师可根据反馈的学情数据把控学生的最近发展区，推送难度适合的学习内容，提高学习效率。

5. 资源获取与应用改变

"互联网+"信息技术与数学教学的融合，应用更优质的学习资源，利用智能终端工具进行资源信息的推送，使教师可以共同研究教学内容，改变教师一人独角戏式地进行展示教学辅助资源的局面，共建协作探究的良好氛围。

四、推广应用

（一）解决的问题

解决了初中阶段概率概念教学起始课的"鸡肋说"问题，注重概率统计知识的应用和由来，注重学习的"过程性"和"活动性"。

（二）适用范围

适用于以问题逻辑进行教学设计，助力情境化猜想验证的探究学习，设计在"互联网+"信息技术环境下的课堂教学模式，采用数学实验教学，充分体现过程与结果、操作与思维、实验与论证、证伪与证实的有机融合，实现静态数学观与动态数学观的融通；将传统的实物实验与"互联网+"环境下的"模拟实验"相结合开展数学实验，实现信息技术与"统计与概率"领域的教学创新融合。

（三）成效

让学生在知识的形成过程中经过大量重复试验，组织学生开展实验、操作、尝试等活动，提高学生的探究学习力、自主思考力、知识应用力，助力引导学生开展深层次探究，促进以学生为主体的学习方式、教师为组织者的教学方式和师生有效互动方式的变革，使学习方式更加多样化，借助信息技术评价互动、及时反馈，使课堂更具实效性，从而提高课堂教学效率。

（四）获奖和影响

在2022年成都市武侯区智慧教学新生态项目学校优质课展评活动中，荣获特等奖；在2022年下半年成都市中小学教师信息技术应用能力提升工程2.0"信息化教学融合创新类实践"活动中，荣获典型实践；在2022年度成都市"基础教育精品课"活动中，荣获二等奖；在2022年度成都市"基于教学改革、融合信息技术的新型教与学模式"实验区优质实践活动中，荣获一等奖。

五、研究反思

在学生学习活动设计方面，给予学生充足的时间，让学生经历"过程性"和"活动性"，在试验中收集数据，筛选有效数据，绘制频率折线统计图，运用数据分析的方法分析数据。以学习者为中心，在学生"做中学"数学，可以进行理性思考与表达，感受数学知识的应用与由来，使建构知识的过程逻辑清晰，从而培养数学思维方式和数学表达能力，有助于整体构建新的知识体系。

在掷硬币和掷围棋棋子的试验中，两次运用网络画板模拟试验，在"互联网+"信息技术的坏境开展模拟试验进行教学，突破时间与空间的限制，使"大量重复试验"得以实现，一改传统课堂教学模式的局限，突破传统课堂无法进行大量重复试验的难点，使学生在学习过程中真真切切地体会到事件发生的结果具有随机性，感受"随机"的意义，建构数学中非确定性现象的内容研究体系。

教学活动过程中穿插学生平面投屏，利用平板拍照上传、抢答等教学方式，师生可交互式操作课件，动态化呈现效果，将抽象的数学知识以精准化的数据或图像等形式生动直观地呈现，以及时了解学生完成情况；同时，有利于学生深度理解概率等知识。学生在亲身参与的统计活动中，积累数学活动经验，培养创新精神与实践能力，发展数据观念、模型思想、应用意识、几何直观等核心素养。

根据学生认知水平与生活经验优化课程内容，重视学生亲自参与、全过程参与统计活动与知识的建构，促使学生深度体验，积累了统计活动与知识探索的经验，在活动中培养学生创新精神与实践能力，从而有效地发展学生的数据观念、模型思想、应用意识、几何直观等核心素养。

网络化的多维多层学习

【导语】

随着数字信息技术的快速发展,在信息化背景下小学教育在教学模式、教学方法、教学管理上都要进行改革创新,持续推动小学教学向信息化、智能化逐步迈进。而互联网思维在小学教学体系中的应用,在一定程度上也在影响小学教师的教学理念,使小学教师能够带着创新思维深化育人效果,将互联网思维合理融入小学教学的改革过程中去。[①]

网络化项目式学习的多维多层学习既能利用互联网思维帮助教师随时记录学生问题解决过程,减轻教师负担,增加学习者的被关注度,又能利用分层教学思想,解决传统项目式学习的学生评价缺乏针对性和差异性等问题,提升学生的学习积极性。运用"前置学习""在线讨论""随采数据""互评活动""数字证书"等策略落实"以学生为中心"的思想,将线上虚拟环境和课堂实景环境进行多维多层的融合,让学生的学习成为立体的、全方位的、不设限的,充分调动所有资源为生所用。

一、研究背景

(一)教育信息化推动课堂变革

教育信息化把提高信息素养纳入教育目标,培养适应信息社会的创新人才,把信息技术手段有效应用于教学与管理,注重教育信息资源的开发和利用。因此,为学科教学带来教育的公平、催生教育的创新、优化教育的内容、促进教学的互动以及提升教学管理效率等诸多机遇,但同时也提出在教学内容上考虑如何从非此即彼走向相融共生,在教师角色上考虑如何从被动定位变为主动融入,在教学流程上考虑如何从强制监管走向引领融合。[②]

网络化项目式学习(Problem-based Learning,PBL)多维多层学习是一种

[①] 吴昊,张晓旭,董岳.冲击、回归与重构:信息化背景下小学教育改革思考[C]//中国国际科技促进会国际院士联合体工作委员会.2023年教育理论与实践科研学术研究论坛论文集(三),2023:311-313.DOI:10.26914/c.cnkihy.2023.003366.

[②] 林建."慕课"环境下基础教育教学改革的机遇与挑战[J].教学与管理,2017(24):4-6.

新兴的学习模式,它以多维多层的方式来组织学习过程,改变传统 PBL 单层学习模式,更好地满足学习者复杂的学习需求。它利用互联网技术,多层次的资源、知识和认知结构,以及支持知识获取、学习组织和学习记忆的技术,实现学习者多维多层的学习体验。网络化 PBL 多维多层学习能够有效提升学习者的学习效率和学习质量,促进学习者掌握更多的知识技能,为学习者提供更有效的学习支持。因此,研究网络化 PBL 多维多层学习,对于更好地理解复杂学习环境,应对教育信息化的挑战,推动课堂变革有着重要的意义。

(二)学科教改瓶颈催生继往开来

随着 PBL 的热风席卷学科课堂后,在语文教学中应用 PBL 有一定的成效:学生从问题入手,通过自主学习解决问题的能力提高了,学习自主性水平上升了,但是仍然存在一些弊端。

1. 教师层面

语文教师给出问题后,在组织学生完成问题的过程出现了监管力度不够,没有及时做到引领、监督和提供必要的帮助,很容易让学生"放任自流"。毕竟与传统教学模式相比,PBL 的教学模式不仅对教师的能力要求更高,而且也需要教师投入更多的时间去关注学生的问题解决过程。如果教师不能及时关注,并且给予帮助,很容易造成"问题的流产"。

2. 学生层面

第一,学生合作组合的方式容易使学困生的能力降低。班上的学生能力存在比较大的差距,在合作分配的过程中一般选择强弱搭配,易造成"强学生的独角戏"和"弱学生的观众席"两个现象。长期这样的搭配组合,强的学生就会越来越强,但是也会很累,不堪重负。而弱的学生因为长期"闲置",能力完全得不到发展,甚至还会倒退。第二,对学生成果展示的"混合化"容易使学生学习兴趣降低。PBL 的成果展示是以几个人为一组的方式呈现的,展示成果的评价是对本组几个学生的统一评价,这样的评价方式忽略了学生之间的差异性,教师给予本组统一的"高分"或者统一的"低分",就会打击学生的学习兴趣。比如:学生就认为"在问题解决中,我的参与度很高,他的参与度不高,但是他也和我一样得到了高分"。

所以,可以看到 PBL 在语文教学中运用存在的缺陷后,研究网络化 PBL 多维多层学习,对于更好地解决教师监管力度,应对学生间合作能力差异、提高学生参与兴趣等方面有着重要的作用。

二、理论依据

（一）人本主义学习理论

以罗杰斯为代表的人本主义学习理论成为 20 世纪 70 年代流行于美国的主要教育思潮之一。他反对教师中心论，提倡自我教育和学生中心论。他主张尊重学生的自我潜在能力，通过教师的非指导性教学，建立良好的师生关系和课堂学习氛围，再通过学生的有意义学习，使其自我潜在的能力充分表现出来，成为有创造性的、人格健康发展的、能自由选择知识、学习方法并为这种选择负责的学生。[①]

在本文陈述的实践中，教师利用课前网络空间和学生一起观看神话故事，一起在线讨论，一起参与课前活动，将教师摆在和学生同等的位置，定位为学生学习的伙伴，推进整个 PBL 活动。在课堂教学中，教师是整个活动的"引线人"，组织学生参与学习活动，推进学生的 PBL 活动进程，引导学生进行分工和小组合作。在课后的空间分享环节，教师是学生的"助手"，帮助学生解决技术问题，欣赏学生的作品，为学生呐喊助威，整个活动中教师的角色在不断切换，也拉近了和学生之间的距离。

（二）社会学习理论

班杜拉的社会学习理论总体上可以分成四个部分。第一，自我效能论，指个人对影响其生活的事件能够施加控制的信念。第二，观察学习论，班杜拉认为人类的大多数行为是通过观察习得的。第三，社会认知论，即儿童通过观察他们生活中重要人物的行为而习得社会行为。第四，交互决定论，即学习不但要受外部环境的影响，而且也要受到认知的调节和自我调节[②]。因此，个体的学习经验与社会环境的改变有关，与重要人物的行为有关，能够通过观察和自我控制建立。

在网络化 PBL 中，学生在完成网络任务时，可以从一个专家社群中获得支持和帮助，专家社群中的各自成员可以提供不同的见解和解决方案，从而支持学生完成任务；学生可以通过多层的学习过程，从较低水平的认知功能发展到

[①] 马应仓. 浅谈罗杰斯人本主义的教师观对语文教师角色转变的几点启发[J]. 课外语文，2020（7）：12-13.

[②] 曹玉龙，李小菲. 基于班杜拉社会学习理论的中学语文"导引学习模式"[J]. 现代语文（教学研究版），2007（12）：120-121.

较高水平的认知功能；网络化 PBL 让学生更多地参与到社会环境中，学生可以获得更多的反馈和交流，从而提高其学习能力。

三、实施方案

网络化 PBL 的多维多层学习体系是一种以学习问题解决为核心的学习体系，它将复杂的问题分解成多个层次，每个层次又包含多个维度，每个维度都有相应的问题和解决方案。网络化 PBL 的多维多层学习体系的一个优点是，学生可以通过对问题的深入研究来掌握不同层次和维度的知识，从而提高学习效率和学习质量。

成华区智慧教育云平台的建设、人人通网络空间的搭建、学校智慧教育的推进，让教学依靠新空间，把网络化 PBL 的多维多层学习变成现实。保障课程在智慧教育环境下进行的同时，主要实施 4 个策略：其一，结合学习者的学习需求，建立多维多层的学习环境，提供丰富的资源、知识和认知结构，支持学习者的学习；其二，利用互联网技术，建立学习者与多维知识网络之间的交互，以实现学习者的多维多层学习体验。其三，构建支持学习者获取知识、学习组织和学习记忆等学习活动的技术支持系统，帮助学习者更好地理解和掌握学习内容；其四，利用数据挖掘技术，分析学习者的学习情况，改进学习环境，为学习者提供更有效的学习支持。本文以主题《猎人海力布》PBL 课程为例，进行具体实施阐述。

（一）智慧学习环境支撑新语文课堂

1. 技术支持的学情分析

设计一堂结合智慧教育的语文课，应该从学情出发。教师信息技术提升工程 2.0 的推进，"AI 技术支持的学情分析"微能力点要求合理利用信息技术手段辅助分析学情，从而从多个方面了解学情，更精准确定教学的适切目标，为教学重难点的突破、教学策略的选择和教学活动的设计提供科学依据，为教学中动态调整教学内容和方法提供参考。智慧学习环节恰好让学情分析有了大数据的支撑，更为科学合理。

如在《猎人海力布》的学习开始前，借助"人人通"网络平台，在学习活动设计和开展之前，公布前置任务，依靠大数据的反馈进行学情分析，除了日常的学情分析外，通过数据反馈，发现特殊的学情，由此对学生进行分层前置学习。

分层一：在前置任务执行过程中，全班学生都表现出对神话故事的喜爱，大家都能通过"成华区智慧教育云平台"进行热切的在线讨论，个性化地进行创造性的表达。这一部分学生通过在线的讨论，可以充分将前置学习的神话故事进行深入的探讨，获得学习的前置基础。

分层二：通过前期学情分析，有少部分学生对神话故事了解较少，兴趣不太浓厚。因此，在前置学习过程中，从故事线的维度，从常见人物的维度，从神话故事中常见的神奇的动植物的维度，通过小组活动引导学生逐渐加深对神话故事的了解。

2. 网络支持的 PBL 活动设计

民间故事是前人留给后人的智慧结晶。了解和学习民间故事，是继承和弘扬优秀传统文化的重要内容。因此，怎样让学生对民间故事感兴趣，用自己喜欢的方式去探索民间故事，主动完成学习任务是课题组教师此次活动设计的原动力。本单元的语文要素是"了解课文内容，创造性地复述故事"，习作要求是"提取主要信息，缩写故事"（见表 3.1）。

表 3.1 《猎人海力布》PBL 活动一周安排表

时间	周二	周三	周四	周五	周六	周天	次周周一
活动内容	前置学习：观看各种神话故事	在线讨论	课堂新授：学习缩写故事及创造性复述故事，进行任务分工	小组合作完成作品	人人通活动广场展示活动作品	人人通活动广场展示活动作品	课堂分享及评奖

（二）网络学习空间打造新学习流程

在线学习改变了课堂的模式，让学习的空间不再局限于课堂，而是架起了课堂、家庭、社会三维学习空间。整个主题项目式的活动时间为一周，其中网络学习空间进行学习、分享、评价与课堂集中学习三课时交叉进行。看起来，似乎一篇课文就用了一周的时间，但其实这一周不仅完成了课文教学，还完成了单元作文和大量的课外阅读以及作品的分享、评价。利用"人人通"网络学习空间将线上和线下学习空间进行了无缝链接，实现了学习的全空间覆盖，推动了学生主动学习的探索欲望，具体如表 3.2 所示。

表 3.2 《猎人海力布》PBL 活动推进表

活动项目	时间	主题	活动简介	资源简介
课外阅读	日常课后	中国古代神话故事	阅读各类中国古代神话故事	自购图书
前置学习	周二	了解神话故事	通过文字、图片、视频了解中国古代神话故事	图书、绘本、爱奇艺等视频
在线讨论	周三	组织前置学习后的在线讨论	最喜欢哪个版本的《猎人海力布》	同上
创造性复述	周四、周五	选择自己喜欢的方式创造性复述故事	在线扫码进入人人通空间，选择自己喜欢的方式创造性复述故事	人人通空间应用
缩写故事	周四	课堂缩写故事	课堂上学习方法，缩写故事，在线分享	人人通空间应用
空间作品展示	周五、周六、周日	分享作品	在人人通活动广场分享自己小组的作品	人人通空间应用
课堂分享及评奖	次周周一	课堂分享、评奖	课堂分享作品，根据线上分享情况和评价指标进行评奖	

　　课外相关素材的阅读，是语文教学的重要部分，可以开阔学生视野、增长见识。在设计入项活动时，在"人人通"网络学习空间利用课前导学推荐了连环画、绘本、文字等各个版本的《猎人海力布》，并提供网址收听海力布的故事，观看海力布动画电影，让学生充分感知这个民间故事，调动后续学习兴趣。

　　网络学习空间展开在线班级讨论，学生一边阅读一边讨论最喜欢哪个版本的《猎人海力布》，为理清故事情节、缩写故事积累浅层认知。任务发布时，学生通过扫码进入"人人通"网络学习空间，自主查看任务，选择任务成果的呈现方式，真正做到了"以人为本"，关注每一个学生的需求。

　　从问题驱动出发，调动了学生探索研究的热情。课前推荐学生观看"国家中小学网络云平台"课程，学习"缩写故事"和"创造性复述故事"的方法；然后在课堂学习时引导学生讨论并提出驱动性问题，进而通过讨论制定表格进行知识与能力的建构。

　　学生遇到的疑惑既是需要解决的拦路虎，也是学习探索的方向，因此课题组设计了此次活动实施第二环节的第三个阶段——探索与形成成果。缩写故事的原则是要保持故事的完整性，理清《猎人海力布》的情节，确定必须保留的情节。在教学中绘制情节曲线——讨论可删除的情节，课后完成缩写故事并分享。缩写故事是在进行提炼，而创造性复述故事是在扩展，这也是教学的一个难点。为了顺利突破难点，课前组织学生联系近期阅读的各类民间故事在"人人通"网络学习空间进行了在线班级讨论。这样的讨论帮助学生从别的民间故事里获得灵感，积累素材才能真正大胆想象，创造性地复述故事。组织小组讨论，积累金点子，因为有了宽泛的课前在线讨论，在课堂上学生将自己假设为各种和海力布有关的人物，比如课堂上一个小组就将自己假设成故事中与主要人物相关的 7 种角色，甚至是海力布的马；还有的小组准备假设自己的身份是乡亲们的后人，用倒叙等方法来进行创造性复述，让人很期待。

（三）互联网技术运用落实新中心

网络学习空间运用创造新课堂，采用"集体探索 + 个性思维 + 方式转换 = 人在中央"的思想。教学活动的设计和开展始终应该围绕"学生"这个中心展开，互联网技术运用引导学生进行集体探索，让学生的个性思维有了广阔的展示空间。这种学习方式的转变，才能真正让课堂实现"人在中央"的以学生为中心的教学思想落地。

1. 前置学习

引导学生进行课外相关素材的阅读，是语文教学的重要部分，可以开阔学生视野、增长见识。在设计入项活动时，在"人人通"网络学习空间利用课前导学推荐了连环画、绘本、文字等各个版本的《猎人海力布》，并提供网址收听海力布故事，观看海力布动画电影，让学生充分感知这个民间故事，调动后续学习兴趣。

为了便于学生的无障碍阅读，将字词等基础学习也放到了课前，在网络学习空间录制了导学微课和推荐课文朗读推送给学生学习，然后利用空间的在线检测进行学习监测。监测的数据作为课堂教学的参考依据，便于查缺补漏。其实，这也就是混合学习环境中的"技术支持的测验与练习"学情分析。比如课前在线检测第一题集中反映出的问题"延"的书写难点，课堂上再次教学，课中再进行检测的时候正确率就达到了百分之百（见图 3.3）。在网络学习空间有了扎实的课前导学，课堂入项活动时学生就能顺利地讨论出本课最主要的两个学习任务。

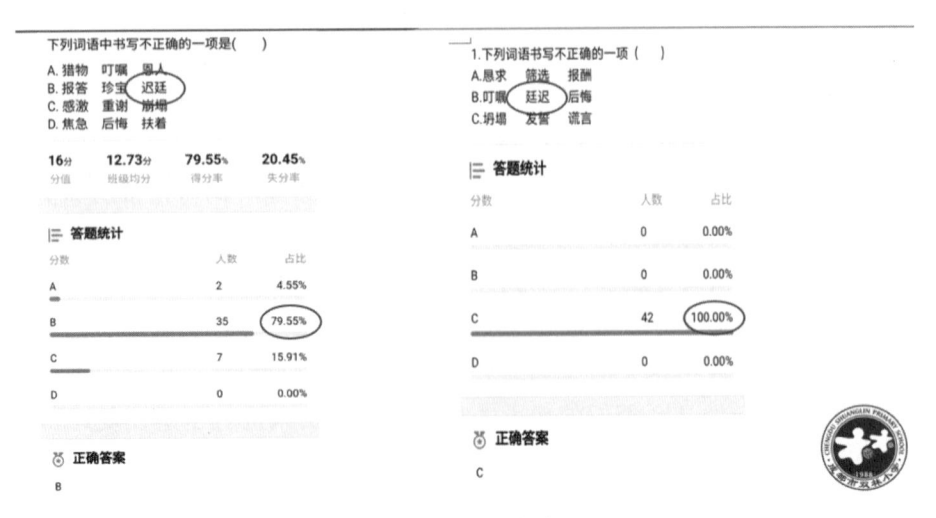

图 3.3　课前在线检测

2. 在线讨论

在网络学习空间展开在线班级讨论，学生一边阅读一边讨论最喜欢哪个版本的《猎人海力布》，为理清故事情节、缩写故事积累浅层认知。当第一个活动任务的课堂教学结束之后进行第二场班级在线讨论：你最喜欢《猎人海力布》中的哪个情节？为什么？在你阅读的众多民间故事中，哪个情节让你觉得最不可思议？这样的在线讨论让学生尽最大可能地打开思维，搜集素材，为第二个学习任务打下坚实的基础。

3. 随采数据

在课堂教学过程中，为了最大限度地搜集所有学生的学习情况，孟老师充分利用了"人人通"网络学习空间的数据上报和问卷调查的数据搜集功能，在课堂上让学生通过扫码进入网络学习空间，进行在线讨论和填写，搜集到了最真实的学习状况，以便于对课堂教学和整个 PBL 活动进行调节。整个学习活动中，学生依托网络学习空间进行学习和分享，所有的环节学生们彼此之间都在点评、点赞，这些点评的评价量表在活动过程中一直存在。学生通过扫码利用"人人通"网络学习空间，自主查看任务，选择任务成果的呈现方式，真正做到了"以人为本"，关注每一个学生的发展。

4. 互评活动

整个《猎人海力布》PBL 活动过程中，学生通过学习完成了 3 个作品：缩写《猎人海力布》《猎人海力布》思维导图和创造性地复述《猎人海力布》。每个学生都在"人人通"网络学习空间的"班级活动"空间分享了作品,并且根据指定的评价量规对别人的作品进行评价和点赞,完成自己学习任务的同时也关注别人的作品,既分享又学习的方式极大地提高了学习效率。

5. 数字证书

在课堂分享时,孟老师在人人通空间 APP 上引导学生如何查询获奖作品并展示了获奖学生。奖状在课堂现场生成,让每一个学生的活动都能有一个完整的过程。

活动最后不仅有对作品的评价,还有对参与活动的每一个学生的过程性自评和他评,在评价的过程中总结和反思。不管学生最终的作品是不是完美,也不管在探索的过程中是否磕磕绊绊,依托网络学习空间的应用,让学生在线上线下的活动中获得了快乐,学会了分享,懂得了探索,明白了资源的利用,在潜移默化中知道了网络这个大空间是为我所用,而不是为其所困。

四、成果推广

成都市双林小学建校以来,一直以"科创之馨,人文之馨"为特色两翼,引导师生在美好影响中走向美好。以"双馨孕育美好,智慧创造未来"为核心理念,以"培养能动脑动手、想象创造的'双馨'学子"为核心目标,以数据化、智能化、资源化、智慧化和场景化(五化)为抓手,创建学校智慧教育顶层设计,开展 6 项行动,实现教育无边界、学校无边界、学习无边界 3 个愿景,推动学校的整体改革。以"人人通"智慧云平台为主要平台,以"智能+融合=无限创新"为核心理念,创建了"个人空间""机构空间""特色空间"3 大类空间。3 大类 10 小类空间共计 4 174 个,做到"一人一空间,人人用空间",实现"处处有网络""班班有系统""人人有空间""时时有资讯",注重空间的普及、应用、融合与创新。学校对于网络空间的深度使用一直十分重视。本课例的研发,为学校网络空间建设创造了学科融合特色,在学校平台的支持下收获颇丰。

2021 年 11 月教育教学成果"网络连接课内外 学习跨越 e 空间"发表于《中小学教育》杂志 2021 年第 11 期。2022 年 3 月为德阳学校教师开展线上培训讲座"学习空间构建全域学习模式"。2020 年 9 月搜狐网报道"与时俱进的科研'新势力',坚持为学生赋予发现世界的眼睛"。2020 年 9 月成都电视台第 5 频道专题报道"第 36 个教师节共话'美好教育'"。

五、研究反思

（一）相较于传统教学模式具有的优势

网络化 PBL 的多维多层学习是一种新型的学习方式，它将传统的基于问题的学习与多维多层的网络环境相结合，从而达到有效的学习效果，更好地开发学生的创新能力和深入认识能力。本研究将语文学科教育教学与网络化 PBL 活动相结合设计，这个学习活动借助"人人通"网络学习空间进行"线上活动+课堂分享"，探索出了语文教学的新模式：活动开始前在"人人通"网络学习空间进行前置学习、在线讨论、在线检测，为课堂教学搜集学情数据；课堂上教师利用互动课堂，学生借助平板终端，师生根据教与学的需要通过课堂交流和"人人通"网络学习空间数据收集的方式有效开展学习活动；通过"人人通"网络学习空间和各种学习终端，支持学生创造性学习与表达；通过"人人通"网络学习空间进行大数据的收集，基于数据进行个别化的指导。

网络化 PBL 的多维多层学习能够提供多维的学习环境，包括虚拟环境、实时环境和模拟环境。本研究将线上虚拟的学习环境、课堂实时环境和模拟环境进行多维多层的学习，让学生实现立体的、全方位的、不设限的学习，充分调动所有资源为己所用。

（二）研究存在的不足

网络化 PBL 的多维多层学习能够提供多层的学习结构，包括表层学习、深层学习和应用层学习。在本研究中表层学习和应用层学习有效达成，但是深层学习还不够，同时要求学习者有较强的自学能力和学习策略。在多维多层学习活动开展的过程中，如何通过多学科的融合推进深层学习，或许可以探讨利用网络资源，将核心问题进行"洋葱式"的抽丝剥茧，层层分离核心问题，细化研究方向，让学生的深层学习真正深入，是未来研究的重点方向。

数字教学环境支持下的混合式分层课堂

【导语】

混合学习综合了面授学习和网络学习的优势，其所带来的学习"随时化、移动化、个性化、弹性化"[1]不仅符合成人学习的特点，"以学习者为中心，充分采用多种技术手段，强调教学效果最优化"[2]，也符合基础教育课堂教学改革的要求。基础教育中班级授课制注重整体的学习效率，但过于单一的集体教学忽视了个体差异性的需求，因此世界各国纷纷发出"为班级授课制松绑"的呼声[3]。分层教学以"教师的教要适应学生的学"为主要指导思想[4]，根据个体发展的不同制定有针对性的学习内容，从而适应学生发展的差异性，这既是班级授课制课堂教学改革的重要方向之一，也是促进教育均衡发展、保障教育公平的有效手段[5]。因此混合式分层课堂在教育信息化环境下，是一线教师解决差异化教学需求的首选。

混合式分层课堂教学模式，让信息技术与教学环节充分融合。课前利用洋葱学苑 APP 让学生高效预学，同时利用智学网 APP 对学生预学情况进行数据采集与分析，做好课堂面授教学设计；课中利用智学网 APP 让学生完成随堂检测，利用采集数据对学生进行分层，再利用该平台分层推送拓展微课完成学生自主学习；课后在智学网 APP 上给学生推送分层作业，实现个性化巩固学习。基于 APP 应用支持混合式分层课堂能够破解班级授课"齐步走"的困境，增大课堂容量，实现分层分区因材施教，满足学生个性化需求；在线上线下的混合教学过程中培养了学生自主学习和合作学习的能力，激发了学习内驱力；基于数据多维评价，科学有效地提升了学生综合素养。

一、研究背景

（一）教育信息化要求实现分层精准教学

随着网络的不断普及，信息技术与教育教学紧密结合。"互联网＋"教育成

---

[1] 石小岑. 美国 K-12 混合式学习模式变革的多元化路径[J]. 远程教育杂志, 2016(1): 53-60.
[2] 李逢庆. 混合式教学的理论基础与教学设计[J]. 现代教育技术, 2016, 26(9): 18-24.
[3] 赵婷婷. 班级授课制的历史演进及当代发展[J]. 浙江教育科学, 2015（6）: 14-17.
[4] 王爱军. 分层教学发展与研究综述[J]. 成人教育, 2011, 31(8): 65-66.
[5] 方佳诚. 基于混合学习的中小学分层教学模式：概念、要素和设计[J]. 中国教育信息化, 2021（2）: 8-14.

为当前教育领域一个重要的变革内容与趋势。在工业化时代，为了高效快速培养大量的社会建设者，时代要求对学生进行标准化、批量化培养。根据年龄划分年级，制定统一的课表，让学生在"标准化"的教学中按部就班地完成学业，以期大批学生"学有所成"，满足社会需求。但当今信息时代提倡学生个性化发展，要求学生不仅要掌握知识，而且要具备创造力、批判性思维、解决问题的能力以及交流合作的能力。

2019年6月《关于深化教育改革全面提高义务教育质量的意见》提出，坚持立德树人，培养担当民族复兴大任的时代新人，全面发展素质教育，强化课堂主阵地，让学生成为生活和学习的主人，学生的个性化学习和终身学习正逐渐成为未来教育发展的重要趋势。2021年7月24日，中共中央办公厅、国务院办公厅印发《关于进一步减轻义务教育阶段学生作业负担和校外培训负担的意见》明确指出"鼓励布置分层、弹性和个性化作业，发挥作业诊断、巩固和学情分析等功能"。随着"双减"政策的落地实施，学生的学习不再依赖于题海战术的重复记忆和课外辅导机构的"回炉再造"，随之而来的是如何提高学生的自主学习能力和课堂效率，实现分层精准教学。

（二）差异教学转变"负担"为资源的思考

中小学课堂教学仍以班级授课制为主，同一个班级的学生由于身心发展、知识能力、家庭背景等诸多方面存在差异，有着不同的学习需求。班级授课制注重整体的学习效率，在"一刀切"的模式下，"优生吃不饱、差生受不了"，因此满足学生个性需求的差异教学就必不可少。差异教学就是指在班集体教学中立足学生差异，满足学生个别需要，以促进学生在原有基础上得到充分发展的教学。

从教学生态系统来看，学生千差万别，正好形成了丰富多彩的教学资源，展现多样性、丰富性和灵动性的特征。所谓多样性，是指每一个学生的背景、基础完全不一样，因此，生成的思维角度、范围和深度也各不相同；丰富性，是指学生带给教师的资源，取之不尽，用之不竭；灵动性则体现为资源并非一成不变，在课堂上，通过老师提点、思维碰撞，能够生成新的资源。通过对差异教学的深度思考，看到其转变"负担"成为"资源"的有利作用，课题组教师开启了APP应用支持混合式分层课堂的教学探索，期望激发学生的学习主动性与创造性，提高学生的参与度，让学生在"因材施教"的获得感中提升自信心。

二、理论依据

（一）混合式学习理论

Harvi Singh 和 Chris Reed 将混合式学习确定为一种根据学习者的特点和需要提供合适的学习环境，设计合适的学习流程，选择合适的学习内容，从而获得最好的学习效果的学习方式[1]。国内学者何克抗提出的混合式学习的概念得到了广泛认同。他认为混合式学习就是要把传统学习方式的优势和网络教学的优势结合起来，既要发挥教师的引导、启发、监控教学过程的主导作用，又要充分体现学生作为学习过程主体的主动性、积极性与创造性[2]。方佳诚以信息技术学科为研究起点，在常州市钟楼区的学校中进行实践，探究在小学、初中衔接课程中采用基于混合学习的分层教学模式，取得了良好的效果。[3]

综上所述，混合式学习理论重视学习者的自身特点和教师的主导作用，结合传统学习和网络教学的优势，在已有研究中已经应用在国内基础教育学科教学中，支持分层教学模式并取得一定成效，可以很好地指导本研究的开展。

（二）差异化教学

差异化教学是指在教育教学活动中，教师根据学生兴趣以及学习能力的不同，有目的地引导学生主动积极学习，促进学生特殊才能迅速提高，使他们成为社会所需要的专业人才。它延续了我国"因材施教"的教育思想。差异化教学是和班集体教学同时展开的，在共同的环境和培养目标中发展学生优良的个性，实施因材施教[4]。国内的数学课堂受应试教育的影响，很少会实施差异化教学，大部分理论认识来自国外研究，但也萌生了适合我国国情的差异化教学研究。马媛媛提出，要求教师在教学过程中充分考虑学生的个体差异，主动调整课程内容、教学方法及评教手段，使每个学生都能获得公平、优质的学习机会。[5]

本研究发现同一个班级里的学生在学习能力、数学逻辑思维等方面存在不

---

[1] 谈成访，刘艳丽. 远程教育中混合学习及其实施策略的探讨[J]. 现代远程教育研究，2006（3）：36-38，72.
[2] 何克抗. 从 Blending Learning 看教育技术理论的新发展[J]. 国家教育行政学院学报，2005（9）：37-48，79.
[3] 方佳诚. 基于混合学习的中小学分层教学模式：概念、要素和设计[J]. 中国教育信息化，2021（2）：8-14.
[4] 黄莹. 中国国内差异化教学的相关研究[J]. 文教资料，2010，498（10）：134-136.
[5] 马媛媛. 基于差异化教学理论的小班化教学[J]. 教学与管理，2017（15）：77-79.

同，差异化教学能够关注学生需求，提高学生数学学习的兴趣，各层次的学生均能寻得适合自己的学习方法和资源，在数学学习活动中达到相应的学习效果。

三、实施方案

北二外成都附中是北京第二外国语学院与成都武侯区人民政府合作新建的一所"两自一包"公办理工外国语高完中，位于成都市武侯区万兴路聚萃街351号，占地面积38 447平方米，建筑面积43 607平方米。学校面向全体学生实行英语小班教学，开设德语、法语、俄语、日语、泰语、阿拉伯语、希伯来语、西班牙语等8门多语种选修课程，现有56个教学班，教职工249人，学生2 698人。2018年9月投入使用以来，学校以培养"一带一路"人才为使命，坚持走"特色+特长"的发展之路，实行从小学至高中"一站式贯通培养"模式。在特色课程、特长育人和扁平化管理这三大支柱的支撑下，做"眼里有光、脸上有笑、心中有人"的自信教育，力争让学生凭借自己的努力登上国际舞台。

目前学校通过校园一卡通、教学新生态试点项目、超星智慧智能办公系统、三顾云平台、极课大数据库等网络应用，构建了一个集合学习、教研、管理和评价的多方面信息资源全方位智慧空间，实现了智慧管理、智慧学习、智慧教研、智慧评价和智慧服务的协调统一，为校园生活中的每一个参与者创建了便捷的网络生活空间。

学校建有高清录播室、计算机室、广播室、校园电视台、图书室和网络中心机房，多媒体到班率达到1∶1，教师办公室均配备台式电脑以及笔记本电脑，实现无线网络全面覆盖，成为"武侯区智慧教育建设试点学校（教学新生态）"、武侯区首批"未来学校"，在武侯区"双线融合"学科成果评比、创新课堂大赛等系列活动中获得优异成绩，10余名教师成为区级"智慧教育"种子教师。

本研究始于疫情线上教学的反思，学校发现线上教学有诸如短平快的微课推送，有趣生动的知识呈现，线上作业批改的及时反馈等优势，希望能够将线上线下教学的优势融合，鼓励一线教师大胆创新。课题组教师以许伟东老师在数学课堂上进行了6次版本迭代的教学模式为参考，逐步形成了较为成熟的实施方案。

（一）课前自主学习策略

课前自主学习需要系统性地培养学生的自学习惯。先看教材，再看微课，最后完成导学单。第一步，通看教材，尝试自己理解概念，并将概念中的关键词进行勾画，而后通过关键词替换的方式进行概念辨析加深理解。第二步，看例题，将例题中每个步骤的数学原理补充在空白区域，初步理解例题中的数学逻辑，并对自己有疑问的地方做好批注。第三步，学习微课，调整、修正自己理解不当的地方。第四步，完成导学单，完成时精读所有内容，领会教师设计逻辑，不会的部分或有疑点处用蓝色笔做好标注，便于后期讨论或询问。

（二）小组合作实施策略

小组合作学习策略，要从分组、分工和小组建设3个方面实施。要根据对学生数学能力的评估，对学生进行组间同质、组内异质的平均分组，每6人分为1个共学组，并细分为ABCDEF 6个层次，其中A-B、C-E、D-F形成互助组，由1个数学学习能力较强的同学带1个数学学习能力较弱的同学，便于课堂中的及时帮扶。小组设置4种角色，组织者的任务是统筹安排，分配任务，管理环节及进度，通常由A生担任；记录者的任务是记录同学发言主要内容，整理小组讨论结果，通常由B生担任；代言者的任务是展示小组学习讨论成果，清晰阐释结论，通常由C、D、E生担任；监督者的任务是关注讨论时间及时提醒，通常由F生担任。确定好组员后在每次活动开始时随机分配到4种角色中，小组成员在组织者的带领下，讨论小组公约、目标、口号并设计组徽，建立小组文化，提升学生参与感与归属感。

（三）生讲生学实施策略

生讲生学包括3个阶段的培养，即敢讲、会讲和善讲。在敢讲阶段，培养学生熟悉展讲的流程，有展讲的意识。每个学生应熟读文本，在初始阶段，对展讲上台的同学对照文本评价，从结构上加强学生对展讲要素的关注，主要包含开头语、站姿、声音、结束语等几个要点。在敢讲的基础上，对学生展讲的内容提出更高要求，进入会讲阶段的培养，例如提醒学生关注声音洪亮、思路清晰、表述准确、有适当互动和有激励评价。在会讲的基础上，让学生能够做到边讲边板书关键步骤，同时在讲解结束后能够简单归纳方法与技巧，达成善讲。

（四）学习诊断与分层反馈策略

新授课的最后12分钟为随堂检测与分层教学。学生使用智学网APP进行随堂检测，提交答案后利用系统推送的标准答案进行自我审核，全对无误的同学，可以提前进入分层自学区，观看微课进行拓展学习，其余学生集中学习教师的高频错题面授，并在学习后进行纠错与订正。完成后由教师进行二次批改，如二次批改无错，则该生起立担任"小老师"，辅助教师对其他同学的纠错情况进行二次批阅。

（五）课后拓展与评价策略

课后通过智学网 APP 的课堂生成数据，给予学生分层评价及作业安排。课堂得分率在 90%以上的同学累积 3 分，同时匹配 A 作业包，内容包括中档题拔高与拓展练习。课堂得分率在 80%～90%的同学累积 2 分，同时匹配 B 作业包，内容包括中档题拔高与自主知识梳理。课堂得分率在 80%以下的同学匹配 C 作业包，内容包括基础过关与中档题拔高，并需要在课后找任课教师过关。

四、成果推广

（一）混合式分层教学模式的提炼

基于以上理论基础和学校特色，学校经过 3 年的探索，逐步构建出"三环六步"的混合分层教学模式，如图 3.4 所示。

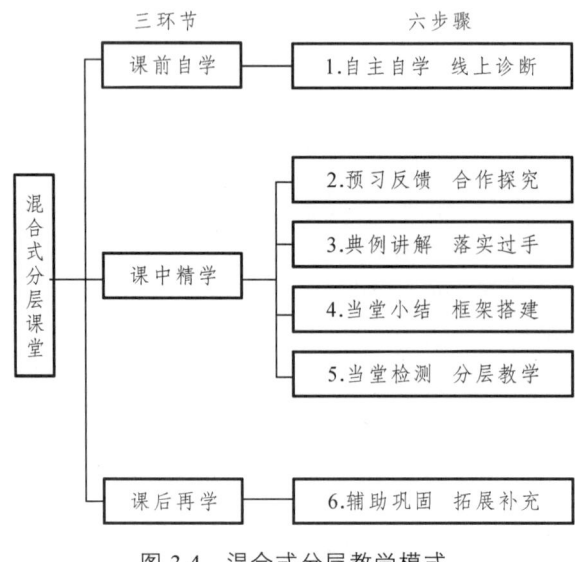

```
                    三环节              六步骤
                ┌─ 课前自学 ── 1.自主自学  线上诊断

                │              ┌─ 2.预习反馈  合作探究
  混合式        │              ├─ 3.典例讲解  落实过手
  分层      ────┼─ 课中精学 ──┤
  课堂          │              ├─ 4.当堂小结  框架搭建
                │              └─ 5.当堂检测  分层教学

                └─ 课后再学 ── 6.辅助巩固  拓展补充
```

图 3.4　混合式分层教学模式

将混合学习、小组合作、生讲生学、数据分层和教学融合等多元特征融入课堂。具体如下：

1. 微课、导学单的定制与运用

微课可以直接使用洋葱学苑 APP 的优质微课提前推送给学生预学。导学单的设计主要设计预学反馈、典例精讲、知识小结、当堂检测 4 个环节。预学反馈内容主要是将事实性知识，对标教材，设计成基础的知识填空或小题，以起到反馈学生预学情况的作用。典例精讲，例 1、例 2 以教材为基本模板，难度略高于教材，目的在于规范学生的基本答题过程，让学生有意识在自学环节重点学习教材例题。例 3 为综合应用，需要本节知识的综合运用。此处需要设计留白，让学生进行方法总结。当堂小结，此处留白，让学生用思维导图的方式进行小结。当堂检测：1、2、3 题为基础知识与概念考察，4 题为大题，需要学生书写详细步骤，5 题为综合题，用于分层。

2. 小组合作的组织与分工

开始时，学习小组长选有较强组织能力、责任心强的学生担任，一段时间后则应轮流担任。学习小组长的主要职责是对本组成员进行分工，组织全组人员有序地进行自主学习、共学活动、合作探究等学习活动。记录员的职责是记录学习小组合作学习过程中独立学习的认真程度、学习小组交流时的发言情况、纪律情况等。检查员的职责是检查、督促学习小组成员的学习提纲、作业完成情况等；汇报员的职责是将本组合作学习的情况进行归纳总结后在全班进行交流汇报。各学习小组将每日情况进行汇总，并将结果在班内黑板上进行公布。

3. 生讲生学的共学与展讲

为了让学生"共学活动"更加规范有效，要求学生按照如下方式参与活动。第一是当教师宣布讨论开始时，迅速起身看座，同时围站。第二是组织者组织讨论的过程中要求顺时针交换检查导学单的完成情况并上报教师；依次说出自己的错误之处，不重复，其余学生铅笔标注；导学单问题讨论完组织进行讨论中的生成性问题，无法解决则等候答疑环节统一提出；讨论完毕所有学生放下题单，鼓掌并快速回座整理。

对学生展讲也需要进行系统性的培训，具体分为 3 个阶段，分别是敢讲、会讲和善讲，基本要求如表 3.3 ~ 3.5 所示。

表 3.3　敢讲阶段要求

项目		要　　求	"敢讲"具体参考内容
师形	开头语	有规范的开头语,便于引导集中学生注意力	请同学们看这里:(1)……;(2)……
	站	快步上台,站姿标准,有风范,有气势	1. 快步上台 2. 侧身45°站立 3. 眼睛扫视全体同学
	讲	声音洪亮	声音洪亮
	结束语	有规范的结束语,便于评价激励学生	我的讲解到此结束,请问大家还有疑问吗?谢谢大家,掌声……

表 3.4　会讲阶段要求

项目		要　　求	"会讲"具体参考内容
师范	开头语	有规范的开头语,便于引导集中学生注意力	请同学们看这里:(1)……;(2)……
	站	快步上台,站姿标准,有风范,有气势	1. 快步上台 2. 侧身45°站立 3. 眼睛扫视全体同学
	讲	声音洪亮,思路清晰,表述准确,有适当互动,有激励评价	1. 声音洪亮 2. 抛出1~2个关键问题互动 3. 给予评价
	写	板书工整,既有思路要点板书,也有过程呈现圈点或详板书	有适当的"勾画、圈点、备注"
	结束语	有规范的结束语,便于评价激励学生	我的讲解到此结束,请问大家还有疑问吗?谢谢大家,掌声……

表 3.5　善讲阶段要求

项目		要　　求	"善讲"具体参考内容
师范	开头语	有规范的开头语,便于引导集中学生注意力	请同学们看这里:(1)……;(2)……
	站	快步上台,站姿标准,有风范,有气势	1. 快步上台 2. 侧身45°站立 3. 眼睛扫视全体同学

续表

项 目		要 求	"善讲"具体参考内容
师范	讲	声音洪亮，思路清晰，表述准确，有适当互动，有激励评价	1. 声音洪亮 2. 出抛 1～2 个关键问题互动 3. 给予评价
	写	板书工整，既有思路要点板书，也有过程呈现圈点或详板书	有适当的"勾画、圈点、备注"
	总结	归纳出解题思想，或提炼解题方法	归纳出本题设计的数学知识与解题的方法提炼
	结束语	有规范的结束语，便于评价激励学生	我的讲解到此结束，请问大家还有疑问吗？谢谢大家，掌声……

4. 分层教学的诊断与拓展

分层教学需要以随堂检测的数据为依据，因此检测设计需要兼顾考核知识和选拔分层的作用。一般 1、2、3 题为基础知识与概念考察，4 题为步骤描述，5 题为综合题用于分层。拓展为本节课相关的内容提升，必要的时候匹配微课。

（二）评估与诊断工具的完善

在教师教学层面，主要诊断教师课堂检测反馈、分层教学实施和课后作业练习等的有效性；在学生学习层面，主要从学生对自学的接受度、分享的参与度、知识的理解度、分层教学想法以及课堂成就感等维度，对混合式分层教学模式的实施效果进行评估与诊断，形成一系列评价量表。

（三）混合式分层教学模式的推广

1. 严论证

邀请各级专家对混合式分层教学模式进行论证，从模式构建、课例实施以及实施效果等方面进行论证，促使成果直接转换成教学效益与价值，同时希望在更多区域进行教学模式的推广。

2. 广报道

先后在北二外成都附中公众号第 791 期、第 817 期、第 825 期和第 839 期进行了详细报道，引起全校师生和家长关注。

3. 树典型

课题组成员许伟东在《今日武侯》报做了"校长名师面对面"个人专访，展示了在常态教学中利用混合式教学数据化教学行为，提高课堂教学效率的可行性与培养学生使用互联网选择优质资源技能的必要性。

4. 定规则

本课题研究生成了大量的标准化方案，如《初中生自学能力培养手册》《初中数学课课堂行为习惯要求》《小老师展讲标准与规范》《混合式分层课堂导学单设计标准》《北二外成都附中新授课课堂标准》等。

5. 做引领

该教学模式在北二外 21 级数学组常态化教学 1 年，形成了大量的一线教学经验，同时新颖的教学模式让校内的英语及化学学科尝试借鉴此课堂模式。

在各种级别的会议上共呈现了 15 次混合式分层课堂的公开课。

五、研究反思

（一）学生自学能力培养必不可少

要有效实施"混合式分层课堂"，学生自学能力的培养是关键。要达到预期的教学效果，学生自学习惯的培养十分重要。以往的教学模式没有设计学生的自学环节，学生学习的自主性未能激发出来。在"混合式分层课堂"中，学生需要养成独立思考问题的习惯，并结合导学单自学部分来生成新知识。

（二）导学单设计兼顾引导和评测

混合式分层课堂的导学单统筹着整个教学过程，科学、合理的设计是有效实施该教学模式的关键。从课前的预学、课中的教学到课后的过关单命制等，需环环相扣、内容前后衔接，要特别注意教学内容和当堂检测两个环节的设计。

1. 教学内容的设计既要兼顾学生的预学又要考虑教师的教学

当堂课的教学内容，也是学生预学后需要完成的预学反馈内容，所以教学内容的设计需要与课前提供的预学资源匹配，又要考虑教师如何开展当堂教学活动，为教师的活动做好铺垫。

2. 当堂检测环节的设计是教师或教研组学科知识功力的体现

在短短 10 分钟的时间，既要完成学生达标检测，又要对学生进行选拔分层，题量和难度的把控是关键。建议将题量控制在 5 道题，其中 4 道中档题用于达标检测，1 道难题用于分层组队。可以以教研组为单位进行命题，展示学科知识的准确衡量定位。

（三）课后个性化辅导

在"混合式分层课堂"教学模式中，学生能否掌握课堂知识很大程度上由学生自己的学习能力和学习习惯决定。在实践初期，会存在一些学生不能在课堂上完成相应的学习任务，没有掌握课堂学习内容的现象。针对这部分学生，教师需要分析学生学习过程和学习结果数据，一方面有针对性地推送补充资源查漏补缺，另一方面在资源形式上注意培养学生的自学能力。

技术赋能　创新发展
——教育部"基于教学改革、融合信息技术的新型教与学模式"实验区成都实践

网络画板开创智慧实验教学

【导语】

实验活动是数学教学活动的组成部分，但是当前数学课堂教学存在实验活动探究不够深入、信息技术深度融合较少等问题。随着信息技术的高速发展，一方面，对学生的信息素养培育提出了较高的要求；另一方面，网络平台丰富的资源也给实验教学带来了更便捷的条件，有利于低成本、高效率地开展实验教学活动。2022年，教育部颁发的《义务教育数学课程标准》明确提出，教师要合理利用现代信息技术，促进数学教学方式方法的变革，提升学生的信息素养。本实践利用网络画板引导学生通过"做中学"的方式进行数学原理验证、情景模拟、知识演示、问题探究等实验活动，让学生有更丰富和更深入的实验体验，增强学生自主参与实验活动的积极性，推进数学实验教学信息化，促进数学教学方式变革。

一、研究背景

（一）数学实验活动在数学教学活动中具有重要地位

数学实验是为了构建数学概念、验证数学猜想、获得数学结论、探索数学规律、解决数学问题，借助实物和工具，对实验素材进行"数学化"操作的一种学习方式。在教师精心设计、组织、实施的数学实验中，学生能在短时间内经历数学知识探索与发现的过程。

（二）新课程标准要求教学活动要培养学生主动学习的能力

《义务教育数学课程标准（2022年版）》提出"学生的学习应是一个主动的过程。教学活动引导学生在真实情境中发现问题和提出问题，利用观察、猜测、实验、计算、推理、验证、数据分析、直观想象等方法分析问题和解决问题"。数学实验能激发学生的探究热情，引导学生主动参与到观察、猜测、设计、验证、推理等数学活动中，积极建构数学知识体系，变"被动学习"为"主动学习"。

（三）网络画板为数学实验活动提供良好的平台与工具

网络画板是互联网环境下的开放共享的数学实验室，具有很强的图形制作、测量、动态展示等功能，具有优秀的硬件兼容性、PPT融合性、丰富资源共享性及人机交互性，为师生开展低成本、高效率的数学实验活动提供良好的学习平台和工具。

二、理论依据

现代认知理论的代表人物布鲁纳发现，教学理论强调学生是主动、积极的知识探究者，需要激发学生积极探索的内在动机，通过反复动手探索、操作形成"心理映像"或符号表征系统，通过提高信息提取效率增强学习效果。布鲁纳发现教学一般分为4个步骤：① 从学生好奇心出发，提出明确使学生感兴趣的问题。② 围绕问题，向学生提供有助于解决问题的材料。③ 协助学生对有关材料与实事进行分析，让学生通过积极思考，提出各种解决问题的途径。④ 协助学生审查假设，通过比较，选定正确或最佳答案。[1]

基于布鲁纳的发现教学理论，在教学过程中，教师应为学生创造情境和条件，指导学生自己主动去探究、发现，并引导学生概括总结原理或法则，让他们因自己的发现获得愉快和成就感，使学生获得强大的学习动力和应用能力，促进智力和能力的发展。网络画板支持的初中数学实验教学，基于发现教学理论，教师精心设计的实验活动，让学生利用网络画板平台，自主进行数学原理验证、数学情景模拟、数学知识演示和数学问题探究等活动，在主动的探究性活动中理解和掌握抽象的数学概念及原理，体验到数学学习的快乐，激发学习兴趣，从而提高数学学习效果，全面提升数学素养。

三、实施方案

五津初级中学是一所全日制初级中学，学校建有学生用多媒体网络教室3个，内有计算机150台。此外，现有的24个教学班均能实现网络班班通，配备多媒体教学设备，能完全满足师生信息化教与学的需求。学校有20多位专职数学教师，都能较为熟练地运用信息技术设备开展数学实验教学活动。

2018年，任君老师开始在教学中使用网络画板开展数学活动，并通过教研

---

[1] 沈燕琼. 论多媒体教学与传统课堂教学模式在大学英语教学中的优势互补[J]. 玉林师范学院学报，2006（10）.

活动指导其他数学教师使用。2020年，任君老师申报了首都师范大学的信息技术专项课题"利用网络画板指导初中学生开展数学活动的实践研究"，利用学校的多媒体网络教室，引导学生开展数学活动实践探究。2021年，任君老师申报了区级课题"基于网络画板的智慧课堂实验教学研究"，开始进行网络画板支持的初中数学实验教学活动实践研究。经过3年多的实践探索，不少数学教师不仅能够较为熟练地使用网络画板制作实验素材，在数学教学中进行实验演示，而且通过实践、研讨，提炼出了一套以学生自主探索发现为主的"互联网+网络画板"的初中数学智慧实验教学模式，其活动流程如图3.5所示。

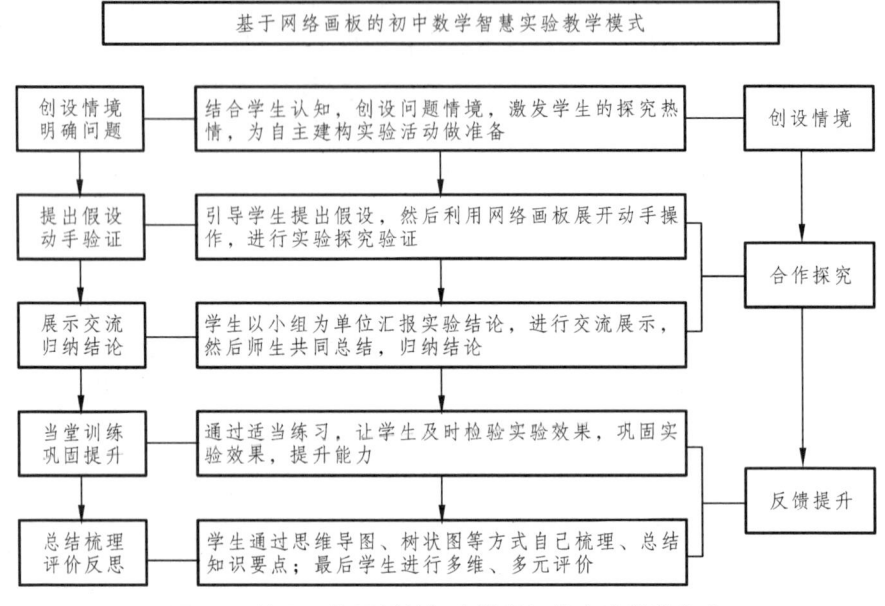

图3.5 基于网络画板的初中数学智慧实验教学模式

下面以初中数学"函数的图象"为例，对网络画板支持的数学实验教学模式的具体活动过程加以说明。

（一）创设情境，明确问题

结合初中学生的认知规律和已有的认知水平，创设有趣的数学实验问题情境，让学生产生认知冲突，激发实验探究热情。在正比例函数图象教学中，教师可以结合具体的实例，引出问题，如：小明从家出发，以80米/分的速度去上学，他所走的路程S与时间t之间的关系是什么？S是t的正比例函数吗？图3.6中的图象，能表示S与t的关系吗？正比例函数的图象都是直线吗？

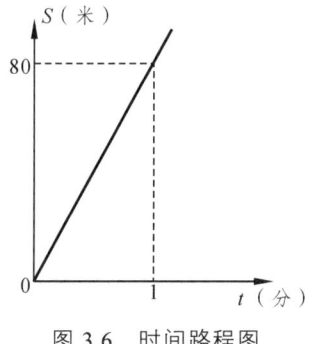

图 3.6 时间路程图

接着，结合前面学过的变量之间的关系，让学生明确横纵坐标分别表示自变量和因变量的值；然后利用网络画板点的轨迹"跟踪"功能，引导学生自己利用坐标动点演示点的变化轨迹，体会函数图象的"点动成线"过程，如图 3.7 所示。接着顺势抛出问题："正比例函数的图象与其系数 k 有什么关系？"

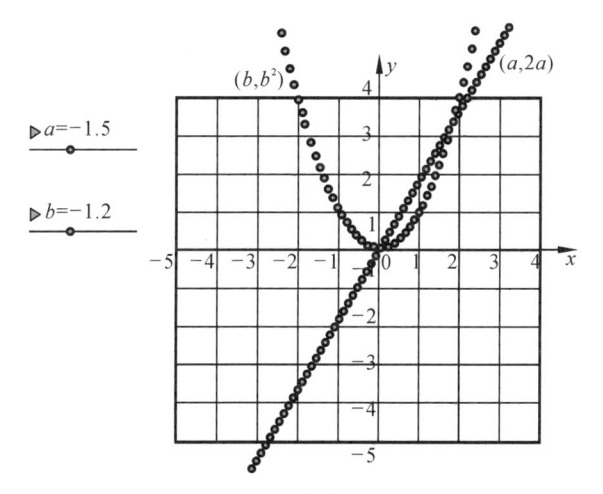

图 3.7 动点轨迹跟踪实验

（二）提出假设，动手验证

学生在教师的引导下提出猜想、利用网络画板展开动手操作实验活动，探究验证猜想。学生通过前面的实例和动点轨迹提出猜想：正比例函数图象是经过原点的一条直线。然后引导学生将自变量的增量逐渐变小，观察，验证猜想（见图 3.8）。针对"正比例函数的图象与其系数 k 有什么关系？"，先让学生作 k 值确定的正比例函数的图象，提出猜想，再指导学生作函数 $y=kx$ 的图象，设

置变量 k，并拖动变量 k，分别观察 k 值为正数和负数时图象的特征，验证猜想（见图 3.9）。

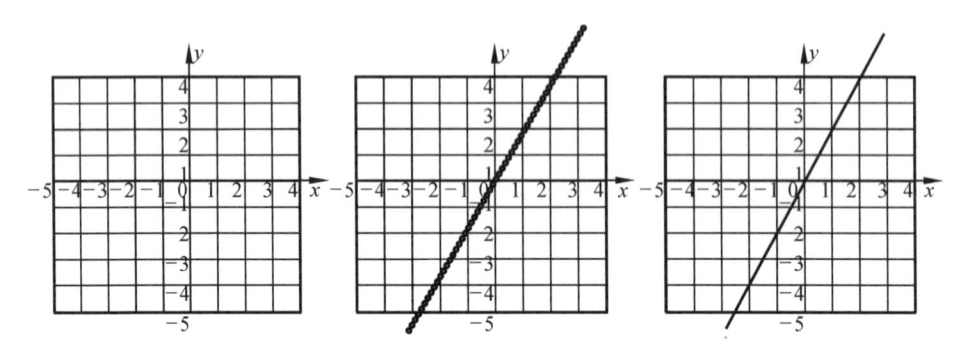

图 3.8 "一次函数的图象是直线"实验验证

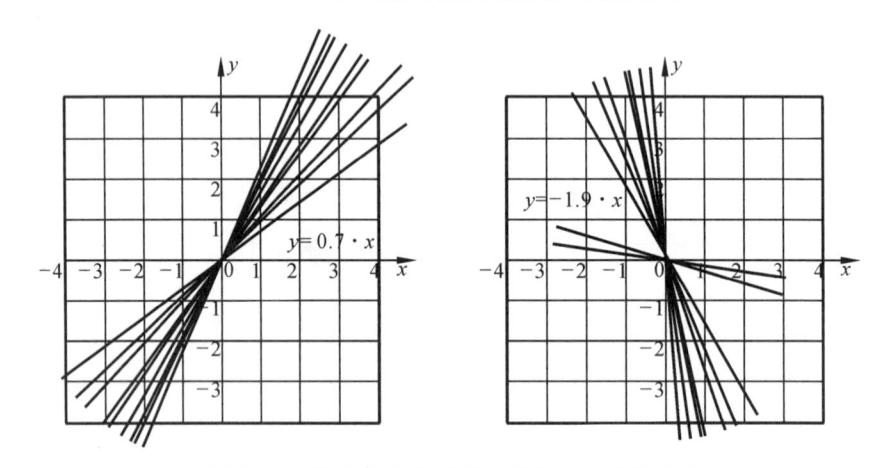

图 3.9 "一次函数的图象随 k 值变化"实验验证

（三）展示交流，归纳结论

实验前，教师设计好实验报告单，如表 3.6 所示，以小组为单位发放给学生，引导学生通过小组合作交流的方式汇总实验结论，填写表格，然后在全班交流展示，师生共同总结归纳、展示结论。

表 3.6 "正比例函数的图象"实验报告单

函数名称	图象形状	图象经过的象限		图象的增减趋势		图象的增减速度	
		$k>0$	$k<0$	$k>0$	$k<0$	$\|k\|$ 越大	$\|k\|$ 越小
正比例函数							

（四）当堂训练，巩固提升

教师设计适当的基础练习，让学生及时检验和巩固实验活动学习的效果。实验练习可以是进一步进行实验活动探究，也可以是实验结论的运用或拓展，题型可以是简单填空、选择题，也可以是动手操作的作图题等；练习题可以用表单形式呈现，如表3.7所示，也可以由教师现场展示。

表3.7 "正比例函数的图象"实验练习题

题项	拓展运用——利用所学知识解决问题
1	作 $y=0.5x$，$y=-3x$ 函数图象，观察、分析它们的性质，并和同学分享
2	$y=-5x$ 的图象经过_____象限，经过点（0，　　）和（1，　　），y 随 x 的增大而_____
3	$y=0.3x$ 的图象经过_____象限，经过点（0，　　）和（1，　　），y 随 x 的增大而_____

（五）评价反思，总结梳理

为了更好地调动学生的积极性，鼓励学生参与，课题组教师设计了多元多维的评价方案。一方面，评价主体包括个体和小组，评价维度包括自我评价、同伴评价和教师评价等多个方面；另一方面，评价内容不仅包括实验任务完成情况，而且包括实验探究过程中各个方面的过程性表现，如图3.10所示。评价反思活动为学生提供了客观公正评价他人和自我分析评价的机会，促进学生在评价中反思，在反思中评价，在思辨中提升能力和素养。最后由学生自己动手，通过思维导图、树状图的方式梳理总结知识要点、实验反思、注意事项等，教师展示学生的作品、学生间互相点评，强化知识的自主构建过程。

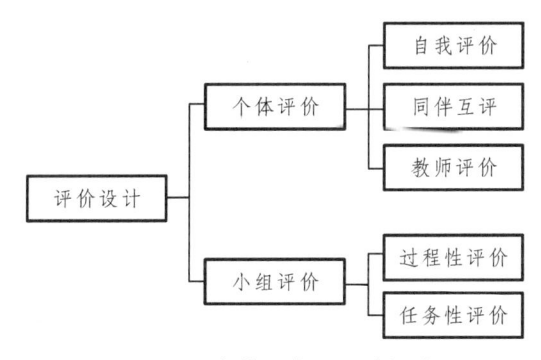

图3.10 多维、多元评价设计

以上实验教学模式并不是固定不变的，在教学活动中，教师会根据不同的教学内容，结合学生的实际情况进行适当调整，但始终坚持实验活动过程以学生主动探究发现为主的原则。

四、成果推广

在实践研究的过程中，研究团队完成了首都师范大学主持的国家级课题的子课题"利用网络画板指导初中学生开展数学活动的实践研究"和区级课题"基于网络画板的智慧课堂实验教学研究"及相关论文近10篇，其中1篇被收录入《数学教育数字化创新研究》。

通过网络画板支持的数学实验活动实践研究，师生的思想认识和能力均得到了提升。

（一）转变教师观念，提升智慧实验教学能力

数学智慧实验教学模式实践研究，拓宽了教师对数学实验的认识，加深了教师对信息技术与数学教学融合的认识和理解，也提升了其教学实践能力，为数学实验教学积累了一些有价值的实践经验。任君老师的网络画板教学实践入围2022年中小学教师信息技术创新与实践活动；《网络画板智慧数学实验资源空间》在2022年成都市第38届青少年科技创新大赛中获得科技辅导员创新成果二等奖，2023年获得新津区第九届青少年科技创新大赛辅导员成果一等奖。

（二）增强学生兴趣，提升数学素养和能力

通过老师的指导，学生自己动手，边制作素材、边演示观察，通过自主活动洞识数学原理，突破教学的重难点，逐步深入理解数学知识和原理，提高了对数学学习的兴趣。如，刚进入初中的学生对于"立体图形的展开""截一个几何体"等问题难以理解，通过利用网络画板的三维动态立体课件，进行直观的实验探究，学生兴趣倍增，能在轻松氛围中认识和理解常见几何体的特征。又如，"旋转""平移""轴对称""位似""迭代"等图形变换，抽象的讲解难以达到理想的效果，当学生在老师的指导下自己制作出具有动态效果的课件时，不仅轻松理解了数学知识，提升了思维能力，同时也获得了成就感，增强了自主探究发现、理解、构建数学知识的能力，提高了数学素养。2021年11月，本

校 5 名学生利用网络画板制作的"勾股定理的证明"动态数学实验素材,在网络画板学生作品制作大赛中获得一等奖和二等奖,指导教师任君老师获得优秀指导教师奖。

(三)丰富实验教学资源,提升区域教研和教学质量

主研教师所在学校和团队多次主办或参加各级主题教研活动、公开展示课。2021 年 3 月,学校和区数学教研室联合举办"网络画板专题研讨"活动;2021 年 11 月,学校和成都景中教育联合举办"基于网络画板的初中数学结构整合专题研讨活动";2022 年,任君老师在中国高等教育学会教育数学专业委员会 2022 年学术年会"融合网络画板构建新型教与学模式"分论坛上做了题为"基于网络画板的初中数学智慧实验教学设计与实施"的报告,向参加会议的全国专家和中小学数学教师分享了智慧实验教学实践研究成果。

在智慧实验活动中,教师和学生制作的网络画板素材,也充实和丰富了学校的数学智慧实验资源,网络画板平台的学校团队数学实验资源为师生资源共享和学生进行泛在学习提供了条件。

五、研究反思

通过实践研究,提炼出了一套利用网络画板平台开展数学实验活动的可行思路和方法。该方法在一定程度上改进了数学实验教学模式,提高了学生参与数学实验活动的主动性和积极性,有效提高了学生的科学探究能力和科学探究素养。同时,该研究也存在一些需要改进和提升的问题,主要包括如下方面:

(一)技术支持的实验活动和传统数学活动模式的有机融合

对于信息化带来的课堂变革,一些教育工作者也会有不同的看法或质疑,有人担心过分依赖信息化会带来一些副作用。的确,过分依赖信息化不值得提倡,但不与时俱进也不可取,会导致教学方式完全与现代技术发展脱节,教学质量降低。所以,在教学中要认真分析教情、学情,合理安排教学活动。对于如何恰当地利用网络画板开展数学实验活动,必须找准教材内容的结合点,用心设计活动方案,让学生在活动中有所获。另外,对于一些有效的传统教学方式或手段也必须保留,两者有机结合,才能真正让教学减负提质增效。

（二）研究成果需要在实践应用和推广中进一步改进、优化

在今后的研究中，课题组教师应加强学习，深入了解现代教育理念，广泛掌握现代教育技术，全面更新教育手段，使教师队伍适应新形势的需要，将互联网教育资源与学科进行有效整合。一方面，继续探索网络画板及其智慧教学模式，将网络画板与数学深度融合，进一步创新教学方式。另一方面，扩大实践研究团队，优化研究策略，着力提高本区域初中数学教师的信息技术运用能力，打造区域优质初中数学课堂。

项目式教学促学科核心素养培养

【导语】

《义务教育英语课程标准（2022年版）》的颁布，预示着义务教育英语课程的目标将从"综合语言运用能力"全面转向"核心素养导向"。其中核心素养中的文化意识重点在于理解各国文化的内涵，比较异同，汲取精华，尊重差异等方面[1]。英语在国内外经济文化交流中有着重要的作用，这一转向带来的不仅是理念和目标的变化，还是课程内容、教学方式、教学评价和教学资源等全方位的系统改革[2]。项目式教学是从教师角度描述基于建构主义学习理论，以团队合作的方式确立项目任务，设计解决方案，利用学习资源，积极合作探究，完成项目任务并展示项目成果的一种以学生为中心的教学方式。

本项目式教学从教师的视角出发，根据小学英语学科的人文性特点，基于"互联网+"的信息技术手段打造智慧生态教学环境，挖掘素材的文化价值，引导学生通过确立任务、制订计划、合作探究、形成作品、展示成果、评价反馈的过程，感知蓉城的"食文化"和"行文化"，提升学生对本土文化的自信，培养学生弘扬本土文化的意识。

一、研究背景

（一）教育契机

1. 身处"天府之国"，美食文化亟须进"心"

成都，素有"天府之国"的美誉，其文化符号莫过于"食"。以一方水土养育一方人，又以一方人汇一方文化。盐道街小学的学生大多数都是土生土长的成都娃，对蓉城的美食文化都有很深的情结。但每位学生都对成都美食有着自己的见解，对成都美食的整体情结还有待发掘和整合。因此，亟须整合这些零散的信息碎片，让天府之国的美食文化更加"深入盐娃心"。

---

[1] 覃凤美. 基于核心素养导向探讨项目式学习在高中英语阅读教学中的运用[C]//广东省教师继续教育学会. 广东省教师继续教育学会第六届教学研讨会论文集（三），2023：115-118. DOI：10.26914/c.cnkihy.2023.003961.

[2] yy1909. 我读新课程标准之教学建议[EB/OL]. https://www.jianshu.com/p/ac62c5c9a039，2023-04-14.

2. 地处"锦城蜀道"，宣讲中国有待提"技"

自古以来，"蜀道之难，难于上青天"是意欲来往者对成都的望而却步；"晓看红湿处，花重锦官城"是蜀外人士对成都美景的观止。地处锦官城，身为锦官人，想要同世界交流的心从未停止涌动。在每一个蓉城人的心里，都渴望与世界发生更多的连؜载。成都大运会，是一个十分珍贵和难得的机会。借此契机，凝炼美食文化，让属于蓉城的美食密码"出道"，成为"盐娃们"应掌握的技能和应有的责任。

（二）教学难点

融合项目式学习与智慧教学生态，针对美食选择多而杂、餐厅选择稠而密、道路选择繁而琐等问题，将这种新的教学理念实施于课堂教学，让项目式学习更好地解码蓉城的文化符号。

美食选择多而杂。蓉城的美食多种多样，令人眼花缭乱。本地人在选择时尚且纠结，游客们更是目不暇接。如何让外地人士来访时能快速地锁定想要品尝的蓉城美食，是本节课首要解决的问题。

餐厅选择稠而密。美食汇聚于餐厅，成都的餐厅遍布大街小巷，很多餐厅都是"酒香不怕巷子深"的韵味，本地人有时都会出现找不到、迷路等现象。因此，餐厅的选择和推荐也是为游客们贴心考虑的重要因素。

道路选择繁而琐。由于美食和餐厅种类繁多，因此通往"味蕾之门"的道路也就千万条。成都的轨道交通较为发达，对于游客来说，存在地名多、不好辨、易走错等问题。因此，为游客根据不同的美食和不同的餐厅，选择最优的、最合适的路线，是让这本 Travel Guide（成都美食指南）更加完美地最终呈现的重要保障。

二、理论依据

（一）高位引领，新课标谋定新教学

"食"文化的牵涉面很广，如何在有限的课堂空间和时间内，让学生最大限度地解码蓉城的"食"文化？英语组教师在《义务教育英语课程标准（2022年版）》中找到了答案。该课程标准指出，教师要充分认识到现代信息技术不仅为英语教学提供了多模态的手段、平台和空间，还提供了丰富的资源与跨时空的语言学习和使用机会，对创设良好学习情境、促进教育理念更新和教学方式变革具有重要支撑作用。要积极关注现代信息技术在英语教学应用领域的发展和

进步，努力营造信息化教学环境，基于互联网平台开发和利用丰富的、个性化的优质课程资源，为学生搭建自主学习平台。要将"互联网＋"融入教学理念、教学方法、教学模式中，深化信息技术与英语课程的融合，推动线上线下学习相结合，提高英语学习效率。

（二）PBL落地，智慧教学推动生态

项目式学习（Project-Based Learning，PBL）是一种以项目为单位进行学与教的方式。PBL以学生为中心，关注学科核心素养，且区别于传统教与学的方式，其强调从真实生活问题出发开展探究活动，让学生通过协作学习，完成项目作品，进而建构科学的知识体系，最终培养问题解决能力、创新能力等高阶素养。盐小英语组思考，随着信息技术浪潮的发展，传统教学方法势必会改变。项目式学习的英语课程涉及大量的要素和主体，是一个复杂系统，具有动态性、非线性、开放性和适应性的特征。为了更好地将"蓉城美食文化"用项目式学习的方式更加适恰地呈现出来，盐小英语组利用"互联网＋"打造智慧教学的生态系统，将信息技术的多元和多维引入本次以项目式学习为学习手段的文化符号解码的教学中来。在增益教学效果的同时，也有助于培养学生的应用能力与创新能力，以促使学生自主学习。

三、实践方案

总思路是基于本土的文化和地域特色，源于学生的学情和时代的责任感，立足2022版课程标准，以项目式教学为抓手，"互联网＋"智慧课堂为路径，创生一套"蓉城美食指南"的小学文化英语课程。

（一）文化初探

文化属性是课程知识的基本属性，挖掘课程知识的文化元素，充分表达知识的文化属性，是课堂教学中文化育人方式的前提条件。

1. 整合教材单元，连通"人与社会"

在项目准备阶段，盐小英语组通过整合教材单元内容，梳理出"人与社会"的主题。

第一，统整语篇类型，多模态输入"语言pro"。本单元的主题为Transportation（交通方式）。盐小英语组以不同语篇类型的有机而恰当的叠加方式，为学生多模态地输入语言要素。其语篇类型涉及包括对话、访谈、记叙文、说明文、歌

曲、歌谣、韵文等在内的连续性文本，以及包括图表、图示、广告等在内的非连续性文本。这些不同的语篇类型又以文字、音频、视频等模态出现，其语篇类型十分丰富。盐小英语组按照本单元的主题意义"去某地采用什么交通方式"所蕴含的文化信息，创设了基于本单元的学习目标的真实情境"去蓉城特色的餐馆该采用什么交通方式"，并以此设计了相应的项目学习活动主题"学生为迎接大运会的到来，为外国友人制作成都旅行指南中的美食指南板块"，以帮助学生在学习了教材后，制作一份成都的美食指南。以对学生多模态的语言要素的输入使其具备此主题下的专业的语言知识和语言技能，即"语言pro"，以此在项目实践探究中内化育人价值。

第二，梳理主题视角，大概念引领子主题。在项目驱动的过程中，盐小英语组仔细思考如何建立语言学习与文化的联结，在主题意义中挖掘文化育人价值。盐小英语组以对标"人与社会"中的"社会"为视角，确定"蓉城美食，要你'行'"的大概念，进而确定了在大概念引领下的"文化体验""跨文化沟通与交流，语言与文化"的子主题群，引导学生学习和思考包括饮食、建筑、交通等在内的物质文化知识，以及包括语言、历史、艺术、教育、价值观、审美情趣、社会规约和风俗习惯等非物质文化的知识。

2. 根植地域特色，弘扬文化自信

通过理解英语学科人文性的特点，挖掘出以弘扬蓉城"食"文化的连接学科内容本身的文化元素，并结合优秀的中华传统文化，丰富英语教学的文化内涵，创建学生与文化良性互动的情境。通过融语言学习与"给外宾制作一份成都美食指南"的文化体验于一体的文化实践活动，引导学生理解本土文化，进而认同本土文化、发扬本土文化，形成正确的意义建构、情感态度和价值判断。

（二）信息赋能

项目教学实施的过程中，出现了一个棘手的问题：如何让学生选择出真正代表成都特色的餐馆以及出行的交通方式呢？传统的备课和上课已经无法满足此次项目式学习的教学需求。于是，盐小英语组引入了智慧教育的思想和理念，进行智慧备课、打造智慧教室，利用智能手段为学生提供真实的探究学习氛围，从而培养学生的自主学习能力、探究能力、合作能力和创新能力。

1. 智慧备课，拓宽课堂场域

第一，资源靶向，激活自主性学习。在学生自主查询想要介绍的美食以及制作美食指南所需要涵盖食物、餐厅和出行三方面内容的过程中，教师利用

"互联网+"选择一定的资源包供学生需要查找资料时使用。在资源包提供和使用的过程中,教师会充分考虑学情进行资源包的筛选,学生在使用资源包的过程中,会更聚焦于达成本项目式学习的阶段任务,从而高效地达成教学目标。资源包的提供,令此次项目式学习真正做到"因材施教"。盐小英语组准备的教学资源内容丰富,包括文档、图片、视频、音频、课件等。推送方式形式多样,包含自动推送、人工推送、自主订阅等,以满足不同学习者的个性化需求。

第二,通道搭桥,建造开放式空间。教师在授课之前,会提前利用"互联网+"技术预判学生可能会用到的官方的、权威的网页和网站,以便在授课的过程中引导学生搜索和查找。该信息技术的使用在于帮助学生查阅美食以及制作美食指南所需要涵盖的食物、餐厅和出行的各项资料。学生根据自我需要,在教师提供的资源包中点击对应的链接访问网页,从而自主获取和筛选相关信息,有效确保学生的绿色上网环境和检索信息效率。在这个过程中,学生们利用信息技术在开放的智慧生态环境中进行检索操作,培养了自身从"互联网+"这个大信息库中获取信息的能力。

2. 多元组合,聚焦思行合一

第一,合作学习,"双管齐下"。合作探究可以促进学习的深刻性。项目式学习过程中,学生需要合作探究,其交流与协作的能力会得到有效训练。同时也有助于培养学生的团队责任意识、批判精神与创新意识。在此次项目式教学的进行过程中,盐小英语组同样也有意识地培养学生的合作意识。首先,在任务发布时,教师就利用信息技术的"呈现和演示"功能让学生明确各自在小组内的分工和任务,并以直观演示使学生更加清晰自己将要完成的任务。分组合作的学习方式是有效的学习方法之一,通过小组合作学习,能够更突出学生在课堂中的主体地位,且还能够激发出学生的创造潜能。教师在整个项目式教学中分别设置不同类型的学习项目,让学生分组合作,既可以培养学生合作、自主探究的学习能力,又可以调动学生学习英语的积极性。

第二,"拼图"整合,智能助力。小组合作学习过程中,将小组任务进行细化分解,学生可以分别使用两个平板查找餐厅和出行。信息技术的合理恰当使用让学生的学习能力得到提高,也使课堂的目标达成效率和教学效果显著提升。在小组分工协作的过程中,学生发现问题、解决问题的能力等核心竞争力得到提升。教师在课堂中展开汇报演示与成果交流会的组织,能够更好地提升学生的质疑力、观察力、协同力以及领导力等多种素养。同样,此次项目式学习强调多元评价,且评价指标指向核心素养。其对每一个项目进行过程性和阶段性评价，评价纵向多层面，评价横向多维度，包含自我评价、小组评价和教师评价，如表 3.8 所示，这样的多元评价有助于推动学生知识深度学习和合作能力提高。

表 3.8　不同层面指向核心素养的评价模块

核心素养 评价模块	语言能力	文化意识	思维品质	学习能力
自我评价	学生能用所学句子给出关于"成都美食"以及"交通方式"的指南	学生加深对区域文化的认同感和自豪感，增强跨文化沟通与交流的能力	是否能通过教师启发、查找资料获取信息，判断主要观点并整合	是否能使用一定的学习策略完成指南，是否在小组合作中积极参与，感受到英语学习的乐趣
小组评价	组员能积极参与小组合作；能共同完成 Food 和 Transportation 的资料查找	小组合作并讨论，加深对区域文化的认同感和自豪感，增强跨文化沟通与交流的能力	小组合作，具有一定的创新思维，初步具有问题意识，尝试从不同角度解决问题	组员是否能积极参与指南的制作过程，其他人发言是否认真倾听
教师评价	教师对学生的回答进行整理和总结，并板书	教师引导学生加深对区域文化的认同感和自豪感，培养学生的跨文化沟通与交流的能力	引导学生思维创新，培养学生发现问题、分析问题、解决问题的能力	是否能积极参与指南的制作过程，其他人发言是否认真倾听

（三）智慧产出

1. 思维建模，践行课改理念

此次项目式教学运用了"建构主义"思想，教学中师生角色转换，体现"以学习者为中心"的课程改革理念[①]。在制作美食指南的过程中，教师的职责是给学生提供原有的知识经验和解决问题的连接点，学习及完成作品的过程均由学生自主探究完成。培养学生知识创造能力最直接的途径是把传统的以知识掌握和技能培养为目的的学习转变为以发展学生社区内的知识为目标的知识建构。在这种情况下，学生是知识创造者，而学习会成为知识创造的副产品。

---

① 王慧玲，陈雪. 基于建构主义理论对小学英语教学的分析与启示[J]. 海外英语，2021（18）：209-210.

在这样的学习中，教师不是仅把知识作为一种事实或结论告诉或传递给学生，而是对具体知识进行深入的文化分析或引导学生探究知识的文化属性、文化思想、文化精神和文化思维方式，体现出知识对学生的文化影响，真正达成"以文化人"的目的。学生在项目规划、实施、管理、展示、评价反思为一体的学习探究之后，形成对语言和文化的系统建构，使英语学习产生超越课堂之外的持久价值和迁移价值[①]。

2. 技术支撑，增强课堂实效

新技术应用的课堂让师生感受到现代教育技术带来的课堂效益优化，强大的资源库，资源间无缝衔接整合，大大提高了课堂教学效率。基于信息技术支持下的项目式教学的实践，其设计依据有"生活取向、儿童取向、学科取向、技术取向"四个维度，设计思想科学全面。新技术的直观性、互动性和参与性进一步拉近了师生之间的距离，课堂与世界相连，学习动态随时分享，学习成果及时记录，学习变得轻松愉快，有获得感和成就感。新技术的应用考虑了学生具体的认知发展水平，课堂以学生为主体，为一线教师提供了更多系统性的新技术实践操作培训；整合教学资源，在教师备课和上课阶段，在资源库中可以找到对应的课内外知识链接和巩固练习。

四、成果推广

（一）成果应用

基于"智慧教学环境促进项目式教学"的迭代探索，"蓉城美食指南"的系列课程逐步稳定，促进了区域优质教育资源的共享共生，使学生的核心素养得到提升，革新了教师的教学理念和专业技能。

1. 共享教研辐射广泛

流水不腐，户枢不蠹。区域的经验共享能让好理念、好课堂更加有活力、焕发生机。此次项目式教学中的典型课例在 2020 年 12 月 30 日"锦江好课堂"展示现场课，受到与会专家悉心指导，并于 2021 年 5 月 27 日在锦江区小学英语教研活动中与全区英语教师互动教研，受到教研员与参会教师的一致好评。

2. 共享教育效果显著

此次项目式教学研究基于盐小学校的信息技术特色环境，探究项目式教学

---

① 李聪颖. 基于建构主义理论的小学英语教学策略[J]. 校园英语，2020（28）：105-106.

在中国基础教育环境中的落地。在探究的过程中，逐步形成成熟且富有特色的、便于实施与推广的项目学习活动的方案，形成系列文档和资源供盐小全体师生共同使用。

基于此次项目式教学的经验，盐小英语组力求在区域教育中贡献一分力量。区域内教师的教学理念得到提升。教师由以往常规的教学流程，转化为在真实情境下的项目式的情景教学。不仅教师的教育激情和教育兴趣得到了提升，教师的自我认同感和自我价值感也得到了保障。教师的感受直接反映出学生的状态，教师的教育激情被点燃后，学生也能从智慧教学生态引领下的项目式教学中感受到文化认同感和自豪感。同时，也为其他区域项目式教学开展给予一定的借鉴[①]。

（二）社会影响

本次项目式教学拟探索基于智慧生态环境的项目学习活动设计与实施，提升学科教师小学英语教学中核心素养培养的设计能力，对当前项目学习的开展具有较为前瞻的价值，尤其是信息技术环境在项目学习中所起到的作用与操作策略研究，包括基于信息技术环境的项目学习的设计、实施与评价策略的基于信息技术环境的项目学习课程，具有极强的社会范围内的可推广性。

同样，项目的开展也展现了新课程标准下文化意识维度的教学尝试。新课程标准中指出文化意识的发展目标："能够了解不同国家的优秀文明成果，比较中外文化的异同，发展跨文化沟通与交流的能力，形成健康向上的审美情趣和正确的价值观；加深对中华文化的理解和认同，树立国际视野，坚定文化自信。"在本教学实践的设计中，教师从对比中西方美食内容、交通方式入手，引导学生感受中西方文化的差异性，进而以为外宾做"美食指南"为媒介，引导学生发展跨文化沟通与交流的能力，加深对区域文化的理解和认同，树立国际视野，坚定文化自信。

五、研究反思

（一）积极影响

新教学，谋发展。通过梳理本次项目式教学实践，盐小英语组发现，教学理念的转变能让教学效果提质，能让教学评价真正服务于学生核心素养的提升。

---

① 何暄，胡险峰，杜英丽. 优质教育资源辐射发展的区域实践[J]. 教学与管理，2021（36）：21-25.

本次智慧教学生态下的项目式教学通过引入"紧跟社会热点""运用互联网＋新技术手段""沉浸式情景教学"等方式，从"驱动问题""教学手段"和"教学模式"等方面体现了"新"兴之处。基于新教学，学生的生长点也是"新"生发出来的，即核心素养得到更加优良的培养；基于新教学，教师的成长点也得到了新拓展，即教师的专业素养、教育理念、教育方法和模式发生了革新。基于实践尝试，盐小英语组总结出如图 3.11 所示的项目式教学新模式。

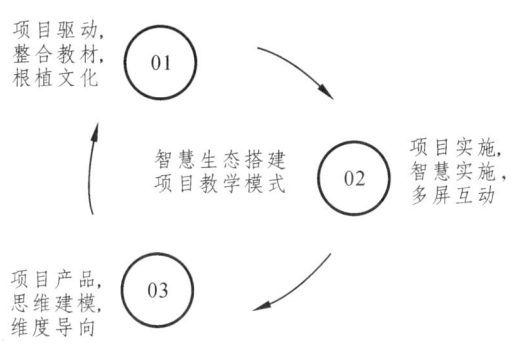

图 3.11 智慧教学生态促进项目式教学模式

（二）提升方向

此次项目式教学探索中，借助信息技术的使用，能最大限度地让学生立足教材，提升核心素养。通过课例的反思和迭代，盐小英语组继续深入思考：如何通过信息技术更加有力挖掘外语学科独特的文化育人价值并与基于主题意义探究的项目式教学有机结合？落实英语学科育人目标，在智慧生态教学环境下继续深挖适切项目主题的有效途径是什么？盐小英语组创建学生与文化的良性互动情境，在理解认同中深化文化育人价值是可以实现的。促进学生由作为自然生命的人向作为社会生命、精神生命的主体的转化。促进学生理解社会、进入社会、拥有社会关系，同时理解文化并能够进入文化，成为具有文化本质的社会主体，人的发展才能真正实现。项目式教学承载着"学文化、启心智、达至善"的育人功能。

技术赋能　创新发展
——教育部"基于教学改革、融合信息技术的新型教与学模式"实验区成都实践

建构虚实融合新空间　形成协同育人新动能

【导读】

在当前教育领域，学生的核心素养培育被赋予了极高的重要性。为此，采纳"资源融合"的策略进行课程设计并倡导"知行合一"的教育哲学是至关重要的。特别值得关注的是项目式学习的引入，它不仅能够激发学生的学习热情，更能让学生长期维持高效的学习状态。在此背景下，如何全面地整合并发挥社会资源的潜力，构建一个真正意义上的协同育人体系，是教育者和研究者的共同课题。

博物馆作为教育资源的宝库，其在教育领域的应用价值不容忽视。本文以三星堆为案例，展现了如何深度融合考古、信息技术、文化及教育，从而创造出一个跨越虚拟与现实界限的综合教学环境。这一探索为我们提供了宝贵的启示，即博物馆与学校之间的紧密合作是实现教育资源共享，推动学生、教师以及学校全面发展的有效途径。

一、研究背景

（一）技术赋能，顺应时代发展必然趋势

随着我国科技信息技术的快速发展，智能化、信息化以及科技化正在成为各行各业变革的主流方向，正在深刻地改变人类社会的生产方式、生活方式、教育方式。现代科技带来机遇与挑战，时代发展对教育提出了更高要求。必须加快推进信息技术、数字技术、人工智能技术向教育领域的转移，全面赋能学校教育，推动教育形态的深刻变革。

（二）协同育人，适应国家教育改革要求

二十大报告明确提出要"推进教育数字化""强化教育、科技、人才一体化发展理念，建立大教育、大科技、大人才观，为经济社会高质量发展提供新动能和发展新优势"[1]。《教育信息化 2.0 行动计划》提到要构建"互联网+"条

---

[1] 习近平在中国共产党第二十次全国代表大会上的报告。

件下的人才培养新模式，体现了教育信息化促进人的发展转变和深化的新时代要求[①]。2022年5月27日习近平主持中共中央政治局就深化中华文明探源工程进行第三十九次集体学习时强调："要积极推进文物保护利用和文化遗产保护传承，挖掘文物和文化遗产的多重价值，传播更多承载中华文化、中国精神的价值符号和文化产品。"2020年9月，教育部、国家文物局联合印发了《关于利用博物馆资源开展中小学教育教学的意见》。意见指出"充分挖掘博物馆资源，研究开发自然类、历史类、科技类等系列活动课程，丰富学生知识，拓展学生视野。中小学语文、历史、地理、思想政治、美术、科学、物理、化学、生物等学科教学和综合实践活动，要有机融入博物馆教育内容。"推进博物馆教育在青少年课堂落地开花。因此，加强馆校合作在协同育人上下功夫，适应了国家教育改革要求。

（三）知行合一，加强馆校合作必要性

在国际社会，博物馆纳入国民教育体系的主要内涵及要求是：为青少年教育服务，重点纳入基础教育体系，切实融入中小学教学计划[②]。在我国，博物馆的资源优势和教育职能还远远没有得到充分的发挥，作为跨领域事业的博物馆与中小学教育结合工作尚处于初级发展阶段，一方面需要一定程度地参照国际成熟理念与实践成果；另一方面必须以各级各地政府为"主导"，以场馆和学校为"主体"践行。这些都亟须系统化、可行性的"制度设计"来引导和扶持。[③]目前关于馆校合作的理论及实践研究，还处于探索尝试阶段，馆校合作尚未实现常态化、规模化、细分化和系统化，需要进一步开展历史文化教育设计与实践，发挥独特的文化资源优势和社会价值，探讨推进合作的可行性和针对性，提出可供推广借鉴的经验举措，提升我国博物馆教育的整体水平。

（四）资源融合，破解实际教学难题困局

由于时间、空间局限，学校创客组只能组织部分学生到博物馆进行实地参

[①]《教育信息化2.0行动计划》教技〔2018〕6号，2018-11-01。
[②] 庄瑜. 学校中的缪斯乐园——构建教育未来的馆校合作研究[J]. 外国中小学教育，2015（12）.
[③] 郑奕，王雪晴. 国际上博物馆与中小学教育结合的制度设计范例及其对我国的启示[J]. 晨刊，2021（5）：31-35.

观。为解决时空难题，在全校师生中掀起学习三星堆古蜀文化的浪潮，进一步扩大活动辐射、影响力，需要将社会已有的数字资源有机地整合并应用到学校综合实践课程中，创设出虚实统一、人技结合的教育环境，实现资源共享、共用、共创。

二、理论依据

（一）TPACK 框架

TPACK 框架是一个在教育技术领域广泛使用的理论框架，用于描述和分析教育者在教学中整合技术、内容和教学方法的能力。它强调技术、教育内容和教育方法之间的交互作用。本项目需要教育者不断更新知识和技能，思考如何结合在线博物馆资源，将其有效地融入教育活动中，构建学科融合、整合技术的全过程"沉浸式"综合实践教学模式，实现信息技术与教育教学的深度融合。

（二）情境学习

"情境学习"理论认为学习是在特定的社会文化环境中发生的过程。该理论认为，学习与实践环境密切相连，是在真实、有意义的实际活动中，通过与他人合作、讨论和互助来习得的，从新手到熟悉要经历观察或执行简单任务到复杂活动的过程，外部的认知工具（包括实体工具及语言、数学符号等抽象符号）对学习至关重要。博物馆的线上、线下资源为学习者提供了丰富的历史、文化和社会背景，帮助他们进入真实的情境中深入理解学科内容。

（三）建构主义

建构主义认为知识是学习者基于其经验、背景和观念，是在环境互动过程中主动"构建"的，强调个体的主动性和环境的交互性在知识生成中的关键作用，认为与真实世界紧密联系的环境、社会互动、学生探索和解决问题、教师成为"引导者"或"协助者"都是影响学生建构自己知识体系的重要影响因素。在线博物馆提供了多种交互式的学习资源，帮助学生在个体实践、群体互动中建构和完善自己的知识结构。

三、实施策略

（一）案例举措

本次实践活动借助三星堆载体，项目式学习考古知识，讲好巴蜀故事，传播古蜀文明，激活文创灵感，树立文化自信。

1. 以生为本，探索综合实践活动课程建设路径

（1）"线上＋线下混合式"课程学习方式。疫情常态下，打破时空界限的线上线下混合式学习方式，充分发挥了"互联网＋""人工智能＋"及学校教育优势，构建"生本位"育人新模式。

（2）"课程＋资源＋实践"课程学习内容。通过项目式板块主题课程学习，整合利用社会数字资源及信息手段，通过动手智造物化实践，形成全域式课程学习内容。

（3）"学＋研＋造＋创一体化"课程学习流程。秉承学以致用、知行合一理念，通过项目式推进学习，建立了学习＋研究＋制造＋创新的课程学习流程。

2. 聚焦目标，探索综合实践活动育人路径

（1）核心素养，全面育人。教育改革的核心重点是从"教书"到"育人"的转变，从"知识点"到"核心素养"的转变。聚焦学生核心素养培育，以"社会参与"为切入点，强化研究型学习、服务性学习、操作性学习，着力培养学生"实践创新"核心素养，全程、多维育全面发展的人。

（2）文化润心，传承育人。学生通过学习古蜀国历史文化并对古蜀文化、三星堆知识进行推广寻找城市记忆，追寻文化的根与魂；了解三星堆遗址和文物的挖掘过程，创造出适合小朋友的考古体验游戏，通过作品的形式达到了文化的传承，培养学生文化自信心、民族自豪感及家国情怀。

（3）知行合一，实践育人。通过开展实践活动，学生在课程中学习知识，再走出课堂，将知识运用于实践，使创想变为现实。这不但注重学习与生活的联系，也关注学习的整个过程，帮助学生积累丰富阅历、体验实践技能、提升综合素养，在实践中培养学生解决问题的能力。

（4）探究发现，创新育人。学生是知识建构的主体，在探究性学习活动、实践性学习活动、体验性学习活动中提出问题，合作讨论，提出方案，尝试解决问题，激发学生主动探索的热情，培养创新精神。

（5）资源整合，协同育人。学校充分借助社会资源媒介，将信息技术、文化与教育深度融合。学校教学育人、校外辅导员指导实践育人，博物馆文化育人，通过教学、实践、文化"三位一体"，发挥协同育人功效，形成学校、社会凝心聚力、良性循环的"小学生，大教育"环境。

3. 着力创新，探索综合实践活动传承弘扬文化实施路径

（1）古老文化＋流行元素。古今融合，寻找传统文化与流行文化的共通点，将具神秘感的古老文化与时代流行元素巧妙结合。具有时代特征的文创设计与文博活动成为连接过去与面对未来的重要媒介，以更多元的形式呈现在大家面前，让更多年轻人感受历史文化，爱上历史文化。

（2）活化文物，丰富文化。挖掘文物背后的故事，文物实体＋文物内涵＋相关故事＋历史背景，由静态到动态，由物及人，从个体微观到社会宏观，赋予文物文化生动、丰富的表达。

（3）虚实统一、人技结合的一体化表达方式。科技、文化、教育深度融合，多视角全方位、直观新颖、生动有趣的观展内容、方式及沉浸感、强交互性，增强学生的体验、参与，从而更好地感受文物、文化及考古魅力。

（二）案例关键活动过程

1. 第一阶段：学·研

第一阶段的主要任务是阅读、探究、研学。

（1）我们与四川大学考古系取得联系，聘请参与三星堆遗址再次发掘工作的硕士研究生郭振新老师为校外辅导员。郭老师为学生们推荐了许多关于考古、蜀文化方面的书籍和"三星堆博物馆"抖音号视频阅读（见图3.12）。

图3.12 阅读三星堆博物馆抖音号及书籍

（2）线上线下学习过程中，学生们将学到的知识以丰富多彩的形式展现在笔记上（见图 3.13）。

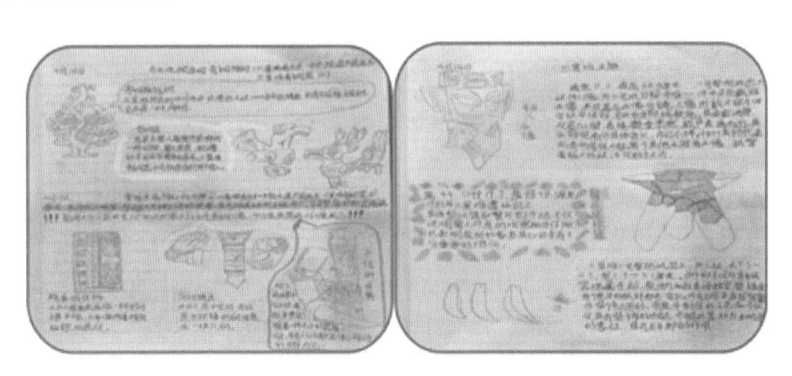

图 3.13　学生笔记

（3）为更多对博物馆感兴趣的孩子创造真实学习环境。三星堆博物馆公众号"VR 精灵导览"利用虚拟现实技术将实体展厅搬到网络上。VR 技术独有的沉浸感和交互功能让学生跨越时间、地域限制，以虚拟空间形式浏览文物。学生借助精灵导览可以随时随地进入 3D 全景博物馆展厅，按自己的喜好任意选择参观路线。这种全新的线上浏览带来身临其境般沉浸式体验。当参观某个展厅时，可以点击展厅的信息热点，播放相应的视频、文字展示、图片展示及语音讲解，既有对当前展厅的整体语音讲解，具体点击某个单体展示时，又会播放搭配图文、音频的点播式讲解，适合多年龄段、多层次的参观者学习和体验文物背后的文化底蕴（见图 3.14）。

图 3.14　参观三星堆云展厅

以前我们看文物，只能去博物馆隔着厚厚的玻璃端详，却总觉得看不真切，想要了解文物背后的历史，大多依赖导游和雕刻文字的介绍。这种尴尬场景被 Web3D 开发和 VR 等高新科技打破。学生可利用手机操控 3D 增强现实技术工具，对文物进行全景及各部位多角度旋转、进入、放大、缩小、拆分等细致、深入地探究性观察学习，能更清晰、立体地查看文物的每一处细节，让每一件文物都更加形象，有触感，从而提升互动体验感，增强学生对文物的兴趣，并使传统文化得到发展传承。

2. 第二阶段：宣·讲

第二阶段的主要任务是宣传推广考古知识及古蜀文化。

（1）学生分小组在各班巡讲。借助三星堆博物馆公众号系列微广播剧"堆里有事"，向学生宣讲形式丰富、形象易懂的文物故事及历史信息。通过戏剧化演绎讲述三星堆的发现发掘、文物及相关神话小故事，展示文物的历史底蕴与所展示地区的文化内涵，提升大家对古蜀文化的兴趣。

（2）参与互动，活化文物。学生通过公众号来观摩一场创意融合三星堆青铜面具与川剧脸谱的变脸大戏，感受一场时隔千年的文化碰撞（见图 3.15）。还可随机在线参与考古挖掘，能挖到印有三星堆青铜文物的"8 号坑发掘直播观摩券"，或是融合川剧脸谱与三星堆青铜面具的"变脸戏票"，甚至是限量发行的 8 号坑出土文物纪念版数字藏品。学生通过这种数字化简单直接、有趣的互动方式，了解文物知识并体验创意互动成果，能更好地了解三星堆考古进展，揭开三星堆神秘面纱。

图 3.15　参与公众号文创活动

3. 第三阶段：创·造

第三阶段的主要任务是发挥创想，把想象变为现实。

（1）国际博物馆日，人民日报、新华社、央视、四川广播电视台、成都日报、新京报、抖音等多家媒体分别从不同角度对三星堆进行精彩的报道，三星堆博物馆联合央视一方面近距离直播考古挖掘现场，另一方面多维度呈现文物发掘过程及其历史文化背景，同时在直播间加强互动营造"沉浸感"，打造了一场场集网友互动、破圈同框、实景体验、知识输出于一体的云端盛会。同步上线的"科技考古·三星堆对话"节目邀请了权威科学家与考古学家开展两场 AI 与考古的论坛，探讨畅想新一代数字科技与考古研究融合的新方向（见图 3.16）。学生扫码云端观看后，对考古工作的全过程——钻探、布方、发掘、清理、整理产生了浓厚的兴趣。在多次的讨论与学习中，学生们决定制作一个考古现场模拟装置，让所有喜欢考古的人都可以亲身体验考古的过程。

图 3.16　观看挖掘直播　聆听科技考古论坛

（2）搭建小组学生收集、整理相关的材料，标记三星堆祭祀坑的位置并制作沙盘（见图 3.17）。

（3）程序设计小组学生完成编程设计，制作激光切割搭架和利用滑轮牵升的工程，组装、完善、调试。

（4）模拟三星堆考古现场，物化作品出炉：根据提示音，按坐标找到青铜器的埋藏位置，再语音提示用指定工具开始挖掘，当挖掘到一定深度时，运动传感器发挥作用，用语音播报开始清理，清理完成后取出文物并整理（见图 3.18）。

技术赋能　创新发展
——教育部"基于教学改革、融合信息技术的新型教与学模式"实验区成都实践

图 3.17　三星堆祭祀坑沙盘模型　　　图 3.18　模拟青铜器考古现场

（5）自主设计研发文创产品：三星堆公众号以地方特色方言、说唱、戏曲等趣味讲解文物，把文物穿身上、吃肚里，推出的相关潮流服饰、青铜面具雪糕等文创产品频频"出圈"。这极大地满足了学生的好奇心和参与兴趣，让博物馆焕发出新活力。

学生结合三星堆元素，纷纷脑洞大开，创意、创想、创新不同的方式呈现三星堆的文化和美，让更多人感受历史文化，爱上历史文化。于是，SCRATCH三星堆冲关小游戏、三星堆文物撞脸经典表情包、黄金面具 3D 灯罩、青铜大立人装饰杯、画上萌宠陶猪的环保袋等应运而生。学生用想象和创意让文物活起来、火起来，把中华文化发扬光大大，成为民族自豪和文化自信的源泉，也让更多人关注文物所承载的灿烂文明、历史文化和民族精神，传承祖先的成就和光荣，增强民族自尊和自信。

四、成果推广

通过跨学科知识融合，学生初步形成了发现问题、探索问题、解决问题的思维习惯；完成的考古模拟装置及文创作品极具科技创新意义，提升了学生的编程能力、计算思维及动手实践能力。学生不断历练，实现了自我肯定、自我成长与自我突破，大幅度提升了学生的核心素养和综合能力。

形成了一支由科学、数学、美术、语文、信息跨学科教师组成的本土 STEAM 综合实践课教师团队。教师信息技术应用及专业技能迅速发展，教学融合创新类论文案例在省、市、区级发表获奖累计 31 篇，赛课获奖累计 23 人次；参加全国小学信息技术与教学融合大赛，4 人获决赛二、三等奖。

学校利用博物馆资源开展学习，促进博物馆与学校教学、综合实践有机结合，取得了显著成效，提升了学校影响力，成为区域辐射新亮点。该案例荣获中国教育发展基金会——戴尔项目创客教育实践案例获提名奖，市第 37 届青少

年科创大赛科技实践活动一等奖，市优秀 STEM 项目方案评选一等奖，市综合实践优秀课程评选二等奖，市"基于教学改革、融合信息技术新型教与学模式"优秀案例、四川省信息技术能力提升优秀案例三等奖，并在区中小学德育工作会上做了"一校一案"育人路径专题发言。

五、研究反思

案例是基于教学改革、融合信息技术的新型教学模式的探索，利用博物馆数字资源，建构虚实融合新空间，不断完善泛在、交互、智能化教与学的环境与实践课程。充分发挥馆、校、社协同育人功效，形成教学、实践、文化"三位一体"育人新动能，营造了学校、社会凝心聚力、良性循环的"小学生，大教育"环境。

我们将综合实践活动与学校育人课程建设紧密结合，在厚重的历史文化驱动下，立足乡土乡情将书本知识和生活实践融合，将优秀的传统文化与现代创新教育融合，在"知行合一"中创造性转化优秀传统文化，使中华文化、成都文化更具生命活力和时代价值，培养学生爱家乡、爱祖国的情怀，厚植文化自信，落实立德树人育人目标。

如何更好地实现课程育人目标，激发学生的无限潜能，探索出更多育人途径，形成长效机制，找到一条资源整合、联动创新、共建共享的育人之路，是我们不断思索并努力实践的方向。

第四篇

新理念催生的融合信息技术教学实践

专家导读

党的二十大报告提出要"推进教育数字化",强调教育、科技、人才是全面建设社会主义现代化国家的基础性、战略性支撑。顺应数字时代潮流,推进教育变革和创新,是世界各国共同面临的重大课题,教育部做出了实施国家数字化战略行动的重要部署。

人工智能、大数据、物联网、XR(拓展现实)、元宇宙等数字资源技术正全面打破时空限制,重构跨界融合的新型学习空间,构建网络化、数字化、个性化、终身化的教育体系。"人人皆学、处处能学、时时可学"的"互联网+教育"新生态正在形成,数字资源技术正全面变革"教、学、评、管、研"各个环节,跨越时空的融合式教学必将成为新常态。

《中国教育现代化 2035》强调要加快信息化时代教育变革,利用现代技术加快推动人才培养模式改革,实现规模化教育与个性化培养的有机结合。《"十四五"国家信息化规划》明确提出,要"推进信息技术、智能技术与教育教学融合的教育教学变革",这势必需要利用技术赋能,全面推进教学模式创新和评价方式改革。

发展数字教育,推动教育数字化转型,是大势所趋、发展所需、改革所向,是教育工作者应用之志、应尽之责、应立之功。教育数字化转型的核心在课堂、关键在教师,教师的数字化教学能力以及学生的数字化学习能力是实现学校数字化转型的关键推动力。

为深入贯彻全国教育大会精神,全面落实《中共中央国务院关于深化教育教学改革全面提高义务教育质量的意见》《国务院办公厅关于新时代推进普通高中育人方式改革的指导意见》等文件要求,推进教育教学改革,提高基础教育质量,加快推进基础教育现代化,成都市全面开展"基于教学改革、融合信息技术的新型教与学模式"实验区建设与实践，重点面向学科教学和跨学科教学的信息化融合应用，通过理念重塑、模式重构和流程再造，大力推动互动式、启发式、探究式、体验式、项目学习、主题课程、综合课程等推动"多学科融合""跨学科学习"和"创客教育"，全面落实新课程标准，不断探索学生跨学科思维与创新能力提升之路。

  本章精选了9个实践模式，有效融合人工智能、虚拟现实等新型技术，全面建构新型课堂，推动教学变革与创新，通过"533教学模式"实践、基于人工智能的跨学科学习、基于PBL的数学综合实践教学、音乐可视化融合育人教学创新、基于"1+4+N"的创客教学实践，有效重构了融合信息技术的教育学理念、推动了技术支持的"教学评"一体化变革，能够为广大一线教师提供理论参考和实践指导。

技术赋能　创新发展
——教育部"基于教学改革、融合信息技术的新型教与学模式"实验区成都实践

基于"533"模式的历史生命课堂实践

【导语】

"533"模式是"课堂五环、教师三导、学生三实"的课堂教学结构简称。"课堂五环"即课堂主要由"自主学习、交流展示、归纳点拨、训练反馈、拓展运用"5个环节（或5个要素）构成；"教师三导"即突出教师在课堂上的3种主要教学行为"导学、导思、导练"；"学生三实"即追求学生在课堂上达成的3个基本目标（学习效果及情感体验），"基础过手扎实、思维训练落实、情感体验丰实"。在生命课堂中，教学的本质是从认知到建构，教学是师生重要的生命经历，课堂是师生生命经历的重要场所。

一、问题提出

（一）研究背景

1. 信息技术对教育发展具有革命性影响

《国家中长期教育改革与发展规划纲要（2010—2020年）》拟定了中长期规划的教育信息化框架，提出"信息技术对教育发展具有革命性影响，必须予以高度重视"。《普通高中历史课程标准》中也明确提出："历史学习和历史认识的发展，都要建立在掌握历史信息的基础上。现代信息技术在历史教学中的运用，能够拓宽有关历史的信息源，开阔历史视野，使师生获取更多、更具体的历史信息，有助于教学重点和教学难点的解决。更重要的是，现代信息技术的应用能够有效地改变传统的教学方式，适应信息时代人们的个性化、多样化学习习惯和学习方式，将学生的学习过程由封闭转向开放，由单一转向多样，由被动转向主动，促进教与学的互动和交流。因此，在历史教学中应用现代信息技术，是推进历史教学改革的重要方面之一，尤其是对教师教学方式和学生学习方式的改变具有重要作用。"

尽管如此，很多学校教育并没有因为信息技术的介入而发生根本性改变，教师依然还在沿用与百年前相似的教学方法，学校依然固守着有明晰空间概念的教育场域。显然，在由信息技术所塑造的个体日常生活经验和与之形成的基

于信息技术的个体日常生活方式所构建的生活世界中，个体运用信息技术的方式已经为教育研究者提供了另一条信息技术与课程整合的研究路径，即当信息技术已经不仅由少数人掌控和使用时，信息技术已经成为每一个社会个体实现交流、学习、理解世界的一种基本方式，信息技术具备了整合到课程中，并引发实现教育变革的可能。

2. 历史课堂教学改革的需要

《普通高中历史课程标准》中提出："当代的历史教学，不仅是将现代信息技术作为课堂教学中重要的展示手段，而且要着眼于如何利用现代信息技术改变学生的学习方式，如何促进学生历史学习的拓展和深入，如何为学生提供自主、合作和探究学习的开放空间，如何通过现代信息技术整合更好地提升学生的历史学科核心素养。"新课程背景下大力倡导合作学习，教师需要创造机会让学生进行合作学习，彰显学生在教学过程中的主体地位，激发学生参与课堂教学的主动性，使学生具备互帮互助的良好品德素养。洋思中学"先学后教，自主互助"的"学案导学"教学模式，对传统教学模式进行了巨大的变革，将传统的教师讲、学生听的课堂教学模式，变革为教师事先预设学习目标和学案，学生利用教师编订的导学案预习交流，课堂上学生利用预设的探究问题质疑、讨论和展示，每个人在讨论中学会互助，在展示中增强自信，在活跃课堂中享受学习的快乐，课堂生成精彩。

3. 教师专业发展的需要

新课改背景下，教师需要具备更高的综合素质。在"533"教学模式中，教师扮演着引导者的角色，从表面上看，教师将课堂交给学生，让学生找回自己的主体地位，学生能有更多的时间自学、分析与思考，教师只需要点拨与指导，教师的工作量减少很多，教师的工作轻松不少。殊不知在轻松的背后，教师付出了更多的时间与精力，不仅要拟定一份合格的学案，还需要研读教材、了解学情、整合资料，对于学生可能提出的问题进行预设并拟定好解决方案。花费的时间与精力与原来的教学方式相比只会多，不会少。为此，教师需要努力提升自己的教学水平与资料分析整合水平，这对教师的专业发展具有促进作用。

4. 学生自身发展的需要

高中生的思维正逐渐迈向成熟，具有基本的观察推理以及逻辑思维能力，他们能借助教师设计的学案，自主进行学习、思考与实践。学生可以通过合作学习的方式，合作探究，解决问题。通过"533"教学模式能有效提升高中生的自主学习能力、独立思考能力、团队协作能力，这些能力对学生的终身发展具有重要作用。

5. 与"533"模式的历史生命课堂相关的研究

1997年，浙江省金华一中在大量实践经验的基础之上反复探索，在我国首次提出旨在促使学生主体地位回归，相对于教案而言的"学案"概念，并将运用"学案"进行教学的方法称为"学案教学法"。这一教学法一经提出，就在全国范围内引起了巨大的反响，各地纷纷进行教学模式的探索工作，其中涌现出一大批杰出的代表。例如江苏省泰兴市洋思初中"先学后教，当堂训练"的教学模式、杜郎中学"三三六"自主学习模式以及许市中学"五环渐进"课堂教学模式等，这些教学模式或多或少具有"学案导学"的性质。[1]

由于"学案导学"教学模式在实践中取得了巨大成功，广大教育工作者开始关注这一新颖的教学模式，并对其进行理论方面的研究。广大的教育工作者或立足于学科特点或探讨其实施的对象或研究其实施过程，从不同角度和不同侧面对"学案导学"教学模式进行了讨论和研究，使"学案导学"教学模式的文献资料日益丰富。浙江省一级重点中学——金华一中的孙小明老师最先提出"学案导学"课堂教学模式，并阐述了其具体的操作程序。具体操作程序主要分为五步：第一步，问题探索；第二步，讨论交流；第三步，揭示本质；第四步，知识整理；第五步，巩固练习。[2]来自上海市第二中学的英语教师王雅芬在英语课堂教学中应用"学案导学"，并提出了具体的应用策略：第一步，教师出示学案进行导学，学生依据学案明确导学内容；第二步，学生根据学案开展自学，教师在课堂巡视学生的学习情况；第三步，学生针对自学中产生的问题开展自我研究与相互研究，教师从这些研究中采撷问题；第四步，教师针对教学内容进行串讲，同时解答学生的疑惑问题；第五步，学生针对学习内容进行归纳整合。

这些研究或实践已经提升到一定的高度，也有非常高的学习借鉴价值，但是时代在变且存在地域及学科的差异，以致在实际教学过程中难以复制。本课题在不同学科研究者的研究基础上，依据教育学、心理学的相关理论，结合新课程理念、新课程标准及高中历史新教材，探索适合高中历史教学实践的"533"生命课堂模式。

---

[1] 江伟. 初中化学学案导学教学模式的实践研究[D]. 南京：南京师范大学，2011.
[2] 孙小明. "高中数学学案导学法"课堂教学模式的构建与实践[J]. 数学通讯，2011.

（二）主要解决的问题

针对高中历史教学过程中长期存在的"老师教"和"学生学"的分离、教师无效引导、学生低效学习等问题，从教师做到"三导"、学生做到"三实"、师生协同打造"生命课堂"等方面入手尝试解决以上问题。

1. 教师做到"三导"

"'533'生命课堂"模式下，教师扮演着引导者的角色，从表面上看，教师将课堂交给学生，让学生找回自己的主体地位，学生能有更多的时间自学、分析与思考，教师只需要点拨与指导。这样的课堂，看似教师的工作量减少很多，教师的工作轻松不少，殊不知在轻松的背后，教师需要付出更多的时间与精力。比如，如何拟定一份合格的导学案？首先，教师需要对考纲、课标、教材进行研读，对学生的情况有充分了解，对相关的资料进行搜集、整理；其次，确定一课的主线（或称课魂）；接着，依据主线设计问题、提供材料，问题要有层次，材料要丰富且准确，并要提供思维引导；最后，要注意练习题目的针对性和梯度性。另外，也要对学生可能提出的问题进行预设并拟定好解决方案。一份好的导学案对教师的专业素养提出了更高的要求。又比如，课堂上如何引导学生？一堂高效的、真正有"生命"的课堂，一定是有思维碰撞且思路清晰的课堂。教师要能够启发学生，让学生充分思考，又不能让学生没有边界地"胡思乱想"。这就要求教师自身的思路是清晰的，还要有较好的语言修养和沟通能力。

2. 学生做到"三实"

以高中生为例，理论上来说，高中生的思维正逐渐迈向成熟，具有基本的观察推理以及逻辑思维能力，他们能借助教师设计的导学案，自主进行学习、思考与实践。也可以通过课堂学习，教师引导，同学互学，做到"基础过手扎实、思维训练落实、情感体验丰富"。但是，这仅仅是理论。有时候，教师充分准备的一节课，只是"一厢情愿"的"独角戏"。只有让学生真正"动"起来，教学效果才能"实"起来。

3. 师生协同打造"生命课堂"

在生命课堂中，教学的本质是从认知到建构，教学是师生重要的生命经历，课堂是师生生命经历的重要场所。"生命课堂"突破教学是"特殊的认识过程"的局限，视教学过程为师生以"思维和情感"为重点的生命经历和生命成长过程。

就历史课程而言，历史"生命课堂"的特点主要表现在以下几个方面：

第一，课程是多元的、生成的、具有创造性的。首先，是多元的。从形式而言，小组讨论、问题引导、角色扮演、组织辩论都可采用；从内容而言，可以按教材编排，也可以根据学情对教材内容进行适当的整合及补充；从功能而言，改变"唯知识传授至上"的做法，使课程成为获得知识与基本技能的过程，同时成为学生学会学习和形成价值观的过程，从单纯追求知识的课程转变为体现引导学生具有历史素养的课程。其次，是生成的。"生命课堂"，是师生互动的过程，是生命与生命的言语交流、思维碰撞的过程，这就注定了课堂不是"固定"的，而是生成的。最后，是具有创造性的。"生命课堂"以发展学生的多种才能为目的，在教学过程中特别强调和突出教师与学生、学生与学生之间的相互沟通、相互激励、相互启发和分享，是既有竞争又有合作的一种教学方法。

第二，教师成为设计者、引导者。"生命课堂"中的教师不再是传授知识的工具，不再是教材与考试的注解者，有"生命"的课堂一定是经过精心设计和悉心引导的。作为设计者，教师不仅要根据课标、考纲、学情制定合理的教学目标及重难点，也要有一课的主题，也就是课魂；还要针对不同的课型选择不同的教学手段，更要着眼于学生历史素养的提高来设计课程，这就要求教师更专业。作为引导者，教师不仅要在课前引导学生预习，也要在课堂上引导学生讨论、思考，还要在课后引导学生复习和进一步探究。不管是设计者还是引导者，都是师生互动的过程，也是师生生命成长的过程。

第三，学生成为学习的主人。课前充分利用导学案，学生自主完成预习。课堂上学生在教师的引导下，积极思考提高思维能力，参与讨论提高表达能力，阅读材料提高史料的解读能力，使学生能够真正做到"眼到、手到、口到、心到、思维到"，成为学习的主人。学生在课堂教学中有了自己思维与活动的时间与空间，学生在学习知识、掌握技能的过程中，将自己的体验与兴趣结合起来，将自己的方法、价值观与知识的获取结合起来。课堂将由过去"死"的课堂转变成为"活"的课堂，由"静"的课堂转变成为"动"的课堂，由"教"的课堂转变为"学"的课堂。

二、突破创新及基本主张

（一）突破口与创新点

无论是"三导"还是"三实"，都是师生互动，有言语交流，更有思维碰撞的过程。这样的课堂一定需要建立在"师生互信"的基础上。基于"'533'生命课堂"的实施是建立在"师生互信"基础之上的主张，如何建立"师生互信"就成为本课题的突破口，也是创新点。

一方面，教师要给予学生充分的信任。相信学生在教师的引导之下，能够学好，且学得更好。教师应面向全体学生，对所有的学生一视同仁，要为所有的学生创设一个表现才能的舞台，让每一个学生都能得到发展。另一方面，也是最重要的方面，学生要信任教师。要让学生信任教师，就需要教师有足够的"魅力"取信于学生。如何取信于学生呢？可从以下几个方面寻求突破。

1. 精心准备好第一节课

韩愈在《师说》中说道："师者，所以传道、授业、解惑也。"苏联教育家乌申斯基也曾经说过："教师个人范例，对于青年人的心灵是任何东西都不可能替代的最有用的阳光。"可见，教师对学生的影响是相当重要的。如何给学生一个积极影响，以促进学生学习历史自我效能感的增强呢？笔者以为，第一印象非常重要，这就要求教师精心准备好第一节课，让学生第一印象就对教师产生好感，会为以后的教学过程做好铺垫。

2. 诚心设计好每一节课

一是新课。笔者认为，一堂好的历史课定要经过诚心的设计。怎样才能算得上是诚心呢？要满足两个方面：① 有真正起到导学作用的导学案；② 有主题、有主线、有问题、有情境、有思维的教学设计。

二是复习课。在历史复习课中，最好的状态就是高效率地在最紧迫的时间内最大限度地利用学习者的脑力达到活学活用的目的。历史是一种线性学科，不仅需要我们单独记忆一些点，还需要我们特别注重将知识点联系在一起而非割裂。每个事件发生的时间、地点、起因、经过和结果，要能准确无误地叙述。那如何才能达到高效复习呢？思维导图是一种很好的方法，它能够让历史学习内容从厚变薄、化繁为简。思维导图可用于一节课、一个专题、一本书甚至是整个高中所学内容的复习。以一本书为例：大致浏览整本书，了解整个历史课本的主要结构和每一个章节的标题。这些标题将从中心图形发散出来，成为思维导图的主要分支。画好了思维导图的主要分支以后，就可以自由添加细节。中心图形可以是概括全书内容的主题，也可以是这本书的插图。如此一来，当我们复习一本历史教材的内容时，就像在看一本画册，每一张思维导图都包含着众多知识点，只要看到其中的一个，就能同时联想到其他知识点，并由此知识点联想到起因、经过和结果等，可以达到"牵一发而动全身"的神奇功效。学生在教师的引导下，能够高效地复习，增强自信心，也会对教师更加信任。

三是选修课。选修课的设置涉及相关教育部门，还有学校及学生，但是实施的主力军是教师。笔者认为，选修课应注意几个方面：一是内容。选修课的内容可以丰富多样，不拘一格，旨在丰富历史知识、提高学习兴趣、培养学生历史素养的内容都可以，如民国四大才女、民国四大家族等。二是形式。形式也可以多样化，如共读一本书谈感受、观看影像视频谈观感、收集资料组织辩论、举行主题知识竞赛、演绎表演历史故事。三是理念。教师应在实际教学过程中坚持新课改"以学生为主体"的理念，了解学生身心发展特点和学习需求，以便在课堂教学中突出学生的主体地位，促使学生积极主动地参与。通过教师的自我突破不断增强教学研究意识，勇于创新，积极改进教学行为，提高自身的教学水平，在课堂教学中提高学生学习历史的兴趣，使素质教育真正融入历史选修课的课堂教学中。通过这种内容丰富、形式多样、师生互动的选修课来提高学生对历史的兴趣，从而增强对教师的信任。

3. 用心评价每一个学生

在新课程改革背景下，"对学习目标达到与否的反馈或评价有助于激发动机"[①]。也就是说，历史教师对学生的激励性评价能影响学生。如何进行激励性评价呢？需要做好以下几个方面：

一是评价的差异性。世界上没有两片完全相同的叶子，每个学生都是不同的个体，因此，教师的评价对学生自我效能的提升就具有很强的指导作用。教师要尽力去发现每个学生的闪光点，就历史学科而言，学生是否能够完整复述出某一历史事件，可以了解学生对这一事件的脉络是否真正地明晰；通过对历史论述类问题的解答，可以了解学生对该事件前因后果的掌握情况；通过历史话剧的表演，观察学生在各个方面的表现，能够体现出学生对所学知识灵活运用的能力。教师观察学生在这些环节中的表现，加以及时且适当的激励，便能更好地促进学生学习历史的信心。正如苏联教育家苏霍姆林斯基曾经说过："人的内心深处都有一种根深蒂固的需要，那就是渴望被人赏识，而儿童这方面的需要更为强烈。"教师永远不要吝啬你的语言，或许仅仅只是简单的一两个字"好""很好"，或许是一句激励性的评语"你真是见多识广，懂这么多知识""你的进步真快，没想到你这么聪明"，都会对学生产生很大的影响。

二是课堂上的及时激励评价。课堂上的及时激励性评价是活跃课堂气氛、提高学生学习注意力最简洁有效的方式。激励性的评价能够让学生勇于发言，在课堂上，教师也会鼓励学生踊跃地回答问题，即使回答得不十分完美，学生

---

① 吴庆麟. 教育心理学：献给教师的书[M]. 上海：华东师范大学出版社，2003：316.

也不会付出什么代价，教师就能够为学生构建起一种安全的心理空间。及时性的评价具有偶然的突发性，如何在连贯的课堂教学中灵活地抓住这一闪光点，就是教师教学智慧的体现。这种课堂上的即时性评价是对历史教师教育能力的一种展示。学生在历史课堂上生成出来的知识，才是学生真正的情感表达，是对知识的灵活运用。历史教师要有"眼观六路、耳听八方"的能力，对学生的知识进行及时的评价，正确的予以肯定表扬，错误的予以指正，渴望其下一次的积极表现。

三是书面作业中的激励性评语。对学生书面作业的评价，尽量不采用"优""良"这样的评价方式。学生在对每一次的作业反馈的期待过程中，得到的结果无非就是"优"和"良"这两种情况，这对学生自然也就没有多少吸引力。那应该如何评价呢？可以将评价类型划分为几类：

（1）针对具体的点，如教师给学生一个关于春秋战国时期的起止年限的描写。学生把公元前—AD和公元—BC弄混了，教师就可以针对这样具体的知识点，对学生进行纠正。

（2）评语中可以为学生的历史学习提出指导性的方法，提供促进历史学习的策略，如列表格，将历史知识进行梳理，也可以采用画图、联想等形式。最终目的都是加深学生对历史知识的理解，提高历史学习的兴趣。

（3）注意利用师生之间的互动。在一次测验中，某生在一道题后没有填写问题的答案，而是在答案处留下了这样的打油诗："千山万水总是情，多给十分行不行？"教师面对这样的情况，该怎么办？可以这样回应："人间自有真情在，多给十分真不行！"如此一来，就能很好地拉近与学生的距离。

英国心理学家巴特勒（R.Butler）曾经就教师对学生上交的作业的反馈形式加以研究。其中，教师对学生的评价反馈以"等级、评语、等级＋评语"这3种方式用以区分。实验结果显示：仅给以评语的学生的学习成绩有明显提高，而给以等级和等级＋评语这样的评价方式的学生的学习成绩并没有发现有显著的提升。[1]只有评语才能让学生知道自己的能力是否在进步，以及自己该采取怎样的方式、方法提高自己的能力。理论和实践证明，带有评语的评价方式确实有助于学生查找问题，明确方向，因此，教师应该在评价的过程中，抓住重点，完善对学生的指点，"积少成多，聚沙成塔"。利用这种有差异、及时的、书面的评价，增强教师对学生的正面影响，增进师生间的感情，从而增强学生对教师的信任。

---

[1] R BUTLER.Enhancing and undermining intrinsic motivation：the effects of task-involving and ego-involving evaluation on interest and performance[J]. British Journal of Educational Psychology，1988（58）：10-14.

4. 耐心组织每一次历史趣味活动

定期或不定期地开展讨论课、活动课、知识竞赛课等课型也是增进"师生互信"的一种好方式。这种方式既可以充分体现学生的主体性，又能充分发挥每一位学生的积极性，保持他们的好奇心。拿"太平天国运动"这一课来说，教师可以以洪秀全的生平为主线，让学生自己搜集相关的资料，然后将本课改写成一个剧本。故事情节就以洪秀全为中心巧妙铺展开，洪秀全的生平就是太平天国的兴衰史，教师为总导演，而学生就是分角色的演员，分别扮演洪秀全、杨秀清、冯云山、韦昌辉、石达开、李秀成、陈玉成、洪仁开、曾国藩、李鸿章、华尔等。我相信这样的活动不论是教师还是学生都会有不错的收获。

作为历史教师只要尽心尽力做好上述几个方面，以良好的印象和人格魅力影响学生，以高质量的教学征服学生，让学生学到更多的知识、技能，让学生在及时有效的评价中感受到力量、关爱与指引，丰富学生的学习活动，一定会让学生发自内心地信任教师。

（二）基本主张

"'533'生命课堂"是师生互动的课堂，是不同个体间的交流与合作。这就注定没有一成不变的模式。一定要注意模式使用的办法，即指教师不能根据教学的实际情况，或简单套用教学模式，或缺乏合理、有效、创造性地运用教学模式，而形成僵化和程式化的教学。正确的做法是，教师在教学中一定要结合学生的实际情况来合理调整既定的教学模式，只有这样才能取得良好的教学效果。

三、实施模式

在"师生互信"的基础之上，依据"'533'生命课堂"的基本内容，再结合实际情况，注重从几个环节展开：

（一）教师提供导学案，学生自主先学，产生个性问题

首先，为了使"导学案导学"发挥出最大的教学效果，历史教师要认真编写导学案。接着，教师要将导学案在课前发给学生，向学生强调预习的重要性，并要求学生在预习过程中根据导学案提示对课本上的重点及难点内容做标注。同时，告诉学生如何自学，如何合作学习，并且提示学生在导学案中发现的哪

些问题是可以在课本中直接找到的,哪些问题需要通过了解知识间的联系后才能作答。最后,教师根据学生课前自我预习情况的信息反馈,对预设的教学目标和教学任务进行适当的调整、修改,顺势重新合理地分配授课时间。

(二)课堂以小组为单位进行交流讨论,解决教学基本问题

通过之前进行的自主预习这一环节,学生对已经学习并掌握的知识、本节课将要学习的知识以及自主学习还没搞清楚的知识都有了一定的理解与认识。在上课的开始阶段,历史教师要向学生阐明本节课的教学目的、教学目标和教学任务,使学生了解本节课的内容在本单元及本科目中的地位。结合学生的课前自主学习,历史教师应注重培养学生的合作探讨能力。具体做法如下:首先,将学生分为若干学习小组,学习导学案中的相关问题;其次,针对相关问题,学生提出各自的意见,确定学习小组最终一致的意见,并选出小组代表;再次,在教师的组织下,各小组的代表依次发言阐述小组意见;最后,在班级形成一致意见。在这个自主交流合作学习的过程中,教师能够迅速精准地定位、提取并总结学生所面临的疑难点。

(三)教师发挥主导作用,解决重难点问题

历史教师主导作用的发挥是以之前学生自主学习、小组讨论这两个环节为基础的。历史教师发挥主导作用主要表现在以下两个方面:一是提示环节。在这一环节中,学生在自主交流讨论的过程中,历史教师要选择恰当的时机参与进来,适时地对学生所面临的疑惑进行引导提示,即使某个学习小组的学生面临的疑惑通过自身努力得到解决但对其他小组而言仍旧是疑难点,此时,教师可以让已经解决问题的学习小组给其他小组进行讲解。然后,教师可以对小组的讲解进行点评并补充说明。二是精讲环节。在学习小组的讨论过程中,教师通过迅速定位,提取对学生而言难度大的知识点,在现场进行全面的讲解,讲解过程中确保思路清晰,能够取得事半功倍的效果。另外,历史教师还可以让学生向教师提出问题并进行讲解,从而实现特殊问题的一般化,提高教学成效。通过历史教师的主导作用,学生能够自主总结出新旧知识点之间的联系,从而培养学生自主学习、归纳总结的能力。历史教师应注重鼓励学生发表个人观点、提出创造性的问题,并对此表示出肯定的态度;同时,要采用适当的方式处理在交流讨论过程中出现与学习无关的问题,以提高学生学习的积极性,又保证课堂的高效率。

（四）课堂小结，形成知识体系

课堂小结的形式主要包括：简明的语言阐述、表格或思维导图等。课堂小结不仅有助于学生总结归纳所学的知识、知识结构的建立，而且能够有助于知识体系结构的形成。此外，课堂小结这一环节的主要优势在于学生可以摆脱本节课学习的知识内容的限制，实现本节课所学新知识与之前所学旧知识的对接，从而实现知识体系结构的构建，使学生能够对知识举一反三、融会贯通地运用。

（五）巩固练习，求异延伸

巩固练习的作用主要体现在检查学生是否能准确地运用所学新知识及是否实现了新旧知识的对接。教师巩固练习要求：第一，选取、设计练习题时要与本节课的教学目标、教学目的相适应。同时，考虑学生现有的知识水平。第二，适宜的题量，务必要保证学生在课堂上能够顺利完成训练。通过练习，教师可以及时掌握学生仍旧不能理解运用的知识点，及时帮助学生解决问题。教师在给学生讲解时，应侧重疑点与难点，适时地根据学生的反馈，对教学方法、教学进度进行调整与改进。对于不同层次、不同年级的学生而言，教师培养的侧重点不同。

四、实践效果

在建立了"师生互信"的基础上，充分发挥导学案的作用，使"'533'生命课堂"得以真正实施。在这一过程中，学生不仅习得了学习历史的方法，更重要的是学生感受到了历史的价值与魅力，让学生发自内心地喜欢历史。以金堂中学2020届选修课的情况为例：在众多科目的选修课程中，历史类选修课被选率排在前列。就学生的成绩而言，还是以金堂中学2020届的一个平行文科班为例，这个班级在整个高一到高二两年的历次大大小小的考试中，历史每次排名第一且平均分高于其他同类班级3~10分，究其原因有几点：① 这个班级班风很正，学习气氛浓郁；② 师生关系融洽，通过及时有效的评价、课后谈心、丰富的历史趣味活动建立了"师生互信"关系，增强了学习历史的兴趣和学好历史的信心；③ 充分运用导学案，提升了学生的自学能力。

五、问题与反思

在"533"生命课堂实践的过程中，尽管取得了一些成绩，但是也存在一些问题，值得反思。

一是"533 生命课堂"在课堂中如何有效促进"生命在场和生命成长"？许多学科和教师关注"533"教学模式过多，对基本理念"生命课堂"理解不够，课堂上对学生的尊重和关注、引领、激励明显不足，使课堂貌似"热闹"，但是学生的深层参与不够。

二是教学行为改革不到位或有偏颇。在导思方面做得不够，对学生的思维训练关注不够，或者说很少对学生进行思维训练。小组合作学习加剧了两极分化，使优秀的学生更优秀，更愿意去学习。学习懒散或较慢的学生就会人云亦云，慢慢地与其他学生的差距拉大。小组合作学习加大组织教学的难度，看似在讨论，但有小部分学生在说什么、想什么，教师监管不了，扼杀了部分学生的创造力、想象力，特别是内向胆小的学生。评价只是激发学生学习的兴趣，让学生自发地学习主动探究的手段，一种评价方式用久了学生会产生疲劳感。

三是对合作学习把握不当。误区一：没有以自主学习为基础；误区二：以为小组学习就是合作学习；误区三：只注重合作学习的形式，不注重合作学习的效果。大量的发言、争论，促使教学任务完成不了，课堂容量减少。

四是机械使用导学案。在导学案的使用过程中，导学过程受制于导学案，没有体现"生命课堂"的特点。

对以上问题，可从两个方面进行完善。一方面，应尽量提高教师的素养。具体方法如下：首先，各个层面要重视对教师的培养；其次，通过高质量的外出学习、集体备课、阅读、听课评课等方式提高教师素养；最后，鼓励教师自我意识的觉醒，主动提升自身素养。另一方面，教师要切实做到心中有学生，要真正调动学生的学习兴趣，让"教"这一"外力"与"学"这一"内力"形成"合力"。

【点评】

基于"教学的本质是从认知到建构，课堂是师生生命经历的重要场所"的理念，通过"课堂五环、教师三导、学生三实"的模式，取得了使学生和教师能够全心参与教学各环节的成效。在建立"师生互信"方面有创新，在金堂县的各个中学校产生了积极影响，具有较强的参考借鉴意义。

技术赋能　创新发展
——教育部"基于教学改革、融合信息技术的新型教与学模式"实验区成都实践

践行 PBL 新理念，重构数学新实践

【导语】

在高速发展的信息社会，如何能够结合人工智能将学生的学习与真实的生活情境相联系构建跨学科学习，已经被推上了当今教育的主流。本文通过项目式学习（PBL）的方式实现集信息技术、数学、科学、美术和语文学科于一体的"跨学科学习"实践活动，对教师、学生、家长和学校层面都产生了非常重要的影响。这种项目化的跨学科学习不仅充分发挥了学生的主体性，更重要的是培养了学生各方面的能力。

一、问题提出

（一）研究背景

PBL 教学以"问题"贯穿于数学教学的整个过程，具有驱动性、互动性和引导性的特质，它正好契合了数学教学活动开展的需求。于是，学校数学教研组开启了"践行 PBL 理念，重构数学新实践"活动。

（1）传统的数学教学，在教学预案中往往只是教学流程的简单规划、设计。

传统的数学教学方式，已经不能再满足 21 世纪人才培养的需要，我们需要颠覆传统一讲到底的课堂讲授模式，通过学生分层活动培养学生的自主能力、思维能力和实践能力。

（2）双减之后，国家和教育部密集发布了关于中高考改革、办学改革、基础教育强师计划和课标修订等一系列文件、措施。

双减只是教育改革的一个开端，双减后变化最大、最引人注目的可能就是《义务教育课程方案和课程标准（2022 年版）》。2022 版新课标的教学目标不再是单纯的切割知识点，而是培育核心素养，教授解决问题的能力，由注重教学质量转为注重育人质量。其中在课程编制中，有这么一条写在了开篇：

各门课程用不少于 10% 的课时设计跨学科主题学习……注重对价值体认与践行、知识综合运用、问题解决等表现的考察建立有序进阶，可测可评的学业质量标准。

这其实就是备受老师和家长关注的 PBL 项目制教学。在双减背景下，教育部门为什么会格外看重 PBL 教学？新课标实施后，PBL 又会如何促进教学深度变革？

（3）PBL 教学能让学生感受到学习的价值和意义，学会思考、解决问题的能力，为未来的课堂带来无限可能。[①]

相比于传统的课堂，PBL 项目式不仅可以保证学习效果，更能培养学生核心素养，更符合当下的教育改革现实。因为 PBL 教学方式指向学习的本质，致力于突破知识碎片化、表面化困局，对多学科知识进行整合，引导学生在持续不断的探求中发现问题、自主解决问题，走向对知识的深度理解和应用。

（二）主要解决的问题

如何运用高科技通信和教学手段的优越性，探索线上线下教学研讨的新模式，成为教育教学改革的重要任务之一。

1. 教师教学问题

从网上教学研讨出发，寻求更多信息化教学手段与学科教学融合手段，帮助教师明晰问题设置方法、梳理课例设计流程、建立作业设计体系、活动过程方法的问题。

2. 学生学习问题

改善师生关系、培养学习兴趣和创造性思维、养成自学能力及科学素养、提高学习成效及团队协作能力等。

二、实践举措

前几年由于疫情的影响，很多大范围的线下教育教学研讨活动不能顺利开展，为积极响应四川省教育厅以"提升全民数字素养与技能　共建共享数字化发展成果"为主题的线上学习活动，学校数学教研组通过小专题研究、作业设计等线上+线下相结合的研讨活动，推进"PBL 理念下对初中数学综合与实践教学研究"取得了显著成效，让教师们通过各级各类活动经历研究、开展研讨、解决问题。

[①] 王云. PBL 理念下学生科学学习力提升的策略[J]. 小学教学参考，2021（12）：2.

三、成效与反思

（一）教师变化

1. 明晰 PBL 理念下的问题设置方法

PBL 以问题为学习的起点，一切学习内容、方法等都围绕问题展开，问题是学生数学学习的主轴架构。在数学教学中，问题具有种子性、驱动性和互动性。正如美国教育家尼尔·博斯特曼所说："一旦你学会了提问，掌握了提出有意义的、恰当的和实质性的问题的方法，你就掌握了学习的技巧。"

问题应当为学生的数学学习服务。在数学教学中，教师要明晰数学问题的特质，从而有效地应用问题（见图 4.1）。从问题的功能、作用等方面来看，数学问题主要分为"引入式问题""理解性问题""比较性问题""任务性问题"等。不同的问题设置，能有效地培育学生的数学思维，催生学生的数学想象。这些问题不仅可以助推学生建构知识，更可以引导学生慎思、明辨，从而让学生的数学学习深度发生。[①]

图 4.1　PBL 理念下的数学问题

2. 梳理 PBL 理念下的作业设计流程

每一次数学作业的设计，首先要确定该次作业的目标和内容，既要注重学生应掌握的知识目标，更要关注学生达到的能力目标（见图 4.2）。一般来说，作业的内容要反映最基本、最重要的基础知识和基本技能，既要解决学习中的重点和难点，还要解决学习中出现的疑点。

数学教研组通过实践教学研究，坚持以目标为引领，以整合为手段，致力于"知识问题化、问题情境化"，持续推进"轻负高质"的课例设计原则。

[①] 袁白冰，梁桂宁，杨伯宁. 浅谈在 PBL 教学模式中教师的角色问题[J]. 广西医科大学学报，2006（S1）：2.

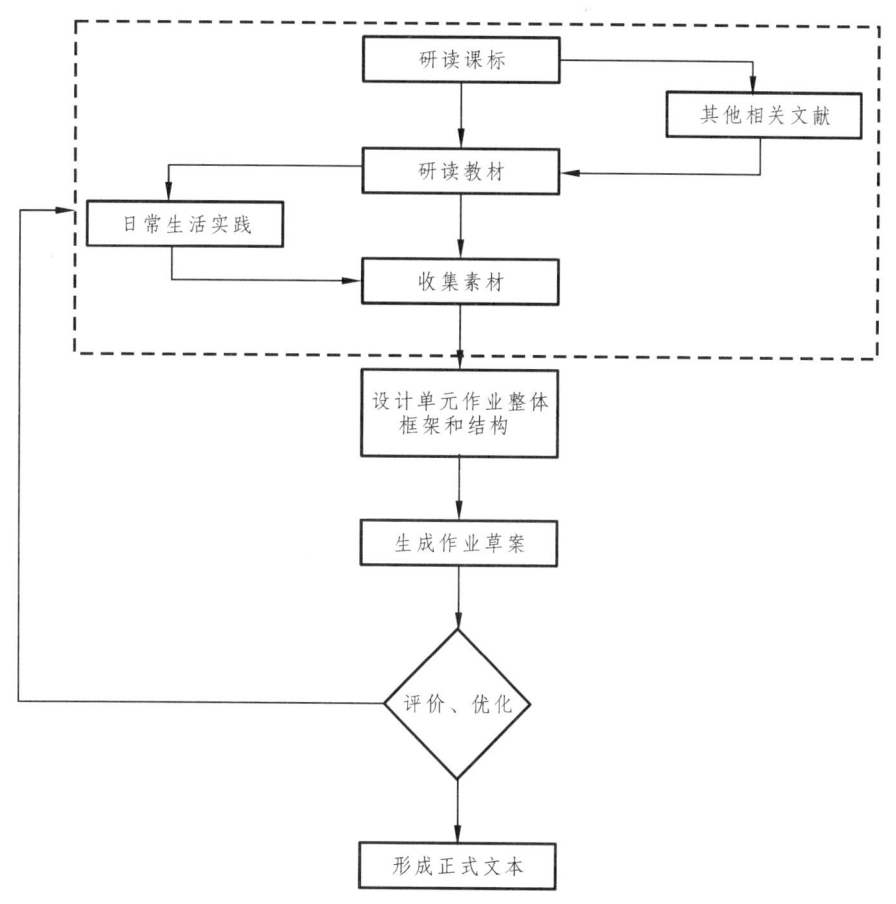

图 4.2 PBL 理念下的作业设计流程

3. 建构契合 PBL 理念下的作业设计体系

当下的初中数学作业设计，丧失了作业应有的教育功能，多以机械重复性训练为主，缺乏系统性和整体性，严重制约学生的发展。初中数学作业设计应基于课程，作为课程教学的一个重要环节，以学生为中心，强调作业目标的整合、作业内容的系统设计和作业评价的全面反馈，建构目标导向、系统设计、全面评价的课程作业设计体系，最大限度地发挥作业的功能和效用，促进学生的可持续发展。[①]

数学教研组坚持以"立德树人，减负提质"为宗旨；以培养学生的良好习惯，独立性、责任心、不畏难的意志品质为引领；以鼓励学生在完成作业的过

---

① 杨芳. 基于 PBL 理念的前置性作业设计策略[J]. 课程教材教学研究：小教研究，2018（3）：1.

程中积极思考、主动参与为手段；完善自身知识技能的同时养成积极的作业态度，体验作业乐趣的同时得到全面发展（见图4.3）。

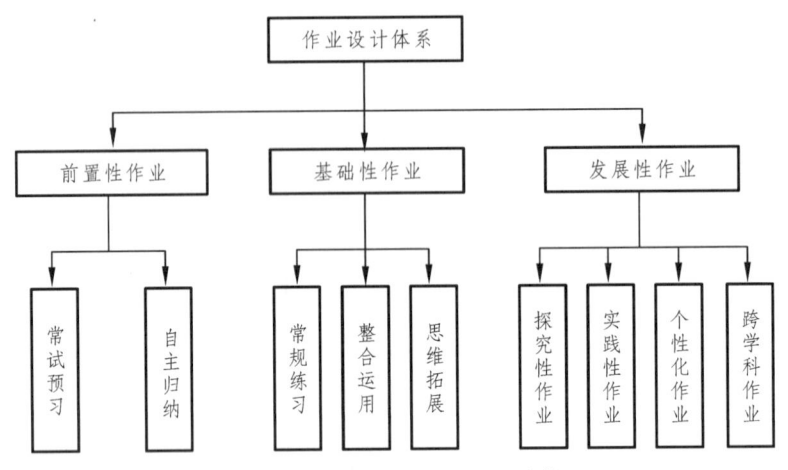

图4.3 PBL理念下的作业设计体系

4. 总结契合PBL理念下的活动流程环节

基于PBL模式，在数学学科教学中为了更加有效地开展教学，以PBL理念的特点和学生的学习特点为基础，设计初中数学课堂教学的基本流程，将PBL的教学环节分为6个部分（见图4.4）。

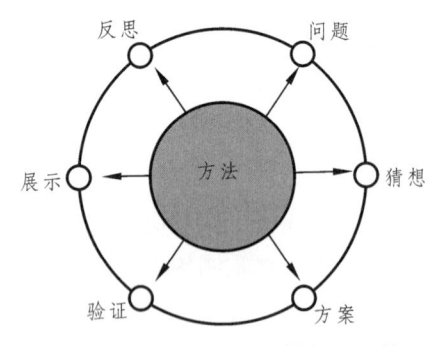

图4.4 PBL理念下的教学6环节

一是创设情境，提出问题。由于初中生的思维处于形象思维向抽象思维过渡的阶段，数学知识又具有高度抽象性，为了吸引初中生的注意力，在PBL理念下，要创设有趣的问题情境吸引学生的注意力，依据教学目标提出问题，作为教育者通过向初中生提出与现实生活相关和初中生感兴趣的问题，激发他们的探究兴趣。

二是分析问题，大胆猜想。教师引导学生初步分析问题，以组间同质，组内异质的原则，将初中生分为几个实力相当的小组，小组成员可以在教师的指导下明确组长、记录员、汇报员等，并且积极参与、配合小组的分工，完成自己小组的任务。在整个过程中，教师作为引导者要积极引导初中生学会分析问题，大胆猜想问题的结果，找到解决问题的方案，学会搜集、整理资料，在小组内学会交流、表达自己的观点，学会采纳其他成员的意见，增进学生之间的感情。

三是依据猜想，制定方案。在PBL教学中，最为重要的就是学生项目实验方案的制定。根据假设或猜想设计实验方案。方案设计要遵循4个原则：科学性、安全性、可行性、简约性。但教师在教学设计环节，首先，需要先预设学生大致能猜想到的结果，再通过问题引领学生活动探究走向深入。问题要设置在学生的最近发展区内并有层次性，让不同层次的学生在探究问题的过程中都有收获。其次，各个小组根据问题的分析思路进行小组合作，探究问题，从而激发学生的探究欲望，培养思维的创造性。在探究问题的过程中，教师要依据学习内容的特点，适时有针对性地指导，向学生提供有利于探究问题的方法，让他们深入探究问题的过程顺利进行，并学会运用数学知识解决生活中的问题，培养学生的应用意识和创造性思维，让学生成为真正的探索者，并体会到通过自己的尝试和努力发现数学中的奥秘。

四是深入探究，验证猜想。初中数学中很多涉及性质、规律的内容，都可以通过观察比较、归纳概括事物的本质属性和内在联系来形成猜想。对于这类猜想，可大胆采用尝试举例的方法进行验证，通过不完全归纳法得出结论；对于一些能够在直觉思维的基础上形成的猜想，如涉及图形的性质、计算公式等内容，就可以借助直观活动进行实际操作的方法来验证；对于一些计算内容形成的猜想，可以通过类比与联想，沟通新旧知识之间的联系，在逻辑推理的基础上进行验证。

五是证实猜想，展示结果。每个成员将自己的探究成果在小组内交流讨论，小组内讨论汇总出更合适的结果并由汇报员在班级内进行展示。各个小组可以根据自己组内特点和需要，以多样的形式展示成果，如图形、表格、文字、视频、手绘等，从而激发学生的创造性和培养发散思维能力。教师组织其他小组的学生进行欣赏，通过各个小组的成果展示，培养他们的欣赏能力和创新思维，让学生学会运用多样的展示方法呈现不同的效果。[1]

---

[1] 张志国，王慧生，阚湘苓，周桂桐. 谈PBL实施中几个关键环节的把握[J]. 天津中医药大学学报，2012，31（2）：105-106.

六是多元评价，总结反思。根据课程标准的要求，数学学习评价的主要目的是了解、把握学生学习数学的结果和过程，从而激励学生学习；数学学习评价不仅要关注学生数学学习的水平，而且要重视学生在数学学习活动中所表现出来的情感态度，帮助学生正确认识自我、建立自信心。多样、有效的课堂教学评价对初中生的学习起到很好的激励作用，激发他们学会反思、促进自身发展，让初中生体会到成功的乐趣。在评价过程中，不仅有教师的评价，还有学生的自评和互评，让他们学会反思自己的学习过程，找到自己的优势和不足，总结学习经验，提高初中生的评价能力。

（二）学生变化

1. 师生关系得到改善

传统的教学方法是老师在讲台上讲，学生在下面听，师生间最频繁、最重要的交往发生于课堂之中。有时一学期下来，有的老师甚至不认识学生。在PBL教学模式中，师生间可围绕一个共同的问题畅所欲言，老师尊重学生的主体作用，学生才是课堂的主人，老师是课堂活动的组织者、引导者（见图4.5）。在问题讨论中，老师与学生是双向沟通关系，这更有利于形成老师关心学生的差异、民主的课堂氛围，促进师生的近距离的接触，使学生对老师的满意度提高。

图 4.5　PBL 理念下的师生关系

2. 学生的学习兴趣得到增强

传统的教学方法很容易让学生厌学，总感觉是老师要我学，而PBL教学模式能让学生提出感兴趣、很实用的问题，不仅能激发学生认识的兴趣，而且由于问题来源于社会生活实际，所以有很强的实用性。学生在解决问题的过程中，逐步感知到知识的实践意义，认识到自身的不足，引发他们学习的需要，产生学习的兴趣。在PBL教学模式的讨论过程中，学生间的相互合作及老师对学生的表扬也能进一步激发学生的学习兴趣（见图4.6）。

图 4.6　PBL 理念下学生内驱力的变化

3. 学生的创造性思维得到培养

PBL 教学模式不设标准答案，学生可以大胆思考、创新，老师鼓励学生从多种角度思考问题，培养学生的发散性思维。学生在没有约束的情境中思考问题，能产生不同的观念，提供解决问题的办法越多，类似联结的新奇观念就越多。

4. 学生的自学能力及学科素养得到提高

在传统教学中，学生只能通过课前预习来培养自学能力。而 PBL 教学模式使学生的课前预习方式发生了很大的改变，主要表现为：重视预习程度、增加预习量、延长预习时间、翻阅更多的参考资料。这一系列改变促使学生主动解决问题。在传统的教学中，学生是被动地接受知识，几乎没有参与科研活动的机会，而 PBL 教学模式实际上是学生主动理论联系实际、分析问题、解决问题的过程。在这个过程中，学生需检索、查阅大量的文献资料，甚至进行社会调查，结合已掌握的知识，去寻找解决问题的方法。在这些过程中，学生既培养了自学能力、人际交往能力及合作精神，又逐步形成了科学思想，提高了科学素质。[①]

5. 学生的学习成绩和学习效率得到提高

在传统的教学模式中，老师会详细地讲解重点内容，学生只要上课认真听讲考试就没有问题，而在 PBL 教学模式中，学生不容易把握重点，学习自觉性稍差的学生还会掉队。因此，PBL 教学法不适合只用考试结果对教学效果进行测评，它还要结合个人表现和小组表现，在每一个环节中随时对学生及其小组进行测评，使学生感到受人重视，小组的荣誉与自己息息相关。采用 PBL 教学模式，有学生反映学习效率有所下降。其实不然，主要是学生对学习效率的理解出现了偏差，只看到了与考试相关的内容，而花费大量时间查阅资料及社会调查中知识和能力的提高，却没有考虑学习效率低，导致学生误以为学习效率下降。

6. 学生的团队精神得到培养

在 PBL 教学模式中，老师要将班级学生分成若干个学习小组，然后给每个小组布置相同的任务，要求他们都提出解决问题的方法，然后老师就各组提出的不同解决方法组织讨论，并由老师最后做出总结。老师布置的学习任务需要小组内成员的积极参与，通过小组内讨论形成共识，这些讨论将使学生学习更

---

① 汪钰菲，刘向春，宋伟. 基于在线学习平台的 PBL 教学模式应用探析——以《数字图像处理》课程为例[J]. 中国教育信息化·基础教育，2020（3）：64-68.

加活跃、概念理解更加合理、记忆更加深刻。更重要的是，在完成同一任务的过程中，学生必须团结协作、相互沟通，与同组甚至其他组同学合作与交流、与老师沟通等。这些技能为学生以后走上工作岗位与同事合作、交流打下了良好的基础。[1]

（三）实践分析

1. 课例基本信息（见表 4.1～4.5）

表 4.1 基本信息

作业名称	谁的小车跑得远	单元主题	变量之间的关系
主学科	数学	涉及学科	物理、工学
作业属性	长周期作业	作业时间	一周

表 4.2 单元目标设计表

单元目标序号	单元学习目标	学习水平
CS720301	经历探索具体情境中两个变量之间关系的过程，感受变量思想，发展符号意识	领会
CS720302	能发现实际情境中的变量及其相互关系，确定其中的自变量和因变量	知道、领会
CS720303	能从表格、图像中分析出某些变量之间的关系，感受几何直观的作用，并能用自己的语言进行表达，发展有条理的思考和表达能力	运用
CS720304	能根据具体问题，用表格、图像、关系式表示某些变量之间的关系，初步感受模型思想，并结合对变量关系的分析，尝试对变化趋势进行初步的预测	分析
CS720305	体验从运动变量的角度认识数学的过程，发展提出问题、分析问题和解决问题的能力	综合
CS720306	整合数学与其他学科知识和思想方法，让学生从数学角度观察和表达、思考和分析、解决和阐述现实问题，体会数学的科学价值	综合、评价
CS720307	在探究学习变量之间关系的过程中，进一步提高学习兴趣，培养学生综合能力	综合

备注：CS——初中数学；72——七年级下册；03——第三章；01——第 1 个单元学习目标。

---

[1] 阿力米热·阿地力. 基于"PBL 教学"理念的线上教育实际应用探析[J]. 教育研究，2020（10）：76-78.

表 4.3　单元实践作业目标设计表

单元作业目标序号	单元实践性作业目标	对应单元目标序号
CSSJ720301	通过实验探究小车滑行距离与支撑物的高度、坡的角度、坡面光滑程度、风的阻力、质量等因素之间的关系，体会变量间的依赖关系	CS720301
CSSJ720302	能发现小车试验过程中的变量及其相互关系，理解常量与变量、自变量和因变量的概念	CS720302
CSSJ720303	能用表格表示不同情境中变量间的关系	CS720303
CSSJ720304	能根据不同情境中变量关系，描绘图像或用Excel智能生成图像，理解图像上点的意义	CS720304
CSSJ720305	能根据具体图像预测小车滑行距离与相关因素的变化趋势	CS720304
CSSJ720306	通过小车实验，能够发现数学问题、提出数学问题、分析问题，最终解决问题	CS720305

表 4.4　单元实践作业目标素养属性

单元作业目标序号	抽象能力	运算能力	几何直观	空间观念	推理能力	数据观念	模型观念	应用意识	创新意识
CSSJ720301	☆								
CSSJ720302					☆				
CSSJ720303			☆			☆		☆	
CSSJ720304			☆			☆		☆	
CSSJ720305			☆			☆		☆	
CSSJ720306	☆	☆		☆			☆		
CSSJ720307					☆			☆	☆
CSSJ720308						☆	☆		
CSSJ720309									☆

备注：CS——初中数学；SJ——实践；72——七年级下册；03——第三章；01——第1个单元作业。

技术赋能　创新发展
——教育部"基于教学改革、融合信息技术的新型教与学模式"实验区成都实践

表4.5　作业属性汇总表

单元目标序号	题型	学习水平	学时安排	预计完成时间
任务1	活动、填空题	知道	1学时	30分钟
任务2	探究记录单	运用、分析、综合	2学时	45分钟
任务3	活动	分析、综合、评价	2学时	60分钟
任务4	研究报告	领会、综合	1学时	30分钟
任务5	资料阅读、简答题	知道	周末	20分钟
任务6	创意数学小报	综合、评价	周末	30分钟

备注：CS——初中数学；SJ——实践；72——七年级下册；03——第三章；01——第1个单元作业。

2. 实践活动

以北师大版七年级下册第三章变量之间的关系，课例"PBL理念下初中数学实践性作业设计——谁的小车跑得远"为例开展线下实践活动（见图4.7）。

前置作业

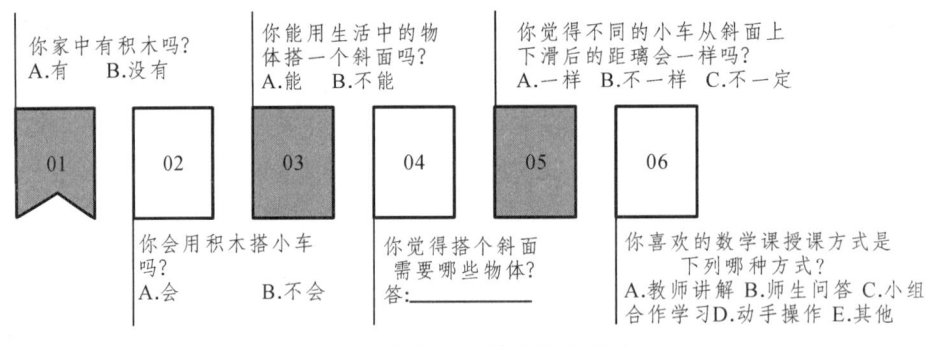

01 你家中有积木吗？　A.有　B.没有
02 你会用积木搭小车吗？　A.会　B.不会
03 你能用生活中的物体搭一个斜面吗？　A.能　B.不能
04 你觉得搭个斜面需要哪些物体？　答：_____
05 你觉得不同的小车从斜面上下滑后的距离会一样吗？　A.一样　B.不一样　C.不一定
06 你喜欢的数学课授课方式是下列哪种方式？　A.教师讲解　B.师生问答　C.小组合作学习　D.动手操作　E.其他

图4.7　案例中的前置作业设计

（1）活动流程：

① 学情追踪：利用问卷星对学生学具准备情况、学习准备情况进行调查。

② 科学分组：精准异质分组，确保实验顺利开展。

③ 提质增效：通过对学生喜欢的学习方式展开调查，有针对性地设计作业完成方式，提高作业实效性。

④ 自我经验：通过活动的参与、体验和反思，促使学生不断重建和丰富自己的内部经验。

（2）活动任务：

任务 1：游戏拼搭（见图 4.8）。

	评价指标	评价积分	评价主体		
			小组自评	小组他评	教师评价
作业1	撰文	2 分			
	比赛滑行距离较远（第 1 到 4 名）	2 分			
	比赛滑行距离较近（第 5 到 8 名）	1 分			
	外观设计优美	2 分			
	外观设计一般	1 分			
作业2	4 个因素以上	3 分			
	2——3 个因素	2 分			
	1 个因素	1 分			

拼搭拍照
一：小车追逐赛—谁的小车跑得远
二：影响小车滑行距离远近的因素
三：评价量表

图 4.8　学生游戏任务拼搭

任务 2：实践操作。

在实验探究中主动进行跨学科物理方法——控制变量法的学习和运用，引导学生沿着发现问题—提出问题—提出猜想—得出结论—反思改进的路径学习，积累数学活动经验，切身体验变化过程，感受模型思想（见图 4.9）。

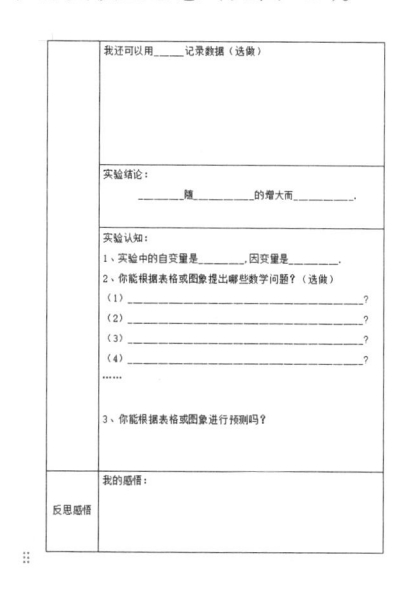

图 4.9　小组合作学习记录表

技术赋能　创新发展
——教育部"基于教学改革、融合信息技术的新型教与学模式"实验区成都实践

任务3：展示答辩（见图4.10）。

图4.10　展示答辩

任务4：创新研究（见图4.11）。

《谁的小车跑得远》

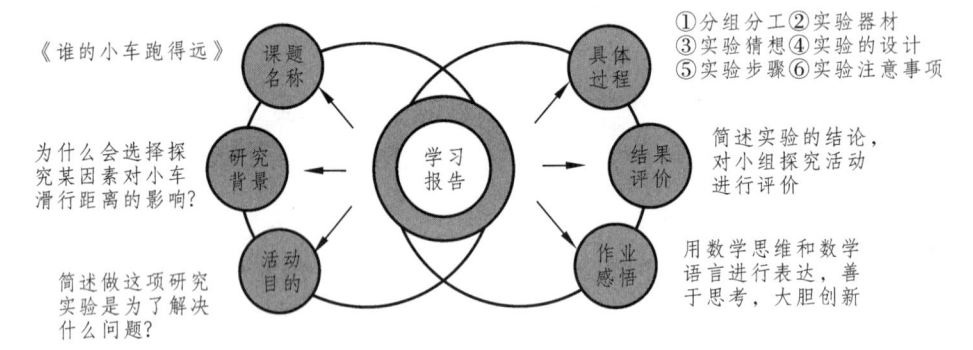

课题名称
具体过程　①分组分工②实验器材③实验猜想④实验的设计⑤实验步骤⑥实验注意事项

为什么会选择探究某因素对小车滑行距离的影响？

研究背景

学习报告

结果评价　简述实验的结论，对小组探究活动进行评价

简述做这项研究实验是为了解决什么问题？

活动目的

作业感悟　用数学思维和数学语言进行表达，善于思考，大胆创新

图4.11　学习报告主要涉及问题

任务5：探古寻今（见图4.12）。

小车实验

阅读了解数学史和相关科学探究，了解知识的起源和历史

1.你知道物理学家用小车做过什么实验吗？通过报刊、互联网等了解伽利略、笛卡尔的小车试验，简述实验并谈谈你的体会。
我的体会：

印证猜想

树立科学的研究意识和态度，培养学生信息检索和信息甄别能力

2.通过报刊、互联网等了解变量数学发展史，简述数学发展史并谈谈你的体会。
我的体会：

图4.12　引导学生思维印证猜想

任务6：创意作品。

学习中的生成精彩纷呈，有的联系生活中的路面坡度，查阅资料，搜集到了黄金角度，认识了打水漂的秘密，了解了航天器返回大气层时的角度，激发了学生的主动学习兴趣，拓展了学生的知识面。学生在实验时发现质量对小车滑行距离的影响与生活中的现象不同，主动请教物理老师，了解了加速度、牛顿第一定律等知识，激发了物理学习兴趣，主动进行了跨学科学习。

四、获奖情况及成果推广

我们绝不放过每一次研讨学习机会，积极主动走出去，大大方方请进来，正是这种毫无保留的态度才能获得更大的进步。

数学教研组积极探索努力研讨，采用线上+线下相结合的一系列研讨活动，从《三角形的外角定理》到《等腰三角形的性质》，从《三角形的三边关系》到《证明三角形内角和定理》，最后到《谁的小车跑得远》。

通过一次次的"线上+线下"研讨活动，校内、校外的各级各类展示，学校其他学科组也参与了PBL教学模式的探讨与研究。PBL教学理念让他们明确了教不是目的，学才是目的。学生不仅应该学习，还应该把他学习的东西展现出来，并表现为学习的行为。

也让教科院附中的老师们认识到以线上线下融合、模式融合、评价融合等为代表的多元融通教育正成为教育发展中的重要变革。我们将以"重构课堂教学实践新体系，共建共享数字化发展成果"为己任，在未来教育中努力践行教科院附中的教育责任和担当。

【点评】

基于PBL理念，通过小专题研究、作业设计等线上+线下相结合的研讨活动，取得了阶段性成效。在明晰问题设置方法、梳理课例设计流程、建立作业设计体系、活动过程方法上有创新，并在区域内通过教学研讨交流分享进行了展示。建议今后在PBL教学时建立多维度可测可评的评价标准方面进行深入的学习和研讨。

技术赋能　创新发展
——教育部"基于教学改革、融合信息技术的新型教与学模式"实验区成都实践

融合应用新技术　创新数学新实践
——制作一个尽可能大的无盖长方体形盒子

【导语】

有效融合新技术，将实际问题转化为数学问题，综合运用所学知识分析问题、解决问题，学生将初步感受研究性学习的方法与过程。为达到综合实践课学生自主探索，积累活动经验的课程目标，课堂设计了动手制作、称米比容积大小等学习活动，并以平板电脑为支撑，架构双屏互动显示环境，学生以小组为单位设计探究方案，并利用平板电脑自主探索长方体盒子的最大体积。

一、问题提出

（一）研究背景

《义务教育课程方案和课程标准（2022年版）》指出，要强化学科实践、推进课程综合，促进信息技术与数学课程融合。强调了跨学科主题学习在基础教育课程改革中的重要地位，如何创造性设计初中数学跨学科主题学习成为亟待解决的现实问题。

1. 教育数字化转型要凸显应用为主

当前，教育信息化已经进入数字化转型的新阶段，教育数字化转型的核心困难来自全社会对数字化转型过程中人技融合和教育创新的共识障碍，是教育主体与数字技术融合互动上的困难，也是从"技术可供"转向"主体认同"的重要挑战。[1]如何打通教育数字化转型的最后一公里，需要凸显信息技术在课堂教学、评价管理方面的创新应用，尤其是信息技术如何在课堂教学、质量监测方面持续推进减负增效，促进教育高质量发展方面切实发挥作用。

2. 新课标倡导信息技术与教学深度融合

新课标强调要合理利用现代信息技术，提供丰富的学习资源，设计生动的

---
[1] 尚俊杰,李秀晗.教育数字化转型的困难和应对策略[J].华东师范大学学报(教育科学版),2023,41(3):72-81.

教学活动，促进数学教学方式方法的变革。在实际问题解决中，创设合理的信息化学习环境，提升学生的探究热情，开阔学生的视野，激发学生的想象力，提高学生的信息素养。[①]

3. 信息技术应用有助于可视化数学思维过程

已有研究表明，思维可视化方式对学生的数学学习有着积极的作用[②]。信息技术的有效应用可以促进知识内化过程的可视化、促进问题解决过程的可视化、促进知识外化过程的可视化。[③]

（二）主要解决的问题

本文针对当前数学课堂技术应用较少、方式不恰当和不能支持学生核心素养培育等问题，探索从信息技术的选择、融入路径和支持方式3个方面的解决方案。

1. 部分数学教师仍然存在不认同信息技术应用价值的观念

已有研究表明，教师信息技术与教学方法整合的能力能够帮助学生在代数成绩上获得较大提升，教师信息技术与教学内容的整合能力以及课堂教学中信息技术的充分使用则有利于学生几何成绩的提高。[④]但是，实际课堂中，仍有部分教师不能认识到信息技术的时代价值，忽略了信息技术的应用。

2. 部分数学课堂仍然存在信息技术应用方式不恰当的现象

与此同时，虽然目前很多数学课堂都较多地应用了PPT展示、视频播放和投影展示等技术，包括几何画板、Geogra画图软件等新技术，但是应用的环节、方式方法还需要持续探究。

3. 部分信息技术应用未能指向学生核心素养的发展

信息技术浅层、低效使用造成了注意力分散和学习效率降低等问题，如何更好地发挥信息技术的作用，需要指向学生核心素养的发展，直指学生数学思维过程，引导学生用数学的眼光观察现实世界，用数学的思维思考现实世界，用数学的语言表达现实世界。

[①] 中华人民共和国教育部. 义务教育数学课程标准（2022年版）[S]. 北京：北京师范大学出版社，2022.
[②] 陈云. 思维可视化：小学生数学思维发展的实践研究[J]. 教育学术月刊，2023，366（1）：71-78.
[③] 刘伟. 运用数学交互学习工具 实现学生数学思维的可视化[J]. 教育导刊，2010，443（6）：89-91.
[④] 郭衎，曹一鸣，王立东. 教师信息技术使用对学生数学学业成绩的影响——基于三个学区初中教师的跟踪研究[J]. 教育研究，2015，36（1）：128-135.

二、教学呈现

成都七中初中学校建设有基础类、拓展类、研究类三级"研理"数学学科课程，为学生提供丰富的选择。本课程为基础类课程中的综合与实践课，如何上好此类课型，需要教师转变思路，采用"做中学""游戏中学""体验中学"的方式，激发学生学习兴趣，引导学生用数学的方法解决实际问题。

（一）实践举措

1. 教材分析

一是课型分析。"制作一个尽可能大的无盖长方体形盒子"是北师大版七年级数学上册的一节综合与实践课，帮助学生将实际问题转化为数学问题，综合运用所学知识分析问题、解决问题，让学生初步感受研究性学习的方法与过程。综合与实践是以问题为载体、以学生自主参与为主的学习活动。

二是教学内容分析。本节课综合图形的展开与折叠、数与式的运算以及用代数式的值去推断代数式所反映的规律，经历"从实际问题抽象出数学问题—建立数学模型—综合运用已有的知识解决问题"的过程。教学从学生熟悉的折纸活动开始，通过操作、抽象和交流，形成问题的代数表达；再通过收集有关数据，推断"无盖长方体形盒子的容积变化与剪去的小正方形的边长变化"之间的关系。

三是本节课的地位与作用。本节课既是对前三章所学内容的巩固运用，也是一种新的学习方式。学生综合前三章所学过的数学知识、技能与方法，通过解决问题的方式去获得对相关知识与方法的进一步理解，体会各个部分之间的联系，有助于学生体会数学的应用价值，发展学生的数学意识。其教学功能主要包括两个方面：一是进一步发展学生的空间观念，体会符号表示在实际问题中的应用，渗透函数思想；二是培养学生针对不同问题采取有效策略，提高问题解决能力。

2. 学情分析

一是学生的年龄特点和认知特点。七年级学生活泼好动，具有强烈的好奇心，对活动课充满兴趣。在前半学期的数学学习过程中，经历过探索性学习，具备了一定的探索、研究能力，有自主学习和小组合作学习的经验。

二是学生的知识基础。学生在前面的学习过程中经历了展开与折叠、模型制作等活动，积累了一定的数学活动经验，在操作的过程中认识了长方体的某些特性；有根据实际问题列代数式的经验，会求代数式的值并推断代数式所反映的规律，建立了初步的符号意识和抽象思维能力及空间观念。

3. 教学目标

（1）经历动手操作，代数式求值的计算过程，进一步丰富学生的空间观念和符号感。

（2）借助已获取的信息推断事物变化趋势，感受数量之间的相依变化状态，发展合情推理能力。

（3）经历"从实际问题抽象出数学问题—建立数学模型—综合运用已有的知识解决问题"的过程，体验建立模型、分割逼近解决问题的方法，并在此过程中，尝试发现和提出问题，积累数学活动经验。

（4）体会自主探索、合作学习的乐趣，经历知识的自我生成过程，体会数学的应用价值。获得成功的体验和克服困难的经历，增强应用数学的自信心。

4. 教学重难点

教学重点：综合运用所学知识，建立数学模型，将实际问题转化为数学问题。

教学难点：利用分割逼近的方法探究长方体形盒子的最大容积。

5. 教学模式与教法、学法

本课在学校"创生型课堂"的理念引领之下，采用"探究—发现"教学模式。

教师的教法：注重教学活动的编排与问题的引导。采用引导发现法、动手操作法、互动交流法等教学方法，突出教师是课堂教学的组织者、引导者与合作者。

学生的学法：突出动手操作、合作交流、探究发现与归纳总结，辅以计算器和信息技术手段，从而实现生动活泼、主动探究的数学学习活动。

教具：教材、互动电视、多媒体课件、秤、米、正方形卡纸。

学具：教材、平板电脑、计算器、基本学习用具。

技术赋能　创新发展
——教育部"基于教学改革、融合信息技术的新型教与学模式"实验区成都实践

6. 教学流程（见表4.6）

表4.6　教学流程

教学环节	教学内容与教师活动	学生活动	设计意图与说明
教学组织	指导小组长检查学生课前任务的完成情况	准备好教材、平板电脑、计算器、草稿本、笔等学习用具	充分地进行课前准备
作品展示 方案交流	【活动1】课前我们布置了一个实践任务：用一张正方形的纸制作一个无盖的长方体形盒子？同学们制作出来了吗？ 老师看到了大小不一的长方体形盒子，请同学们以小组为单位汇总交流设计方案并向全班展示。 交流要点： 剪去的部分是什么形状？ 无盖长方体盒子展开后的形状？ 【活动2】同学们制作出了不同大小的盒子，谁做的盒子容积更大呢？我们来比一比。为了公平，我们以装米的重量来进行衡量	（1）学生展示所制作的盒子。 （2）小组讨论交流，学生登台展示设计方案，阐述制作方法。 （3）学生登台"称米"，将所得数据写在对应的设计方案下	课前通过查阅资料、自主探索，实践体验。在制作过程中感受平面图形与立体图形的关系，培养学生的空间观念。通过学生的展示交流呈现不同设计方案。 "称米"环节调动学生的参与度，引导学生发现"在正方形纸片四角减去同样大小的正方形"这种设计方案制作的盒子容积差异大，进而引出课题，激发学生探究热情
抽象问题 建立模型	怎样才能使制成的无盖长方体形盒子容积尽可能大？ 思考1：剪去的小正方形的边长与长方体的高有什么关系？ 思考2：这张正方形纸的边长为20 cm，设减去的小正方形边长为 x cm，你能用含 x 的代数式表示这个无盖长方体形盒子的容积吗	（1）学生针对"容积尽可能大"发表自己观点。意识到长方体盒子容积的大小与减去小正方形的边长有关。 （2）探索出剪去的小正方形的边长等于长方体的高，并通过讨论得出 $V=x(20-2x)^2$，形成问题的代数表达，建立数学模型	"怎样才能使制成的无盖长方体形盒子容积尽可能大？"问题的抛出引发学生的猜想与思考，鼓励学生大胆表达。 思考1和思考2将问题聚焦，引导学生感受将实际问题转化成数学问题的过程，并通过建立数学模型分析解决问题的一般研究方法

248

续表

教学环节	教学内容与教师活动	学生活动	设计意图与说明
代入求值 探究变化	【活动1】如果剪去的小正方形的边长按整数值依次变化，即分别取 1 cm，2 cm，3 cm，4 cm，5 cm，6 cm，7 cm，8 cm，9 cm，10 cm 时，折成的无盖长方体的容积如何变化？将计算结果填入下表； | x	1	2	3	4	5	6	7	8	9	10 | |---|---|---|---|---|---|---|---|---|---|---| | V | | | | | | | | | | | 为更清晰地观察数据的变化，老师将这些数据以图的形式呈现。 思考1：当小正方形边长变大时，长方体盒子的容积是如何变化的？ 思考2：此时最大容积为？ 【活动2】如果剪去的小正方形边长按 0.5 cm 的间隔取值，即分别取 0.5 cm，1.0 cm，1.5 cm，2.0 cm，2.5 cm，3.0 cm，3.5 cm……时，折成的无盖长方形盒子的容积将如何变化？（可以使用计算器） 思考1：观察这些数据，你发现了什么？ 思考2：此时是否可以说明 $x=$ 3.5 时容积最大呢？为什么？	（1）小组合作完成小正方形边长为整数时长方体的容积值。 （2）把计算成果投屏展示。 （3）根据散点图，探究小正方形边长与长方体形盒子容积的关系，分析容积 V 随边长 x 的变化趋势。 （4）小组合作进一步收集数据，把计算成果投屏展示，并根据所得数据进行分析	学生通过代入求值，感受容积随小正方形边长的变化而变化，通过教师给出的散点图，猜想变化趋势及最大值，并质疑，为下一步的分割逼近做铺垫，在思维的碰撞中产生新的数学思考，激发继续研究的兴趣。 学生可能会从第一次 x 取整数时得到小正方形边长在3~4之间时容积最大，此时通过教师的引导提问引发学生的深入思考，V 随 x 的变化趋势能否确定？是否会有中间值（2.5、1.5等）时容积最大？引出第二次 x 取小数的探究。 学生用自己的语言进行归纳，并将探究的结果投屏在全班交流。教师根据学生探究成果引导学生进一步猜想，感受不断"猜想—论证"的过程

续表

教学环节	教学内容与教师活动	学生活动	设计意图与说明
深入研究问题解决	深入思考：你能制作出容积更大的无盖长方体形盒子吗？你认为 x 应该在哪个范围内取值？ 教师巡视各小组的探究过程，并进行适时的引导	（1）学生分小组进行讨论探究，确定取值范围和取值间隔，对问题继续进行研究。 （2）学生汇报研究成果，阐明探究思路和过程	通过前面两次的探究调动了学生的研究兴趣，借助 Excel 程序减轻计算负担，让学生有更多的时间思考怎样科学确定取值范围和取值间隔，在探究的过程中感受分割逼近的研究方法。 学生是否可以得出最终的结论并不重要，教学的重点是让学生经历综合运用所学知识研究问题的过程，积累数学活动经验，因此，顺应学生的研究过程，不必急于给出结论
课堂小结方法提炼	【课堂小结】 回顾整节课，我们研究了什么问题，综合运用了哪些知识？经历了怎样的研究过程？ 你有什么收获或想继续研究的问题？ 1. 知识层面：图形的展开与折叠、列代数式、代数求值、根据代数式的值推断代数式所反映的规律。 2. 数学思想与方法：分割逼近、数学建模。 3. 学习方法： 实际问题转化成数学问题—建立数学模型—解决问题； 猜想——论证——结论。 "在数学的天地里，重要的不是我们知道什么，而是我们怎么知道什么。"（毕达哥拉斯） 【作业布置】 A 层：请将今天的研究过程进行梳理、反思，完成一份研究报告。 B 层：如果正方形纸板的边长用字母 a 表示，继续探究当 x 与 a 满足什么关系时，长方体形盒子的容积最大？尝试写一篇研究报告阐述你的发现	学生自主归纳、总结本节课所进行的研究过程，总结自己的收获和想继续研究的问题	围绕本节课的研究过程进行总结，有利于学生系统地掌握知识，并从感性认识上升到理性认识。 作业设计采用分层方式，充分考虑学生的差异，B 层作业引入字母参数，增加了探究难度，也为学生提供了进一步研究的平台

（二）成效与反思

在成效方面：

第一，学生参与度高。称米比容积大小环节应用了平板电脑投屏展示，向台下学生实时展示台上同学称米的过程，最大限度地调动了所有学生的课堂参与度，同时让试验结果更加清楚地展现在所有学生面前。

第二，学生思维含量高。以小组为单位自主设计方案，探究体积最大值时，利用平板电脑的 Excel 表格公式计算，节约了计算时间，同时呈现的图像直观地反映体积的变化，以为体积最大值的探究提供数据基础。

第三，学生产生了新想法。例如，在探究体积最大值的过程中，学生反馈道：剪去的小正方形的边长取值采用"中间的中间……"，初步生成二分法的思路。

在反思方面：

第一，可以应用 3D 建模等更加直观地展示长方形盒子随着底面边长的变化而变化的过程，进一步帮助学生直观感受数学，学会用数学的方式解决问题。

第二，给予学生更多展示的机会，教师更加恰当地追问，激发学生的创造性思维。

（三）获奖情况

2022 年成都市师生信息素养提升实践活动一等奖；

2022 年四川省师生信息素养提升实践活动一等奖；

2022 年全国师生信息素养提升实践活动典型作品。

（四）推广情况

"四川云教"成都七中初中学校联盟专题研讨活动、四川省李笑非名校长鼎兴工作室专题研讨活动暨成都七中初中学校第十四届教育研讨会省级推广；在成都高新区初中数学教研区级推广。

【点评】

本实践有效融入新兴技术，引导学生将实际问题转化为数学问题，综合运用所学知识分析问题、解决问题，并以平板电脑为支撑，架构双屏互动显示环境，学生以小组为单位设计探究方案，利用平板电脑自主探索长方体盒子的最大体积。实践既激发了学生的学习兴趣，又启发了学生的数学思维，取得了较好的成效。建议可继续增加追问、增强课堂教学的对话深度，激发学生深层次思考。

技术赋能　创新发展
——教育部"基于教学改革、融合信息技术的新型教与学模式"实验区成都实践

制作小小提示器，实现学科大跨越

【导语】

基于跨学科、大单元等新课程改革理念，通过项目化学习，完成了集信息技术、数学、科学、美术和语文的跨学科学习实践活动。通过"小小提示器"的制作，爸爸或妈妈在开车时可随时感受到来自宝贝的关爱与提醒，有效践行了"五育并举"的理念。

一、问题提出

（一）研究背景

1. 人工智能教育在学校中的开展

近年来，随着人工智能的普及，全国各地也越来越重视中小学生的人工智能教育，但由于各方面的原因还做不到大范围的有效实施。目前，人工智能教育在学校的开展情况表现为以下几种：

一是针对机器人竞赛对学生开展个别培训；

二是针对创客竞赛对学生开展个别培训；

三是社团课中开展人工智能课程。

当然，这些途径都是针对部分学生开展的，大部分学校的人工智能教育还不能走进常规课堂。然而，从利用人工智能来设计制作符合真实生活需求的产品，带领学生实现综合实践学习是一个非常不错的跨学科学习方式，所以像实践中所写的针对实际需求设计的跨学科学习活动操作经验值得好好挖掘。

2. 新课标中跨学科学习的相关要求

为响应时代需求和培育时代新人，教育部于 2022 年 4 月 21 日正式发布了《义务教育课程方案（2022 年版）》（以下简称"新方案"）和 16 个义务教育课程标准（2022 年版）文件（以下简称"新课标"）[①]。其中，新方案指出，新课标

[①] 教育部. 教育部关于印发义务教育课程方案和课程标准（2022 年版）的通知 [OL]. http://www.moe.gov.cn/srcsite/A26/s8001/202204/t20220420_619921.html.

的主要变化之一是优化了课程内容结构，提出各门课程原则上至少要用 10%的课时设计跨学科主题学习，这体现了新课标鲜明的导向性——跨学科学习。[①]

新课标中多次提到要促进学生跨学科能力的发展，包括跨学科学习能力、跨学科应用意识与能力、跨学科实践能力与跨学科研究能力，具体表现为学习、理解、拓展、构建跨学科知识与概念，尝试提出需要解决的跨学科问题，从跨学科的角度，运用跨学科的知识、技能、方法和思维分析与解决问题，从而设计出简单的跨学科实践方案，并解释跨学科实践方案、实施过程和结果，最终完成跨学科实践活动的能力。

3. 跨学科学习的主要理论研究

国外研究：跨学科活动最早出现于 20 世纪 20 年代的美国[②]，美国联邦政府结合各州在教育实践中的跨学科教学经验提出了国家教育计划和国家教育标准，在国家层面推进了跨学科教学的发展。美国跨学科教育以学生的兴趣为出发点，教师为学生规划探究性的科学课程计划，确定课程学习的主题，综合运用各方面的知识解决实际问题。在美国跨学科教育盛行的同时，其他国家也逐渐开始了跨学科教育。德国在 2002 年颁布的教学大纲中提及了跨学科教学，德国提出的跨学科概念涉及各个学科领域，使学生在学科之间建立了知识桥梁，能够多角度地分析和解决生活中的实际问题，全面发展了学生的综合能力。在 20 世纪 80 年代中期到 90 年代中期，日本政府强调培养富有创造性和综合判断能力的综合性高质量人才，综合性教学和个性发展已是日本教学的重要思想。芬兰的跨学科教育主要体现在"现象式教学"当中，"现象式教学"的核心是跨学科教育，由一个话题出发，多个角度介绍这个主题，从不同角度培育学生的各项技能[③]。通过横向交叉多学科的教育，学生学到的不再是单一的某门知识，而是多门学科知识的综合。这种整体式的训练不仅让学生可以学习相关的学科知识，而且可以培养将知识融会贯通并应用于实际的能力。北京师范大学曹一鸣教授在《跨学科教学研究：以芬兰现象教学为例》中分析了芬兰跨学科教学理念与实践，总结了我国实现跨学科教学的主要困境[④]。由此可见，国外学

---

① 董艳，夏亮亮，王良辉. 新课标背景下的跨学科学习：内涵、设置逻辑、实践原则与基础[J]. 现代教育技术，2023，33（2）.
② 侯爱静. 高中化学跨学科教学研究[D]. 石家庄：河北师范大学，2013.
③ 陈式华. 现象教学——芬兰 2016 教改新模式[J]. 教育与教学研究，2016，30（11）：102-106+117.
④ 于国文，曹一鸣. 跨学科教学研究：以芬兰现象教学为例[J]. 外国中小学教育，2017（7）：57-63.

者十分重视跨学科在教育教学方面的研究，并在探索过程中取得了丰富的研究成果。

国内研究：我国关于跨学科教学的研究起步于20世纪50年代，蓬勃发展于80年代。最初我国学者把"Interdisciplinary"译成"交叉学科"后在深入研究过程中逐渐用"跨学科"一词对其进行替代[①]。在分科教学的弊端日益凸显下，新课程改革要求加强学科整合，进行跨学科融合教学。以"跨学科""跨学科教学"为关键词，在中国网上搜索到有关"跨学科"的文献3 508篇，"跨学科教学"222篇。对于检索到的文献内容进行分析，发现从1958年到2020年，关于跨学科教学的研究呈直线型上升。目前我国有关跨学科的研究大多都在高等教育阶段，对中小学跨学科教学研究在近几年兴起。其中，有关跨学科教学研究的文献190篇，硕士论文24篇。根据检索的文献内容进行分析，发现新课程改革以来，许多学者的研究成果集中于新课程实施的必要性、教师角色变化、跨学科教学的策略和跨学科教学理念等方面，如许国英《素质教育呼唤构建跨学科交叉培养模式》[②]、周鸿《中小学教师跨学科培训的实践与思考》[③]、上海华东师大一附中课题组刘定《高中生跨学科研究活动辅导》[④]、王琦《新课标下聋校数学跨学科教学研究》[⑤]等。可见跨学科教学在其他学科教学中的理论与实践联系研究较少。

综上所述，国内外学者就跨学科教育都进行了深入的研究，但目前，在国内以项目化学习的方式进行的小学生跨学科实践活动的理论相对较少，可借鉴性与可操作性均不是很强。

4. 跨学科学习相关的实践、问题和思考

实验组教师曾将信息技术与语文、美术等学科融合，举办了《走近鲁迅》跨学科学习活动，学生通过驱动问题"鲁迅到底是一个怎样的人？"开展活动，讨论话题、成立小组、分工搜集资料、汇总资料、调整方向、再次搜集、全班汇报、作品呈现、交流评价。通过本次活动，学生更深入地了解鲁迅，走近伟人，被他崇高的精神打动，也为以后初高中学习鲁迅作品奠定了良好的基础。

---

① 余婷婷. 新课程背景下高中政治跨学科教学研究[D]. 上海：上海师范大学，2014.
② 许国英. 素质教育呼唤构建跨学科交叉培养模式[J]. 广东教育学院学报，2002（3）：77-79.
③ 周泓. 中小学教师跨学科培训的实践与思考[J]. 无锡教育学院学报，2001（2）：37-39.
④ 上海华东师大一附中课题组，刘定一. 高中生跨学科研究活动辅导[J]. 上海教育科研，1998（9）：1-8.
⑤ 王琦. 新课标下聋校数学跨学科教学研究[J]. 现代特殊教育，2018（11）：40-42.

但也存在问题，"鲁迅到底是一个怎样的人？"这个驱动性问题与学生的生活关联性不大，对学生主动去探索的驱动力度也不大。小学生可能更适合体验类、参与类，并与自身息息相关的项目。他们并不擅长做这种远离生活的历史类的调查研究。原因可能是信息来源的途径比较单一，基本上都是借助于网络搜索。信息来源渠道具有很大的不确定性，小学生也无法分辨哪些信息是非常权威的，哪些是需要考证的。所以驱动性问题的设置非常关键，一定是来自学生真实的想要探究的问题，与他们生活紧密相关的问题。

（二）主要解决的问题

针对传统学科教学过程中长期存在的学科割裂、学用分离以及评价单一等问题，从学科融合、学以致用以及多元评价等方面解决以下3个方面的问题。

1. 学科间知识被严重割裂

在应试教育的驱动下，传统学科教育分科和专门化凸显，学科之间缺乏必要联系和有效整合，学生知识面变得浅窄，学科知识难以综合运用，解决问题能力低下。[1]

2. 知识的学与用相互分离

传统教学实践活动中学习者的学习与应用联系不紧密，导致学生知识结构孤立，难以与现实生活产生很强的联系性，以致学习效果大打折扣。[2]

3. 评价的方式与维度单一

在常规教学中，教师通常会从做题的得分情况来看学生对知识的掌握程度，过度追求学生对知识概念的理解与掌握，因此教学评价难以实现立体多元化。[3]

二、跨学科学习活动成效与反思

（一）促成教师的多方位提升

1. 用"心"挖掘与生活相关的真实问题

通常而言，要确保项目学习主题的真实性其实还是比较难的。因为在小

---

[1] 宋哲轩. 新课程下跨学科教学实践探究[EB/OL]. http://i.yanxiu.com/user/train/personal/view Homework.tc?hwid=25672195&projectid=9168.
[2] 范文祥. STEAM教育：发展、内涵与可能路径[J]. 现代教育技术，2018（3）：100-106.
[3] 赵慧臣，张娜钰，马佳雯. STEM教育跨学科学习共同体：促进学习方式变革[J]. 开放教育研究，2020（3）：91-98.

技术赋能　创新发展
——教育部"基于教学改革、融合信息技术的新型教与学模式"实验区成都实践

学阶段，要凭借学生自己的力量来发现生活中的问题从而生成契合的活动主题是不常见也不容易的，所以从真实生活中发现问题也是想经常做项目的教师首先需要解决的一个问题。要做项目，教师首先需要有一颗善于发现、善于挖掘生活小细节的心，然后慢慢地去启发、影响自己的学生去发现。

这次项目活动，教师就是把学生之间不经意的一个小对话进行了挖掘、分析，然后凝练出了一个真实的生活问题，而且针对问题做了进一步挖掘，带领学生展开调查，最后将一个学生家长的个性问题升级成为很多家长存在的共性问题。由此将这个普遍存在的问题带入真实课堂，经历了一场从心启程的"为爱护航"行动，完成了一次跨学科的设计制作活动。

2. 用"技"处理真实问题与课堂之间的连接

将真实的问题带入课堂的时候，教师不能只是单纯地用嘴来表述这个故事的来龙去脉和调查结果，而是要借助信息技术、多媒体来处理真实情景与统计数据（见图 4.13 和图 4.14）。

图 4.13　多媒体信息的融合框图

图 4.14　信息技术创设问题情景例图

这次项目中，教师就是将故事情节与调查结果用影像与动画的方式惟妙惟肖地呈现给学生，为学生创设生动的问题情景，让学生在身临其境中产生情感共鸣，调动学生的兴趣，成功地将真实情景中的问题解决转化成一次主题学习活动。

3. 用"异"建构合理的结构化项目小组

开展项目学习活动,学生单枪匹马肯定不行,以教师为首的大部队散行更加不行,因此小组协作是最好不过的方式。而从小组内的合作交流和组与组之间的评比交流来看,显然构思如何分组是非常重要的。异质分组相较于教师随机分组与学生自由成组而言可以大大缩小各小组之间的差距,也可最大限度地激励每个学生,让每个小组成员在小组合作中都发挥出自身的优势。因此,该项目中教师根据活动开展需要,按照电脑编程、信息处理、数理逻辑、美术设计、动手操作、语言表达以及组织管理等几方面的能力将学生分成了 8 个小组,充分调动了学生的主动性与积极性(见图 4.15)。

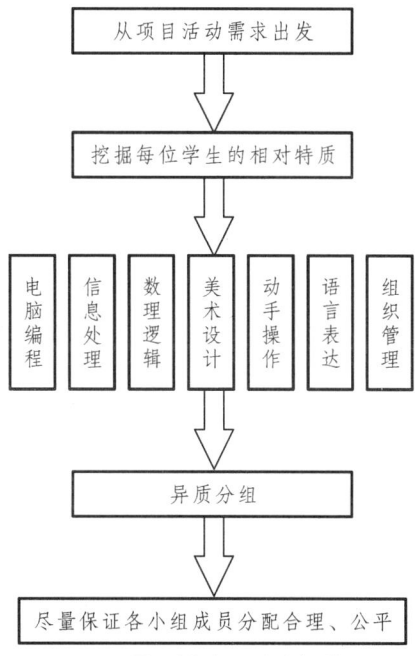

图 4.15　项目活动异质分组流程图

4. 用"备"做心中有数的引导者

以学生为主导的项目学习并不等于让学生主导课程,如果让学生主导课程那么老师便会无法掌控它。因此,项目式学习活动要以教师引导为基础。在项目活动前,教师需要确定团队中每个人的角色和职责(见图 4.16);每节课提前做好充分的计划,比如这节课中各方面所需的脚手架,还有学生活动的内容;制定每节课的小目标或每个环节要达成的预期,以此成为心中有数的引导者。

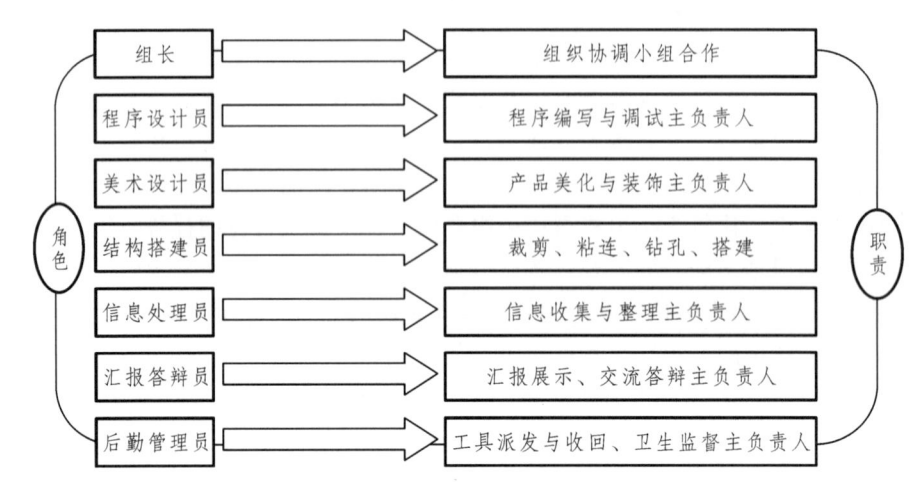

```
角色                           职责
组长      →→    组织协调小组合作
程序设计员  →→    程序编写与调试主负责人
美术设计员  →→    产品美化与装饰主负责人
结构搭建员  →→    裁剪、粘连、钻孔、搭建
信息处理员  →→    信息收集与整理主负责人
汇报答辩员  →→    汇报展示、交流答辩主负责人
后勤管理员  →→    工具派发与收回、卫生监督主负责人
```

图 4.16 小组成员角色与职责划分明细图

此外，教师还需要教学生互相帮助，教他们如何相互交谈，当双方意见不统一时，应该用什么方式交流，如何用彼此尊重的方式继续合作，并保持项目进度。

5. 用"星"制定科学的评价量表

评价可以让学生认识自己，激励学生学习，也可以让教师把握学生的学习进度与程度，从而及时调整项目进程。这次项目活动让教师在评价量表制定上受益不少，我们总结并归纳出了以下几个要点：

一是评价要贯穿整个项目，包括形成性评价与终结性评价；

二是评价量表应以项目各阶段学习目标为标准来制定，主要是为了激励学生达成学习目标；

三是评价量表的设置要分维度，除了要评价学生的知识技能获得情况外，还要评价学生的学习态度、小组合作、问题解决、动手操作以及产品的更新迭代等；

四是评价需要多样化，不仅要有教师评价、同伴评价、自我评价，还应当有产品使用者的评价。

在本次项目活动中，教师共制定了 8 个评价量表来对学生各环节的学习活动做出及时评价，具体如表 4.7 和表 4.8 所示。

表 4.7 实施阶段与评价量表对应表

项目实施阶段	评价量表
确定主题、初步设计	造型设计与功能预想评价量表
建构知识、操作练习	硬件连接与程序流程评价量表
展开制作、形成雏形	平面展开图与立体图形绘制评价量表
测试功能、迭代改进	产品制作完成情况评价量表
展示交流、总结评价	汇报展示评价量表
最终产品评价量表	
项目终结性评价量表	

表 4.8 最终产品评价量表

评价项目	评价内容（满☆）	教师评分	学生评分	家长评分
造型制作	美观（10☆）			
	完全使用废旧物品（10☆）			
	可以脱离数据线工作（5☆）			
	电池接通方便（5☆）			
	留有数据线插拔孔（5☆）			
温馨感	有表达关心与爱的元素（10☆）			
环保	制作中产生的垃圾很少（10☆）			
实现功能	每成功实现一种功能（10☆）			
	提醒功能有创意（10☆）			
稳固性	造型外框稳固（5☆）			
	各零件安装稳固（5☆）			
	底盘防滑（5☆）			
体积	不影响司机视线（10☆）			
总☆				

（二）促进学生的多维度成长

1. 从自我关注到社会认知的转变

在以往的学习活动中，学生几乎都是想着为自己做一个东西，即使为别人做也是按照自己的想法来。但是这次不同，当他们感受了那则动人的故事，得知那个同学对父亲早起外出开车的担心时，他们的同理心和社会责任感就被唤醒了，他们开始从关注自己转变为去关注身边的人，从自我设想走向探访真实需求。

2. 从个体探究到团队协作的转变

很多时候，我们提倡小组合作和团队协作，但对于学生和目前他们的学习来说，机会不多也不深入。而在本次活动中，具有编程天赋的学生、具有艺术天赋的学生、具有演讲才能的学生和具有制作爱好的学生的合作是自发的，尽管也争论不休，但整个过程分工明确、衔接紧密，沉浸式地参与整个活动，并共同承担作品带来的挫败感和成就感。

3. 从被动接受到主动学习的转变

在活动中，学生除了已有的知识基础与认知基础外其他的东西都需要在项目中去学习。比如，在这个项目中，学生在活动中会亲历"设计—测量—绘制—裁剪—粘连—打孔—安装—编程—调试—美化—汇报—评价"这样完整的过程。无论是在哪一个环节，学生都会面临很多问题。这些问题有些需要调用学生已有的知识自己解决，而更多的是具有挑战性的。要解决这些问题，学生需要自己查阅资料，寻求老师或同伴的帮助，自己动手不断尝试。这些都是在主动地学习。

4. 从理论学习到动手操作的转变

平日里的课堂学习，学生都是从书本上获取知识，他们能通过这样的学习画出一个像样的长方体或正方体，画出正方体的一种平面展开图。但是在项目式学习中，学生更多的是动手操作，他们需要把像长方体和正方体这样的常规知识进行变形、延伸，真正地把学到的理论知识运用到产品设计制作上。比如，在本项目的雏形搭建阶段，学生要想把设计的产品进行物化，需要经历以下过程：

一是钻研产品造型图。星空小组设计的造型是一间小屋，对于五年级的孩子来说绘制出规范的小屋立体图形还是具有挑战性的，学生要在正方体立体图形的铺垫下，识别并判断出小屋立体图形中的平行线，要在正方体平面展开图的铺垫下，学习判断复杂立体图形中的相邻面以及相邻面之间的连接线，确定哪些线应该是等长的，从而自己动手绘制出产品的规范立体图形与平面展图（见图 4.17 和图 4.18）。

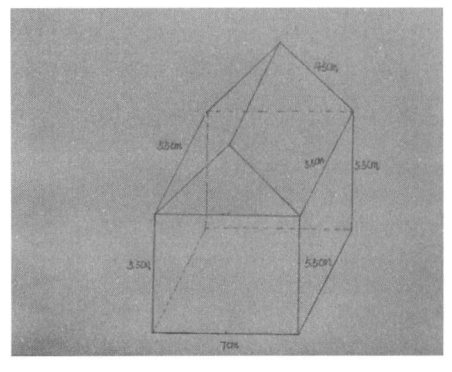

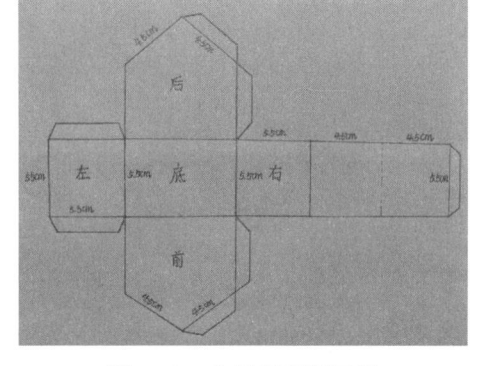

图 4.17 小屋立体图形　　　　　图 4.18 小屋平面展开图

二是根据平面展开图对制作材料进行裁剪。事实证明，裁剪的时候也不是原封不动地把平面展开图剪出来的效果最好，因为要考虑到粘合效果的话，应该为粘连面留有少许的折合粘面，而且还要根据实际需求为这些折合粘面做特殊处理。比如，彩虹小组设计的是一个摩天轮形状的造型，要想把裁剪好的两个不规则的圆面粘合成一个立面体，还需要把它们的折合粘面做成锯齿状裁剪处理（见图 4.19）。

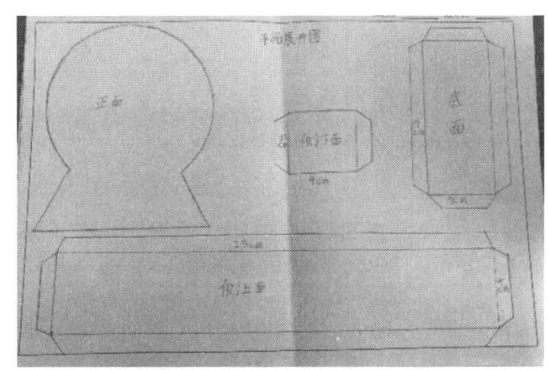

图 4.19 粘合面例图

三是根据各硬件器材的安装位置钻出合适大小的孔。这里需要考虑硬件器材的具体安放位置，如放在哪里功能实现起来更方便，而且不影响产品造型的整体效果，学生在做的过程中会一步一步去想（见图4.20）。

图4.20　打孔位置例图

四是将平面展开图折合粘连，形成产品雏形。钻孔之所以放在粘连的前面一步做，也是学生通过实践总结出来的。

由此看来，项目活动真正地让学生实现了从理论学习到动手操作的转变。

5. 从完成任务到设计产品的转变

很多时候学生参加一项活动，并不是发自内心地在做事情或者做产品，而是为了完成老师布置的任务，但是这次不一样，随着项目的不断推进，学生慢慢地学会了用产品的思维来审视自己的作品，不再因为害怕返工而懒于修改，而是会因为不够好或者没达到预期而不断去否定、去改进。

项目中最值得一提的是，在测试改进阶段，葵花小组预设的自动开合盖子的功能没有实现，前期他们花了很多时间放在这个礼物盒的设计和制作上，往常他们可能会将就往下做，但是这次他们是主动寻找老师帮忙，分析问题出现在哪里，应该怎样修改。最后在老师提供的脚手架——垃圾桶开合工作原理中获得启发，分析出了一些改进要点：（1）用盖子自身的重量使盖子在不被拉拽的时候能够自动盖上；（2）拉动盖子的线一定要顺滑、不易打结（麻线类的不行）、不易有折痕（金属类的不行）；（3）穿线的位置很重要，穿在盖子的中央位置最容易把盖子拉起来。（4）盖子不能打开太大，否则就不能凭借自身的重量自动闭合，所以旁边要加一根长度合适的线，以确保开合角度小于90度（见图4.21）。

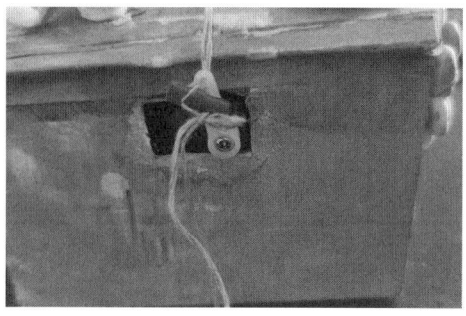

图 4.21　测试改进盒子的自动开合

（三）推动家长多角度的支持

该活动是以学生家长日常开车的真实情境启发学生思考并聚焦如何智能提醒开车安全，为父母保驾护航。所以学生在设计制作的过程中，需要与家长沟通交流，了解家长对产品的真实需求。从这方面看，活动促进了亲子关系，让学生对家长有了更多的了解。

此外，活动还有一个意外的收获，那就是家长的支持和关注超越了以往很多的普通制作活动，尽管以往的制作他们参与更多甚至是亲手上阵（而这次他们几乎没有搭上手），但是家长的体验感和自豪感增加了。他们终于发现自己孩子的能力提高了。

（四）推动学校教育的多学科协作

打破学校教育中的学科界限，实现跨学科学习和合作。我们的日常课堂是严格分科的，学科与学科即使有交集，也是偶然不经意间的，但这次活动从一开始就是在一个多学科团队的策划和协作下展开的。语文调查访问和产品说明书、数学的展开图、美术的构图与色彩、信息技术的编程这些核心任务和技能很巧妙地隐藏在了这一个活动中。当这么多学科的老师开始思考同样一个目标，如何让孩子做出一个让他人满意的产品时，就是一个新的开始，也预示着一种新的教育模式诞生的可能。

【点评】

基于跨学科学习理念，通过项目化学习完成"小小提示器"的制作，充分发挥了学生的主体性，培养了学生的动手操作能力、空间转换能力、交流合作能力、批判创新能力和利用各学科知识解决实际问题的能力，有效实现了对学生多方面素质的培养。

技术赋能　创新发展
——教育部"基于教学改革、融合信息技术的新型教与学模式"实验区成都实践

音乐教学可视化　学科融合育新人
——以信息技术融合课"波斯市场"为例

【导语】

全流程教学数据"定位"学生学情，通过"三构"（教师将欣赏作品进行建构、解构和重构）活动、"再现"思维（学生通过表现、编创、表演层层递进的活动将自己的思维"再现"），从而有效实现"跨界"融合，有效实现了音乐与信息技术、多学科课程和相关文化的有机融合，让小音乐走向大艺术、从小聆听走向大欣赏、从小要素走向大主题、从小课堂走向大时空。

一、问题提出

（一）研究背景

1. 适应信息化时代发展的需要

视觉工业时代的到来，信息技术等视听结合媒介提供了可视化的可能性，音乐的形式、内容、领悟和解读方式都充满个体化体验，可借助可视化来更好地呈现、表达和反映音乐，并将其作为音乐课堂作品的教学辅助手段，让学生更好地理解音乐作品，从而更好地提升音乐欣赏课堂教学实效。

2. 落地学生核心素养的需要

学生在音乐课堂上暴露出对音乐作品体验不足、音乐要素理解混乱、音乐形象及画面感知模糊等问题，而音乐可视化能通过可视化的线条、物象、符号、色彩、空间、场景等变化，展现节奏、力度、速度、旋律、音色等音乐要素和音乐形象、音乐画面，培养学生的审美感知，助推学生的艺术表现与文化理解，从而提升学生的学科核心素养。

3. 建设高品质音乐课堂的需要

建设高品质音乐课堂即提升音乐课堂的品质，在现有音乐课堂的基础上改革，使其更加符合学生发展的需要。信息技术支持的学情分析呈现出的可视化数据更好地了解学生学情，以学定教；音乐可视化则为音乐作品的欣赏开辟了新的

途径，借助视觉形象，拓展了视觉感知，有助于学生对音乐作品的理解和认识，延伸了音乐作品的审美感知。可视化在课堂教学中的运用能够准确掌握学生学情、提高音乐欣赏课的效率、丰富教学手段与形式，具有不可磨灭的价值。

4. 解决音乐课堂现实问题的需要

现有音乐课堂普遍存在以下问题：单向度输出、单感官为主、开口度不大、"半离身"式学习、创意实践不足。归因分析发现这主要是因教师过于主导学生被动接受、过度依赖听觉、流程设计封闭、缺乏全身心体验、缺乏过程性细节引导造成的。

（二）主要解决的问题

本文针对音乐课堂中长期存在的单向度输出、单感官为主、开口度不大、"半离身"式学习、创意实践不足等问题，借用音乐可视化这种教学辅助手段，让学生多感官地感知和理解音乐作品，培养学生个体的"内心音乐"能力，建立其下意识的联觉反应，展示自己对音乐作品个性化的理解，呈现出学生活动可视化。借助技术工具的学情分析呈现出的数据可视化可精准捕捉真实的学生学情，便于教师确定教学的起点、方法和策略，从而真正做到以生为本，激发学生的兴趣，助推学生对音乐作品的理解，尽可能地解决以上问题。

二、具体举措

（一）数据"定位"

数据"定位"指教师在课前、课中、课后运用信息技术手段调查了解学生学情并运用数据进行精准"定位"。教师在课前通过调查问卷了解学生的学习起点，以学定教；在课中通过交互软件了解学生的知识掌握情况，以学施教；在课后通过智能检测进行学生学习情况反馈，以学评教、评学。

【实践片段】

《波斯市场》是六年级上册第三课欣赏曲，是一首描绘性极强的管弦小品。这首音乐作品时间长，人物角色多，时代久远，文化异域。为了提高课堂效率和品质，教师在本课设置了前置学习，通过"人人通平台"下发作品音频请学生聆听并熟悉音乐，用"问卷星"工具设计了猜想人物角色、感受音乐氛围、听辨乐器音色、绘制旋律线4个任务对学生进行前测。教师根据前测的数据，将教学的重点和难点锁定在旋律的听辨与场景的编创上，并用可视化的方式去突出重点、突破难点。

技术赋能　创新发展
——教育部"基于教学改革、融合信息技术的新型教与学模式"实验区成都实践

课中在感受主题三（公主）旋律时，首先学生观看教师表演，用平板选择符合表演的音乐要素提交，教师根据学生提交的答案柱状图可以即时检测到学生是否了解音乐要素在音乐中的作用，接着学生用平板随音乐用线条、图形、色彩等方式绘制旋律线，教师随机抽取学生答案进行对比、分析，有助于检验学生对旋律感知和表现的情况，提高教师反馈与指导的效果，为教师能清晰、准确地进行方法示范和指导提供了数据（见图4.22和图4.23）。

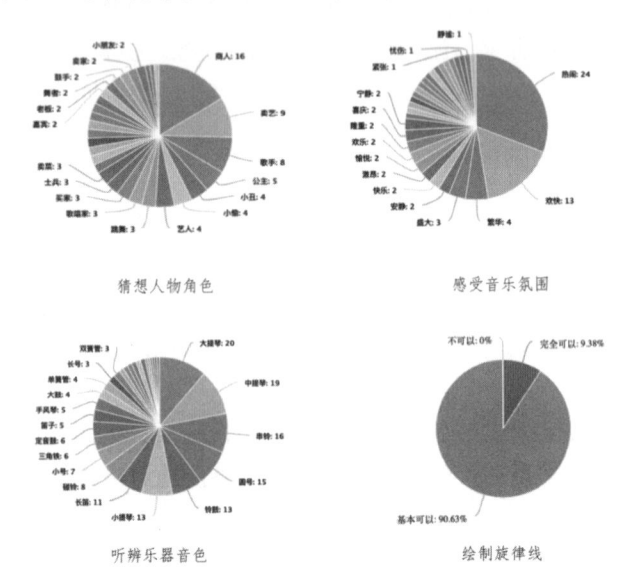

图4.22　前测结果数据

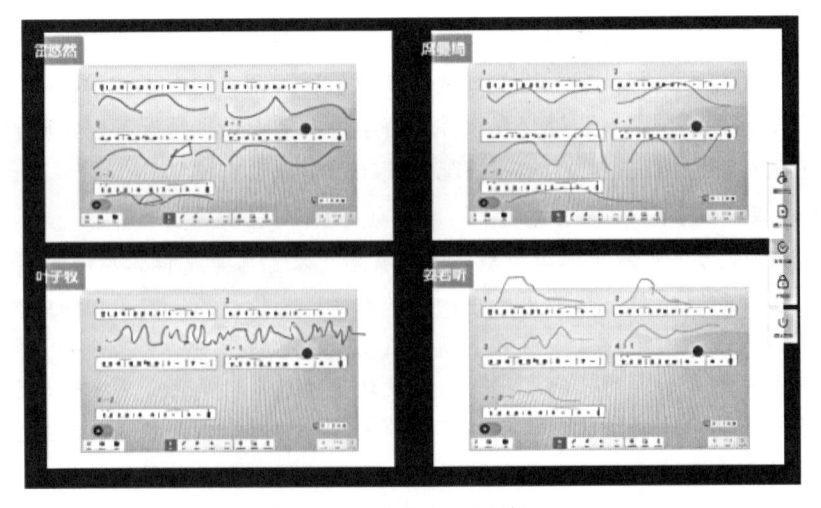

图4.23　课中学习反馈图

(二) 作品"三构"

作品"三构"主要指教师将欣赏作品进行建构、解构和重构，从而选定音乐可视化对象。教师课前聆听分析作品，整体建构出作品的段落结构，再解构作品的主题以及重要的音乐要素，根据教学目标选定音乐可视化的内容，助推学生的审美感知。

【实践片段】

教师在课前备课时，首先分析乐曲由 6 个音乐形象组成，它的结构为ABCDEFBCA。其中第三乐段（公主）为重点教学片段，根据教学目标要求，学生在聆听本乐段时，还需听出主奏乐器和熟悉主题旋律。学生若直接听辨会有一定的难度，所以课前，教师将本课设置了前置学习，通过"人人通平台"下发作品音频请学生聆听并熟悉音乐，并在课中将主题音乐用可视化视频的方式予以呈现。学生在这一环节中，通过音乐可视化手段，由单一的聆听变成了多感官的参与，由平面变为立体，提升了学生的音乐素养（见图4.24）。

图 4.24　乐曲结构图

(三) 活动"再现"

活动"再现"主要指学生通过表现、编创、表演这一层层递进的活动将自己的思维"再现"。学生在"表现"活动中通过动作、声势、人声等方式初步感知音乐要素，在"编创"中分组进行自由联想和讨论，在思考交流中产生新观念或激发创新设想进行创意，在"表演"中以合作的方式利用已学的音乐知识与技能，对编创的音乐情景、音乐故事、音乐游戏等内容进行实践。通过一系列活动"再现"音乐和思维，学生的艺术表现和创意实践得到了提升。

【实践片段】

在聆听完《波斯市场》后，教师提问："波斯市场的6个主题音乐我们已经欣赏完毕，接下来请你们听这些人物出现的顺序，并用相关的动作表现出来。"并请出两位同学到多媒体拖拽人物出场顺序。教师引导学生从节奏、情绪、旋律、主奏乐器和乐器音色方面进行回答。音乐响起，所有学生跟随音乐的旋律、节奏和音乐形象再现出繁华热闹的市场场景。整个过程学生运用观察、聆听、模仿、表演的教学活动感受音乐形象，理解音乐要素在乐曲中的作用。

（四）"跨界"融合

"跨界"融合是指音乐与相关文化整合，与多学科课程内容整合。与信息技术课程的融合支持我们的数据可视化和音乐可视化，与美术、舞蹈、戏剧等课程的融合支持我们的活动可视化。让小音乐走向大艺术、从小聆听走向大欣赏、从小要素走向大主题、从小课堂走向大时空。

【实践片段】

在感受主题二时，在聆听音乐的基础上，教师加入了肢体语言编创、角色情绪展示、场景创设等戏剧元素引导学生从空间、角色、场景、乐句4个方面进行编创，帮助学生更深刻地理解音乐塑造的人物形象，让学生在音乐的引导下打开身体，用肢体诠释音乐，辅助理解音乐，以加深对作品的感受与体验。

（五）以评促学

以评促学是通过多角度评价促进学习，关注学生真实发生的进步，捕捉、欣赏、尊重学生有创意的、独特的表现，并予以鼓励，不断加深学生的音乐体验，引导学生发现自己的潜能，合理运用评价结果改进学习。了解学生在欣赏、表现和创意实践等过程中的学习进程、行为表现，分析、把握学生的学习态度、学习体验、学习困难，给予必要的指导。即时性、针对性、以鼓励为主的评价反馈，激发学生的积极性，指出存在的问题，帮助学生改进学习。

【实践片段】

当整首乐曲在分段聆听后，学生进行完整表演。当学生初次情景表演时，教师通过希沃平台进行现场录制，在学生表演完后，教师回放学生表演片段，引导学生从表情、动作两个维度评价行进时的表演。学生通过回看自己的学习成果视频，采用自评、互评、师评的形式，发现自己表情不够庄严、动作不够整齐，随后再次进行表演，第二次表演时注意自己做得不足的地方，增强表演性。回看视频后的互评，可有效促进学生表演的完整性，提高学生表演的积极性。

【点评】

在音乐课堂中科学融入可视化技术，有效彰显了音乐课堂的"五高"品质，全面落实"立德树人"根本任务，有效推动"五育并举"，助力学生核心素养培养，通过技术融入变革了传统音乐课堂教学，在课堂活动的设计、实施、研讨、反思过程中最大限度地提升自身教育理念和课堂融合创新能力，推动基于技术的课堂教学创新实践。

技术赋能　创新发展
——教育部"基于教学改革、融合信息技术的新型教与学模式"实验区成都实践

基于人工智能技术的跨学科项目实践
——以太空"万能"舱教学为例

【导读】

基于跨学科项目式教学理念,通过系列任务和学科融合相结合的模式,培养学生团队协作与解决问题的能力。项目以"万能太空舱——微型航天知识展"为主题;以"活动激发兴趣—动手创意智造做中学—聚焦问题—解决问题—测试优化—展览与演讲"为步骤;以线上资源为学生获取知识的主要途径,充分发挥学生主体性,在学科融合中习得在真实生活中解决问题的能力,提升学生实践创新的核心素养。

一、问题提出

(一)研究背景

1. 信息技术成为跨学科研究的重要载体

过去将信息技术作为工具与课程融合,学生选择信息技术工具来帮助他们及时获取信息,分析、综合并熟练地表达信息。当前信息技术的飞速发展为社会经济文化带来了巨大的变化,互联网信息技术在各个领域的应用日益普遍,信息技术教育也越来越受到重视。社会各行业的发展使信息技术领域成为跨学科研究的多样化特征,将信息技术与教学手段整合起来,将信息技术与演示实验整合起来,将信息技术与师生交流整合起来。信息技术与课程整合的3种变革:教学内容呈现方式的变革、教师角色的变革、学习评价方式的变革。把信息技术运用到教师、学生、学习内容中,使三者完美结合,达到有效教学的目的。

2. 积极探索场景分析—原理认知—应用迁移的教学模式

互联网、物联网和人工智能等信息科技对学习、生活、工作的影响正在扩大。通过跨学科主题学习活动,以小组合作的方式,畅想智能场景,设计智能

产品方案。强化信息科技学习的认知基础，注重基本概念和基本原理学习。探索"场景分析—原理认知—应用迁移"的教学，2022版信息科技新课标指出教学中应"从生活中的信息科技场景入手，引导学生发现问题、提出问题，在已有的知识基础上分析、探究现象的机理。学习、理解相应科学原理，尝试用所掌握的原理解释相关现象或解决相关问题"①。

3. 从真实问题和真实任务出发，运用多学科思维、方法和工具解决问题、完成任务，实现学科与生活情境、不同学科的融合

该实践引导学生关心时事，了解科技给生活带来的变化，"能使用生活中常见的数字设备帮助自己开展学习。能通过与数字设备交互的方式获取信息，解决生活中的小问题，并说出其过程。能在数字设备辅助下与师长、同伴交流。能利用数字设备获取、处理学习资源，完成学习与生活中的简单任务，初步形成利用数字设备开展数字化学习与交流的意识"②。

（二）主要解决的问题

针对长期以来在应试教育的驱动下，各学科之间的分离以及缺乏必要的联系和整合，使学生的知识具有片面性等问题，从跨学科整合知识，启动项目式学习方面解决以下两个问题。

1. 跨学科整合知识解决问题，将学科之间进行联结，培养学生高阶思维

在实践活动中，教师学会放下手，信任学生，设计科学的"项目脚手架"，从项目的发布，知识的探究，小组合作，处理复杂的任务，充分发挥学生的主体性，教师处于引导位置。整个项目中，学生围绕宇航员的太空生活进行探究学习，在科学的探究中发现问题，进行问题汇总—头脑风暴—设计方案—测试方案—汇报方案。其中，利用人工智能技术创新解决一部分太空生活问题，在实践的过程中习得知识，熟悉工程步骤，创新创造。探究习得航空航天科学知识，培养学生勇于探索的精神。

2. 促进小组团队合作，科学设计项目架构

在万能太空舱项目进行过程中，存在项目周期长、学生时间不充足的问题，如何在一个长周期的项目学习中，使学生始终处于任务当中不跑偏是需要教师

---

① 义务教育信息科技课程标准（2022年版）[M]. 北京师范大学出版社，2022：42.
② 义务教育信息科技课程标准（2022年版）[M]. 北京师范大学出版社，2022：15.

更科学地设计教学项目以及评价的。在积累了一定项目经验以后，我们思考可以从以下两点进行设置：一是将项目中一个个小的任务进行有趣的设置，贴近学生生活，激发他们的兴趣。二是将评价放置在任务之前，使学生清楚地知道自己要做什么以及标准。科学地设计和评价可以促进学生的团队合作，高效完成项目。

二、太空"万能舱"教学实践

（一）实践概述

1. 选题来源

星辰征途无止境，逐梦之行不停歇。随着中国航天事业的迅速发展，中国人在浩瀚太空中不断刷新"中国高度"。基于学生对航天事业的关注和兴趣，学校组建了太空万能舱项目团队，通过航天主题活动激发学生兴趣，发起全校性的"筑梦九天　探索未来"航空航天创意制造活动，鼓励学生在做中学，探究航天知识。在此过程中，教师组织学生进行问题聚焦，引导学生思考，中国宇航员在空间站中，他们会遇到什么问题，该如何解决。再通过一系列活动和任务引导学生运用跨学科知识解决问题，进行合理的创想与探究。

2. 实践目标

一是通过探究习得航空航天科学知识，培养学生勇于探索的精神。

二是理解科学的航空知识，将编程、美术、语文等学科知识运用到作品创作当中。

三是团队协作能力的培养。

四是运用写作和演讲工作来有效传达所学信息。

设计理念和思路：基于跨学科项目式学习，以学生感兴趣的航天科学为主题，通过一系列活动和任务的设计，引导学生运用跨学科知识解决综合问题，培养学生的创新精神和解决问题的能力。

（二）实践设计

（1）学情分析：创客社团五年级学生具有一定编程基础，对智能硬件有基础了解。但是对于如何综合运用知识解决问题需要实践。

（2）涉及学科：信息、美术、科学、语文。

（3）学生培养目标：通过学习与实践，培养学生整合多学科知识、运用知识解决问题的能力，培养学生科学的探究方法和工程步骤。围绕学习任务，利用数字设备与小组成员合作解决学习问题，协同完成学习任务，进行创新，设计和创作具有个性化的作品。

（4）活动过程设计（见图4.25）。

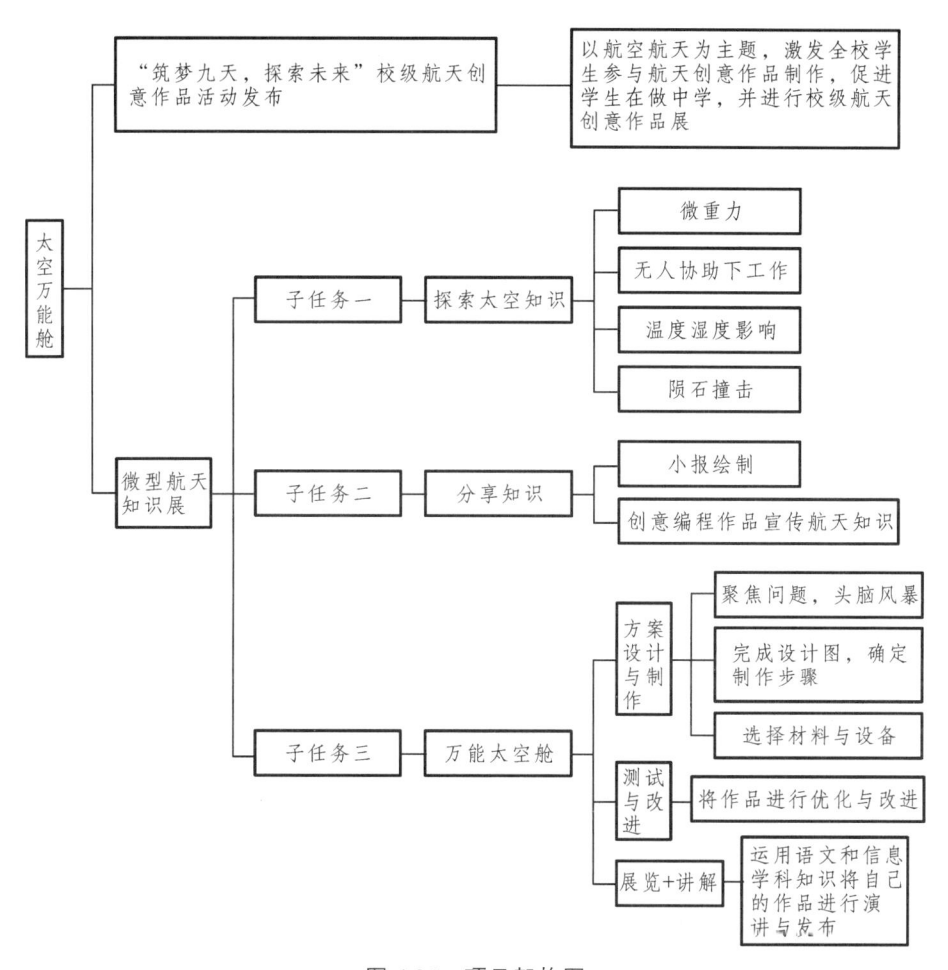

图 4.25 项目架构图

（5）评价设计：评价设计贯穿于整个项目，评价在前，学生在开始之前就清晰地知道自己的作品和合作将被如何评价。

具体评价表如表 4.9~4.13 所示。

表4.9 编程作品评价表

评价内容		编程作品评价标准		
^	^	优秀	良好	及格
创新	构思巧妙、创意独特			
^	表达形式新颖			
^	内容注重原创性			
构思	主题明确、作品完整			
^	图片、声音等素材丰富			
^	作品运行时有清晰的指导和说明			
美观	舞台背景和角色美观、清晰、易查看			
^	色彩搭配协调、视觉效果好			
^	界面布局合理，整体风格统一			
技术	作品运行稳定，没有明显的差错			
^	操作方便，易于控制			
^	选用模块合理，不同内容的呈现及逻辑关系合理、清晰			

表4.10 手绘宣传作品评价表

评价内容		手绘宣传作品评价标准		
^	^	优秀	良好	及格
创新	构思巧妙、创意独特			
^	表达形式新颖			
^	内容注重原创性			
构思	主题明确、作品完整			
^	图片等素材丰富			
^	具备航空航天知识的科学性			
美观	具备航空航天元素设计			
^	色彩搭配协调、视觉效果好			
^	界面布局合理，整体风格统一			

表 4.11　太空万能舱方案作品评价表

内容	优秀	良好	及格
交互效果良好，设计富有创意和趣味性			
利用人工智能硬件实现功能的稳定性、原创性、综合性			
算法简洁、思路清晰、方法独特			
结构设计灵活合理，可扩展性强			
设计说明书内容翔实、条理清晰			
设计美观，与实用性相结合			

表 4.12　演讲量规

语句通顺流畅，没有错别字
排版美观
足够吸引听众
观点切换有逻辑性

表 4.13　合作量规

内容	4	3	2	1
参与度	小组成员全部积极参与并且总是在课程之中	小组成员大部分时间能够参与并且处在课程中	小组成员能够参与但是经常浪费时间或者很少参与课程	小组成员不参与，或者做一些不相关的事情
领导	小组成员承担适当的领导责任，帮助小组紧跟课程，鼓励小组积极参与，寻找问题答案以及有积极的态度	小组成员有时候承担适当的领导责任	小组成员经常让他人来承担领导责任或者经常主导小组	小组成员不承担领导责任或者有与课程无关的行为
聆听	小组成员仔细聆听他人观点	小组成员经常聆听他人观点	小组成员有时不去聆听他人观点	小组成员经常不听别人的观点，并且经常打断其他人的说话
反馈	小组成员在适当的时候提供详细且建设性的反馈	小组成员在适当的时候提供建议反馈	小组成员偶尔提供建设性反馈，但是有时一些评论不合适或者没有帮助	小组成员没有提供建设性或者有用的反馈
合作	小组成员尊重他人并且公平分配工作	小组成员经常尊重他人并且平均分配工作	小组成员有时不尊重他人，没有公平分配工作	小组成员经常不尊重他人或者没有分配工作

（三）实施过程

1. 阶段一："筑梦九天 探索未来"创意智造活动任务发布

学校于寒假期间发布了"筑梦九天 探索未来"航空航天创意智造活动，希望通过创意智造活动让学生了解到、感受到中国航天事业的迅速发展，知晓航空航天知识，并发挥想象、积极探索，在做中学，探究航天知识。

2. 阶段二：任务驱动，自主探究

任务1：小小太空研究员。

通过前期学校组织的航空航天创意智造活动，学生对航空航天相关知识已经通过做中学的方式有了一定了解。为了聚焦项目问题，老师提供了相关航空航天知识学习资源包，学生自主探究，将发现的问题与想法进行汇总。

任务2：我是航空航天知识分享官。

通过发布任务，让学生清晰地知道自己的身份，将所学知识汇总，进行创意编程、手绘报等形式宣传航天知识，再通过学校课堂宣传、公众号宣传等方式展示学生作品。

任务3：设计制作万能太空舱。

一是问题聚焦，头脑风暴。根据学生探究来的问题，教师进行汇总和展示，并根据学科知识与学生兴趣点，将学生的问题聚焦，进行头脑风暴活动（见表4.14）。

表4.14 问题聚焦

1	微重力情况下的工作
2	舱内温度湿度控制
3	航空饮食
4	心理健康与疏导
5	有可能的陨石撞击

二是完成设计图，确定设计步骤（见图4.26）。项目制作前需要学生了解工程步骤。

三是制作万能太空舱作品。在教师的引导和辅助下，将设想的熊猫外形的太空舱进行建模，准备激光切割（见图4.27）。

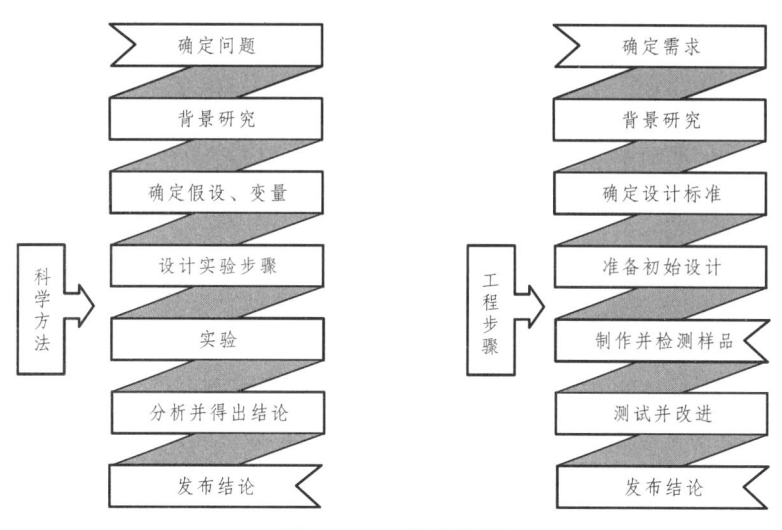

科学方法：确定问题 → 背景研究 → 确定假设、变量 → 设计实验步骤 → 实验 → 分析并得出结论 → 发布结论

工程步骤：确定需求 → 背景研究 → 确定设计标准 → 准备初始设计 → 制作并检测样品 → 测试并改进 → 发布结论

图 4.26 工程步骤图

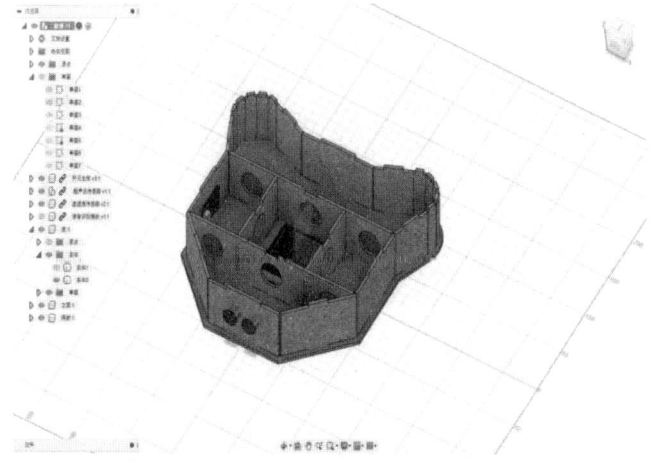

图 4.27 建模和激光切割

四是作品组装完成及测试优化与改进。

(四) 熊猫万能太空舱的功能和原理

1. 功能设计

熊猫万能太空舱是同学们设想的一个模型，外形呈国宝熊猫的形状，让中国元素飘浮在太空，让宇航员更有归属感（见图 4.28）。它可以辅助宇航员解决生存问题。空间站是一个相对封闭的空间，适宜的温度、湿度、含氧量才能保证航天员生存，同时也设计了关注宇航员心理健康问题的模式，如对太空中安全问题的预警，有可能的太空浮物和陨石撞击，关注航天员的生活和工作。航天员在太空中有很多科研项目需要完成，为了避免操纵空间站影响实验工作进度，当航天员全员离开驾驶室投入实验工作时，AI 视觉传感器检测到人员全部离开后自动切换到自动驾驶模式在显示屏上显示"已切换到自动驾驶模式"，当宇航员回到驾驶室，显示屏显示"已切换到辅助驾驶模式"；同时在培育区还设置有根据植物生长周期调整模式的电位器，可以针对不同的生长周期切换不同的模式。

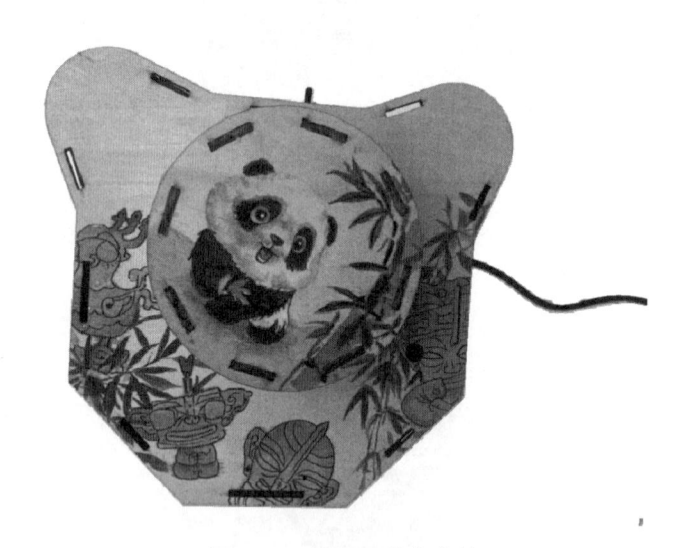

图 4.28 熊猫万能太空舱

2. 工作原理

具体的工作原理如图 4.29 ~ 4.31 所示。

第四篇
新理念催生的融合信息技术教学实践

AI视觉传感器检测到人员全部离开后自动切换到自动驾驶模式,在显示屏上显示"已切换到自动驾驶模式"。当宇航员回到驾驶室,显示屏显示"已切换到辅助驾驶模式"

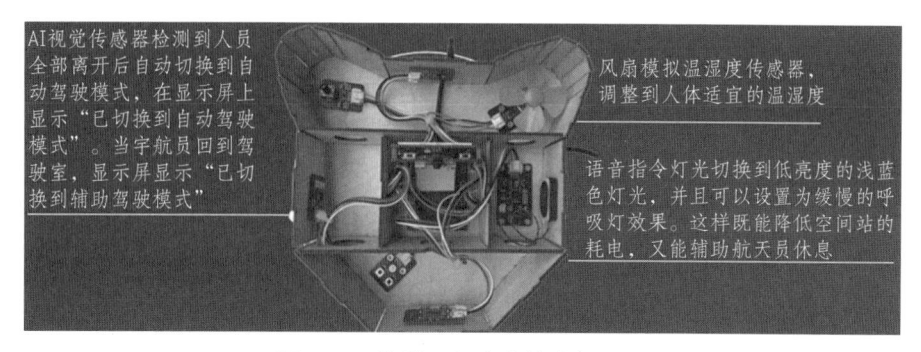

风扇模拟温湿度传感器,调整到人体适宜的温湿度

语音指令灯光切换到低亮度的浅蓝色灯光,并且可以设置为缓慢的呼吸灯效果。这样既能降低空间站的耗电,又能辅助航天员休息

图 4.29　熊猫万能太空舱内部原理

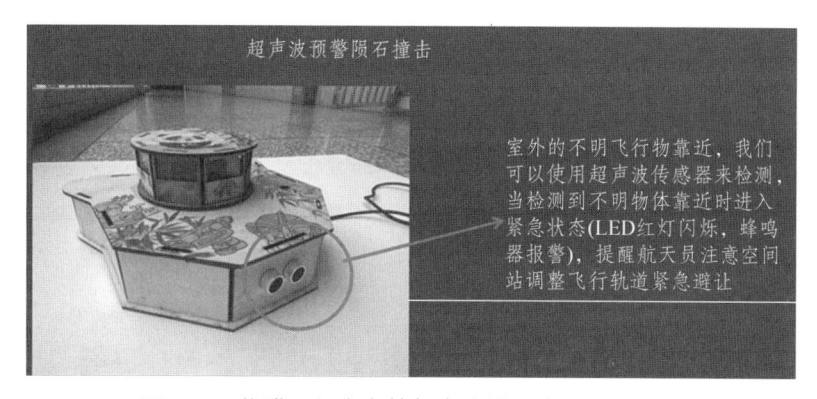

超声波预警陨石撞击

室外的不明飞行物靠近,我们可以使用超声波传感器来检测,当检测到不明物体靠近时进入紧急状态(LED红灯闪烁,蜂鸣器报警),提醒航天员注意空间站调整飞行轨道紧急避让

图 4.30　熊猫万能太空舱超声波模拟撞击预警原理

AI人脸识别模块

关注航天员的生活与工作
航天员在太空中有很多科研项目需要完成,为了避免操纵空间站影响实验工作进度,当航天员全员离开驾驶室投入实验工作时,AI视觉传感器检测到人员全部离开后,自动切换到自动驾驶模式在显示屏上显示"已切换到自动驾驶模式"。当宇航员回到驾驶室,显示屏显示"已切换到辅助驾驶模式"

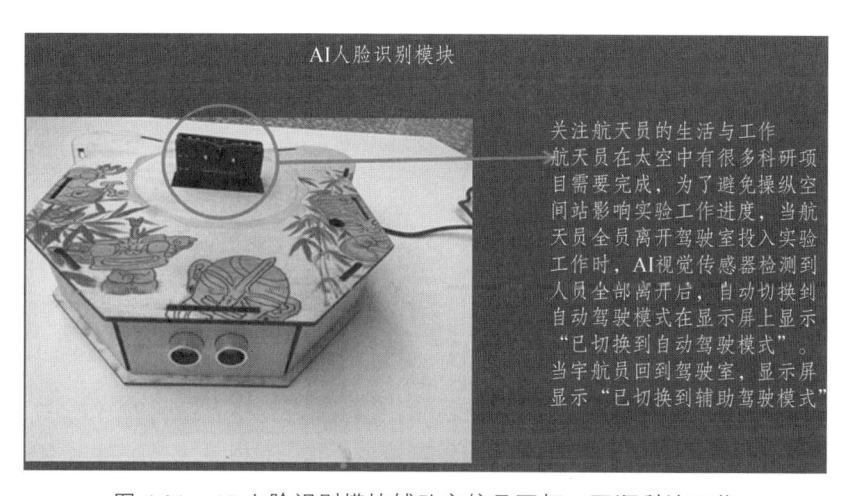

图 4.31　AI人脸识别模块辅助宇航员更好、更顺利地工作

279

3. 微型航天知识展——展览分享+讲解

项目完成后，团队制作 PPT，组织语言，进行排练，在校级微型航天知识展上进行演讲和发布，与全校同学分享自己的作品，并吸取同学们提出的意见，进行新的改进和优化。

【点评】

基于跨学科项目式教学理念，通过设计一系列任务和活动，凸显了教师引导、学生探究的思想，注重运用多学科知识解决问题，培养学生团队协作能力，解决问题的工程步骤方法。以"活动激发兴趣—动手创意智造做中学—聚焦问题—解决问题—测试优化—展览与演讲"的科学步骤进行，学生沉浸在航天科学和创意制作的氛围中，不断创新实践，最终以微型航天知识展的形式将作品进行演讲发布。学生从项目中收获经历困难解决问题的宝贵经验，运用多学科知识完成作品，体会真实生活中解决问题的方式，提升自身的核心素养。

智慧学习环境下跨学科课程的开发与实施

【导读】

立足学校"和谐·创新"办学思想，秉承课程开发与技术融合，初步形成跨学科课程开发体系，有效开展跨学科学习，运用不同场景下智慧学习环境创设，积极开发、实施跨学科课程，满足学生个性化学习、创造性学习需求。

一、问题提出

（一）研究背景

1. 技术支持下的智慧学习将成为未来学习的主要方式

祝智庭、贺斌认为，智慧学习就是要主动灵活地运用适当的技术促进学习者建构意义、合作共赢和创新实践，不断改善优化和适应环境；智慧学习是一种学习者自我指导的、以学习者为中心、具有完整学习体验的新型学习范式[1]。智慧学习是学习者在智慧环境中按需获取学习资源，灵活自如开展学习活动，快速构建知识网络和人际网络的学习过程[2]。智慧学习将推进终身学习的实现，促进学习者自主学习、协作学习能力的提高，利于学习者实践能力和创新能力的培养。

2. 跨学科课程是弥补分科课程不足的有益补充

2021年印发的《全民科学素质行动规划纲要（2021—2035年）》中指出："引导变革教学方式，倡导启发式、探究式、开放式教学，保护学生好奇心，激发求知欲和想象力。推进信息技术与科学教育深度融合，推行场景式、体验式、沉浸式学习……"《义务教育课程方案和课程标准（2022年版）》中指出：必须深化课程改革，加强义务教育课程建设。坚持创新导向，增强课程综合性、实践性，加强与学生经验、现实生活、社会实践的联系，通过主题、项目、任务等形式整合课程内容。突出实践育人，强化课程与生产劳动、社会实践的结

---

[1] 祝智庭，贺斌. 智慧教育：教育信息化的新境界[J]. 电化教育研究，2012（12）：5-13.
[2] 郭晓珊，郑旭东，杨现民. 智慧学习的概念框架与模式设计[J]. 现代教育技术，2014（8）：5-12.

合，强调知行合一，倡导做中学、用中学、创中学，注重引导学生参与学科探究活动，开展跨学科实践，经历发现问题、解决问题、建构知识、运用知识的过程，让认识基于实践、通过实践得到提升。可见，国家将课程改革、教学方式改革提到非常重要位置，重视程度之大，跨学科、课程综合已成为教育改革的重要因素之一。

3. 学校深度推进技术支持下的课程改革创新实践

龙泉驿区第一小学校自2020年秋季开展跨学科课程建设以来，以年级为单位进行了跨学科课程设计的尝试：一年级认识自我课程；二年级龙泉山课程；三年级蜀韵课程；四年级博物馆课程；五年级驿马河课程。同时，各个学科分别开展了学科项目化尝试，如语文学科的《悦读精彩，童心演绎》、数学学科的《我为秋季运动会设计方案》、科学学科的《制作保温袋》等。这些实践探索，为智慧学习环境下的跨学科课程开发与实施积累了经验。

（二）主要解决的问题

本文针对智慧学习环境下跨学科课程实施过程中存在的教师跨学科课程理念不够，课程设计与实施方法和策略欠缺，与智慧环境融合不深等问题，从理念重构、团队组建、过程管理、提炼策略、课程评价方面解决以下两个方面问题。

1. 教师跨学科课程理念，课程设计与实施的方法与策略欠缺，课程实施动能不足

跨学科课程教学对教师角色提出了由单一型向综合型转换的要求。教师要成为多元知识的汲取者、课程生成的开发者和指导课程的合作者[1]。教师对课程开展的价值和意义不明确，对课程设计与实施缺乏方法和策略，课程设计与实施能力不足。教师在跨学科实践中具有畏难情绪，实践层次浅，课程研发乏力，课程实施受阻。

2. 教师跨学科课程实践没有与智慧学习环境有机融合，课程实施无法深入

在跨学科课程实践中，缺乏有效的技术融合策略，没有通过技术搭建支持课程学习的环境，运用技术支持学生的创造性学习与表达。学生协作学习的时间、空间有限，学习成果呈现方式单一，无法实现智慧教育环境下学生的协同学习、个性化学习、深度学习与探究。

---

[1] 林春福，杨天平. 美国中小学跨学科课程模式：主要类型、教师角色及其启示[J]. 课程·教材·教法，2010，30（2）：109-112.

二、解决问题的方案

教育信息化一直是学校的发展特色，学校先后获得"成都市首批数字校园示范校""成都市未来学校试点校""四川省智慧教育学校示范校""教育部网络学习空间普及应用优秀学校"称号。2021年，学校信息技术应用提升工程2.0整校推进实践和教研组实践先后入选教育部典型实践。学校以变革课堂、课程为载体，有效地推进智慧教育建设。在课堂变革上，通过智慧课堂建设，探索智慧学习环境下的常态化教学，实现技术支持下的个性化学习。在课程变革上，通过智慧学习环境下跨学科课程的开发与实践，有效落实素养导向下的学科课堂建设，实现课程整合与全面育人协调发展。

（一）理念重构：树立科学、全面的育人观

经过课程建设的不断实践与反思，我们认为：要实现信息技术与教育教学的融合创新，首先要更新教育教学理念。理念没有更新，教师的教和学生的学仍然是传统的模式，技术与教学还是"两张皮"。要实现智慧教育理念下的个性化、差异化学习，教师的观念必须发生系统性重构，这是实现技术与教育教学融合的基础。

学校通过聘请高校专家到校建教师发展工作坊，系统培训"学习科学"相关理论。如：知识建构理论强调，学生可以通过云论坛、云社区、网络空间等途径，开展无处不在的师生对话与分享，在不断推进中，实现个人知识向公共知识的转化。再如：项目化学习相关理论，帮助教师系统认识项目化学习的概念，项目设计与实施策略，让教师从理论中认识到真实情境创设、挑战性问题设计的必要性。

学校还组织教师深入研究"学习共同体理论"。学校加入北京师范大学"学习共同体建设"项目，深入学习和构建"学习共同体课堂"。帮助教师建立"不让任何一名学生掉队"的教育理念，深刻理解"学习共同体课堂"的3个特征：协同学习、挑战性学习和学科本质的学习。该理论帮助教师在课堂中建立"学生中心"的观念和有效设计深度学习的教学活动。[1]

（二）团队组建：搭建学科融合的教师平台

为了深入推进跨学科课程的设计与实施，学校成立了工作领导小组，校长

---

[1] 佐藤学. 学校的挑战——创建学习共同体[M]. 钟启泉，译. 上海：华东师范大学出版社，2010.

任组长，分管教学副校长为副组长，教导处、教科室行政既有各自的牵头项目，又齐抓共管，共同推进跨学科课程的设计与实施。

课程研发团队由 3 部分组成：学科教师团队、融合应用指导团队、技术支持团队（见图 4.32）。

学科教师团队分为两类：第一类是国家课程跨学科主题学习研发团队。该团队以学科教研组为单位，牵头人是教研组长，在教材内容中选择项目主题开展设计与实施。第二类是校本跨学科课程研发团队。该团队实行项目负责制，每个课程由一位行政牵头，一名项目负责人和各学科教师搭配的成员组成。这样的组织结构，有利于实现学科融合。融合应用指导团队由相关专家和学科融合应用骨干教师组成，该团队负责课程内容与技术融合点的选择和确定。技术支持团队由信息科技教师和第三方技术公司人员等组成，该团队负责课程设计与实施中的技术、平台等支持。

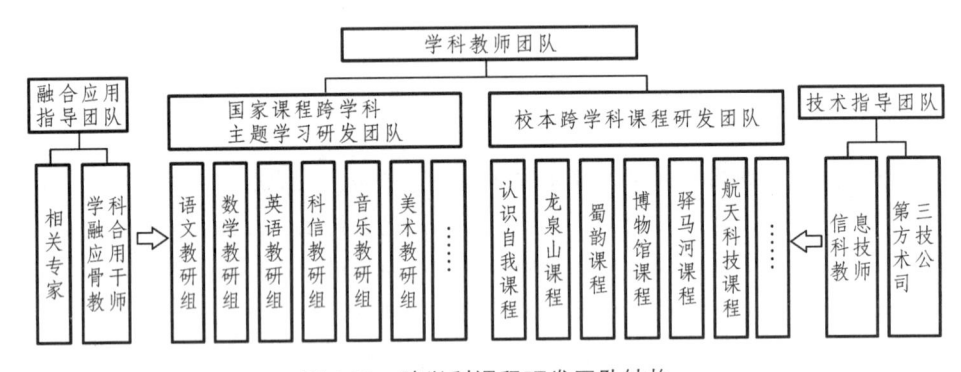

图 4.32 跨学科课程研发团队结构

（三）过程管理：形成规范有效的研发流程

在课程改革方面，从两个方面开展改革实践：一是基于国家课程跨学科主题学习研究。它是指基于学科中的关键概念和能力的项目化学习。它将项目化学习的设计要素融入学科教学，将低阶认知融合入高阶认知，通过项目化学习的设计培育学生的问题解决、元认知、批判性思维、沟通与合作等重要的能力。二是在校本跨学科课程的开发上，学校立足于打破学科壁垒，实现学科融合。学生在课程中，通过面对真实的问题，用跨学科的学习方式，通过团队协作，发现问题，解决问题，以产品呈现为目标，开展深度学习和探究。

跨学科课程设计与实施实现全学科教师参与，采用"一期一案"的方式推进。以国家课程跨学科主题学习研究为例，每个教研组每学期在本册教材中选择一个内容组织跨学科学习，力求每做一个项目就是精品。具体流程如图4.33所示。

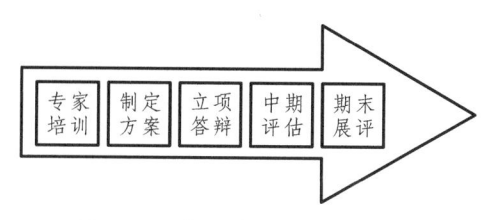

图 4.33　跨学科课程推进流程图

专家培训：邀请专家对教师开展跨学科学习理论、评价量规设计、跨学科课程实施方法方面的培训。学校教师积极学习与课程实施相关的信息技术融合内容，如技术支持下的跨学科学习活动设计、评价量规的设计与制作、技术支持的展示与交流、技术支持学生的创造性学习与表达。对以上内容的学习，提高自身对课程的开发及实施能力，提高技术与项目课程的融合能力。

制定方案：教师针对自己的项目，制定项目实施方案，并进行方案可行性论证。

立项答辩：开展项目立项答辩，由专家对方案进行指导，教研组（项目组）根据专家的指导意见对方案进行修改，使方案更具可行性。

中期评估：教研组（项目组）对前期工作进行梳理，汇报项目开展情况、取得的成效、遇到的问题、后期工作规划，由专家进行指导，以保证后期项目的顺利实施。

期末展评：国家课程跨学科主题学习课程，以教研组为单位进行成果梳理，学生以班级为单位进行成果展示，教研组在学校集中汇报展示。校本跨学科课程，组织路演、答辩等全校性的展示活动，通过全校学生对项目进行投票的形式进行活动评价。

（四）课程实施：构建跨学科课程学习模式

跨学科课程项目组通过大量课程实践构建了"以技术融合为主线"的"三阶六步"课堂学习模式，促进学生自主发现问题、探究问题、应用发展的跨学科课程学习流程，实现学生在真实问题下的深度学习与建构，具体如图4.34所示。

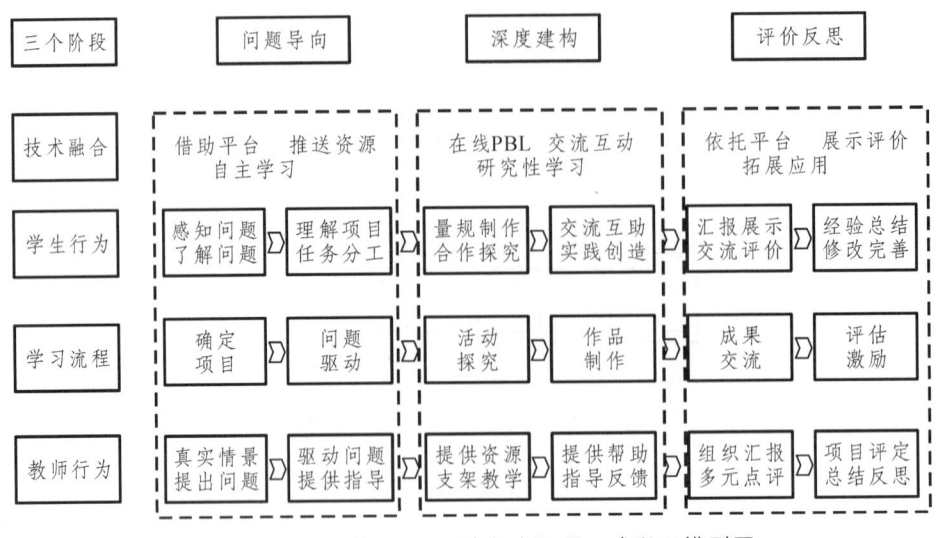

技术赋能　创新发展
——教育部"基于教学改革、融合信息技术的新型教与学模式"实验区成都实践

三个阶段	问题导向	深度建构	评价反思
技术融合	借助平台　推送资源 自主学习	在线PBL　交流互动 研究性学习	依托平台　展示评价 拓展应用
学生行为	感知问题 了解问题 → 理解项目 任务分工	量规制作 合作探究 → 交流互助 实践创造	汇报展示 交流评价 → 经验总结 修改完善
学习流程	确定 项目 → 问题 驱动	活动 探究 → 作品 制作	成果 交流 → 评估 激励
教师行为	真实情景 提出问题 → 驱动问题 提供指导	提供资源 支架教学 → 提供帮助 指导反馈	组织汇报 多元点评 → 项目评定 总结反思

图 4.34　跨学科课程"三阶六步"项目式学习模型图

1. 形成跨学科课程学习流程

跨学科课程的"三阶六步"学习流程，即"问题导向—深度建构—评价反思"项目式学习三阶段和"确定项目—问题驱动—活动探究—作品制作—成果交流—评估激励"学习流程六个步骤，关注学生学习活动的认知水平，让学生从问题、项目到操作、实践再到评价反思、应用创新。通过师、生技术支持下的问题驱动、探究合作、展示评价，跨学科课程由浅入深、从知识走向成果、从问题解决走向应用实践，充分培养学生核心素养与综合能力。

（1）阶段一：问题导向。

问题导向是课程项目及问题驱动的初步感知和定向分析阶段。学生通过平台提供的资源自主学习，对新项目进行认识、准备、提前预习。教师设计合理的驱动问题引发学生认知、激发学习动机，提高学习兴趣。驱动问题紧扣活动目标，难度适宜，让学生在探索问题时获得不同体验和成就。

（2）阶段二：深度建构。

深度建构是组织实施课程项目的具体活动及任务分解与达成的实践探索过程。学生在探究活动中，利用技术实现多种问题的解决方法、方案；学生之间协作学习，根据研究目标，调查研究，提出假设，主动建构学科知识，查找和分析资料，验证实践，有效地利用知识解决问题，"认知"—"实践"，从而获得高阶思维发展。在"做"中学，是对知识的获取与加工阶段，培养学生多角度、多途径解决问题与合作交流的能力。创造力融汇在学生学习中，学生创造性地思考，创造性地写作、对话，设计制作产品，使创造性思维和创造性能力融汇在学生的学习过程中。[①]

（3）阶段三：评价反思。

评价反思是课程项目推进与反馈调控的管理阶段。学生通过参与项目学习过程，实现对自我学习、项目产品的评价、反馈、改进与创新，提升学生自我监督、自我评价的能力，形成学生评判性认知与创造性发展。

2. 形成智慧学习环境下跨学科课程的融合流程

在跨学科课程实践中，支持学生个性化学习需要学习环境的创建。各个课程项目组积极探索智慧学习环境下有效推进学生个性化学习与表达的方法路径。基于学习科学理论构建的智慧学习环境下跨学科课程融合流程，如图4.35所示。

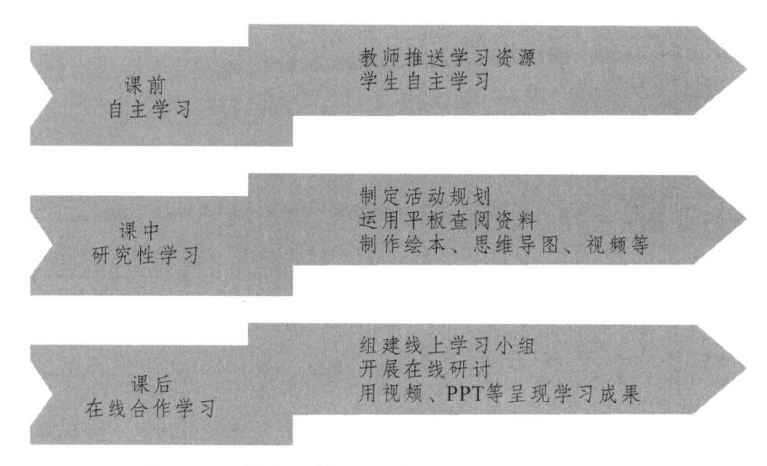

课前 自主学习	教师推送学习资源 学生自主学习
课中 研究性学习	制定活动规划 运用平板查阅资料 制作绘本、思维导图、视频等
课后 在线合作学习	组建线上学习小组 开展在线研讨 用视频、PPT等呈现学习成果

图4.35　技术支持下的跨学科课程融合策略图

（1）课前，平台推送相关微课、研究任务单等学习资源，让学生自主学习。

实践1：以跨学科课程"蜀之孕动植物绘本"一课为例：课前，老师向学生推送了相关微课资源给学生，学生进行自主学习。在学习的基础上制作读书笔记，选择感兴趣的主题提出问题、深入研究，运用幕布、思维导图尝试制作读书笔记思维导图。完成首学单，准备课上和同学分享自己研究的动植物。

（2）课中，小组运用平板开展研究性学习，包括查阅资料，制作绘本、思维导图、成果视频等。

实践2："火星生态农场"项目中，学生设计、制作火星居民一周的菜谱，

[①] 郭莉. 面向未来的创造性学习和知识建构：学习科学的思路和方法——访学习科学专家张建伟博士[J]. 开放教育研究，2020，26（3）：4-10.

组员积极上网查找火星菜谱相关信息，初步拟定一天的菜谱。分析神舟六号宇航员菜谱，学习菜谱的蛋白质、碳水等营养物质搭配比例。学生运用"时光序体重监控"软件分析菜谱的营养搭配，明确每一种菜的热量及分量，以及菜谱的预期成果，并撰写工程日志。学生在技术的支持下，围绕火星居民食谱小项目开展研究性学习（见图4.36）。

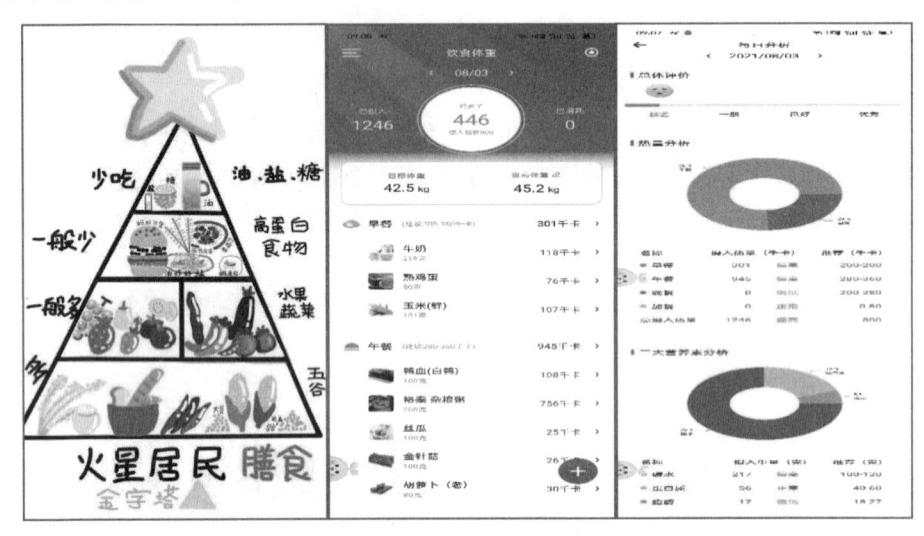

图4.36 学生利用"时光序软件"开展研究性学习

实践3：驿马河课程中，学生在实地考察驿马河滨水区建设的基础上，观察并发现存在的问题，利用手机视频的方式记录下考察结果。为了更好地呈现考察的内容，课堂中学生利用学校网络教室电脑中的美图秀秀、剪影、快剪辑、迅捷等视频剪辑软件二次加工视频，在视频中添加封面、字幕、贴纸、音乐等效果，更好地支持学生信息和观点的输出与传递，让观看的学生迅速抓取视频中的重点信息，提高分享交流的效率。

（3）课后，利用线上学习小组群、PBL论坛等方式，学生开展合作学习，进行即时、跨时空的远程交流、活动规划、成果分享等。技术促进了学生之间更加深入地交流与研讨，同时把课内学习有效地延伸到课外。

实践4：项目课程实施过程中，三年级"蜀之艺"的学生利用碎片化时间乐此不疲地在学习空间中开展研讨，学习其他组的一些优秀做法。"疫情中的自我防护"跨学科学习研究小组，学生从方案的制作、驱动性问题的研究、小组的交流研讨、成果的呈现等，都是在PBL论坛的支持下完成的。

实践5：博物馆课程打破了传统教育模式的诸多界限，从课堂到校外，打破了学生的空间限制;从课本知识到亲身实践,改变了学生的学习方式;从被动学习到主动探究,增强了学生的学习兴趣。通过课程项目的九个学习活动,系统构建了以问题为驱动,技术支持参与学习环节,展现学习任务的综合性,以及学习环节的实践性,将中华优秀传统文化以趣味性、主题形式进行统整(见图4.37)。

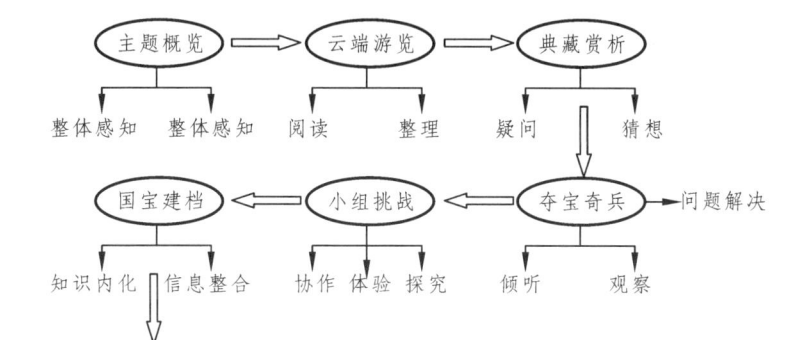

博物官课程"学习活动模型"

图 4.37 博物馆课程"学习活动模型"图

(五)课程评价:促进师生个性化学习发展

学校跨学科课程项目实施,通过3个评价指标(方案、过程、成果)建立形成以学生和教师为主体的评价体系(见图4.38)。

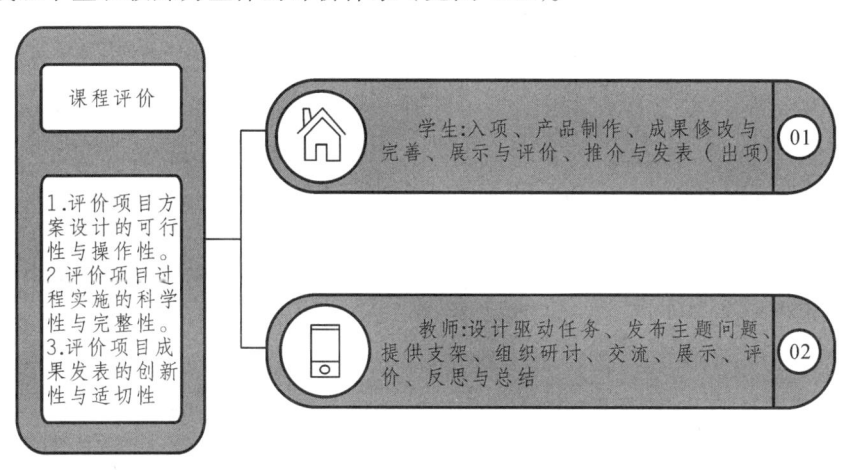

图 4.38 跨学科课程评价体系图

坚持利用评价量规在跨学科课程实施过程中的评价、导向、激励、调控作用，帮助师生实现课程项目内涵与价值的深入理解（见图4.39）。通过跨学科课程量规的科学制定，师生在项目设计与实施过程中实现个性化学习与发展。

评价量规
- 维度：过程性评价、结果性
- 指标：知识、素养、学习方式、参与、创造
- 评价主体：小组、教师、家长、社区等
- 评价方式：问卷、调查、量化评分等
- 工具及结果应用：纸笔、平台等；反馈、调控、改进、激励等

图4.39 跨学科项目式课程评价量规设计框架

通过项目评价量规的设计与反馈，项目活动管理的可操作、可调控、可评价的价值目标得以实现。根据不同年段的学生身心发展特点，评价量规设计必须符合科学规范、可视、可感，符合学生评价的语言体系与操作体系。例如：低段以激励性图标进行评价，中段利用等级评价，高段利用赋分评价等。评价指标也必须看得见、摸得着，符合学生发展的实际情况。

课程项目组经过深入研究与科学制定，初步形成了学校跨学科课程评价系列量表，保障了课程实施与发展的教学评一体化需要。

（六）问题解决成效

智慧学习环境下跨学科课程学习创建了一种基于任务活动的课程学习方式，有效促进了学生知识内化、能力提升，形成素养发展的有效科学路径。参与课程，学生学习兴趣、合作探究能力、动手操作能力和问题解决能力均有所提高；教师教育教学观念积极转变，专业能力和素养得到提升；学校课程发展及办学效益得到彰显。

1. 学生发展方面

（1）学生对跨学科课程学习兴趣浓厚。

例如：三年级蜀韵课程的期末问卷调查中，学生非常喜欢项目课程，还想参加学校的其他项目课程，学习兴趣浓厚，学习成就感高涨（见图4.40）。

三、请你对这个课程进行评价（　）。(单选) [单选题]

选项	小计	比例
A.非常有意思	267	88.7%
B.比较有意思	33	10.96%
C.没意思	1	0.33%
本题有效填写人次	301	

四、你觉得这个课程的学习与学科(如语数外等)学习方式相同吗？（　）(单选) [单选题]

选项	小计	比例
A.相同	22	7.31%
B.不相同	75	24.92%
C.有相同点，也有不同之处	204	67.77%
本题有效填写人次	301	

五、你喜欢这样的学习方式吗？(单选) [单选题]

选项	小计	比例
A.非常喜欢	243	80.73%
B.比较喜欢	56	18.6%
C.不喜欢	2	0.66%
本题有效填写人次	301	

图4.40　三年级蜀韵课程学生问卷调查报告

（2）学生思考问题的方式与方法优化。

通过课程驱动问题的解决，学会系统、全面地规划、思考、解决问题的方法。例如"蜀之韵"课程，围绕驱动性问题"用微景观的方式展示四川孕育的植物"。小组成员积极研讨后合理分工合作，最后汇总在一起设计种植微景观植物，层层解决问题，设计与制作微景观。

（3）反思、批判性思维得到唤醒。

课程项目实施中，学生小组合作进行实验探究和操作，不断进行反思、矫正、实践，让学生在思考、解决问题时，更加理性、科学，并结合具体实际进行策略的选择。在这样的过程中构建知识，有利于学生形成批判性思维。

（4）创造潜能得到有效激活。

跨学科课程的学习在真实的问题情境中发生，学生带着驱动性问题出发，而通过什么途径和方法完成产品并没有统一的规定，这就给学生提供了开放的思考和创造空间。如：火星生态农场项目，在火星餐厅子项目中，学生用编程开发了结合身高、体重推荐的智能健康菜谱软件；火星果园子项目中，学生利用机器人研发了智能采摘程序等。

（5）分享交流能力提升发展。

跨学科课程学习讲究小组合作与交流，每个项目小组成员都是自由组合起来的，课堂上学生通过思维导图在全班做分享交流，小组间互相学习，相互补充共同完善自己的产品。小组成员间学会了换位思考，学会了妥协。团队中不同性格的孩子，在研讨中不断适应，不断成长。

2. 教师专业发展方面

（1）教师角色观念得到改变。

在实施跨学科课程中，教师观念得到改变，以学生为中心，从"知识传授者"向学生学习的"辅助者"转变，教师恰当地为学生提供学习支架，成为学生学习的指导者和参与者。

（2）课程设计开发能力得到提升。

跨学科课程的设计与实施，促进项目组教师不断学习与实践，借鉴、钻研其他优秀的项目实践，提升自己的课程设计和开发能力。在理论学习—实践研究—反思矫正的过程中，教师的课程设计开发能力得到极大的提高。

（3）教师项目设计能力得到巩固与提升。

在课程项目实践中，从驱动问题的设计、如何为学生提供资源以及教学支架、如何组织评定反馈等方面，都需要教师去思考和学习以及实践检验，以驱动学生主动思考和深度学习。随着经验的不断积累，教师的课程设计能力、教学能力得到了不同程度的提升。

3. 学校办学成效方面

（1）校本课程体系得到丰富。

跨学科课程的开发丰富了学校的课程体系，形成了以一年级认识自我课程，二年级龙泉山课程，三年级蜀韵课程，四年级博物馆课程，五年级龙泉山课程为体系的跨学科课程。同时各学科教研组内开展学科内项目化，跨学科项目化＋学科内项目化＋国家课程的结合使学校课程体系更加多样化。

（2）五育融合得到发展。

学校坚持"五育"并举，把课程改革作为立德树人的根本举措，通过在学校全学科开展多学科融合的跨学科课程，更好地培养"德智体美劳全面发展"的人，构建出以生为本、和谐发展的学习文化。

（3）学校办学品质得到提升。

第一，学校办学质量稳步提升，教育综合质量名列区域前列。学生在课程中，主动参与、主动实践、主动创造、主动合作，综合能力得到提升。

第二，学校以培养"会生活、善学习、乐创造、有担当"的适应未来的小公民为学校总体目标。通过课程建设，学校办学特色更加突显，学校育人目标有效达成。

第三，提升学校知名度，发挥不同层面的辐射引领示范。学校多次承办博物馆课程、主题项目课程展示，其研究成果多次获得市级、省级、国家等级奖，项目实施经验分享受邀在省内外学校进行经验交流，接待兄弟学校观摩考察，学校整体办学实力不断增强，育人特色更加彰显，社会影响力进一步提升。

【点评】

本文基于"以学生为本"的教育理念，根据《义务教育课程方案（2022年版）》中强调的"强化课程综合性和实践性，推动育人方式变革，着力发展学生核心素养"要求，探索智慧学习环境下跨学科课程开发与实施。对教师开展系统培训，更新教师的育人观念；合理组建团队，实现团队成员优势互补；坚持过程管理规范有效，探索构建"以技术融合为主线"的"三阶六步"课堂学习模式，促进学生的深度学习；制定科学有效的评价量规，促进师生在项目设计与实施过程中的个性化学习与发展。

技术赋能　创新发展
——教育部"基于教学改革、融合信息技术的新型教与学模式"实验区成都实践

依托"1+4+N"创新实践，促进核心素养发展

【导语】

本实践全面贯彻落实党的二十大精神及教育部"国家教育数字化战略行动"，主张在创造中培养学生实践创新素养等理念。重视多领域跨学科知识整合解决真实问题，将数字技术与教育教学活动融合，构建融合性创客课程体系，提出面向小学阶段的"1+4+N"创客教育模式，积极推动学校教育数字化转型，全面赋能基础教育高质量发展。

2022年4月，教育部颁布了新修订的《义务教育科学课程标准（2022年版）》，强调以素养为导向育人。由此可见，我国基础教育改革发展强调学生核心素养的培养与提升。作为其中重要一环的实践创新素养要求培养学生在日常活动、问题解决、适应挑战等方面形成实践能力、创新意识和行为表现。创客教育倡导使用数字化工具，激发学生兴趣，倡导造物，鼓励分享。这两者都一致地指向创新意识、动手能力，于是我们剖析创客教育的内涵，探索创客教育与核心素养提升之间的有机反映，以有效促进实践创新素养的提升。

一、问题提出

（一）研究背景

1. 教育数字化转型初期，师生信息技术素养与能力不足

教育数字化转型的核心在于持续赋能产生的变化，这种变化是技术功能与教育主体的主观认知相互作用的结果。由于教师年龄或数字化认知不足，大多片面认为使用信息技术上课即为数字化转型，导致教育数字化应用实践缓慢，制约基础教育新发展。

2. 新课标背景下，素养导向的学科融合课程建设亟待推进

新课标的一个显著特征就是"素养导向"。"聚焦核心素养，面向未来"是义务教育课程建设的5个基本原则之一，素养导向贯穿于课程编制、课程实施的全过程[①]。核心素养聚焦学生成长中的必备品格、关键能力和正确价值观。

---

① 褚宏启. 推进核心素养导向的课程建设[OL]. 中华人民共和国教育部政府门户网站, 2022-04-21.

以学科教学培养核心素养，不同学科具体的学科素养不同又有所关联，由此，建设素养导向的学科融合课程是落实新课标的有效途径。

3. 创客教育，促进学生实践创新素养的提升

"创客教育"着眼于在实践中培养学生的创新精神实践能力，创新的多样性决定了创客教育的丰富性[1]。东北师范大学郑燕林教授指出，创客教育是实现学生创造力乃至全面发展的平台。北京师范大学傅骞副教授也指出，创客教育是指为解决中小学教育体制中创新能力培养不足等问题而将创客理念引入中小学教育体系中，实施一系列关于创新动手技能训练的综合课程[2]。

创客教育让学生在掌握知识技能的同时，通过实践、创造激活知识和技能，实现学生实践创新素养的培养，让其独立思考，探索发现，启发创新品格，奠定创新创造基石。

4. 打破学科壁垒，把握大观念、大概念重组学科内容

新课标强调核心素养，而单一的学科知识增加不能应用于真实的问题解决。从单一学科教研走向多学科融合教研，以创客教育为抓手，分析学科目标，整合学科知识，确定大观念，开展项目式学习，通过学科融合、项目探究和动手实践创造，促进学生核心素养的发展[3]。

（二）主要解决的问题

本文针对新课标背景下素养导向的教学数字化转型过程中存在的师生素养与能力不足、促进素养提升的学科融合课程不完善等问题，从学校顶层设计打造创客教育模式、构建学科融合创客课程体系、多元教育评价方面解决以下两方面的问题。

（1）开展顶层设计，进行实践探索，规划设计学校创客教育模式。

（2）整合学科教师，融合学科素养，设计构建学科融合的创客课程体系。

但如何在基础教育阶段有效开展提升学生实践创新素养的创客教育呢？结合 2018 年《教育信息化 2.0 行动计划》提出的创新融合发展，2022 年发布的新课标，我们从实践创新素养下创新融合课程出发，研究提升小学生实践创新

---

[1] 张茂聪，刘信阳，张晨莹，董艳艳. 创客教育：本质、功能及现实反思[J]. 现代教育技术，2016，26（2）：14-19.
[2] 邵广. 信息化背景下大学生思政政治课教学改革——评《从辅助教学到重塑生态：教育信息化发展之路》[J]. 中国科技论文，2020，15（4）：495.
[3] 张劼. 跨学科融合教学的问题与实践[J]. 中国教师，2021（9）：65-68.

技术赋能　创新发展
——教育部"基于教学改革、融合信息技术的新型教与学模式"实验区成都实践

素养的"1＋4＋N"创客教育模式,以期为提高我国基础教育阶段实践创新素养提供借鉴和参考。

二、"1＋4＋N"创客教育模式的设计思路

我们从学校的核心办学理念"尊重自然、润泽生命"出发,秉承"敬人者,人恒敬之"的校训,在"敬人教育"的育人理念指引下,结合学校实情,确立了以"人人参与学习,人人激发思考、人人动手创作"的创客教育中心思想。通过全域、多维、立体的方式,用3年时间探索实践,结合文献学习、教学实践以及专家建议,提炼出1个原点4个阶梯N条路径的"1＋4＋N"创新创客教育模式,即以"人人参与学习,人人激发思考、人人动手创作"为原点,经历"融合活动、普惠课程、特色社团、成为创客"4个阶梯,"金点子创意漂流、创客小达人、融合课例、校本课程、创客比赛、创客集市等"N条路径的"1＋4＋N"创客教育模式(见图4.41)。

成为创客
- "Be Maker"校园创客竞赛
- "奇思妙想造万物"创意集市
- ……

特色课程
- 同一主题的低、中、高三段校本课程
- 低段:3D启蒙设计、智能搭建……
- 中段:3D结构设计、趣味程序设计
- 高段:创客造物、编程无人机……

普惠课程
- 以信息技术课为载体学习新技术
- 以融合课例为抓手建构学科关联
- ……

融合活动
- "金点子"创意漂流
- "创客小达人"电视栏目

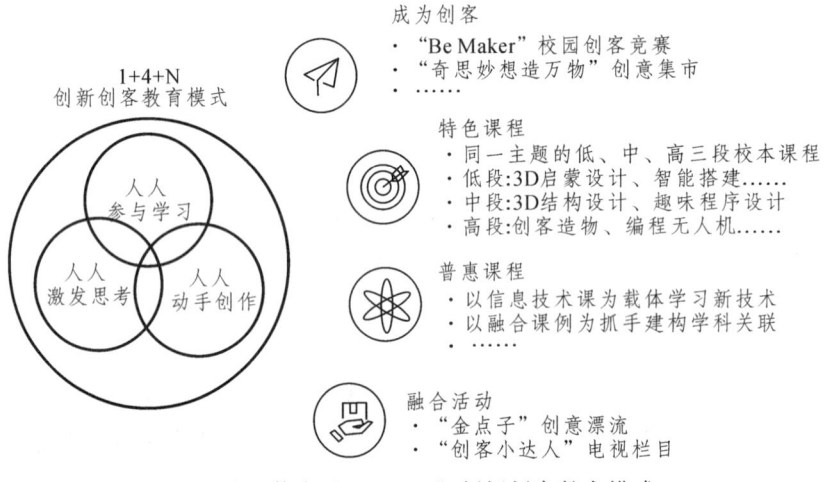

图4.41　茶小"1＋4＋N"创新创客教育模式

三、"1＋4＋N"创客教育模式的实施过程

(一)设计多元知识融合的创客教育课程体系

1. 深挖小学创客教育内核,组建多学科教师的创客团队

创客教育最终指向的是利用数字化工具实现创新造物并分享,其中造物指

含外观结构和智能化硬件构建的综合创新设计与实施，这对创客本身有着非常高的综合能力要求。小学是基础教育阶段，综合性的实践动手能力弱，要实现全面创客造物难以落地。但实践调查发现，创客教育中非常重要的创意想法，小学中低段学生创意丰富，高段学生开始减弱。我们确定了小学阶段的创客教育应该是持续的创新创意思维训练、有梯度的实践动手技能训练。

于是我们组建了一支汇集科学、信息技术、美术等多学科的创客教师团队，聘请各级创客专家进校指导，邀请创客名师进校听评课，鼓励创客教师自选创客书籍，支持创客教师走出去等途径，通过多维度的师资团队提升方案，以"团队自主管理"的方式，培养和造就了一支加强全体学生创新意识，提高学生实践能力的教育理念先进、实践技术硬、创新能力强的学校创客教师团队。

2. 以国家课程为基础开展融合普惠课程

深入研究信息技术、科学、美术等课程的教材、课时、年段目标，发现每个学科自身的知识点在螺旋上升，不同学科之间存在知识点交叉，但小学生的逻辑迁移能力不足，无法综合认识理解知识点。我们梳理整合不同学科课例形成融合普惠课程，以融合课例为抓手，深度分析教材，打通学科关联，引导学生对知识的系统认知，以渗透实践创新下问题解决时的立体性。

例如：

小学二年级科学教材《材料》单元的第6课《做一顶帽子》，要求学生通过"做一顶帽子"的综合活动，加深对材料特点的认识。

小学四年级美术教材16课《千姿百态的帽子》，要求通过欣赏、设计、制作帽子，培养学生的动手和创造能力。

这两节课都以帽子为主题，分别从材料和外观设计出发，培养学生的实践能力。但这两节课的年段不同，学生学习后难以建立联系。我们在融合课程中以"有趣的帽子"为题，观察欣赏生活中千姿百态的帽子，学习不同情境下帽子的材料，思考现有帽子存在的缺陷，利用材料、结构、智能硬件等知识，综合设计制作一顶有故事的趣味帽子。

这是我们开展的面向所有学生的融合课例中的一则，该实践融合了小学美术、科学课程，加入了数字化元素的信息技术内容，以项目式学习在同一时段的多学科课堂开展，有效地建立起各个学科的特色联系，学生根据生活经验，教学活动发现问题，利用所学的各科知识提出设计，运用各项技术解决问题，分享交流。学生在活动中实现了知识点的迁移整合，提升了自己的实践创新能力。

技术赋能　创新发展
——教育部"基于教学改革、融合信息技术的新型教与学模式"实验区成都实践

3. 以校本课程为载体开展特色项目课程

小学阶段创客课程没有一套具体可参照的课程蓝本，我们聚焦学生实践创新素养的提升，依据创客课程设计应遵循课程内容的跨学科性、课程组织的活动性与操作性的原则[①]，从创客包含的逻辑程序、电子机械、结构创意和艺术创作4个方面，结合学校的具体情况和各阶段学生学情，研究撰写了以人与自然和谐共生为大主题的低、中、高三阶段课程，两套教材（见图4.42）。

学校创客特色课程体系
结构创意+艺术创作+逻辑程序+电子机械+智能硬件

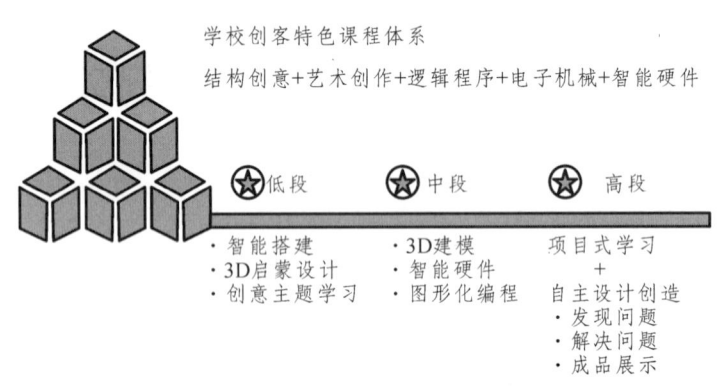

★ 低段
- 智能搭建
- 3D启蒙设计
- 创意主题学习

★ 中段
- 3D建模
- 智能硬件
- 图形化编程

★ 高段
- 项目式学习
+
自主设计创造
- 发现问题
- 解决问题
- 成品展示

图4.42　茶小创客特色课程体系

"智慧熊猫乐园"是成都市茶店子小学校创新创客教育的第一套校本课程，采用项目式教学方式开展。本课程以都江堰熊猫乐园里坚强的戴丽为原型，以了解戴丽的故事为起始，进一步学习熊猫的形态特征与生活环境，再聚焦到野生大熊猫生活的大自然、大熊猫被救助、大熊猫生活在熊猫乐园的实际情况，融入创客活动中结构搭建、智能硬件、功能模块编程、人工智能等内容展开教学，学生结合创客技术的学习，针对熊猫面临的现实问题，展开思考，创作出智慧熊猫乐园。

本课程围绕同一个情境问题，注重不同环节的问题发现与设计，激发创新思考，学生学习项目制作的各个环节要素，掌握结构设计、硬件编程技能，共同完成一项综合创客训练。

"给小鸟安个家——校园智慧鸟巢"是成都市茶店子小学校创新创客教育的第二套校本课程，沿用了项目式教学方式。本课程从融合课例出发，在"鸟巢"

[①] 万超. 小学创客课程开发与实践研究[D]. 长春：东北师范大学，2019.

大背景下，将教学内容分为低、中、高 3 个阶段，根据不同学段学生的学情以及年龄特征，选择相应的创客教育内容，引导学生留心观察生活，感受自然，激发学生对自然界中鸟类的探究意识，发现问题，思考设计，最终运用各项技术创作出各个阶段的校园智慧鸟巢。

本课程围绕"鸟巢"主题，学生提炼"智慧熊猫乐园"的学习知识，对自己感兴趣的鸟，自行组队，展开探究，挖掘其中存在的鸟巢问题，进行方案设计，方案评估，最终创作出有针对性的独一无二的鸟巢，从而提升自己的实践创新素养。

例如：

问题发现：新金牛公园老北区旁的树上有一个漂亮大鸟外观的鸟巢。

它的外观设计非常漂亮，但是它是金属材制的，没有温度，不适宜小鸟居住。这个鸟巢没有盖板，下雨天小鸟无法避雨。没有给小鸟喂食、喂水的地方。

提出改进：

在内部铺设一层厚度适中的稻草，安装温湿度传感器，使用物联网技术实时传输温度和湿度情况到管理员手机端。增加可以通过水分传感器控制的盖板，下雨天盖上，没有下雨时自动打开。加装智能喂食系统，在不破坏小鸟捕食能力的情况下，解决小鸟大雨天无法外出捕食会饿的状况。

学生提出改进设计后，利用材料，再利用 3D one 设计大体结构，使用 3D 笔制作细节，铺设稻草，加装编程的智能硬件，最终完善智能鸟巢的设计与改进，从而实现运用技术对日常生活观察的问题解决，提高实践创新能力。

（二）创建实践创新素养展示的创客活动平台

1. 提高创客认识，开展人人可及的融合活动

一个人的想法是有限的，一群人的想法是无限的，"金点子"创意漂流活动，让创意不被搁浅，并且让创意流动起来。学生有了创意后及时在创意单上记录，同时也能对别人的创意给出自己的想法，让高段学生诞生创想不再困难，让低段学生创意留存，实现创意从无形到可循。

打破创客"围墙"，打造面向全校学生的"创客小达人"校园电视栏目，拉近学生与创客之间的距离，提高创客认识，感受创客魅力并喜欢上创客。

2. 营造创客成长环境，搭建人人创作的交流舞台

创客教育强调以学习者为中心，在学生从创意提出到实现的一系列过程中，我们切实营造创客成长环境，通过开展"Be Maker"校园创客竞赛、搭建"奇思妙想造万物"创意集市、推荐参加各级创客竞赛等多渠道，让学生经历创意构思、创意完善与实现、创意分享与反思3个阶段，真正成为自己项目的孵化者（见图4.43）。

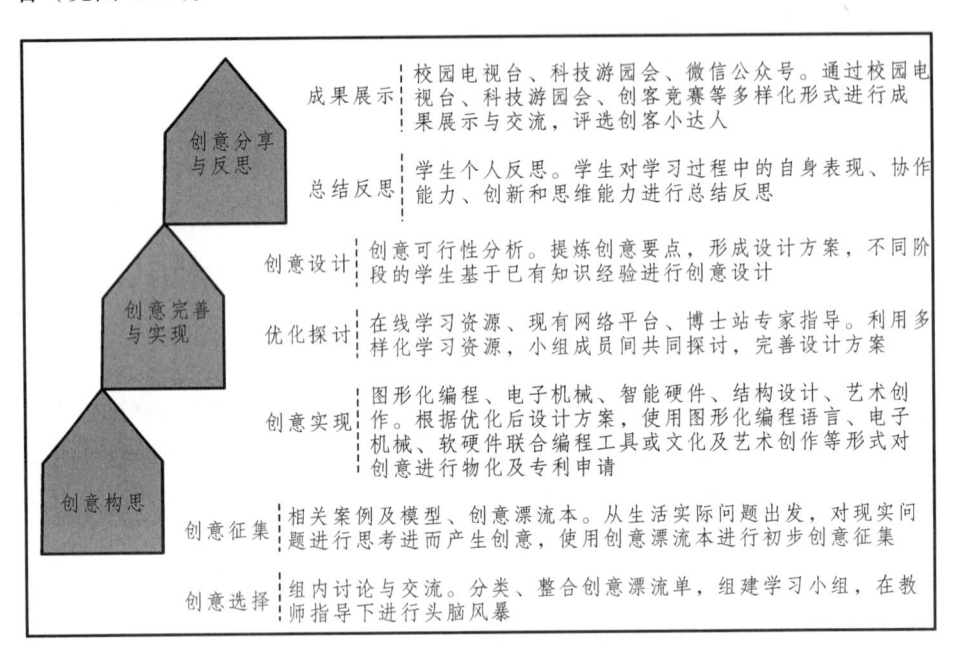

阶段	环节	内容
创意分享与反思	成果展示	校园电视台、科技游园会、微信公众号。通过校园电视台、科技游园会、创客竞赛等多样化形式进行成果展示与交流，评选创客小达人
	总结反思	学生个人反思。学生对学习过程中的自身表现、协作能力、创新和思维能力进行总结反思
创意完善与实现	创意设计	创意可行性分析。提炼创意要点，形成设计方案，不同阶段的学生基于已有知识经验进行创意设计
	优化探讨	在线学习资源、现有网络平台、博士站专家指导。利用多样化学习资源，小组成员间共同探讨，完善设计方案
	创意实现	图形化编程、电子机械、智能硬件、结构设计、艺术创作。根据优化后设计方案，使用图形化编程语言、电子机械、软硬件联合编程工具或文化及艺术创作等形式对创意进行物化及专利申请
创意构思	创意征集	相关案例及模型、创意漂流本。从生活实际问题出发，对现实问题进行思考进而产生创意，使用创意漂流本进行初步创意征集
	创意选择	组内讨论与交流。分类、整合创意漂流单，组建学习小组，在教师指导下进行头脑风暴

图4.43 茶小学生成为创客的全过程

（三）构建科学的评价体系与奖励机制

1. 过程记录与五位一体评价的《创客养成记》

科学的评价体系可以强化发展。我们设计了一套突出实践创新导向，突出小学创客关键的评价体系，制作《创客养成记》。奖励给每一位有想法、愿意持续创作学习的学生一本记录自己创客能力、实践创新素养变化的《创客养成记》。

在《创客养成记》中，学生记录自己每次发现的问题、产生的创意、对创意的设计与制作，以及制作后的心得。利用评价表进行自评（见表4.15）。

表 4.15　创客作品评价表

评价要素	要素解读	满分	自评分
创新指数	作品在问题发现、应用领域、解决方案等方面是否具有创新	25 分	
科技含量	作品涉及技术是否具备可操作性，是否科学、先进、合理	25 分	
工匠水平	作品结构设计是否合理、美观	20 分	
分享介绍	问题的解决方案有效，作品阐述清晰、完整	15 分	
应用前景	是否具有价值和一定的竞争力，有机会成为创业项目	15 分	

评价人由传统的自评、互评和师评提升为自评、互评、师评、家长评价和社会评价的五位一体评价人。评价人在给出评分时，提出对作品的建议点评，让学生的创想得到不同层面的点评。

创客学习不仅是提升实践创新素养，更是全面发展的人的培养，在《创客养成记》设计精彩创意奖励、课堂表现奖励等日常综合评价的红花奖章页，在评价学生作品的同时，记录评价学生的常规学习。

2. 一期一会的创客达人展示平台

立足学校校园电视台，选拔创作了优秀创客作品的学生录制成为《创客小达人》，在学校每月一播，给他们提供更广阔的展示平台，鼓励学校小创客们向小达人学习，激发更多创想。

举办一年一度的"新年创客嘉年华"，推选优秀作品在全校展示，让优秀达人在全校做创客分享，邀请社会权威创客达人对作品进行点评并给学校创客小达人们颁奖。学生对自己的作品有更进一步的理解，增强学生的自信以及对创新创造的持续动力。

四、"1+4+N"创客教育模式的应用效果

（一）学生实践能力创新意识提升

成都市茶店子小学校在"1+4+N"创新创客教育模式下，设计、实施创客动手技能训练的主题综合课程。通过前后调查发现，学生切实得到了实践创新素养的提升，创新意识得到了持续锻炼强化，学生开始观察自身生活和社会

生活，从自己周围的生活中主动发现问题，针对问题创新地展示思考与设计，并综合运用各类技术解决问题。

学校小创客们积极参与各级各类创客大赛和科技创新比赛，在全球数字竞技大赛中，在全国教育游戏作品展示交流活动中，在省中小学信息技术创新与实践大赛中，在市中小学电脑制作活动机器人及人工智能竞赛中，都有茶小小创客们努力创造、实现创意梦想的身影。2020年全年参与达到1 000余人次，获奖300余人次，其中一等奖86人、二等奖125人、三等奖73人、优秀奖62人，囊括了创客、编程无人机、创意编程、3D创意设计等6个项目，成为区域内参与人数、获奖人数、覆盖奖项最多的学校。

（二）教师教学活动设计能力提升

成就学生的同时也成就了一支致力于激发学生兴趣、提升学生实践创新素养的学校创客教师团队。我们结合课堂教学，切实开展相关课例研讨，探索、打磨出创客与科学、美术等学科融合的精品普惠课例，以及在大主题"鸟巢"背景下的低段、中段特色课程，高段项目式范例课程，大大锻炼提升了教师教材分析、教学活动设计能力。

通过"1+4+N"创客教育教学实践探索，用融合活动、普惠课堂和特色课程传播创客教育理念，引领学校创客课堂逐步变革。在各级各类比赛中，创客教师们多次被评为优秀指导教师，受邀到薄弱地区交流讲座，在各级创客竞赛活动中担任评委和裁判，带头引领创客教育的区域发展，赋予创客教育以温度和力量，继续在创客教育探索实践中阔步向前。

（三）学校创客文化形成

在学校创新创客教育的探索中，成都市茶店子小学校的创客教育走上了一条回归本真的育人道路，在"敬人者，人恒敬之"的校训精神引领下不断开拓创新，在"1+4+N"的创客教育模式下，通过创客教育课程的实施，让创客教育惠及每个学生，让学生实现从理论的认识到实践的尝试，学会"不走寻常路"地去发现问题，打破思维定式，将"创想"和"创意"通过创客技术亲自孵化"创造"，让想法落地，表达自己的观点，让更多人接受自己的创意并信服，形成了独具茶小敬人精神的创客文化。

在探索中实践，在实践中创新，"1+4+N"创客教育模式，将实践创新融于心、浸于行，让学生从一脸懵懂到深陷其中，从一无所知到侃侃道来，在不知不觉中成长为创客小达人，创客教育也正在成为学校又一张崭新名片。

（四）省域媒体多次关注和专题报道

一年3次的茶小创客教育专题报道。2020年四川电视台（SCTV）全国首档青少年创客节目《出发吧 小创客》，全年多次报道成都市茶店子小学校创新创客教育相关专题。1月18日以"面对这个九岁女孩，我自愧不如"为题，记者开篇道："在这个科技日新月异的时代，孩子们的想象力和创造力得到了前所未有的拓展。生活中有不少孩子，他们善于观察生活、勤于思考、热衷科技，并乐于将自己的创想变为现实。祁麟子，就是这样一名年仅9岁的创客小达人。"7月3日以"成都市茶店子小学：让创意起飞"为专题，在报道中这样评价学校的创客教师："积极鼓励孩子发挥想象、动手实践，相比起重知识，更重实操，让孩子们在充满趣味的课堂中体会到了将创意变成现实的乐趣。"8月22日又以"创意世界里的小小发明家"为专题，再次报道学校里创客小达人的努力和坚持，称赞道："未来，一路向前，创意无限。"

【点评】

秉持全面贯彻党的教育方针，坚持立德树人根本任务，以培养学生核心素养为根本宗旨。结合教育数字化转型新理念，注重培养学生的实践能力和创新精神，提出了面向小学阶段的"1+4+N"创客教育模式，将各学科与创客教育进行有机统整，逐渐构建形成系统合理的、符合学生实践创新素养发展的融合性校本特色创客课程体系、多元化教学评价体系。

重构活动课程体系，培育数学核心素养
——以二年级数学课程为例

【导语】

以学科核心素养为取向，秉持"共生主张"，重构小学数学教学单元，助力学生经历探索、反思、迁移等完整的数学化的过程，通过促进学生思维的发展实现学生个性化的发展、学习能力和品质的提升。

一、问题提出

（一）研究背景

1. 教育信息化 2.0 时代的学习系统变革

在教育信息化 2.0 时代，学习系统将发生一系列变革，其具体表现为：技术开始成为影响学习绩效的核心因素，传统的学习环境发生了功能性变化，学习过程模式发生着质性变革，学习系统正向具有自我更新、发展的生态化演进。随着学习系统的变革，作为学习系统重要因素的教师的功能及角色定位也将得到不同层面的重塑，体现为教师角色将从知识来源的"控制者"变为知识内容的"导向者"，从学习活动的"组织者"变为学习环境的"建构者"，从知识传递的"主导者"变为知识建构的"协同者"，从学习体系的"中心者"变为学习体系的"服务者"。[①]

基于此种变革，我们的课堂行为也应发生相应的改变，由原来的教师主导的课程模式，转变为让学生更多地参与知识构建，而活动课程正是进行深度学习与探究、进行团队协作以及进行自我反思的主阵地。

2. "双减政策"与新课程标准的方向指引

2021 年 7 月 24 日，中共中央办公厅、国务院办公厅印发了《关于进一步减轻义务教育阶段学生作业负担和校外培训负担的意见》（简称"双减"政策），

[①] 谯小兵，李敏. 教育信息化 2.0 时代的学习系统变革与教师角色重塑[J]. 教育与教学研究，2022（6）：68.

明确提出要减轻学生过重的作业负担，满足学生多样化需求，并优化教学方式，强化教学管理，提升学生在校学习效率。在此基础上，数学活动课程的开发能弥补教学方式过于单一的问题，丰富学生认知，为深度学习奠定基础，真正做到关注每一个学生的发展。

2022年版《数学课程标准》明确指出：小学数学教学应进一步加强综合与实践领域的教学活动，以解决实际问题为重点，以跨学科主题学习为主，以真实问题为载体，适当采取主题活动或项目学习的方式，通过综合运用数学和其他学科的知识与方法解决真实问题，着力培养学生的创新意识、实践能力、社会担当等综合品质。其目标是引导学生在跨学科背景下用数学的眼光观察现实世界，用数学的语言表达现实世界中事物的概念、关系和规律，帮助学生感悟数学与现实世界的联系，培养学生实践精神。我们希望通过数学活动的开展，让学生的数学学习变得多元又生动，激发学生数学学习兴趣，渗透数学学科核心素养，提升学生学习质量，积极响应国家政策"三效合一"。

3. 文献中几乎没有基于国家课程的小学数学活动课程体系

笔者用"活动课程""小学数学实践活动"等关键词进行不同组合，在知网上进行检索，对比了国内外大部分研究成果后发现：国内对数学实践极为重视，对教学过程中活动课的开发、实施也有很多成功实践和范本。但很多数学活动是独立于课堂教学之外、与课本全然无关的两条体系以及纯粹来源于数学教材中的《综合实践》板块，对数学活动课程开发力度不够。

4. 教学实践过程中学生、家长的不重视与教师的无力感

一是从学生与家长视角来看，很多学生、家长认为数学学习等同于大量做题；学生缺乏寻找知识内在联系与本质的意识；灵活运用、创新思维比较欠缺。在数学学科核心素养的指导下，传统教学中存在的许多问题逐渐暴露出来。

二是从教师的视角来看，部分数学教师对数学活动不重视；对于教材中关于数学活动的内容，很多教师想实施但无抓手，有种不知从何下手的无力感；也有教师勉强开展了数学活动，但效果不佳甚至无效。这些原因都导致了数学活动的开展在教学过程中占比极少。

笔者认为小学数学活动课程开展很有价值，基于国家课程的小学数学活动课程体系的开发将成为本实践的研究和探究点。

（二）主要解决的问题

本文针对在小学数学教与学的过程中，存在学生对数学学习兴趣渐弱、缺

乏实践操作的时间与空间、数学活动零散不成体系等问题，从梳理教材、延伸课堂、挖掘游戏等方面入手，力图解决以下两方面问题：

1. 开展数学活动，激发学生兴趣

通过在课堂内外开展一系列基于核心素养发展的数学活动，帮助学生在活动中逐渐积累经验、获得自信，激发学生对数学学习的兴趣；并进一步感悟数学方法，渗透数学学科核心素养，发展高阶思维。

2. 形成一套完整的基于国家课程的小学数学活动课程体系

针对过往研究中，很多数学活动独立于课堂教学之外、与国家课程体系两条腿并行走路，以及小学数学教材中的活动内容较为零散，笔者集中开发活动课程、实践课程、游戏课程，并将三者有机整合，形成一套能适时补充甚至能部分替代国家课程的小学数学活动课程体系。

二、实践开发策略

（一）确定课程内容

1. 梳理教材内容，形成活动课

数学教材中有很多"分一分、摆一摆、拨一拨、做一做"等看似不起眼的小活动，但这些活动对学生理解数学本质、感悟数学思想有着极其重要的作用，绝不是可有可无的存在。因此，我们需要挖掘教材中的这些常规活动，梳理出各年龄段的活动特点、活动方式、汇报方式等，形成源自教材的活动课体系（见图 4.44 和图 4.45）。

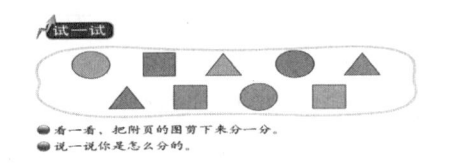

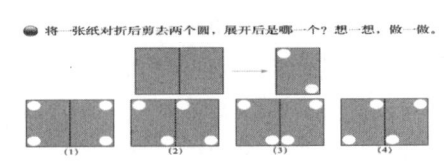

图 4.44　一年级上期《分类》　　图 4.45　三年级下期《轴对称》

2. 联系生活实际，开设实践课

教材中还有一些源自生活实际的教学情境或课后练习，但学生对这些情境不熟悉，以致理解上出现障碍。因此，我们需要提前梳理出这些内容，形成基于教材的实践课体系,在恰当的时机布置课前实践作业,或是布置课后实践任务,拉长教学的时间、变换学习的空间,为学生数学学习扫除障碍(见图 4.46)。

图 4.46 三年级上期"里程表""电表"

注:这样的内容,源自生活,但学生如果不经历就会形成理解障碍。

3. 挖掘游戏活动,形成游戏课

游戏是学生最喜欢的学习方式,笔者在研究后发现,很多有趣的益智游戏背后都指向某个领域的数学学科核心素养。因此,在学生数学学习的一些特定阶段,通过核心素养的对接,我们会匹配一系列益智数学游戏,经历介绍游戏—课外练习—竞争比拼—反思总结的路径,形成游戏课程,帮助学生更好地发展学科核心素养、激发学生学习兴趣(见图 4.47)。

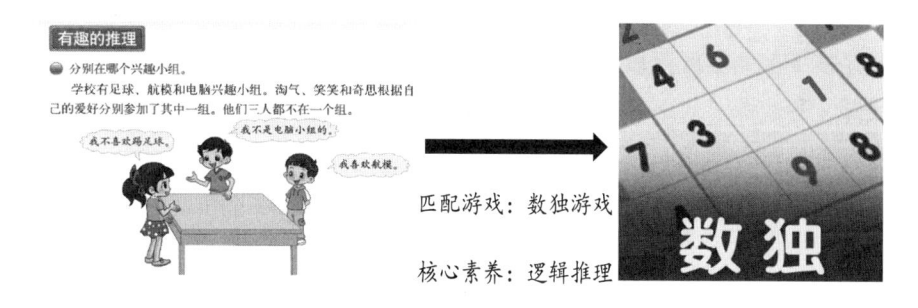

图 4.47 通过对推理意识的挖掘,开发数独游戏课程

4. 反思提炼总结,形成课程体系

最终,将以上 3 种不同类型的活动,按照活动形式、核心素养指向、适用年级等多个指标进行归类整理,从而形成完整的基于国家课程的小学数学活动课程。

(二)具体实施步骤

从提出想法到最终转化为成果,共经历了 6 年,即小学完整的一轮低、中、高段周期。实施共分为3个阶段：① 查阅资料，理清思路；② 分类梳理，应用提炼；③ 反思汇总，形成体系。接下来，笔者将分别描述这3个阶段的具体做法：

1. 查阅资料，理清思路

在上一轮新课改后，数学课程中新添了"综合实践"板块，在之后的数年中，实践课被逐渐重视。笔者曾执教过很多关于实践的公开展示课，如绘制平面图、莫比乌斯带、反弹高度、滴水实验等，这些内容都属于综合实践板块。但回头梳理时，笔者发现这些课呈一个个的散点状态，并没有串成体系。于是，笔者萌生了要重构活动课程体系的最初想法。

2016年，笔者查阅了关于活动课程的两本教育经典著作《人是如何学习的》《剑桥教育手册》，以及数篇关于活动课程的博士论文和杂志论文发现：先行者研究的数学活动大多独立于课堂教学之外，与国家教材是两套体系，也缺乏对数学活动课程体系化的梳理。①

因此，研究思路是：以国家课程为基础，梳理教材内的活动内容，并将数学活动拓展到课外，并用恰当的游戏活动对体系进行丰富。

2. 分类梳理，应用提炼

在接下来的实践阶段，笔者将活动课程的类型分为3大类，分别是活动课、实践课、游戏课。以下将每一类活动分年级进行整理（本实践所使用的教材为北师大版小学数学）：

活动课：梳理教材活动，挖掘数学本质，开展常态实践活动（见表4.16）。

表4.16　1~6年级所有活动课程梳理

一年级上期	
活动内容	活动简介
《做个加法表》P50	带学生梳理10以内所有加法，并将它们分类整理，帮学生结构化储存。
《做个减法表》P51	带学生梳理10以内所有减法，并将它们分类整理，帮学生结构化储存。
《一起来分类》P59	让学生通过摆学具，按标准对图形进行分类。理解分类标准不同，分类结果就不一样。
《摆小棒——探究进位加法》P79	充分操作小棒，来理解进位加法的意义。

一年级下期	
活动内容	活动简介
《摆小棒——探究20以内退位减法》P2	充分操作小棒，来理解退位减法的意义。
《观察物体——二视图》P18	通过充分观察物体，培养学生的空间观念。
《探究百数表——探寻规律》P32	制作百数表，并从不同的角度观察，探究数与数之间存在的规律。

---

① 张悦颖，夏雪梅. 跨学科的项目化学习："4+1"课程实践手册[M]. 北京：教育科学出版社，2022：4.

第四篇 新理念催生的融合信息技术教学实践

二年级上期

活动内容	活动简介
《认识乘法——摆圆片》P16	通过摆圆片，理解乘法的意义。
《测量1——操场有多宽》P49	用各种不同的标准测量操场宽度，理解测量有标准。
《测量2——物体有多长》P51	用尺子测量身边物体的长度，认识厘米。
《认识除法——分圆片》P58	通过分圆片，理解除法的意义。

二年级下期

活动内容	活动简介
《测量3——物体的长度》P34	用尺子测量物体的长度，认识分米。
《比较——角的大小》P63	用活动角比较角的大小，理解角的大小与开口有关。
《调查与记录》P86	经历调查与记录的过程，探索记录数据的方法。

三年级上期

活动内容	活动简介
《观察物体——三视图》P13	通过观察，进一步培养学生空间观念。
《两位数×一位数——摆学具》P32	通过摆人民币学具，探索两位数×一位数的算法。
《探索——月份的秘密》P67	探索并记录不同年份各月份的天数，总结大月、小月及二月的规律。

三年级下期

活动内容	活动简介
《探究——乘除法竖式谜》P14	通过破解算式谜，进一步理解乘、除法竖式计算的方法。
《制作——轴对称图形》P25	通过剪一剪、折一折，制作轴对称图形，发展空间观念。
《画线算乘法》P37	多角度理解乘法算法，进一步理解算理。
《感受重量——克、千克》P45	通过掂、估、估等方式，感受不同物体的重量，发展量感。

四年级上期

活动内容	活动简介
《尺规作图——画平行线》P21	培养学生尺规作图的意识。
《使用量角器》P26	经历量角器测量角度的过程，总结、提炼量角器使用方法。
《猜一猜，算一算》P33	将汉声阅读绘本《猜一猜，算一算》设计为活动课，培养学生估算意识。
《滴水实验》P88	来自教材数学好玩板块，通过滴水实验，发展学生估算意识，培养学生数据意识，提升学生数与运算的能力。
《摸球游戏》P97	通过多次摸球活动，感受不确定性，以及可能性的大小。

四年级下期

活动内容	活动简介
《探索——三角形内角和》P24	用折一折、拼一拼、量一量的方式，探究三角形的内角和，培养创新意识。
《探索——三角形边的关系》P27	用小棒摆三角形，探索三角形三边的关系，发展空间观念和逻辑推理能力。
《搭积木1》P37	搭四个以内的积木，通过猜想、验证，发展空间观念。

五年级上期

活动内容	活动简介
《画一画——轴对称再认识》P23	画出图形的另一半，进一步认识轴对称图形，发展空间观念。
《图形平移》P25	充分感受物体的运动，进一步发展空间观念。
《探究3的倍数》P35	在百数表中探寻3的倍数，培养归纳聚合的能力。
《找质数》P39	用筛选法找到100以内的质数，发展数感。
《图形增高》P51	认识图形高的意义，发展模型思想，掌握三角形、平行四边形、梯形作高的方法。
《探究——三角形的面积》P56	用多种材料，探索三角形面积公式的来历，感受转化的数学思想。
《探究——点阵中的秘密》P98	多角度观察正方形点阵，探寻规律，培养几何直观。

五年级下期

活动内容	活动简介
《制作长方体》P11	用吸铁石学具制作长方体，认识长方体的顶点、棱、面，发展空间观念。
《画图探究——分数乘法的意义》P28	通过画图，理解分数乘法的意义，发展几何直观。
《测量不规则物体的体积》P46	用水的体积测量不规则物体的体积，进一步感受转化思想。
《画图探究——分数除法的意义》P55	理解分数除法的意义，发展几何直观。
《制作——复式条形统计图》P82	用给定的情境制作复式条形统计图，培养学生应用意识。
《制作——复式折线统计图》P84	用给定的情境制作复式折线统计图，进一步培养学生应用意识。

技术赋能　创新发展
——教育部"基于教学改革、融合信息技术的新型教与学模式"实验区成都实践

六年级上期	
活动内容	活动简介
《推导——圆的面积》P14	通过推导圆的面积公式，发展学生逻辑推理能力，建立数学模型。
《搭积木2》P32	搭五个以内的积木，通过猜想、验证，进一步发展空间观念。
《制作——扇形统计图》P57	用给定的情境制作扇形统计图，培养学生应用意识、数据意识。
《反弹高度》P80	来自教材数学好玩板块，通过试验、记录皮球反弹高度，培养学生创新意识、数据意识。

六年级下期	
活动内容	活动简介
《探究——圆锥体积》P11	用等底等高的圆柱和圆锥教具，通过装水实验，感受二者的3倍关系，掌握圆锥体积的计算方法，建立数学模型。
《图形的运动》P30	通过画一画，进一步理解图形的平移和旋转，发展空间观念。
《正比例作图》P44	学生通过制作正比例图像，发展几何直观。
《反比例作图》P50	来自教材中数学阅读，学生通过制作反比例图像，初步感知抛物线，为后续学习做铺垫。
《莫比乌斯带》P54	源自教材数学好玩板块，通过制作莫比乌斯带、探究其特征，初步了解拓扑学，发展空间观念，培养创新意识。

实践课：筛选教材情境，联系生活实践，开展拓展实践活动（见表4.17）。

表4.17　1~6年级所有实践内容梳理

一年级上期	
实践内容	实践成果
《比较物体轻重》P22	拍摄视频：讲述比较生活中物体轻重的过程。
《认识方位》P68	拍摄视频：描述生活中的前后、左右、上下。
《记录作息时间表》P92	填涂作品：学生记录自己每天的作息时间。

一年级下期	
实践内容	实践成果
《图案设计1》P42	填涂作品：给指定的图案按形状涂色。
《分扣了》P64	拍摄视频：用教材配套学具进行分类，并讲述分类标准、分类结果、分类后的细分。

二年级上期	
实践内容	实践成果
《购物》P10	填涂作品：生活中用人民币购物，并记录价格、付钱方式。
《制作轴对称图形》P26	创作作品：自主创作轴对称图形。

二年级下期	
实践内容	实践成果
《制作方向板》P17	创作作品：发挥创意，用自选材料制作八个方位的方向板。
《估计课文字数》P30	填涂作品：估计指定语文课文的字数，并完成表格。
《制作平行四边形》P69	创作作品：用图钉、木条或纸板，制作可拉伸的平行四边形。
《图案设计2》P71	填涂作品：在给定的方格纸上涂色，创作有创意的设计图案。

三年级上期	
实践内容	实践成果
《记录里程表》P24	填涂作品：记录外出旅行的每日里程，完成给定表格。
《记录水电表》P27	填涂作品：记录家里一周内，每日的用水或用电量，完成给定表格。
《制作新年年历》P67	创作作品：用各种外形包装，创作新年年历。
《制作作息时间表2》P70	创作作品：在A4纸上创作自己周末的作息时间，用24小时计时法表示。

三年级下期	
实践内容	实践成果
《估计生活中的重量》P45	填涂作品：估计5个生活中物体的重量，并记录在给定表格中。
《估计生活中的面积》P49	填涂作品：估计3个生活中物体表面的面积，并记录在给定表格中。
《海报设计》P61	创作作品：为班级六一儿童节设计海报，要用到学到的图形。

四年级上期

实践内容	实践成果
《制作活动角》P22	创作作品:用质地较硬的材料制作活动角。
《使用计算器》P35	题单作品:用计算器完成题单上较复杂的问题。
《记录生活中的速度》P79	填涂作品:记录生活中5种物体移动的速度,完成拾定表格。
《寻找生活中的负数》P84	填涂作品:寻找5个生活中常见的负数,完成给定表格。
《寻找生活中的编码》P91	图片搜集:搜集生活中的号码,个数不限,发送到班级空间。

四年级下期

实践内容	实践成果
《寻找生活中的密铺》P76	图片搜集:寻找生活中的密铺图案,数量不限,发送到班级学习空间。
《种蒜苗》P85	动手+填涂作品:用15天时间种蒜苗,每天记录蒜苗高度,并完成给定表格。

五年级上期

实践内容	实践成果
《设计班徽》P27	创作作品:以学习小组为单位,用学过的图形创作班徽。
《成长的脚印》P88	题单作品:用自己的方法估计给定脚印的面积,完成题单。

五年级下期

实践内容	实践成果
《制作正方体展开图》P14	创作作品:用普通纸制作11中正方体平面展开图。
《估计物体的体积》P39	填涂作品:估计3种生活中物体的体积,完成给定表格。
《数学阅读》P47	读后感:读《阿基米德的皇冠》疑问,从数学的角度写400字以上的读后感。
《制作多面体》P78	创作作品:制作1个立体多面体,可以是三棱柱、正四面体等等。

六年级上期

实践内容	实践成果
《创作:圆宇宙》P7	创作作品:发挥创意,用圆创作漂亮的图案。
《认识黄金分割比》P79	读后感:阅读关于黄金分割的知识,写400字左右的读后感。
《世界杯中的数学》P85	填涂作业:阅读给定的关于世界杯赛程的资料,计算比赛场次,完成给定题单。

六年级下期

实践内容	实践成果
《欣赏:埃舍尔作品》P36	图片搜集:寻找埃舍尔的创意艺术作品,将图片发到班级空间,并在班级进行讲述。
《绘制:校园平面图》P51	创作作品:以小组为单位,创作校园平面图,并在班级进行展示。
《制作:总复习思维导图》P58	创作作品:独立梳理小学数学各版块知识,制作总复习思维导图,全班交流。

游戏课:根据特定内容,关联核心素养,开展补充游戏活动(见表4.18)。

表4.18 1~6年级所有可补充的游戏课程

年级	游戏内容	关联数学学科核心素养
一年级上期	趣味折纸游戏	空间观念、创新意识
一年级下期	玩转七巧板	空间观念
二年级上期	汽车华容道	空间观念、推理意识
三年级下期	数字华容道	空间观念、推理意识
三年级上期	巧算24点	数感、运算能力
四年级下期	数独游戏	符号意识、推理意识
四年级上期	巧移汉诺塔	推理意识、模型意识
五年级下期	数学魔术	应用意识、创新意识
五年级上期	推理小侦探	推理意识、创新意识
五年级下期	魔方还原	空间观念
六年级	数学经典名题	应用意识、抽象能力(初中)

3. 反思汇总，形成体系

以上是笔者对小学一年级到六年级3类活动形式内容的梳理。通过一轮完整的教学实践，笔者得出以下经验：

（1）常态活动课，内容大多较为传统，学习资源其实都是数学中经常用到的学具，包括小棒、小圆片、作图工具、纸笔等。但在教学中，笔者通常会给学生充分的时间操作、充分的时间思考、充足的空间讨论，让孩子在实践中经历错误、积累经验。

（2）实践内容通常放在课前或课后，以任务的形式发布。任务时间通常以"周"为单位，而且每一项实践任务都有成果展示。成果包括视频、图片、表格、题单以及作品5大类。

（3）游戏活动，更多聚焦在空间观念、创新意识、推理意识、应用意识。这些核心素养在常规教学中的比例往往比数感、量感、运算能力小，需要我们额外进行补充。

笔者将梳理的内容进行二次整理和增补，形成了较为完整的活动课程框架，并且重新命名为"文化阶梯""实践橱窗""游戏拼盘"（见图4.48）。

图 4.48　活动课程框架建构及游戏拼盘示意图

三、具体实施成效

从内容梳理我们可以看出，二年级的活动内容比较多，涵盖类型比较全面，具有一定的代表性。所以接下来笔者就以二年级的活动课程为例，分享本实践的成效。

（一）学生对数学学习的兴趣大增，学习能力提升效果显著

笔者对学生学科学习兴趣做了调查，从一年级期末到二年级期末，执教班

级的学生将数学作为最感兴趣学科的人数提升了近20%。从课堂状态也能明显感觉到,学生在数学课中的专注度越来越高。

经过一系列数学活动的刺激,学生的学习能力得到了明显提升,很多孩子敢于在课堂上质疑、主动建立知识之间的联系,并用个性化的方式进行表达[1],也就是普遍认为的学生学习素养的提升;并能努力探索有创意的解决办法,遇到新问题,能想办法用学过的知识来解决,这就是我们通常所说的转化思想。

(二)逐渐形成对于活动课程多样化的评价方式

传统数学的评价方式以试题形式的书面评价为主,但通过数学活动,丰富了评价的形式,包括过程性记录、作品存档、作品展示、竞赛评比等多种方式(见表4.19)。

表4.19 实践评价方式

活动内容	评价方式
摆一摆——理解乘法的意义	试题书面评价
摆一摆——理解除法的意义	
测量1——操场有多宽	过程性记录
测量2——认识厘米	
测量3——认识米	
图形的变化	作品展示
制作活动角	
制作方向板	
制作新年贺卡	作品存档
数字华容道	竞赛评比

(三)形成较为丰富的课堂实践

实践1:数一数与乘法——"你说我摆"。

通过摆圆片来理解乘法的意义"几个几",课堂上给孩子充分的操作时间,在深度理解后讲解作业本上的练习。

---

[1] 夏雪梅. 项目化学习设计:学习素养视角下的国际与本土实践[M]. 北京:教育科学出版社,2019:4-5.

实践2：分一分与除法——"你说我摆他写"。

通过分圆片，经历一次分完和逐次分完的过程，理解除法平均分的意义，并将平均分的完整过程记录在数学教材附页上，同学之间相互评价。

实践3：图形的变化——"星空纸大作战"。

教师为学生准备了漂亮的星空纸，并投放任务：剪出特定的形状。学生发挥自己的想象，选择合适的方法，剪出指定图形。在这个过程中理解轴对称的意义，发展空间观念。

实践4：认识图形——"我的活动角"。

课前布置任务：用硬纸片制作活动角。课中，学生将自己制作的活动角带来展示，并利用它比较角的大小。

实践5：方向与位置——"我的方向板"。

在认识了东南西北这些方向后，布置课后任务：制作方向板，用方向板来认识生活中的东南西北，并将方向板带到课堂进行展示，评比创意。

实践6："走测量去"系列活动（一）操场有多宽。

学生第一次学习测量，教师提前为学生准备记录表单，带领学生到操场上测量跑道的宽度。学生以小组为单位，选择各种工具作为测量标准，并将测量结果记录在表单上。随后进行课堂汇报，在交流中，理解测量物体的长度一定要有标准。

实践7："走测量去"系列活动（二）1厘米有多长。

在认识了厘米后，学生在课堂上用尺子测量身边物体的长度，进一步加深对厘米的认识。

实践8："走测量去"系列活动（三）1米有多长。

在认识了"米"这个长度单位后，学生以同桌为单位，用教师准备的米尺测量教室里物体的长度，加深对米的认识。

实践9：制作泡泡创意贺卡。

二年级上期学生学习的重点知识是乘法，在新年到来之际，鼓励学生自主创作以乘法为主题的新年贺卡。教师准备了贺卡的模板，学生用元旦节小长假的时间进行自主创作。

学生将贺卡带到学校，在课余时间相互交流、分享。

通过学生自主投票和多学科教师评比，评选出各具代表的优秀作品进行展示和颁奖（每位参与创作的学生都能获奖）。

实践 10：数字华容道。

数字华容道是一款发展学生手脑协调及空间观念的数学游戏，该游戏活动时间为二年级下期一整学期。在开学初，教师为学生介绍这款游戏，并讲解游戏规则，学生利用在家时间自主练习，课余时间相互分享、交流。期末前夕，进行班级大比拼，在规定的时间内评选出速度最快的优胜选手，激励学生积极参与到数学游戏中。

【点评】

基于大单元课程开发的理念，通过重构活动课程体系，重构了教材单元，逐渐形成了一套有理论支撑、有顶层设计和能够落地实施的小学数学课程体系，实现了课堂从技术变革走向课程变革的初衷，能够为广大教师在课程重构、教学变革等方面提供可参考、可复制的经验和模式。

第五篇

大数据+人工智能驱动教育教学变革新路径

专家导读

随着信息技术的不断发展和应用，人工智能和大数据技术已经成为当前最热门的研究领域之一。教育是人类社会发展的重要组成部分，而人工智能和大数据技术的发展也为教育带来了新的机遇和挑战。在教育方面使用人工智能和大数据技术，可以帮助学生更好地学习和发展，同时也可以帮助教师更好地教学和管理。如何利用人工智能和大数据技术来提高教育质量、促进教育公平、推动教育创新，已经成为当前教育领域的研究热点之一。

目前，在全球范围内，人工智能和大数据技术已经被广泛应用于教育领域。例如，智能教育系统利用人工智能技术和大数据技术，为学生提供个性化的学习资源和服务，帮助他们更好地学习；智能教学工具利用人工智能技术和大数据技术，为教师提供更多的教学工具，搭建更多的平台，帮助他们更好地进行教学；智能评估系统利用人工智能技术和大数据技术，为教师提供更准确的评估工具和方法，帮助他们更好地了解学生的学习情况和问题。

将教育与人工智能和大数据技术结合有以下几个优势：首先，可以帮助教师很好地开展个性化教学。人工智能和大数据技术可以通过对学生的学习数据进行分析、挖掘，为学生提供一些个性化的学习方案和教学资源，使每个学生都能够获得最适合自己的教育。其次，人工智能和大数据技术可以促进教育公平。通过对教育资源的分布情况、学生的学习情况进行分析，可以制定更科学、更公平的教育政策和措施。同时，人工智能技术可以为学生提供更多元化、个性化的学习资源和服务，帮助他们克服学习障碍，提高学习成绩和能力。最后，人工智能和大数据技术可以推动教育创新。通过对学生的学习数据进行分析，学生的学习兴趣和潜力能被激发，从而为教育部门和教育机构提供更多的创新思路、方向。与此同时，人工智能技术也可以为教育领域带来更多的教学工具，搭建更广阔的教学平台，帮助教师和学生更好地进行教学、学习。

总的来说，本章节是大数据和人工智能技术在教育领域应用的初步探索，希望能够为更多同行"抛砖引玉"，让未来更多优秀教育工作者为大数据＋人工智能推动教育教学改革"添砖加瓦"，为培养我国创新人才而踔厉奋发、勇毅前行。

技术赋能　创新发展
——教育部"基于教学改革、融合信息技术的新型教与学模式"实验区成都实践

学习数据支持的小学生"三阶"个性化教学模式探究

【导语】

本文将数据支持的课堂教学划分为 3 个阶段：第一阶——课前分析学情，从而更科学地进行教学设计，制定能促进学生个性化发展的学科教学方案。第二阶——课中利用智慧教育平台分析学生的课堂学习状况，并及时调整教学方案。第三阶——课后，依据学生情况分配不同的教学资源，以满足学生的不同学习需求，从而弥补大班教学的不足，实现大教学下的"因材施教"。

一、深入思考，智慧教育时代怎样实现学生的个性学习之路

随着大数据时代的到来，教育不再是由教师向学生单向传递知识的过程，而成为一种"以学生为中心"的，能够为每一个人提供学习、发展机会的活动。这个时代的教育应该是"一个尺寸适合一个人"。2001 年教育部颁布了《基础教育课程改革纲要（试行）》，其中课程改革的重点就是转变传统学习方式，提倡以"主动参与、积极探究、交流合作"为特征的个性化学习方式。同时，《教育信息化十年发展规划（2011—2020 年）》中明确提到学校教育变革教学方式要在学生多样性、个性化学习等方面取得突破，要全力为每位学生提供个性化的、符合自身发展的学习环境及服务。那么，个性化学习具体是怎样的学习方式？我们又该如何实现学生的个性化学习呢？

《互联网＋背景下的学生个性化学习系统开发：现状与启示》一文中提到，"个性化学习系统"被广泛接受的定义是"使用特定的教学策略和学习资源为学生提供满足他们不同需求的学习经历"。个性化学习系统可以实现对学生学习的及时评估，并为他们推送和制定个性化的学习资源及学习路径，为教学相关人员提供及时干预和政策制定的参考。个性化学习系统一般有 3 个特征：第一，在进行个性化学习之前，学生会接受诊断性评估，然后根据评估得出的能力值为学生提供学习材料；第二，为学生提供特定的学习活动和材料以帮助学生达到学习目标，实现合作学习；第三，学生以与自己的能力和兴趣相符的步调逐渐掌握学习内容，系统对学生进行定期评估，并告知他们学习进展。

"互联网+教育"是大势所趋，学校作为县级示范性小学，存在班额大、学生个体差异大等问题。再加上教师能力局限、教学资源有限，教师只能模糊地掌握学生的情况，不能做到对每个学生的学情精准把握，更不能精准地对每个学生的学习提出指导性和针对性的建议反馈。这一现状极大地制约着学生的个性化发展，因此，学校提出了"基于学习数据支持下的小学生个性化学习研究"。本研究旨在探索怎样收集学习数据？怎样利用学习数据分析学生情况？怎样根据学生的情况实时调整教学？如何运用智慧教育平台促进学生个性化发展？

二、构建智慧教育平台，搭建学生个性化学习的平台

国内外有关数据支持的个性化学习的实践研究数不胜数。在智慧教室促进学生个性化学习的应用研究领域，北京师范大学武法提教授在其论文《电子书包中基于大数据的学生个性化分析模型构建与实践途径》中，告诉我们电子书包是在我国教育信息化深入推进和信息技术高度发达的背景下产生的，能够承续我国各层次教育信息化发展水平，解决当前学习环境下的教与学问题，并能满足新形势下学生的各种学习方式。分析了电子书包这类移动教学媒体生成的大数据的结构，构建了基于大数据的学生个性化分析模型，并探讨了这种模型的关系框架与实现途径。这些工作为应用大数据促进学生个性化发展的实践奠定了基础。近年来，学校的信息化水平发展形势喜人，走向借助"智慧教育平台"引领学生进行个性化学习。学校具体采取的措施如下：

（一）确定合适的智慧教育平台

学校精心选择了智慧教育平台，通过对比爱学堂、小勾学习圈、天天练、一起作业、慧道等平台，最终发现，"爱学堂"有丰富的微课资源，丰富了课前预习的资源，学生可以根据自己的学习情况选择相应的微课，教师也能获得及时的课前学情反馈。"小勾学习圈"主要针对数学学科，可以根据课中学生个性化学习情况，实现作业的分层布置。"天天练"和"一起作业"，则包含了多种学科的讲练，既能分层布置作业，也能拓展课外知识。"慧道"平台智慧化程度高，但是资源匮乏。经过多方筛选和比较，学校最终确定选择"优学派"智慧教育平台，为教师提供学生的学习数据，提供课堂反馈，从而让教师可以准确监测学生的学习情况，有针对性地对学生提出建议，并准确对课堂做出调整。

（二）教师线下跟踪学生校内学习表现

借助教师教学经验、课堂观察来记录平台和学习软件所不能搜集的学生课堂学习的状态，如情绪体验、课堂活跃度等。辅以智慧教育平台工作人员定期教室内课堂跟踪记录。对于每周安排的智慧平台教学课，有专门负责课堂检测的教师在班级授课过程中去旁听，并记录师生教学活动，从而便于提炼出语文和数学学科的个性化课堂教学模式。参研教师定期根据学生学科学情测量表评价班级个性化教学实践情况。执教同一学科的参研教师定期交叉旁听平板教学课，并根据学生的整体课堂表现对学生学习过程中涉及的个性化教学要素做勾选评价。

（三）智慧平台线上学习数据收集

主要以智慧平台连续跟进的方式收集教师授课和学生学习的过程性数据。使用信息化设备（优学派智慧教育平台）的优势在于有使用就有数据，平台后端可以记录所有涉及平台教与学的活动，最后部分数据还可以直接生成汇总分析表，数据采集完整、快捷。

（四）开展家校集中培训

开展教师智慧平台授课培训和家长监管、辅助学生学习的培训。一方面，教师定期进行理论学习，聘请专家指导课题。另一方面，学生、家长及教师对相关软件功能及操作进行学习；制定班级和家庭的软件使用制度，其中家庭的监管决定了大部分学习数据的真实性和有效性。

（五）校内定期进行课题研讨活动

通过每一次的研讨，及时地对现阶段收集的数据进行分析，为后续研究提供方向。对于学生作业、考试成绩、回答问题等较为客观的数据，可以直接采纳教师的评分数据或学习软件产生的数据进行分析，但对于课堂听讲、个性心理、情绪体验等较为主观的数据，在分析之前则需要进行处理。

（六）教学资源的建设

开发、选择资源，建立校本微课、教学课件和练习资源库，供教师和学生选择。学生学习的水平、喜好等多方面因素都不相同，资源库的建立要针对不同的学生提供合适的微课，最大限度地满足学生的学习需要。因此，要为不同学习类型的学生，提供符合他们特性的学习资源。

（七）布置个性化分层作业

首先，教师根据自己的授课班级，结合学生当堂测试情况布置分层作业；其次，年级内教师通过研讨，分析学习数据，试验、改进并最终生成适用于年级学生的个性化分层作业。

（八）改革学校教学管理

在现实教学中，仍然存在大量以分数来衡量学生成绩好坏的现象。这种分数为主的现象，让教师与学生之间形成强大的约束，导致学生无法真正实现个性化学习。因此，本研究的改革重点在于施行人性化教育，让教学发生改变，从注重结果到注重过程，从关注分数到关注学生个体发展，从标准化教学到精准化教学。同时，在传统教学下，管理时依据的数据是受限的，很多时候只能凭借经验进行管理。线上线下的学习数据则综合各方面的数据来源，可实现实时精确观察和分析，对于推进教学管理从经验型、封闭型、统一标准型向精细化、个性化、可视化转变，具有重要意义。

（九）教育模式创新

构建基于学习数据支持的小学生个性化学习的课堂教学模式，探索语数学科以个性化为导向的智慧课堂教学策略。个性化学习的课堂模式分为课前预学、课中研学、课后提升3个阶段。在课题研究的过程中，以学科课例研究为主要措施，通过课题组集体教研、个人反思等来探索适应个性化学习的课堂模式，提炼出教学策略。

三、踏实实践智慧化教育，探索出"一预二调三延"的教学模式

"做中学，学中做"是学校教师常念常想的话，实践出真知。"互联网＋教育"也需要在平时的课堂上，深入研究，积极思考。主要工作成效如下：

（一）确立"学习数据"的内涵

学习数据的概念框架如图 5.1 所示。

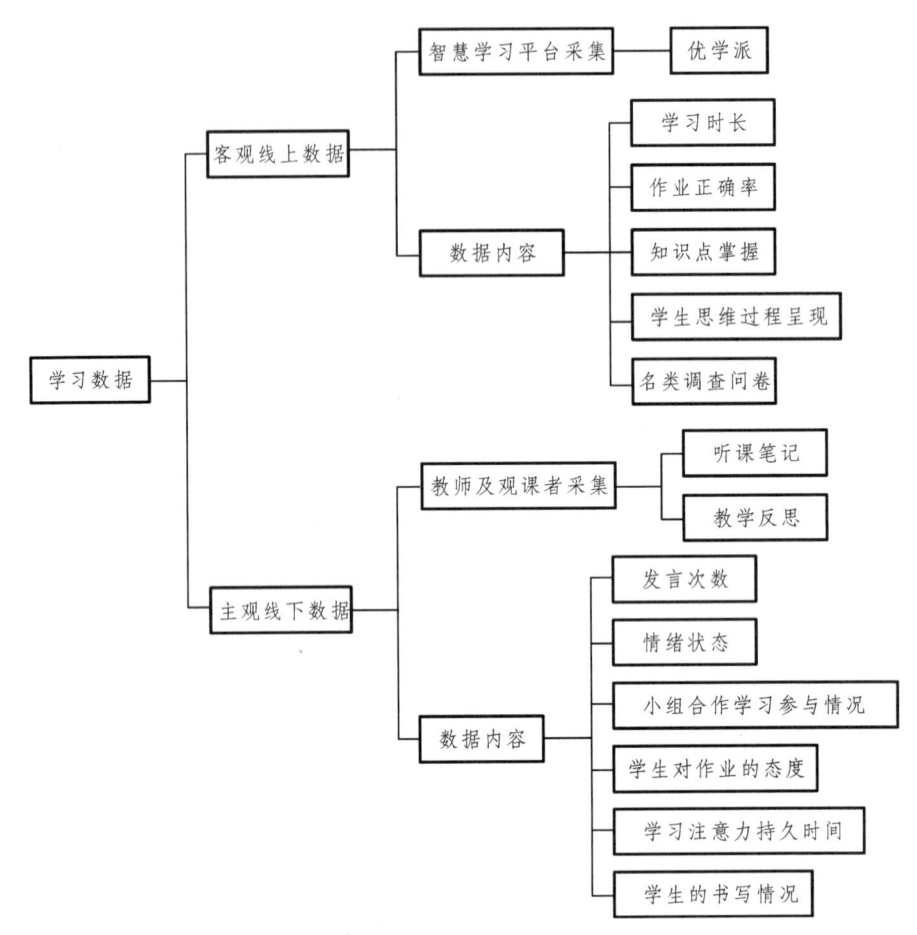

```
                                    ┌─ 智慧学习平台采集 ── 优学派
                                    │
                  ┌─ 客观线上数据 ──┤
                  │                 │                  ┌─ 学习时长
                  │                 │                  ├─ 作业正确率
                  │                 └─ 数据内容 ──────┼─ 知识点掌握
                  │                                    ├─ 学生思维过程呈现
                  │                                    └─ 各类调查问卷
   学习数据 ──────┤
                  │                                    ┌─ 听课笔记
                  │                 ┌─ 教师及观课者采集┤
                  │                 │                  └─ 教学反思
                  │                 │
                  └─ 主观线下数据 ──┤                  ┌─ 发言次数
                                    │                  ├─ 情绪状态
                                    │                  ├─ 小组合作学习参与情况
                                    └─ 数据内容 ──────┼─ 学生对作业的态度
                                                       ├─ 学习注意力持久时间
                                                       └─ 学生的书写情况
```

图 5.1　学习数据的概念框架

学习数据是指师生教与学过程中反映各个学生学情的数据，包括基于智慧教育平台采集的客观线上数据和基于教师经验由人工采集的主观线下数据。线上数据指利用各类学习平台采集有关学生学情的数据，如学习时长、学习效率、作业正确率、知识点掌握程度等（见图 5.2）。线下数据指利用由教学者和观察者采集、记录的有关学生学情的数据，如发言次数、小组合作表现、有效提问次数、学习情绪、书面作业完成情况等。学习数据可借助教学仪器进行观察，可利用教学软件进行统计分析，也可运用传统的观察比较方法或者经验判断得出结论，收集分析方式方法灵活多样。线上数据和线下数据相互补充、相互验证，两者整合之后形成学习数据。

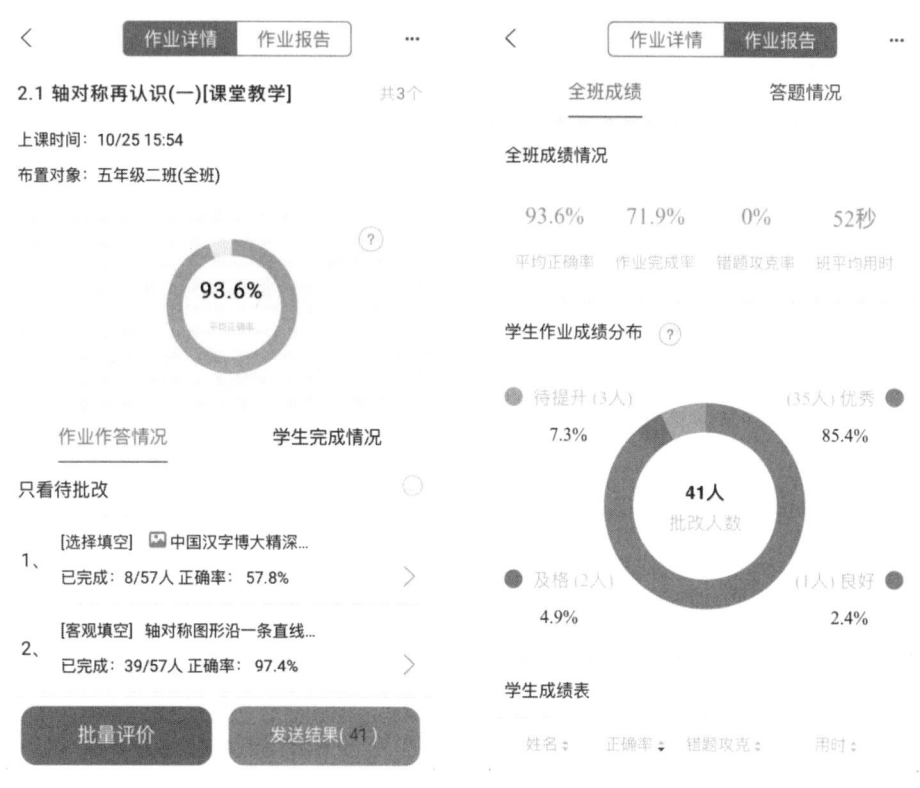

图 5.2 智慧平台截图

（二）丰富的学科资源是开展个性化教学的重要依托

个性化学习学科资源分为：智慧教育平台提供的基础性、巩固性和拓展性资源（见图 5.3）。

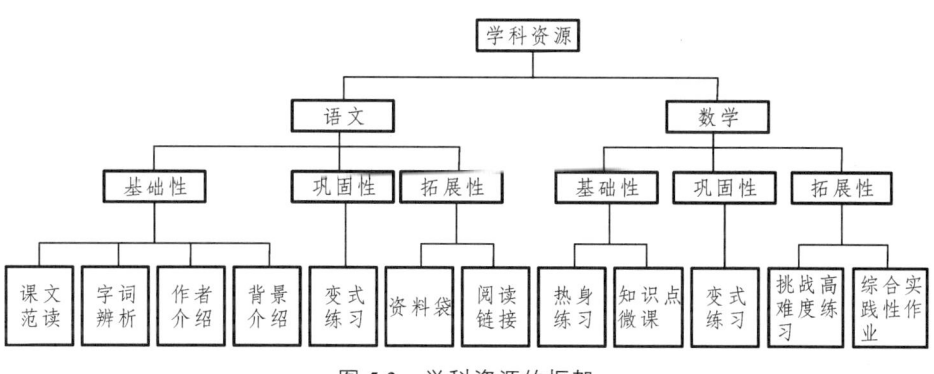

图 5.3 学科资源的框架

基础性资源是指语文学科的课文范读、字词辨析、文章作者和背景介绍等方面；数学学科分知识点的微课。基础知识的制定是根据学生的学情报告，给不同学习能力的学生提供不同的学习材料，体现在学习内容、学习时间、练习题目的差异上。

巩固性资源是指学科训练点的客观变式练习题。在学生完成课标要求掌握的基础知识的情况下，根据学习数据反馈的学生情况，为学生提供巩固练习资源。

拓展性资源是指课程相关的补充性学习资源和具有挑战性的学习内容，涵盖视频、文本、练习题等多种形式，为学有余力的学生提供选择、自由学习的机会。

（三）深入挖掘智慧教育平台与学科课堂教学的结合点

本课题中的"个性化学习"分为两个层面：一是指基于课程标准的要求，学习者根据自身学习情况，在教师的指导下，自主选择适合的学习内容、合理安排学习时间以及是否寻求教师个别答疑或辅导。二是在达到课标要求的基础上，学习者根据自身的学习能力和兴趣，在教师的帮助下，自主选择拓展性的学习材料来补充学科的学习。

经过前期对学习数据的采集和分析，初步掌握学生学情后，教师对教学策略做以下方面的调整和研究：

（1）通过智慧平台反馈的预习情况来调整课堂的教学安排。

（2）借助智慧平台有效分配学生的学习时间和空间，让不同学习状况的学生在同一节课上都能获得最大收获。

（3）根据学生不同的学习状况进行学科专项训练。

（4）提供丰富的线上学习资源，供学生自主选择，以满足不同层次学生的不同学习需求。

（5）培养不同学习状态下的学生终身学习的习惯。

（6）通过后续实践研究，发现并解决课堂教学中新遇到的一些问题。

（四）"三阶"个性化教学模式

通过个性化课堂教学实践过程对课堂的观察和分析，逐步构建出基于学科学习的个性化教学的课堂实施模式，具体阐述如下：

（1）课前预学。制定课前预习大板块，提供充足的预习资源，让学生自主选择对应的资源进行自学。

（2）课中研学。根据课前预习任务完成情况的反馈和本课的重难点，课中在教师引领下对重点问题、难点问题，开展自主、合作、探究的学习活动，让学生提出问题、合作研究，从而深化重点、突破难点。电子资源库中的课件资源、微课资源、丰富的习题资源的运用，给教师检验学生的学习情况、授课时补充授课资源给予最有力的支持。

（3）课后提升。学生课堂学习完成后，教师根据当天的任务清单，推送基础性、巩固性、拓展性3类任务给学生，让每一个学生都得到巩固和提高，让学生的能力不断拓宽和提升。

通过课题教学实践初步构建了"课前（学生预学）—课中（教师调整教学）—课后（学生延展学习）"三阶个性化教学的模式，即"一预二调三延"模式，简称 PAE（PREVIEW—ADJUST—EXTEND）策略（见图5.4）。

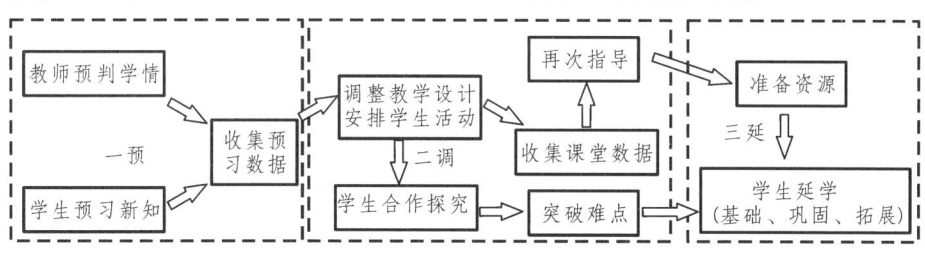

图5.4 "一预二调三延"的模型框架

（五）小学语文个性化教学操作性策略

1. 课前预学

（1）提出预学要求，利用优学资源自主预习。

第一，提出预学要求。语文的预习要求为：① 读熟课文；② 抄写《学文写字》，对课后生字进行组词；③ 辨析多音字、理解难懂的词语；④ 发现文中的好词（10个）、好句（3个），并进行勾画；⑤ 思考主要内容；⑥ 提出有价值的问题（2个）。字词方面推送"汉字学习、能写会认、词语清单"等资源，并且通过"小熊射手、打地鼠、汉字听写"等功能进行结果检测。这3类都可以委托平台完成批改，教师检查作业统计结果，即可清楚全班生字词掌握情况。课文学习方面：推送"问题解说、目标点击、预习要点、背景助学、课文讲解、学法导读"等资源，在自主学习时，推荐使用"优学资源"里的课文学习。里面有非常丰富的资源，涵盖字词句段篇，更能满足学生个性化学习的需要。

第二，个性化优学。我们主要使用的是优学平台，优学平台上的资源非常丰富，特别是"一只猴子"。在语文学习板块中，每篇课文都有这个按钮。拉下这只猴子,优学给学生提供了范读、生字学习、课文解析、名师指点、课文背诵……丰富的自主学习资源让学生有很大的选择空间。喜欢读的学生练习朗读,不能准确把握笔顺的字可以多次参考范写,遇到自己读不懂的地方可以看看课文的解读。对于学生最基本的字词掌握情况,可以用上平台设置的汉字游戏——打地鼠、小熊射手等,让学生在游戏中得到反馈。

(2)检查预学成果,查漏补缺。

在课前,让学生按要求进行预习,教师将预习要求通过平台发布给学生,学生利用周末时间进行预习(见图5.5)。在预习的时候,学生要读通课文,自己学习生字新词,勾画自己觉得写得好的好词佳句以及能体现文章主旨,给自己以启发思考的关键性句子,还要搜集作者或者自己感兴趣的信息。关于搜集资料这部分要求,优学平台资源库基本能给学生提供支持。如果学生不满意资源库里的资源,他可以通过其他渠道进行搜集。

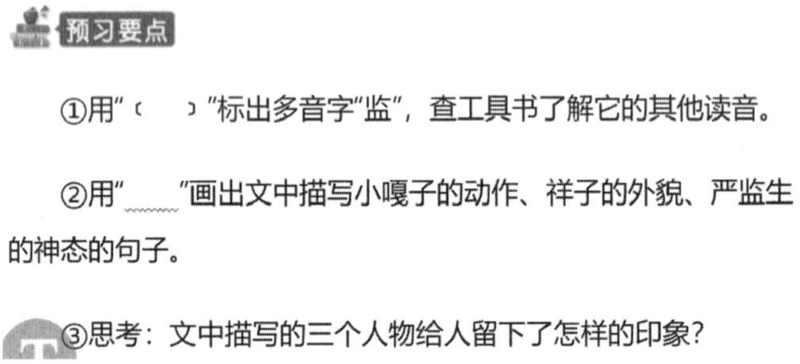

预习要点

①用" ( ) "标出多音字"监",查工具书了解它的其他读音。

②用"＿＿＿"画出文中描写小嘎子的动作、祥子的外貌、严监生的神态的句子。

③思考:文中描写的三个人物给人留下了怎样的印象?

图 5.5 平台"预习作业"版块截图

2. 课中突破

第一,反馈预习情况,多种形式导入新课。

教师在课堂上展示学生的预习成果,引导学生进行评价,发现难点,重点指导。在预习反馈结束后,教师播放新课课件,用生动的图片、动听的音乐、有趣的视频激发学生的学习兴趣。

第二,发挥平台助学功能,突破重点、难点。

在课堂教学中,将在检查预习时梳理出来的学生提出的有价值的问题通过优学平台发送给学生,让他们将自己的学习成果拍照上传。教师随机抽取几份作业进行对比,学生还可以给自己心仪的作业点赞。为了让每个学生看清楚作业情况,教师打开屏幕广播,进行讲评,同时让每个学生学习如何做批注。遇到突发集体性疑难,教师打开"解锁",让学生通过互联网搜索相关信息攻克难关。对于表现优秀的学生或者作业,教师可以点赞"回答精彩""积极主动"。

当遇到难度较大的问题时,优秀的学生可以通过"抢答"获得回答机会,给学生示范;当遇到难度适中的问题时,教师可以通过"随机抽问"来选择学生回答,这样可以避免个别学生游离于课堂之外。

在开展小组学习的过程中,教师可以利用优学正计时、倒计时,限定思考和讨论时间,提高学习效率。在进行小说、散文类文章教学时,很多都需要梳理内容。当学生梳理完内容,需要进行全班交流,有了资料投影,更能让学习中等的学生听得轻松一些。在这个时候,鸿合的投影功能就派上了用场。在进行汇报时,教师把他们的表格进行投影、放大,整个屏幕就是他的作业,每个学生都看得仔细。如果还有不清楚的,开通屏幕广播功能,每个人都能清晰地接收到。

小学语文个性化学习操作策略框架如图 5.6 所示。

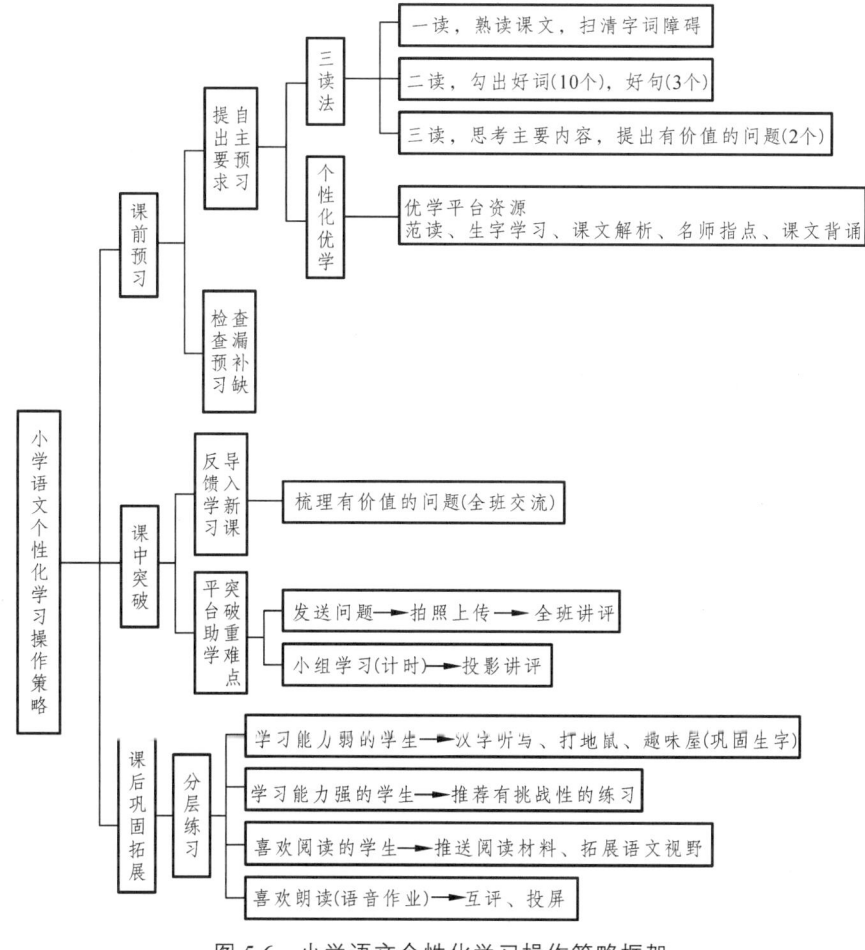

图 5.6 小学语文个性化学习操作策略框架

3. 课后巩固、拓展、提升

优学平台有丰富的练习、试题资源，课后，教师根据当堂课的教学重难点，均可在资源库中挑选相应知识点、能力点的练习，对学生的掌握情况进行检测。将普遍性问题作为下节课攻克的重点问题，以此达到知识点的人人过关。对于学习能力较弱的学生，通过"汉字听写""打地鼠""趣味屋"等学生喜欢的字词游戏，帮助他们灵活掌握生字词（见图5.7）。

图 5.7 平台截图

对于朗读、背诵等语音类作业，学生可以通过同学互评，检查完成效果，通过投票产生最佳作业，供全班学习。对于练笔、作文等文字类作业，学生完成后拍照提交。在同学互评时可以相互检查、批注优缺点。反馈后，学生可根据同学的评价对自己的作业进行修改、完善。学生共同推选出的最优作业即是习作讲评课上的范文。

对于课内知识掌握较好的学生，教师在优学资源库中挑选有一定挑战性的练习，供他们尝试、实践，在灵活掌握知识点的同时，又可提升学生的语文学习力；对于喜欢阅读的学生，教师可在优学资源库中选择与单元主题相关的或同一作者的其他作品的一些阅读材料推送给学生阅读，以拓宽学生的语文视野。

（六）小学数学个性化教学操作性策略

依托移动平板教学环境，运用移动平板和网络平台整合数学课堂教学的能力提升，发展形成有效的教学实践策略，从根本上转变传统课堂的教学方式，丰富学习者的体验，拓宽课堂的广度、深度和学生的参与度，满足学生多层面、个性化发展的需求，使学生真正成为学习的主体、课堂的主人，让每一个学生在课堂上有不同的发展。

小学数学个性化学习操作策略框架如图 5.8 所示。

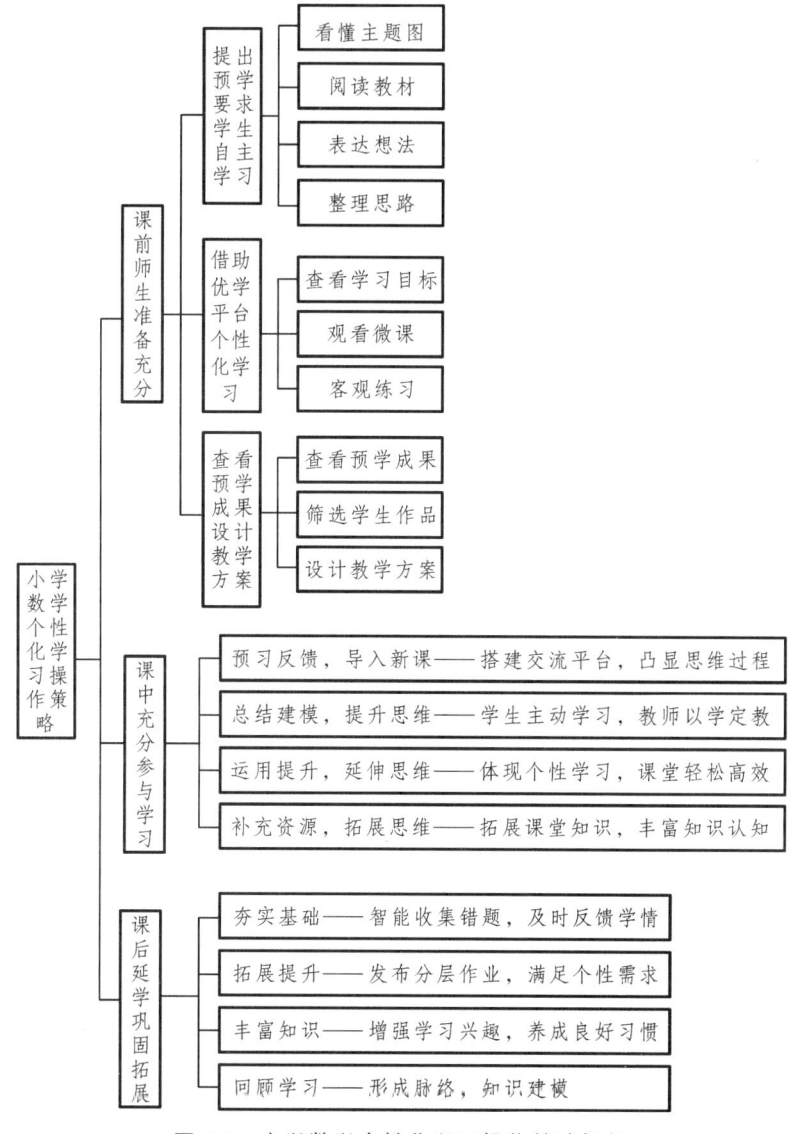

图 5.8 小学数学个性化学习操作策略框架

1. 课前预学

（1）提出预学要求，利用优质资源自主预学。

"预学"是生本课堂的保障（见图 5.9），也是培养学生自主学习能力、提

329

升核心素养，达成个性化学习的重要途径。课前利用平板进行预先学习，借助优学派布置预学任务和要求，让学生提前做好各种准备（学具、思维、情感），对新知做好前置的学习和准备，整理思路，进行初步的构建。具体预学要求如下：

① 看懂主题图。看明白主题图中描述的是怎样的一个数学故事，从图中提取信息、发现关系、提出自己的问题并尝试解答。

② 阅读教材。阅读教材上各个小绿点任务，思考教材中提出的问题，尝试理解教材中的图、文、式。

③ 表达想法。尝试解决教材中的核心问题，把自己的想法表达出来（文字、画图、写算式、思维导图等），并拍照上传至优学平台。

④ 整理思路。整理自己的发现、想法、疑问，准备课中交流。

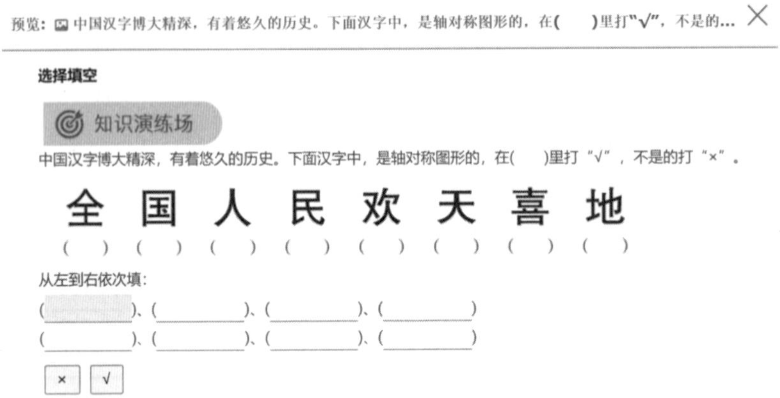

图 5.9　平台例题截图

（2）借助优学平台，个性化学习。

针对不同新知的特点和学情，借助优学平台向学生推送不同层次的预学目标、微课等资源供学生学习、练习，让学生通过课前观看微课，对所学内容有更深入的了解。

（3）查看学生预学成果，设计教学方案。

① 查看学生预学成果。教师在优学派教师端查看学生预学任务完成情况，掌握每个学生最原始的想法，精准把握知识生长点。

② 筛选代表性学生作品。筛选代表性学生作品供课中共学题材，选出大家都感兴趣的或者有共性的问题，生成有价值的、有思维深度的、目标指向明确的问题为课中共学做准备。教师选取学生不同层次的代表作品作为课堂研究题材，提高学生的学习积极性。

③ 因材施教，设计教学方案。教师精准地掌握学生学情，把握好学生知识生长点。从学情出发，对预学内容进行统计、梳理和诊断，筛选代表性学生作品作为课中共学题材，选出大家都感兴趣的或者有共性的问题，生成有价值的、有思维深度的、目标指向明确的问题，形成核心问题，融合到教学环节中，及时调整教学方案，进行二次备课，设计更有效的教学方案，让教学更具有针对性，更高效。

2. 课中共学

智慧平台进入课堂，既让教师从"以教为主"的传统课堂向"以学为主"的生本课堂转变，又促使教师从关注学生"获取知识"向"探索知识"转变。用优学派智慧平台教学可以实现教与学的深度融合，它强大的功能无疑成为课堂助力器和推进器。

（1）从独学到群学，利用预习反馈，导入新课。

利用平台上的作业功能，每个学生找到自己的预习成果，与小组内的成员交流自己预习的想法，在组长的带领下梳理大家的想法，选出具有代表性的作品，做好全班交流的准备；利用抢答功能进行，让1~3个小组分享学习后的想法。

（2）从群学到共学，总结建模，将思维引向更深处。

小组合作学习后，教师再次发布作业，组长将本组的成果通过拍照或者拍视频提交分享到全班，学生可以去浏览，去"发现"，再根据需要选出最有意义的作品。学生的评价能反映学生的学习要求，引导评价的标准，教师及时调整教学策略和方法。教师可以及时发现学生出现的问题，针对出现的问题进行深入的探讨，对知识进行建模，让知识扎根于学生的脑海。这样的学习充分体现了学生的自主选择权、自我评价权，让学生进行主动学习，切实做到以学定教。

（3）运用提升，将思维引向更远处。

全班共学后，可以利用智慧课堂的"课堂教学"环节，向学生推送"互动题板"和"课堂客观练习题"等丰富多彩的互动活动，让学生通过自己动手拖拉、涂鸦、勾画、自主学习、拍照上传等功能，在动手操作中完成一个个知识点的探究和学习。比如教学《鸡兔同笼》中除了列表法外，还可以用假设法解决问题。但是这种方法比较抽象，可以发送互动题板，让学生画一画。这样不仅让学生动了脑，还动了手，对知识的理解更形象、更深刻。

为了解学生对知识的掌握情况，可以利用智慧平台发送客观题型。学生完成提交后，教师可以马上看到学生完成作业的时间、正确率、错误率，及时发现学生出现的问题，对知识漏洞进行再次巩固，让知识难点轻松解决，避免教师盲目讲解，既提升了课堂吸引力，又让课堂变得更高效。教师还可以通过学生提交的作业图片或录像看到每个学生的答题结果，同时对学生的答题过程也一目了然。这种方式能够体现学生个性化学习的理念，又体现了有些知识解法的多样化。

同时在课堂教学中穿插使用优学派多媒体工具箱的抢答、随机抽取、分屏的功能，使课堂教学更加妙趣横生，不仅激发了学生的学习兴趣，也促使学生深度学习。

（4）补充资源，将思维引向更广处。

教师可以将课中遇到的课外问题或根据教学的需要，有针对性地为学生提供资源（如微课视频、资料等），通过智慧平台播放视频，能让学生的学习形象更加具体。有些数学知识比较抽象，这样能使学生在有限的课堂中，全面而深刻地了解知识的前因后果，丰富学生的认识，将课堂的知识进行扩展、填充、提升，进而让学生的思维更发散。

（5）课后延学、巩固、提高、拓展。

充分运用优学平台丰富的练习、试题资源，教师根据当天的教学内容和任务清单，利用平板从智慧课堂资源库和校本资源库中，分层选取并推送基础作业、提高作业、分层作业、拓展作业给学生，对学生知识掌握情况进行检测、把握、分析、提高，促进孩子个性化、差异化地学习。

① 利用平板推送基础作业。全体学生完成基础作业，巩固当天所学知识。通过平板后台数据的统计，利用平板讲评功能，有针对性地讲解孩子集中出现的错误，持续夯实学生基础知识和基本技能。

② 借助平板推送提高作业质量。依据后台统计数据智推分层作业，让学习层次不同的学生做不同的题目，促进孩子在基础学习上个性化提高。同时，依据学生的错题统计，利用平板错题智推功能，推送相关题目给学生练习，促进学生对知识的进一步理解、巩固和掌握。

③ 针对某些课型，利用平板推送相关知识的背景资料、关联信息，提高学生学习数学的求知欲、拓展数学的知识面、增强数学学习的动力，从而养成更为良好的数学兴趣和学习习惯。

④ 利用平板推送画思维导图的任务，让学生每日回顾、梳理当天所学。同时，通过学生互学互评、教师平板分享优秀思维导图等方式，学生可在共学、优学、延学中提升个性化学习效果。

四、建议与策略

在《教育信息化 2.0 行动计划》和《推进教育新型基础设施建设构建高质量教育支撑体系的指导意见》引领下，我国不同地区探索了智慧教育落实"个性化教育"目标的有效途径。考虑到学校教育的复杂性，教师信息收集、处理能力有限，可以通过以下方式促使所有学生获得应有的发展。

（一）提升教师的信息化水平，适应智能教育发展形势

信息化智能技术发展迅猛，日新月异。教师要保持学习的状态，不断吸收信息化智能技术，适应技术的发展。新技术不断更新换代，特别是一部分年龄较大的教师，不能适应新技术运用于自己的教学，造成运用中困难重重，反而影响课堂教学的质量，就需要他们在自己的课堂教学中不断实践，不断总结，提升自己运用信息化智能技术进行教学的能力，以更好地用新技术服务于教学，提高育人效果。

（二）落实教育新基建，构建完备智能化育人环境

以往我国教育基础设施建设多重硬件设施配置、轻软环境构建，使部分地区的技术条件无法满足智慧校园环境下教学功能需求，尚未在学习中实现自由交互和沉浸式学习，教育资源在数量和结构上也难以满足学习者需求。教育新型基础设施是智能时代国家面向教育高质量发展需要所构建的新型基础设施体系，具有技术迭代、软硬兼备、数据驱动、协同融合、平台聚力、价值赋能等特点，能够有效解决上述问题，推动教育融合创新。

因此，应积极推动教育新基建工作，形成完备的资源供给体系，满足智慧育人技术需求和资源需求。在技术环境建设方面，应结合教与学需求，以人为本的智慧校园，依托人工智能、大数据等技术为教师提供智能教学助手，着力减轻教师教学负担，助力教师准确动态把握学生学习需求与学业水平，提高教学智慧化与个性化水平，提升课堂教学质量与育人度，使智能技术服务智慧育人工作，满足学生智慧发展需求，也使社会优质教育资源通过"数字孪生"技术走入课堂教学与课后服务。在资源建设方面，应以国家基础教育公共数字资源为基础，鼓励更多示范性学校优秀教师参与课程资源建设，不断丰富课程资源总量，提升数字教育资源质量，实现优质教育资源共建共享，丰富资源建设类型，满足个性化学习需求。

(三)回归教育技术功能本位,支撑教育服务于人的全面发展

智能技术的双面效应是智能时代所有应用主体必须认真思考和面对的问题。智能技术在教育中误用、滥用已显现出多种负面效应,阻碍教育信息化进程。同时,智能技术在教育领域简单移植,也导致"水土不服"问题频发,进一步加剧了教育技术服务供需之间的矛盾。在部分"功利主义"教育观念与错位育人价值影响下,教育技术在一些场景中被错误地作为教育过程中"提高成绩"和"考试选拔"的工具,甚至成为学生学业负担来源,未能展现其真正的育人功能与效果。

因此,个性教学时代教育技术应当回归其教育功能本位,充分考虑教师教学与学生发展需求,因地制宜、因材施教,通过技术优势使"个性化推荐学习资源""智能化布置课后作业""优化课后服务方式与内容"等成为可能,在促进学生身心健康与个性化发展等方面发挥应有的作用与优势,赋能"五育并举"育人目标的实现。教育技术还应在助力教育由基本均衡走向优质均衡方面发挥积极作用,努力满足人民对更美好、更公平的教育的向往。

数据环境下小学生高阶思维多路径培养策略

【导语】

"1334"课改模式，具体来说是指立项 1 个课题，建构 3 个系统，打通 3 个平台，选择 4 条路径。以课堂教学实践《芯心相印：追求思维深度之美》为引导，多项目协同推进课堂教学变革，特别是为个性化教学和互动教学提供支持及借鉴。

一、研究背景

（一）国家政策

《国家中长期教育改革和发展规划纲要（2010—2020 年）》指出，要以学生为主体，以教师为主导，信息技术在促进教育内容、教学手段和方法现代化方面具有重大支撑作用。

《教育信息化十年发展规划（2011—2020 年）》也要求"以学习方式和教育模式创新为核心""努力为每一名学生和学习者提供个性化学习、终身学习的信息化环境和服务"。

2016 年 6 月教育部印发《教育信息化"十三五"规划》指出，全面提升教育质量，依托信息化融合创新，推动教学、学习模式改革，构建以学习者为中心的教学和学习方式。

2019 年 9 月中共成都市武侯区委办公室印发《武侯区关于推进智慧教育发展的实施意见》指出，构建智慧教学新生态，以"学习者"为中心，重新定义课堂，变革教与学的关系，探索构建武侯智慧教学新生态。

通过政策分析可知，高效的智慧课堂不仅是国家中长期教育规划中实现教育现代化、培养创新人才、创建学习型社会的关键媒介，也是实现"三全两高一大"发展目标的重要组成部分。

（二）现状背景

成都市武侯科技园小学位于成都市武侯科技园区内，依托园区教育资源，确定学校"科学+人文"的教育特色,"追寻芯心相印的美"的核心价值,并以"天天用心、事事入芯、人人都是星"为校训,以"培养有品行、会思考、善交往、乐实践的现代儿童"为育人目标,坚持走内涵发展之路,引进多项信息技术与教育改革项目。目前学校已成为全国科技体验传统学校、四川省智慧教育试点学校、成都市新优质学校。

"十四五"开局,学校统整各项技术设施,打造"校园神经系统",建设以人工智慧与大数据为标志的信息化 2.0 环境,以课题"大数据环境下小学生高阶思维多路径培养策略研究"为统领,深化课堂教学变革,全面提高教学质量,丰富与发展"追寻芯心相印的美"的办学理念。

二、研究问题的提出

(一)教学思维天花板封印

布卢姆的教学目标分类——低级思维与高阶思维。

通过调查发现,目前学校的教学还是停留在记忆、理解和运用的低阶思维水平,如果要进行高阶思维的教学,一是缺乏理论与方法指导,二是没有智能技术的运用。

学校对教师学生深度学习的现状进行调查研究发现,目前师生的学习活动,对学生高阶思维的发展作用不明显。教师对"学生深度学习的表现"的理解均值达到 88.3%,对"深度学习促进学生发展"的理解均值达到 86.3%,但对"元认知与深度教学的关系"的理解明显欠缺,基本了解的仅占 6.82%。元认知是深度学习的核心因素之一,说明教师对深度学习本质尚缺乏深层次理解。

(二)学习活动的形式单一

学校调查研究表明,师生的学习活动形式单一。教师在教学中了解学生知识基础、引导学生进行新旧知识对比的比率分别是 53.4%,72.7%,说明教师重视知识理解;"根据自己的理解对教学内容进行取舍"的比率仅为 30.68%,说明教师对教材文本的创意解读与核心教学内容的确定亟待加强,这是进行深度教学的前提;"学生经常对讲授的内容或者书本知识质疑"的比率仅 20.5%,说明大多数教师在教学过程中没有设置"挑战质疑"环节发展学生高阶思维;教师在课堂中经常运用技术增强课堂互动的比率是 41%,向学生推送拓展性学习的资源比率为 39%,说明教学过程中教师对信息技术与数字化资源的运用不充分。教师在组织教学活动中的形式过于单一，不利于学生的高阶思维发展。

（三）教学评价大数据缺位

教学评价只有学生答题分数（对错），没有思维水平的数据（进阶的空间）。

教学评价结果是促进教学方法改革的重要指标之一。目前的教学评价过于单一，以主观评价为主，没有大数据支持，评价不客观、不全面、针对性不强，对后续的教学导向性不强。只有基于大数据的教学评价，才能让结果看得见、摸得着，更加科学、客观，精准地"对症下药"。

基于以上背景，我们提出研究要解决的主要问题如下：

问题一：教师教学需求。

教师单向机械式、填鸭式灌输教学，缺少互动反馈，多数"新技术"仅限于视频展示、PPT等基本手段，教学方法存在"简单说教"知识的单向灌输，缺乏能够激活学生大脑思维的"有效互动体验"，重低阶能力培养，轻高阶能力培养，教学质量提升空间较大。

问题二：学生学习需求。

学生死记硬背，长期低阶学习，学习效率不高，同时上课积极性不高；教师主导，学生注意力难集中，记忆效果和保持时间不长，学生缺乏学习的积极性和主动性，处于被动学习状态。

（四）研究的意义与价值

基于以上需求分析，我们亟待改变传统的教学模式，以信息化促进教育变革，以系统化思路进行智慧课堂系统的设计规划，打造智慧课堂以促进现代信息技术与教学的深度融合，推动教师教育教学能力不断提高，学校不断发展。

三、实践设计

学校以"十四五"教育科学规划课题"大数据环境下小学生高阶思维多路径培养策略研究"作为课改主题，推进课堂变革。整合学校已有的技术软硬件设施，打通数据通道，形成多种功能互补的技术环境，以科小的"1334"课改模式，即"立项1个课题，建构3个系统，打通3个平台，选择4条路径"，以课堂教学为主导，多项目协同推进课题研究与课堂变革（见图5.10）。

"十四五"开局，学校统整各项技术设施，打造"校园神经系统"，建设以人工智慧与大数据为标志的信息化 2.0 环境，以课题"大数据环境下小学生高阶思维多路径培养策略研究"为统领，深化课堂教学变革，全面提高教学质量，丰富与发展"追寻芯心相印的美"的办学理念。

为了解决学生高阶思维发展理论、实践、技术（数据）等方面的问题，我们确定以"大数据环境下小学生高阶思维多路径培养策略研究"为智慧教育改革项目，经过反复的调研、论证，并参考借鉴多个智能技术及项目，形成了"1334"的改革方案。

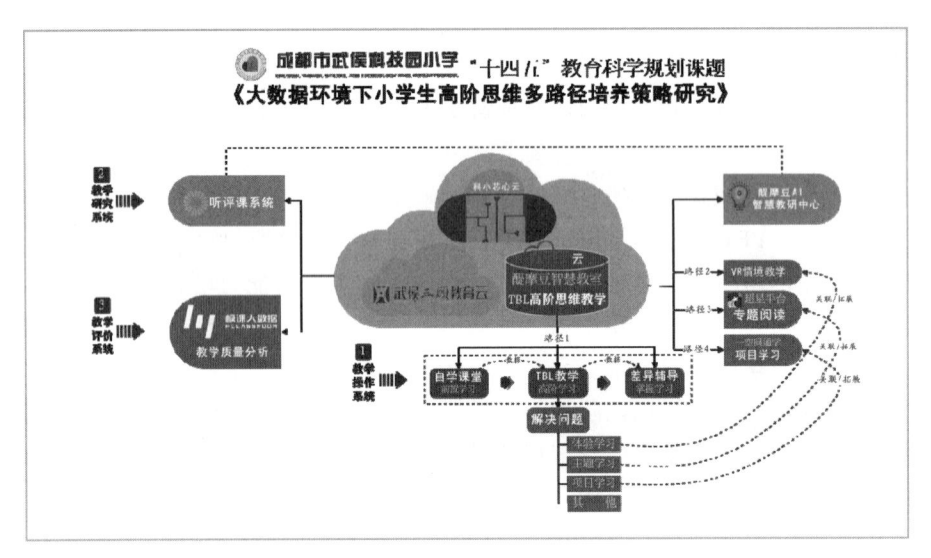

图 5.10 "1334"课改模式

（一）立项 1 个课题

确定学校"十四五"教育科学规划课题"大数据环境下小学生高阶思维多路径培养策略研究"，以课题统领，推进学校课堂教学综合改革。

（二）建构 3 个系统

（1）教学操作系统。教学操作系统主要是醍摩豆 AI 智慧教室操作系统 HiTeach，具有可视化、高交互、大数据功能。

（2）教学研究系统。由醍摩豆 AI 智慧教研中心和基于教学行为编码的听评课系统构成，进行"打点听课、切点议课"智慧教研活动和教学行为数据研究。

（3）教学评价系统。由醍摩豆 AI 苏格拉底平台和"极课大数据"构成，进行智慧课堂教学行为评价和阶段教学质量检测与数据分析。

（三）打通 3 个平台

（1）科小芯心云平台：成都市武侯科技园小学"校园神经系统"的云平台，用于采集、储存、分享教育教学数据。

（2）武侯教育云平台：武侯区教育局云平台，主要用于"一空间通学"项目学习教学研究，以及上传学校相关数据。

（3）醍摩豆 IES 云平台：醍摩豆智慧教育研究院为 AI 智慧学校提供的云空间，用于储存数字化校本课纲，并为学校提供校本教学资源"频道"和全球醍摩豆 AI 智慧学校优质课资源。

（四）选择 4 条路径

把与学生高阶思维直接关联的 4 个项目，作为发展学生高阶思维的 4 条路径。

路径 1：TBL 教学高阶学习。在醍摩豆智慧教室环境下，开展《TBL 教学高阶学习活动设计与指导策略》研究。教学活动由课前自学课堂（在线）前置学习、课中 TBL 教学高阶学习（线下）、课后差异辅导掌握学习（在线）构成。

路径 2：VR 情境教学。运用 VR 技术创建虚拟学习场景，通过电脑仿真、模型重现、虚拟技能训练等方式，增强学习的情境感，激发学习兴趣、增强学生感受、启发学生想象、发展学生思维。

路径 3：基于超星平台的主题阅读。运用超星平台数字图书资源，通过主题探究、阅读发现等方式分年级（年段）开展主题阅读活动，拓宽学生认知视野，发展学生高阶思维。

路径 4：基于一空间通学平台的项目学习。利用武侯三顾教育云"一空间能学"平台资源，以学科拓展与学科综合的方式开展项目学习（PBL）教学研究，在解决真实问题的过程中发展学生的高阶思维。

主要关联项目如图 5.11 所示。

项目类型	项目名称	技术环境
主导项目	1.TBL教学高阶学习设计与教学指导策略研究	醍摩豆智慧教室
拓展项目	2.基于"一空间通学"平台的小学项目学习实施策略研究	一空间通学平台
	3.VR技术环境下情境教学与小学生思维发展研究	VR技术
	4.基于超星数字平台的主题阅读与小学生思维品质发展策略研究	超星智慧阅读平台
增值项目	5.小学高阶思维教学数据画像的模型及其应用策略研究	听评课系统
	6.基于教学质量检测数据与答题认知水平分析的高阶思维教学改进策略研究	极课大数据

图 5.11　主要关联项目

技术赋能　创新发展
——教育部"基于教学改革、融合信息技术的新型教与学模式"实验区成都实践

四、实施及效果分析

（一）设计了课改 T2.0 新路线

2021 年 7 学校课改实施方案"芯心相印：追求思维深度之美"正式发布。学校的课改方案建立在对师生开展的扎实有效的问卷基础上，暨"1334"模式。清晰地勾勒出课改 T2.0 的线路图：醍摩豆、一空间、VR 技术、超星阅读、听评课系统、极课大数据。6 个项目同时推进。学校也拟定了为期 3 年的课改工作进度安排：2021—2022 学年为探索性研究年，2022—2023 学年为形成性研究年，2023—2024 学年为拓展性研究年。

（二）探索了高阶思维 TPC 备课新模式

学校就课例的研究开发出了以 T（技术）：技术用什么？C（内容）：学生学什么？P（教法）：教师教什么？以三大板块为备课的全新模式（见图 5.12）。

成都市武侯科技园小学
"高阶思维"教学 TPC 设计模板

××年级×册××课《××××》
成都市武侯科技园小学×××

第一部分　课程理解

一、教材文本解读
1.教学内容简介（情节/知识点及呈现方式）
2.学科要素分析（语文要素、数学思考，等等）

第二部分　教学设计

一、教学目标
(一)学科教学目标
1.知识
2.技能
3.情感
(二)思维发展目标
1.思维方法：概括、推理（归纳推理、演绎推理、类比推理）、想象、联想
2.思维品质：深刻性、敏捷性、灵活性、独创性、批判性
3.高阶思维能力：深度理解能力、问题解决能力、批判性思维能力、决策能力、创新能力和自我调节能力

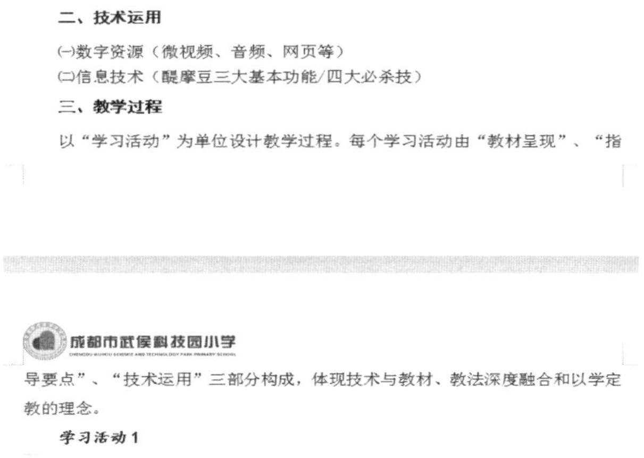

二、技术运用
(一) 数字资源（微视频、音频、网页等）
(二) 信息技术（醍摩豆三大基本功能/四大必杀技）
三、教学过程
以"学习活动"为单位设计教学过程。每个学习活动由"教材呈现"、"指导要点"、"技术运用"三部分构成，体现技术与教材、教法深度融合和以学定教的理念。

学习活动1

图 5.12　备课新模式

（三）推出了一组高阶思维教学新课例

学校中心组教师潜心研究，先行试水，打造出了一组高阶思维教学新课例。

1. 创新了智慧教研的新模式

在传统教研的基础上，利用信息技术进一步应用 AI 苏格拉底系统来辅助，结合人工智慧与机器智能，大幅提升了教研的品质与效能，创新了智慧教研的新模式。使用 AI 苏格拉底的数据分析功能，在培训与互动实作过程中，产出科技互动（T）和教法应用（P）指数分数，以及教学行为数据特征，协助学习者反思与精进，也协助专家更精准、高效地进行指导。自动生成的影片和专家议课报表，协助教研团队更科学、更高效地进行议课与教研活动。

2. 研制了高阶思维教学评价新标准

基于高阶思维 TPC 备课新模型，教师评课同时也从 3 个维度 4 个方面改革了全新的切点式评价方式和评价新标准。页面中，课堂教学影片、教学行为数据特征、点评资讯曲线（热点）、专家点评标记清单、点评标记内容等 5 项数据联动，让教研数据更可视化。

3. 积累了智慧教学的新数据（AI 收集）

在具有报告授权服务的智慧教室里，每次使用智慧教学系统进行培训或实作互动练习，结束课堂后，会自动形成报告。

4. 促进了教师团队的新发展

（1）项目组教师快速成长：项目组教师从最初的陌生、空白甚至距离感，满脑子的问号，到后来技术教师提供的手把手教学让教师在摸索中了解。把技术当作是教学辅助的伙伴，研究琢磨第一次站在了更高的平台，成为科小的特色。

（2）骨干教师辐射影响："宝剑锋从磨砺出，梅花香自苦寒来。"中心组刘姗老师在珠海市金湾区三灶镇中心小学进行《两小儿辩日》的第一次课例展示，项目中心组教师代表及学校各科教师代表全程参与本次活动。

（3）青年教师送教活动：2021年9月11日，李镇西博士工作站三期、四期学员共赴马边进行考察学习和交流。学校语文组李苏老师担任送教老师，在马边小谷溪小学与该校三年级的孩子们共同学习了《搭船的鸟》一课，得到了同行们的高度肯定。

（四）推广情况

学校开展的高阶思维课堂项目聚焦智慧课堂教学的建设研究，促进信息技术与课堂教学的深度融合，通过信息技术与课堂的应用，提高学校的教学质量、提升学校的办学水平，办好一所学校，造福一方百姓，办好一所学校，带动一片社区。

由于学校在信息化建设和运用上的深入开展，课堂改革的真正落实，学校信息化改革的影响力逐渐扩大。2019年12月学校先后受邀在四川省信息技术与教育教学深度融合研讨会上进行语文课例展示与交流分享、在四川省2018年国家义务教育质量监测结果解读培训活动中做了大会主题发言及课例展示，并与自贡市富顺县小学开展"一干多支"结对交流活动。

学校信息化建设成果不仅多次在市区的交流会上分享，而且还有450余名来自全国各地的教师到学校观摩学习，得到了同行的高度认可。

为了将信息化改革的成果分享给更多的学校，吸引更多学校加入信息化改革中来，学校于2019年12月底举行了"基于智慧教育背景下学生高阶思维课堂模式构建"项目启动暨研究共同体交流会，与多所学校形成联盟，扩大了教学改革的影响力。

为实现区域间教育资源的共享，促进多地教育共同发展，学校与白玉、安岳3所学校结对，开展结对帮扶工作。有了信息化平台的助力，学校与结对学校之间的交流更为顺畅，送培送教不再受到时空限制，工作开展得更加深入和频繁。

2018年7月,学校与安岳县的小学结为互助帮扶手拉手学校,两校行政班子座谈会在安岳隆重举行,安岳县教育局人事股领导、岳城督导组领导亲自到场,拉开了两校友好交流共谋发展的序幕。学校不仅带着校内的优秀学科教师将信息化平台的运用带到安岳,2019年5月,更是特邀四川师范大学知名教授,共赴安岳进行现场讲座,有力地促进了武侯—安岳教育系统的共同发展。

白玉是武侯区对口帮扶的重点地区,学校对白玉的对口帮扶工作开展得扎实有效。每学期,学校都会选派各学科优秀教师由学校领导带队,到白玉现场送培送教。由于学校在对口帮扶工作中的突出表现,学校被省委、省政府评为对口帮扶先进集体。

随着信息化平台应用的不断深入,学校与对口帮扶学校与结对学校的联系更加频繁和深入。仅2019—2021年,学校为结对学校的送教送培高达10余次,从常规教研到校本培训,从课堂培训到专家讲座,通过信息化平台,真正将学校、将武侯的优质教育教学资源,同步推送给对口帮扶学校和结对学校。

技术赋能　创新发展
——教育部"基于教学改革、融合信息技术的新型教与学模式"实验区成都实践

基于大数据分析的学生评价策略研究
——以都江堰市永丰小学为例

【导语】

学生评价是学校培养人的关键环节，国家对教育评价改革整体部署要求对学生评价进行改革，当前对学生评价的方式还不够科学。随着大数据、人工智能等技术的发展，学生评价数据的收集和分析成为学生评价改革的重要内容，借助大数据技术精准分析学生成长数据，促进学生五育全面发展。本文以大数据应用，结合学生评价理论基础，研制学生发展评价体系，实现基于大数据分析的学生评价系统。

一、问题的提出

随着大数据、云计算、人工智能等信息技术的快速发展，基于大数据的学生评价分析已成为主流，通过对大数据技术的应用，改变学校评价观念，形成较为科学的学生评价体系。《国家中长期教育改革和发展规划纲要（2010—2020年）》明确提出"改进教育教学评价。根据培养目标和人才理念，建立科学、多样的评价标准。开展由政府、学校、家长及社会各方面参与的教育质量评价。做好学生成长记录，完善综合素质评价，探索促进学生发展的多种评价方式"。中共中央、国务院印发《深化新时代教育评价改革总体方案》指出"坚持科学有效，改进结果评价，健全综合评价，充分利用信息技术提高教育评价的科学性、专业性"。在传统的学生评价中，评价的观念、目的、内容、主体、方法、标准和结果反馈上都存在困境，无法做到真正意义上的评价。对学生评价的策略，不同的地域有不同的评价侧重点，深化教育评价改革是国家层面对培养学生的总体要求。学生评价要体现立德树人，五育并举，让学生全面发展。

依据"改进结果评价，强化过程评价，探索增值评价，健全综合评价"的基本原则，努力营造师生全面发展的教育情境，师生全面发展所依托的评价是促进师生成长的转化机制。我们将结果性评价变成学生过程性评价的集合体，将过程性评价落到实处，创造性地将评价与教育教学、育人课程结合，实现对学生即时评价，对教师评价及时反馈，对家长进行评价引导，打造"全人、全

纳、共生、共赢"的评价格局。学校育人目标与五育融合形成的评价内容和标准是促进学生成长的营养基，教师的即时评价是促进学生成长的强心针，科学的评价数据记录与分析是促进学生成长的调色盘，教师不断改进自身评价水平是促进学生成长的润滑剂。评价即教育，评价即学习，评价即生长。

大数据技术的应用，将繁杂、数据量大的评价数据进行分析处理，对学生即时评价发挥了重要作用。通过信息技术手段，即时评价成为学生评价的重要手段，打破了时空限制。以增值评价作为评价的理论基础，形成五育发展的重要评价体系。基于此，本研究将结合大数据分析，通过即时评价撬动学生评价。努力寻找学生多方位、多领域、多层次、多主体的评价范式，评价内容覆盖学生学习的纵向全过程和五育发展的横向指标；评价主体融合学生本人、同伴、教师和家长多方维度；创新智能评价方法，开发评价工具，通过数据采集、分析、呈现、反馈，逐步生成学生的成长画像，为学生的生命成长赋能，让学生为教育精准施策与优化调整做出实证参考。本研究希望通过学生发展基础理论，构建学生全面发展的五育评价体系，借助大数据技术，将实时采集学生评价数据分析，形成多端的学生成长评价分析画像。

二、研究综述

学生评价是教育评价的基础和重点，也是学校教育评价的核心，更是对学生的诊断、激励、导向和发展。沈群亚认为，大数据支持下的智慧评价已是大势所趋，它突破时间、空间限制，评价更直观，更具参考价值。周雪红研究发现，关于国内学校研究的教育评价不少，但研究基于大数据的教育评价不多，即使有，也基本只着眼于教学方面。由此可见，当前国内对使用大数据分析学生评价的研究还较欠缺，在信息技术快速发展的基础上，要实现通过数据挖掘，将学生评价中因数据量大而无法分析的情况转变为数据实时分析展现，精准分析学生每天、每周、每月的成长数据，形成基于大数据的学生成长数据画像，其实还有很长的一段路要走。

三、研究设计

"五育发展综合评价体系"重点解决的是学生发展走向问题，能起到指挥引领作用，是学校落实、落细"五育并举"的有效切入点和突破口，是实现五育并举的有效保障。

技术赋能　创新发展
——教育部"基于教学改革、融合信息技术的新型教与学模式"实验区成都实践

永丰将育人目标中的关键词——"丰盈生长"作为实施评价改革的目标内核，基于中国学生核心素养培育，围绕立德树人目标，对学生"会健体""讲文明""善学习""尚审美""能担当""敢创新"6 个特质进行设计，将学校育人文化与"德育""智育""体育""美育"和"劳动教育"结合，利用定制二维码的"蒲公英币"实现即时评价，努力探索评价内容和评价方式的融合变革，进一步发挥评价的激励、诊断和导向作用，促进教师育人目标和育人方式的转变，从而落实学校教育"五育并举"的新路径，不断提升学校办学质量和办学品位，逐步建设高品质学校。

（一）评价标准确立

五育并举和学校育人目标是一对多或多对多的关系，建立两者之间的评价联系是建立评价体系的第一步。例如：德育、美育同时对应学校育人目标尚审美。多对多的关系在建立联系时必须有一个评价的关键词，并确定关键词的评价量级（见图 5.13）。

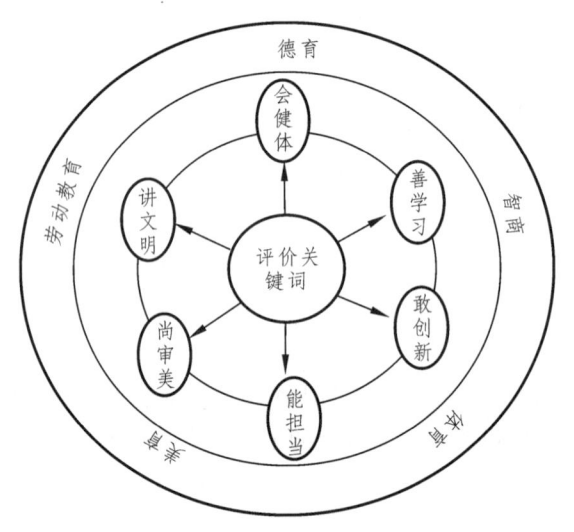

图 5.13　综合评价目标体系

（二）评价目标解读

学校育人目标依托"会健体""讲文明""善学习""尚审美""能担当""敢创新"6 个评价维度的发展关系实现，每个评价维度代表学生发展的具体方向。6 个维度支撑五育发展综合评价，是评价改革实现的主要路径。

会健体：关注学生身体、心理两个方面的健康状态。通过评价引导学生积极参加运动锻炼，提高身体素质，学会情绪管理，保持良好心态。该维度下对应的评价关键词有：主动锻炼、热爱运动、认真做眼操、体质监测优异等。

讲文明：是对学生个人品格形成情况的评价，对应着德育发展目标。通过评价引导学生遵守人类社会约定俗成的各种道德规范，提升个人素质及教养。该维度下对应的评价关键词有：遵守秩序、个人卫生、尊敬师长、团结同学、勤俭节约等。

善学习：掌握各种高效的学习方法，在学习知识的同时，能认真观察，积极思考。通过评价，引导学生摒弃从浅表性学习甚至无效学习的误区中走出来，逐步尝试开展深度学习。该维度下对应的评价关键词有：勤于动脑、观察仔细、善于质疑、按时完成作业、认真书写、认真听讲、成绩优异等。

尚审美：引导学生崇尚一切美好的东西，关注学生审美情趣的培养和审美能力的提高，培养学生发现美、欣赏美、创造美的能力。该维度下对应的评价关键词有：热爱表演、绘画小天才、小小歌唱家等。

能担当：形成正确的劳动观，树立为自己服务、为家庭服务、为学校服务的意识。培养吃苦耐劳的勤劳品质。该维度下对应的评价关键词有：家庭劳动、操作小达人、乐于助人、城市管理等。

敢创新：创新能力是在智力发展基础上形成的一种综合能力，它是人的能力的重要组成部分，是21世纪人才必备的素质之一。该维度下对应的评价关键词有：敢于质疑、奇思妙想、小小发明家等。

（三）评价体系建立

五育综合发展评价体系遵循"全人""共生"的基本原则，依托国家关于学生综合评价的指导标准。一是树立科学成长观念；二是完善德育评价；三是强化体育评价；四是改进美育评价；五是加强劳动教育评价；六是严格学业标准。永丰在评价体系中通过评价关键词，以点建立评价面，通过评价面建立多维评价目标。

评价体系是一个闭环，具备五大功能。一是建立有效的评价机制，保证过程性评价落到实处；二是通过评价机制引导评价方式变革，探索评价路径升级；三是通过评价方式完善评价过程，注重学生个体发展；四是评价过程即时反馈增强家校共育，修正学生成长方向；五是通过家校共育促进育人目标达成。育人目标达成情况是学校五育发展评价直接的成果体现，它能反馈育人目标达成过程中存在的问题，促进评价机制的变革，最终形成一个完整的评价闭环，使评价体系不断完善升级。

评价体系将学生发展、教师成长纳入。永丰设置的评价体系不仅仅体现学生成长的完整性，还可以追踪教师使用评价的过程，通过学生的评价结果数据反馈教师的评价关注点，找到教师的评价瓶颈，促进教师专业成长。

四、实施及效果分析

（一）评价数据及时呈现

评价数据的呈现有3个端口，一个是学生端（家长可以查看），一个是教师端，一个是学校端。

学生端数据呈现学生获得蒲公英币的总币值、学生的五育发展雷达图、学生成长目标达成雷达图、教师对该学生的评价量表、获得的关键词、汇总雷达图等（见图5.14）。

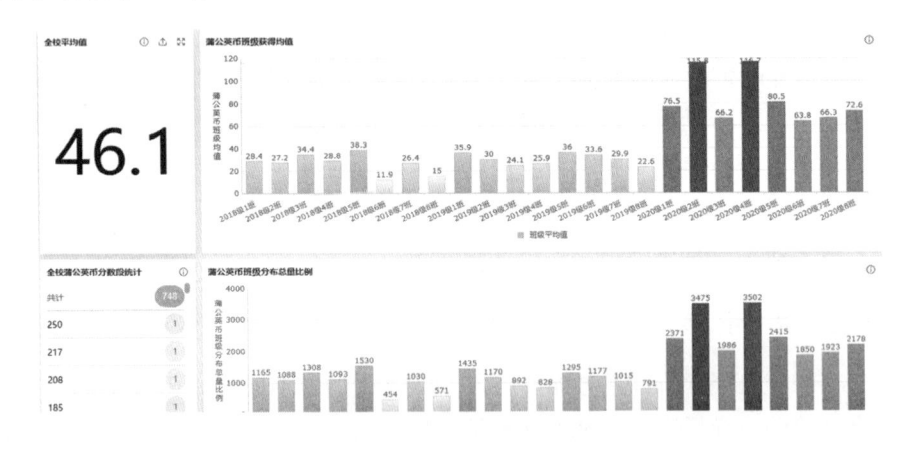

图 5.14 学生蒲公英币统计图（部分）

教师端数据呈现教师五育评价使用明细雷达图、教师育人目标雷达图、教师领取蒲公英币和学生反馈率模型对比、教师个人评价关键词模型、教师评价周期。

学校端数据呈现学校教师五育评价模型、学校设定五育评价模型、教师蒲公英币统计等（见图5.15）。每一类数据呈现实时更新，动态显示每位教师、学生在评价过程中的生长情况。学校定期对数据进行分析，测定学校教师评价成长情况，掌握学生发展情况，为课程、教育教学改革及评价做出实证参考（见图 5.16）。

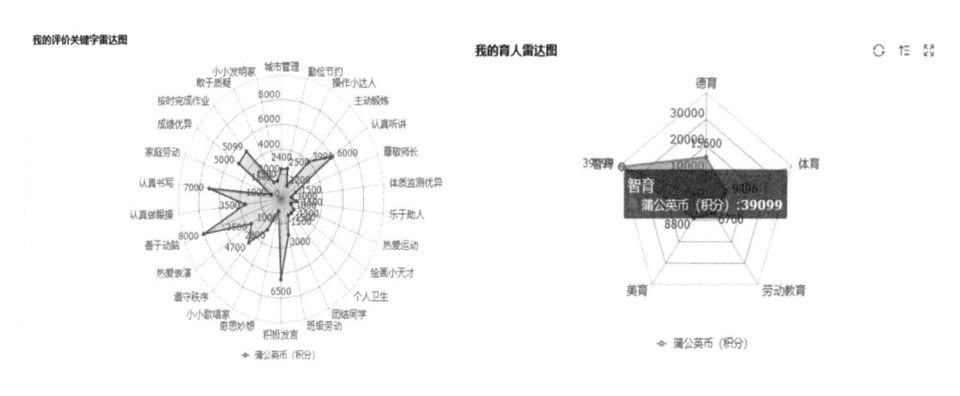

图 5.15 教师蒲公英币统计模型（部分）

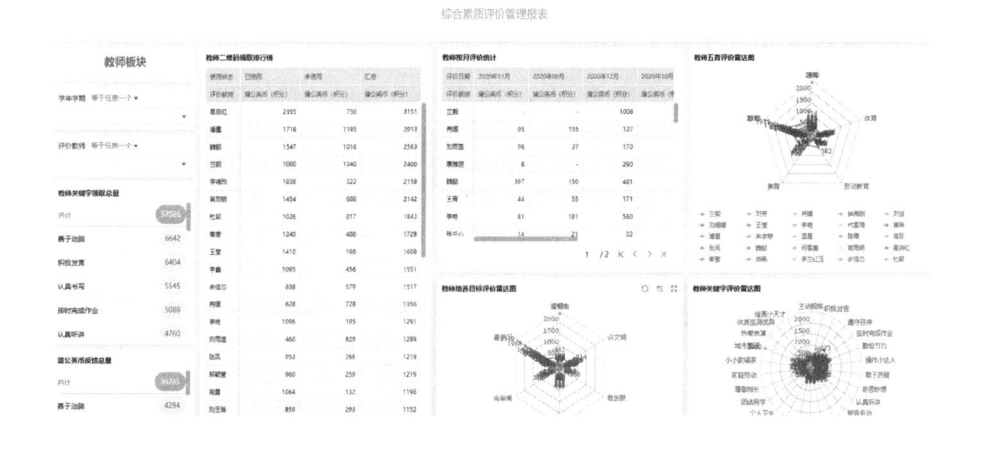

图 5.16 学校端蒲公英币管理报表（部分）

（二）评价数据的使用

评价数据由一个个点的积累，汇聚成学生五育发展的面，多个面生成学生各方面的成长模型。通过这些数据的改变分析，教师和家长能快速判断学生的发展情况。

1. 学生成长数据使用及分析

蒲公英币的累计值以学期为周期进行物质奖励和精神奖励的兑换，提高教师评价和学生参与的积极性；五育成长雷达图可以看见学生五育周期的成长变化；育人目标成长雷达图可以对标学校育人目标，看见学生目标阶段性达成和总结性达成情况，六年后形成一个完整的数据画像；教师评价量表可以关注到教师对学生个体的关注度情况。通过这些数据反馈与分析，一方面给学生的成长赋能，激励学生不断看见自己的进步；另一方面有力地告诉家长该如何关注孩子的成长，界定孩子的发展，又该如何改变自己的教育意识和方式，为孩子的丰盈生长做出积极的努力。

2. 教师评价数据使用及分析

利用评价数据模型看见教师在五育评价、育人目标达成、评价关键词使用等方面的情况，分析教师评价的合理性和科学性。通过前期数据的使用发现，整体上体现了教师学科特点，各位教师对育人目标的整体关注和把握比较欠缺。这为教师改变育人观念，改进育人方式等方面提供了实证参考，从而不断促进教师提升评价意识和评价水平，促进教师专业方面的快速成长。

3. 学校大数据使用及分析

利用教师和学生各班级的数据模型看见学生发展的整体情况和教师的发展情况，建立基于师生真实成长的大数据库，为调整教育教学，优化教育策略提供实证，为学校教育改革与发展提供参考依据。

（三）效果分析

"美丽蒲公英"五育发展评价体系实施一年以来，评价者和被评价者由过去只关注结果性评价转变为关注过程性评价与结果性评价并重；由过去只关注单一评价转变为关注多元评价；由过去只关注评价结果的横向对比转变为关注评价结果的纵向贯通。学生在学校里的表现、在课堂上的学习状态，不再是过去期末几个学科质量等级加几句教师评语构成的静态评价，而是由 6 个维度 26 个关键词勾勒而成的学生五育发展动态雷达图。教师和家长可以随时通过孩子的动态报告图，一目了然地掌握孩子"德""智""体""美""劳"五育发展水平，并能通过数据的纵向对比，关注学生各方面的发展趋势以及阶段性内生动力，及时进行行为干预，促使学生参与，提升学生全面发展水平。

未来课堂环境下促进课堂深度互动的教学模式及实践研究

【导读】

首先，提出3个教学问题，提出以"深度互动"为主要特征的软硬件环境。其次，搭建深度互动环境后，创建深度互动的教学模式，具体来说，包括3种教学模式：任务探究式教学、问题解决式教学和典例分析式教学。再次，创建深度互动的教学评价，评价对象主要是教师与学生；评价主体体现多元化，有学生、教师、家长；评价内容涉及深度教学的3个行为：发现、理解与运用。最后，展现深度互动课堂的教学实践，抛砖引玉，以期能够为未来课堂教学变革提供借鉴。

一、问题的提出

（一）研究的缘起

1. 信息技术的快速发展促进课堂教学的变革

随着信息技术的发展和基础教育课程改革的进一步深化，以多媒体计算机和网络通信为核心的现代信息技术越来越多地进入学科课堂教学实践中，如何在教学中发挥技术的支持作用，提升教学品质，成为学校课堂教学改革的一个新视点。学校从2012年第一个云班的试验到2013年3个云班的试验，不断思考如何将现代信息技术融入课堂教学，构建数字化学习环境，优化数字学习资源，建立未来课堂环境，力图通过教与学的方式改变课堂教学结构，从而实现深度学习。

2. 深度互动是促进学生知识意义建构的核心

课堂教学过程的核心环节是师生间的教学互动。有效的课堂教学互动，能够活跃课堂氛围，激发学生学习的兴趣，暴露学生学习的问题与不足，展示学习的思维过程。在课堂教学过程中，掌握知识和技能的过程与方法是比掌握知识与技能更为重要的部分，也是学生进行知识意义建构的核心之一，对教学过程与方法的把握不能单靠教师的传授、学生被动机械地获得，更加需要课堂教学深度互动等课堂活动主体参与进行建构获得。

3. 未来课堂环境能有效促进教学深度互动

未来课堂作为一种特定的数字化教学环境，目的就是让课堂教学活动变得更加民主和自由。在这种现代信息技术课堂组织形式下，将先进的教育理念与先进技术相结合，是现实课堂发展的产物，是给予学生充分自由，能让学生在自己的兴趣指引下愉快、高效地学习。教师在这个过程中作为学生的学习辅助者的角色存在，适时指点、引导学生，将学习的主动权真正交还给学习的主体。

（二）侧重解决的教学问题

为了推进和深化"未来课堂环境下促进课堂深度互动的教学实践研究"，我们将后续研究拟侧重解决的教学问题归纳为 3 个：（1）从"使动"到"主动"，改变学生被动参与课堂教学的现状，将学生的参与变为主动积极的互动；（2）从"回应"到"交融"，改变从前师生之间的互动没有交融起来的现状，产生交融共生的互动；（3）从"浅表"到"深层"，改变以前表层的、浅表的互动，产生真诚深刻的思维及情感互动。

如何解决以上 3 个问题，我们认为应该着重探究信息技术与课堂环境的深度融合、未来课堂环境的建构以及在未来课堂环境下促进深度互动的教学实践。基于以上的所有思考，本课题拟对"未来课堂环境下促进课堂深度互动的教学"进行系统深入的研究。

二、未来课堂环境构建

（一）未来课堂的硬环境建设原则：以学习者为中心的舒适、智能、互动的环境建设

1. 环境舒适：体现生态化

课堂环境在空间布局上应该合理，关注人性化和生态化，体现以生为本，这主要应考虑灯光照明、桌椅摆放设计、生均面积、空气质量、温度湿度等因素，目的就是使学生在舒适的、生态的环境中进行学习。此外，在环境布置上应体现灵活性，方便实现学习个人、学习小组以及全班形式的学习与互动。

2. 装备先进：体现科技性

先进的现代教学装备能够对教学活动进行有效的支持，促进教师与学生的信商与数商的有效提升。先进教育技术装备包括：

（1）嵌入式智能中控系统。这种智能中控系统可以将课堂环境里的智能设备包括多媒体投影、触摸一体机、互动电子白板、智能录播系统等连接起来，并且通过一键操控就能开启和关闭。

（2）支持多屏多点的平板电脑。多屏多点触控在教学中不仅有利于教师从不同视角，用不同方式传递和表达教学内容，还特别适合教学互动交流和小组合作学习。例如，平板不仅可以作为教师教学使用，还可以作为学生展示作业或提交任务作业使用。

（3）高清自动跟踪的录播系统。它可以将课堂教学的实时画面录制下来并生成课堂教学资源，为教师课后反思以及课堂资源的收集提供技术支持。

3. 操作便利：体现智能化

操作便利是为了最大限度地减少师生在使用各种装备操作上的负担，它体现了未来课堂装备控制的智能性与自如性，比如学生通过平板电脑便利地获取资源、上传资源、发送答案、师生互动等。随着信息通信技术的智能程度越来越高，师生操控各种设备的便利性和自如性也会越来越高。如，触控屏或多屏显示技术（可触控、书写、同屏、异屏等）可以让教师在课堂任何位置自如地讲解或与学生互动，而学生使用智能终端可以一键实时地记录整堂课或片段教学内容，课后可以进行编辑整理等。

4. 互动实时：体现及时性

互动实时体现在未来课堂互动的多维、多样、流畅和实时性等方面，重点是实现学生参与的主动、协同、有效性和个性化等。互动实时性能较好地实现"互动课堂"的概念。互动课堂体现的是师生的积极主动参与、协同、思考、问题解决。多维与多样性体现为师生、生生、资源、内外等方面的互动。例如，教师在讲授完一段教学内容后，即刻可以通过自己的平板或触控屏向全班学生发送提问，学生通过学习终端及时回答。通过实时统计分析后的数据，教师就可以及时了解全班学生对教学内容的掌握程度以及存在的问题，以便及时调整教学进程和策略。此外，教师也可以将全班学生任意分组，让各小组基于学生终端进行问题讨论与交流，然后实时地通过多屏显示来呈现每个小组的讨论和交流结果，并进行点评与比较。

（二）未来课堂的硬环境构建

将促进师生深度互动的未来课堂教学环境建设目标定位于：以学习者为中心，凸显个性化，能充分发挥学习者的主动性和能动性，助力学生的自由和谐发展。实现这一目标具体表现体现在课堂的环境舒适、装备先进、操控便利、互动实时等方面。图 5.17 是师生在全域信息化环境中开展互动教学的未来课堂环境建设结构示意图。

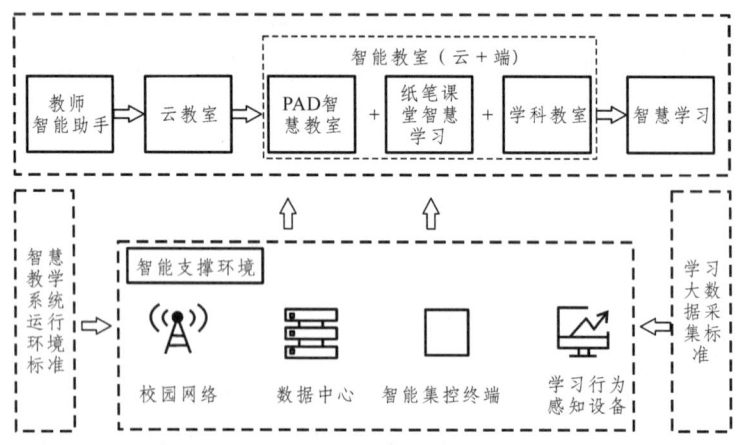

图 5.17 未来课堂环境建设

班级教室按照图 5.18 实施未来课堂物理环境建设。三网合一系统实现多媒体设备统一管控，集广播、铃声、视频推送、实时转播等功能于一体；学生平板套装和教师平板连接无线 AP，配合未来课堂系统实现课堂互动，课堂生成数据实时上传数据中心；教师平板通过无线投屏网关 WPS，实现教师平板和学生平板的投屏。

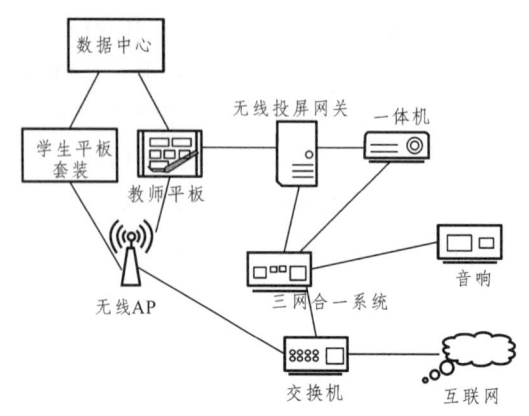

图 5.18 班级教室未来课堂环境布局

目前，学校已经完成了 42 间班级教室、所有功能室、实验室、图书馆、创新教室等空间的"未来课堂"环境建设，所有办公室、公共区域实现无线网络全覆盖，全校无线网络实现实名认证上网，保证网络安全，为学生泛在学习提供环境支持，能够满足全校师生日常工作和学习需求。重新梳理和调整了原有有线网络，更换了万兆核心交换机、楼层交换机等。为保证常态教学访问的稳定性和流畅性、数据存储的可靠性，搭建了校内服务器，为课堂教学提供双保险，实现校内、外服务器双通道。为实现学生数据无意识采集，专门研发了学生专用平板套装，包括：平板、数码笔、点阵作业本。其特点是学生在作业本上书写的任何练习都可以适时地传输到未来课堂平台上个人空间，不影响书写习惯，可形成个人错题集、建立知识树为学习评价提供科学数据，指导学生更好地进行自主学习。定制平板能进行白名单的设置，解决长期以来大家担心学生上网玩游戏干扰学习的情况。

（三）软件环境介绍

未来课堂的软环境建设原则：以深度教学为目标的丰富、多样、灵活的环境建设。

首先，资源丰富，体现个性化。丰富的教学资源、学习资源是用来满足不同教学和学习个体的实际需求。丰富的教学资源不仅可以方便教师在教学过程中使用，也可以满足学生随时随地进行自主学习的需求。对未来课堂教学来说，除了传统的教学设计、演示课件、试题库、模拟实验等资源，还有促进学生深度理解与切身体验的思维可视化学习资源，如思维导图、微课等。这些资源通常存储在云平台上，由学校统一管理，共建共享。

其次，方式灵活，体现多样性。这里的方式主要是指未来课堂环境下的教学方式或模式多样灵活。除了传统的课堂教学，未来课堂还将教学延伸到课前与课后，打破时间和空间的限制，课前可进行前置学习，一些探究实验在家也可进行探究体验，从而改变传统课堂功能单一的现状。

最后，管理人性，体现人本化。未来课堂环境的课堂管理，是在信息技术数据采集与分析的基础上，让教师真实地、实时地了解学生动态的发展情况，实现对学生进行个性化关注并提供有针对性的帮助。

（1）结果数据，为学生的知识、成绩"导航"。

通过数据和知识结构之间的关联，以可视化的方式展示给教师和学生，学生的学情更加立体、直观，帮助教师和学生了解个性化的学情。按照学段建立相应学科知识树，系统中所有的资源都归结到知识点，每个知识点的正确率、课堂的学习效果等数据关联起来都可以得到具体的情况分析。运用结果数据，为学生的知识掌握和成绩分析导航。

（2）行为数据，为学生的态度、方法"导航"。

我们通过建立电子书包，开发APP，通过平台后面的数据收集和分析，对学生的学习成绩与学习行为、学习习惯、学习方法之间的联系进行分析，可以较为科学地判断出学生在学习时间内学习行为的分布状态，更全面地掌握学情，为有针对性地改善提升做导航。

（3）评估数据，为教学管理"导航"。

我们通过信息技术，建立了对学生学习、教师教学、学校管理进行科学评估的数据平台。对于学生而言，在海量数据的支撑下，学情分析更客观、更科学、参考性更强；对教师而言，对班级整体情况的数据分析，可以更加精准地发现教学中的短板；对管理者而言，对个体以及群体的了解更加科学，促进更加高效地管理，进行科学智慧的决策。

（四）未来课堂的软环境构建

未来课堂系统是一种协作型、全信息态教学系统，该系统支持协作团队内授课资源的共建共享，支持教与学的结果、过程、行为数据横向比对和学生协作学习。该系统以全信息化环境下教与学的形态创设以及学生未来生存和发展能力的生成为方向，以师资团队式协作教学为系统的构建原则，在保留人类高效的生物特征的同时，将数字技术、通信技术、云技术的记录、运算、存储、交互、分析能力服务于教与学的整个过程，为新形态的创造提供高效和人性化的环境。图5.19为未来课堂系统主界面。

图 5.19 未来课堂系统主界面

该系统具有全域数据采集、精准随学分析、资源共建共享、个性辅导、家校一体等特征。

1. 全域数据采集，随时随地，自主学习

未来课堂教学系统涵盖了课前导学、课中师生互动和生生互动、课后作业、考试测评的全域信息化教学过程（见图 5.20）。板书、练习、笔记、作业自动存入"教育云"（见图 5.21），错题集、收藏集自动归集到学科知识点，学生、教师在线随时向"云"获取教学资源，支持离线查看本地教学资源。学生随时随地，想学就学。系统自动采集教学的结果数据、行为数据以及教与学的关联数据。教学全程量化，分析更加精准。

图 5.20　学情统计

图 5.21　原笔迹手写输入、数码笔纸质书写

2. 资源共建共享

"团队教学协作"的设计，支持多个学校将自身对全信息化教学实践产生的课前、课中、课后全程资源和教与学的过程、结果、行为数据与协作学校共享。协作学校根据生源情况和传统优势按需应用、整合，创造最适宜本地学生的教学活动。

3. 直击个体差异，精准个性帮扶

教与学的数据全程采集，教情、学情数据呈现，让每一个学生的知识"短板"一目了然，学生在数据的支持下学习更加"有的放矢"，教学更加精准，精准必定高效。大数据分析能发现学生的个体差异，让教师精准帮扶（见图 5.22 和图 5.23）。

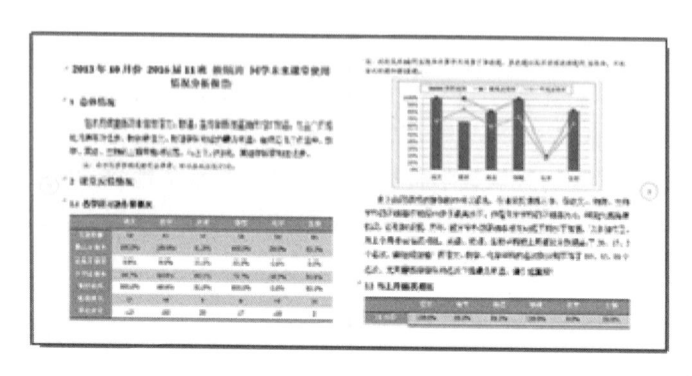

图 5.22　同考同析，分析报告

图 5.23　个人学情结构分析、师长个性点评随时查看

4. 家校一体，全面掌控

课前微课、课中记录、课后作业随时查看管理，还原真实课堂。教师、家长随时可调看学生学情、作业完成情况、阶段考试分析、知识掌握评估、设备使用记录等，全面掌握学生学情（见图 5.24）。

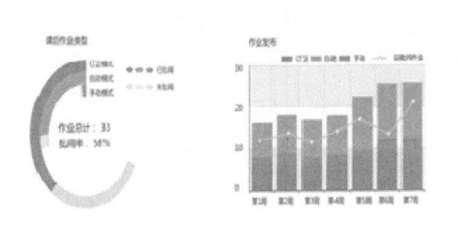

图 5.24　课前微课、课中记录、课后作业随时查看管理

三、构建学习路网，优化教与学

（一）未来课堂的基本形式

如果说教育信息化 1.0 时代聚焦"起步"和"应用"，强调的都是外生工具。那么，教育信息化发展到 2.0 时代，要求突出"融合"与"创新"，需要激发内生力量。除了建立未来课堂学习环境、开发教学工具外，搭建学习资源，构建学习路网，从而实现师生的个性化学习、自我导向式学习、智慧学习。

学校按照学科，建立了资源科学分层和分类体系，如图 5.25 所示。

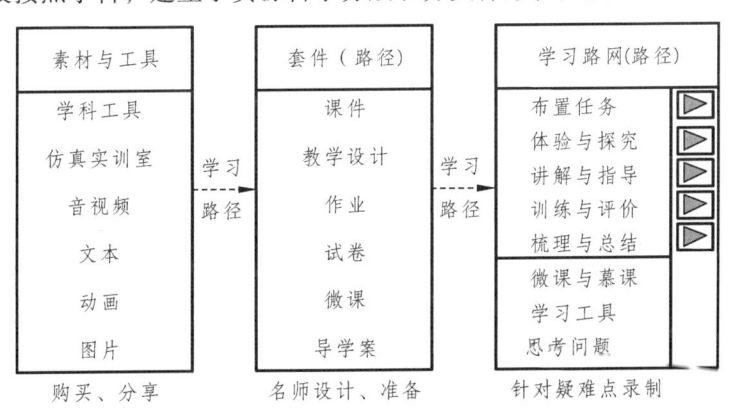

图 5.25　资源科学分层和分类体系

通过购买和分享，组建学科素材与工具，包括学科工具、仿真实训、音视频、文本、动画和图片等。以教研组为单位，通过集体备课、名师设计，按照学科单元章节组建课时套件资料，包括课件、教学设计、作业、试卷、微课、导学案等。通过学习路径的搭建，逐渐形成学习路网（见图 5.26）。

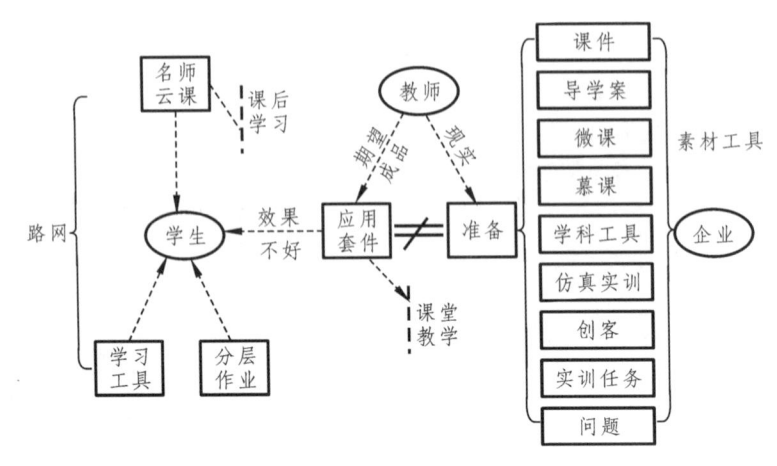

图 5.26　学习路网

教师运用素材工具提供学习套件，在课堂上开展教学活动，学生可以选择学习工具，根据自己的学习情况，课后还可以学习名师云课，完成分层作业，真正实现以学习者为中心的教与学。

（二）未来课堂环境下深度互动的主要形式

未来课堂环境主要包括人、资源、环境和技术四大教学要素（见图 5.27）。他们之间发生的互动关系有学生+资源、学生+环境、学生+技术、学生自身、学生+教师、学生+其他学生、教师+资源、教师+环境、教师+技术、教师自身、教师+其他教师等。总的来说，以上互动关系可以概括为教学主体与资源、教学主体与环境、教学主体与技术、教学主体与教学主体四大类互动形式。未来课堂环境分别为各类互动提供服务支持，如提供学情诊断，创设互动情境，提供互动工具，按需推送资源，提供数据分析，支持科学评价等。

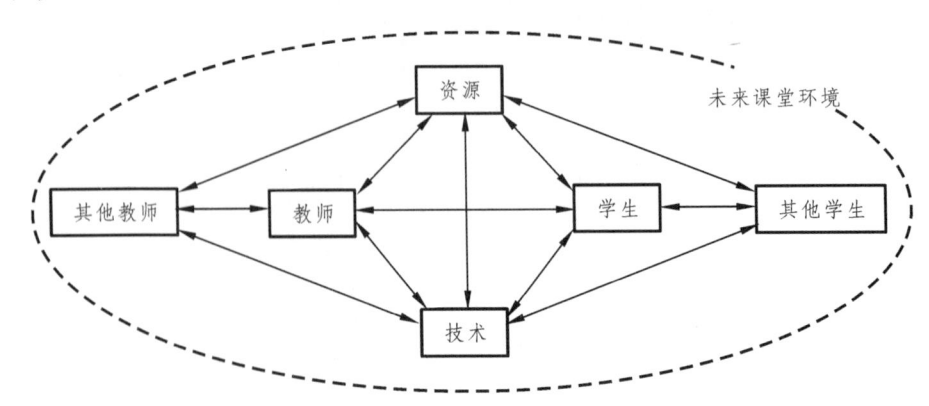

图 5.27　未来课堂环境下深度互动的主要形式

第一，主体与资源的互动。主体与资源的互动包括学生和资源的互动、教师和资源的互动两类。与传统课堂相比，未来课堂环境下的教学资源更加丰富，信息技术让互动的形式更加动态、立体。学生根据自身的学习需求，通过学习工具获取学习资源。例如，学生运用思维导图对知识进行梳理，将学习的新知识与原有的知识结构建立联系，通过自己的感受、补充注释标记等学习行为，对内容进行更新和二次创造。教师与资源的互动主要表现为教师对教学过程及教学活动的设计，如开发教学资源，设计教学活动等。在未来课堂环境下，教师综合运用自身能力和信息技术进行资源的开发，教师和学生既是资源的消费者，也是资源的创造者。

第二，主体与环境的互动。主体与环境的互动分为学生与环境互动、教师与环境互动两种类型。在互动的过程中，依靠教学主体的身体，将身体作为认知活动的主要参与部分，让身体与环境发生作用，通过身体在未来课堂环境下的体验及其活动方式获得对外部世界的理解。

第三，主体与技术的互动。主体与技术的互动包括主体使用多屏互动、交互式一体机、一对一移动终端、文档课件、资源平台、无线技术、IRS 反馈器等，教师和学生可以彼此上传、下载资源，开展抢答、提交答案等互动活动。未来课堂给课堂互动的主体提供了良好的用户体验，他们在使用技术时更多地关注于如何更好地利用技术。未来课堂通过开发和集成先进的交互技术，为师生提供了一个高效的信息获取、交流的空间，从而显著提高学习、讨论和互动的效率。

第四，主体与主体的互动。主体与主体的互动表现为几类互动：学生与其他学生的互动、学生与教师的互动、教师与其他教师的互动、学生自身的互动、教师自身的互动等。无论在什么教学环境中，师生互动一直都是教学过程中最为常见的互动形式之一。除了面对面的互动外，师生之间还可以通过社交媒体进行及时交互，如建立 QQ 群、微信群、学习社区等。学生与其他学生的互动一般以小组协作为主，开展类似头脑风暴的活动，主要通过对话、协作、反思和适应等进行交互。教师与其他教师的互动主要体现为教师之间共同完成教学设计或教学资源的开发，在交互的过程中碰撞火花，相互促进和成全，教学资源也逐步优化。学生或教师自身的互动是指自身知识结构内化的过程，表现为与过去的自己、现在的自己以及未来的自己的"对话"。与过去的自己"对话"体现的是知识的联结，与现在的自己"对话"体现的是问题的解决，与未来的自己"对话"体现的是创新或自我境界的提升。主体与主体的互动既能促进学生主动、可持续发展的学习，也能促进教师的全面发展。

（三）未来课堂环境下促进深度互动的主要策略

未来课堂环境下促进深度互动的目的是引导学生去建构学科的本质和意义。深度互动的策略是抓准分析、设计、引导这三大教师行为，发现、理解、运用这三大学生行为来探索技术与课堂深度融合的策略。在理念上，从"学科教学"转向"课程育人"；在目标上，从"知识获得"转向"素养发展"；在内容上，从"教师的教"转向"学生的学"；在方式上，从"认真倾听"转向"深度互动"。

第一，建立以"深度互动"为主要特征的课堂教学规程。我们用"教学规程"引导和指导教师转变教学行为。成都七中育才学校教学规程是在深度教学理念指导下，引导教师转变课堂教学行为的规则、要求及操作策略，对教师教学行为的转变提供系列规范与操作指南，具有导向作用。我们通过"理论学习—教研组研讨—教研组草拟初稿—研修室、教务处修改、建立具有普适性的教学规程—教研组再修改完成具有学科特点的学科教学规程"这样上下联动的方式，制定出具有学校特色的"未来课堂环境下促进深度互动"的深度教学规程，并在此基础上制定具有学科特点的学科教学规程。

第二，建立以"深度互动"为主要特征的课堂教学评价。用"深度教学课堂观察表"来评价课堂教学是否体现"未来课堂环境下促进深度互动"。规程是行为指南，课堂观察表是行为评价，两者相辅相成。两者在制定的过程中就紧紧围绕深度教学的特征、要素、要求，因而对我们推进"未来课堂环境下促进深度互动"很有帮助，让教师们感觉有"法"可依，有"章"可循。

第三，强化以"深度互动"为主要特征的课堂教学实践。以互动为特征的课堂形态，有两个系统：教师指导的系统和学生实践活动的系统；同时，它与学科特点、具体教学内容、教师风格、教学资源、班级学情等因素都有关。因此，在实践中，各学科教研组在深入学习的基础上多方探索，从课型、学科特点等角度做了一些尝试。如：语文——突出"深度建构文本意义"，以探究性教学、鉴赏性教学、批判性教学为主要课堂互动形态，从而促进学生学会学习，促进学生情感和思维的发展。英语——突出"构建以深度协作学习为主要特征的英语深度课堂"，根据批判性和创新性思维、不同学习者类型特征、思维导图、建构主义图式理论等途径促进课堂的互动，从而达成情感的互动、思维的互动、方法的互动、经验的互动、评价的互动等。其推进策略为构建以深度协作学习为主要特征的翻转课和概念课。数学——突出"以内部活动引导外部活动"，以思维的互动为主要特征的课堂互动形态。

第四,探索以"在线互动"为主要特征的泛在课程建设。七中育才对在线教学的探索与实践,可以追溯到 2005 年。2005 年开始建设七中育才网校。15 年来,网校三个年级、九大学科的所有教师,坚持每周在线与远端教师集体备课一次;网校所有教师每天的课堂实录,原生态地在线传送远端学校共享。15 年来,网校远端学校也从最初的 10 所,发展到今天已覆盖七省一市两区共 280 多所学校,远端教师 8 990 余名,远端学生 113 700 多名。

四、未来课堂环境下促进课堂深度互动的教学设计、实施与评价研究

教学设计是教学实施的蓝图。未来课堂环境下深度互动的教学设计是运用系统方法,将深度学习理论与深度教学理论转换成对未来课堂环境下的教学目标(或教学目的)、教学内容、教学方法、教学活动、教学评价等进行具体计划的系统化过程(何克抗,2001)。

未来课堂环境下深度互动的教学包含教师、学生、教学内容、教学环境四大基本教学要素(见图 5.28)。其教学设计主要包含以下要件:教材及学情分析、教学目标、教学内容、教学重难点、教学环境分析及运用、教学活动、作业设计、本设计对于研究主题"未来课堂环境下深度互动"的突破点、教学反思等。

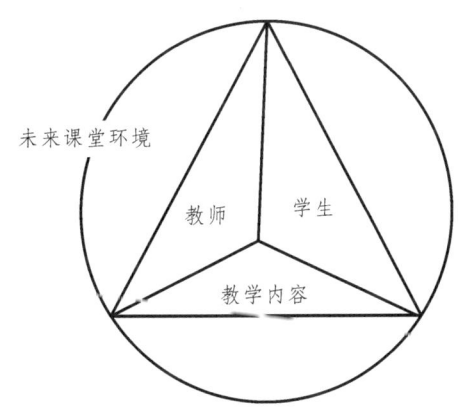

图 5.28 未来课堂环境下深度互动教学要素

其中,"教学目标"体现出基于学科核心素养培养的目标指向,体现目标的层次性、关联性、逻辑性,落实目标的育人价值。"教学内容"不是教材本身的内容,是对教材内容进行整合后指向教学目标的实际教学内容,真正体现知识

向内容的转化。"教学环境分析及运用"指的是以网络为主要依托的能实现多元、实时互动的新型的教与学的技术环境，教师利用这样的教学环境指向教学目标进行多元、实时的课堂互动。"教学活动"即教学设计的课堂实施。未来课堂环境下深度互动的"作业设计"是以网络为主要依托的关照课前和课后两个环节、多种形式、及时反馈、实现个性化学习的作业。

五、未来课堂环境下深度互动课堂的样态

未来课堂打破了知识的单向传递，在数字化环境下，它是面向未来信息社会的课堂，是信息技术与课堂教学深度融合的课堂，是着力提升学生学习智慧的课堂。未来课堂环境下深度互动的课堂具有五大优势：将前置学习与深度建构结合起来，将线上互动与线下互动结合起来，将集体学习、协作学习与个性化学习结合起来，将弹性认知与认知工具（概念图、思维导图、模型图等）结合起来，将终结性评价与形成性评价结合起来。所以，未来课堂环境下深度互动的课堂是师生心灵交融，课堂层层推进，能增进学生理解和建构知识、学会学习的智慧课堂。

未来课堂环境下深度互动的课堂样态是求同、存异、共生的。"求同"指的是未来课堂环境下深度互动的课堂的本质是理解性学习，其教与学均应指向深度建构知识和深度理解意义。"存异"指的是未来课堂环境下深度互动的课堂能体现个性化学习。在以网络为依托的未来课堂环境下，师-生、生-生、师生-教学资源等诸要素能实现多元、实时的交互，因而学习的独特性、学生的创造性能得到体现与尊重，从而实现个性化学习。"共生"指的是未来课堂环境下深度互动的课堂能更好地实现合作性学习，实现资源、思想的聚集和分享。

六、未来课堂环境下创新型课程建设

重视创新型课程建设，建设不同目标引领的必修 + 选修 + 泛在结合的课程体系，打造适应本地特色和文化的校本课程，并打破学科界限，开展以 STEAM 多学科整合项目式学习，加强在线课程资源的引入和建设，尝试根据不同学生的发展特点提供不同的课程路径和内容。

（一）开发 STEAM 课程及创新实验课

人工智能教育在中小学普及的主要作用是培养孩子的兴趣和提高思维能

力，其课程形式是编程教学。自1999年开始，近20年的时间，学校为信息学资优生开设C/C++课程，为学有余力、有编程兴趣的学生开启程序设计的大门。目前，学校毕业生闵可锐，玻森数据联合创始人，主要研究自然语义分析系统，已经在创新创业领域崭露头角。正是因为学校的启蒙教育，才为社会和国家甚至世界培养了专业的顶尖人才。STEAM编程教育是中小学推行人工智能科学素质教育的重要组成部分。从2016年开始，学校将编程教育由点向面推广，在全校范围以项目式课程为主导，开设SCRATCH趣味编程、ARDUINO创意编程、3D建模与制作、创新实验、机器人等综合实践课程。STEAM编程课程在七中育才的落地，也标志着人工智能素质教育在七中育才的启航。

（二）IDREAM课程

IDREAM课程是三大结构、六大模块课程体系下"人文与素养"中的一门课程，我们通过整合优质的社会公益力量，立足于学生的理想教育，并与学校的生涯规划课程相辅相成，通过全球不同领域的精英和大咖讲述自己的成长经历，分享跟梦想有关的故事，鼓励、协助学生找到自己的梦想；了解达成实现梦想的途径和困境，并帮助学生不断克服困境，走向理想的彼岸。"以梦想点燃梦想，让梦想插上飞翔的翅膀"是IDREAM课程追求的目标。

课程开设至今，已经邀请了30多位人文与自然科学领域的专家、学者。如：英国南安普敦大学麦穗冬教授，和他一起走进了深邃的"人脑与电脑"的世界。曾经就职于IBM（美国）的高级软件工程师，现在就职于联想（上海），用户体验主管计算机高端人才杨少辉，和他畅游在数字信息化的世界里。还有淘课集团CEO、淘课研究院院长秦俐女士等。其中不乏人工智能方面的专家，这些高品质的分享，不仅让学生了解了人工智能的现状和发展，更促进他们如何正确地认识自我，塑造自我，实现自己的人生梦想。

（三）国际理解课程

作为成都首批教育国际化窗口学校，七中育才着力建设开放的教育，开发了系列国际理解教育校本课程。通过国际交流活动，促进跨文化深度融合，为培养现代公民和国际化人才打下了坚实的基础。特色校本课程"环球系列课程"，引进英国权威教育机构ASDAM的素质拓展课程，"拉伯雷法语课堂""国际交流讲堂"等。学校曾经邀请过2位诺贝尔奖得主到校开讲坛。如，诺贝尔物理学奖获得者格罗斯先生，还有牛津大学艾伦麦克法教授、"抱抱熊"世界环保组织中的国际人士，学校管乐团曾经和法国著名指挥家米凯尔库斯托先生同台献艺，获得了高度的赞誉。信息化为国际理解课程的实现提供环境与保障，越洋的视频课堂让课程散发出别样的魅力。同时，国际理解课程又丰富了未来课堂、未来学校建设的内涵。

七、未来课堂环境下促进深度互动教学的主要环节

未来课堂涵盖了课前的预习与发现，课中的互动与生成，课后的概括与反思。在未来课堂教学的全过程中，充分借助信息化手段服务教学。

（一）课前——预习与发现

以微课（教材助读型、作业评讲型、方法指导型、知识归纳型、公益讲座型等）为载体，翻转学习为主要形式，充分利用信息资源，进行自主学习、个性化学习，在学习中发现真实的问题，选择学习的任务，明确学习的责任。

（二）课中——互动与生成

以互动为形式，利用预设或获取的各种学习资源，通过与知识、与他人、与自己的互动，深度参与，建构生成，深度发展，并生成新的学习资源。

（三）课后——概括与反思

利用预设和课中生成的资源，辅以不同内容的微课，以建构生成为目的，教与学进行概括与反思，以形成教的经验和改进的策略，对所学知识进行结构化、模块化、系统化处理。

八、未来课堂环境下促进深度互动的教学模式

（一）模式一：任务探究式教学

基本模式：任务呈现—个体尝试—学伴协作—小结反思。

深度教学是触及学生心灵深处的教学。而"高质量的任务"是触及学生心灵深处的触发器。"高质量的任务"具有妙、活、合的特点。"妙"即精妙、巧妙，能激发学生情感体验、思维碰撞、兴趣触发；"活"即鲜活、灵活，指向任务的开放性；"合"即任务是整合的而不是零散的。任务的来源主要有3个：学

科、学生、学习；任务的类型主要有：问题式、课题式、项目式。任务的发布让学生感到困惑，产生认知冲突，从而有利于展开探究。

未来课堂环境下，信息平权、资源共享将有力地支撑学生的探究式学习。同时，由"个体尝试"到"学伴协作"既是复杂任务的必需，使课堂能够纵深展开，也丰富了学习方式，有助于学生的理解性学习；而"小结反思"则使学生在经历了学习过程后不断重组和优化自身的认知结构，从而达到持续地理解与建构。

（二）模式二：问题解决式教学

基本模式：前置学习，整合问题—二度学习，解决问题—三度学习，提升运用。深度教学是触及学生心灵深处、促进学生持续理解与建构的学习，因此，问题解决是深度教学课堂的基本样态。"前置学习"是触发学生兴趣、迸发学生思维的很好的方式。前置学习，是生本教育理念的一个重要表现形式，就是在学习新课内容之前，组织学生运用已有知识、生活经验进行的准备性学习和尝试性学习。

未来课堂环境下，教师在教学设计前能更便捷地梳理每个学生前置学习的情况并整合为本源性问题，在课堂教学中师生聚焦本源性问题进行学习，在此过程中生成衍生性问题，在解决衍生性问题的过程中整合为更具智慧含量的挑战性问题。挑战性问题可能是目前无解的、与生活有关的、开放性的、综合性的问题，从而有利于学生建构自己的知识、激发进一步学习和运用知识的愿望。经过这三度学习，学生所面对的问题从本源性问题发展为衍生性问题最终生成为挑战性问题，从而使学生的理解更深入、深透（见图 5.29）。

图 5.29 以《绿色蝈蝈》为例

学生在前置学习时的问题主要围绕情感展开，梳理后聚焦为"法布尔对蝈蝈是一种怎样的情感？是赞美吗？"这就是本源性问题。课堂上师生在探究这一问题的过程中衍生出一个新的问题：如果是赞美，为什么还要写蝈蝈的残忍呢？老师借力这个问题，巧妙地架构起了对作者情感的探究，再借助学生在前置学习时提出的另一个问题"为什么说蝈蝈在田野中上演的节目更加庄严"引导感知法布尔的科学精神和人文情怀。这是衍生性问题。最后，将学生的所有问题整合成一个极具挑战性的问题："从1880年开始，法布尔在荒园中孤独，清苦，欢欣，平静度过35年余生，直至1915年逝世，他这一生，值得吗？"这是挑战性问题。问题驱动的三度学习更准确地找到了学生的学习起点，使学生的学习真正具备内源性、深刻性、丰富性、整体性。因此，课堂能触动学生心灵，教学逼近学科本质，实现了"让学习真正发生"。

（三）模式三：典例分析式教学

基本模式：典例呈现—独立分析—交流分享—总结迁移。深度教学是深入学科本质、引导学生持续理解与建构的教学。未来课堂环境下深度互动的课堂打破了知识的单向传递，创造学生自己发现、理解、运用知识的场景、机会与支持等。"典例呈现"是多元呈现与教学目标匹配的典型实践，学生通过独立分析和交流分享两种方式探究典例蕴涵的知识，并在学习和多元评价的过程中试错、纠错，最后通过总结建构所学的知识并进行迁移运用。如"串并联电路（交通信号灯的设计实践）"。

九、未来课堂环境下个性化评价体系的构建

评价具有诊断、导向、甄别、反馈与调控等功能，能够很好地促进教学改革。

评价是一个多因素的复杂系统，它涉及评价主体、评价目标、评价方法等诸多方面；同时也是一项技术含量很高的工作。科学的评价方法、规范的评价程序对评价质量和结果的可靠性、有效性有着重要的影响。

未来课堂环境下深度互动教学的评价体系是基于网络条件、技术支持下的评价者与被评价者、教师与学生共同建构意义的过程。其体系如图5.30所示。

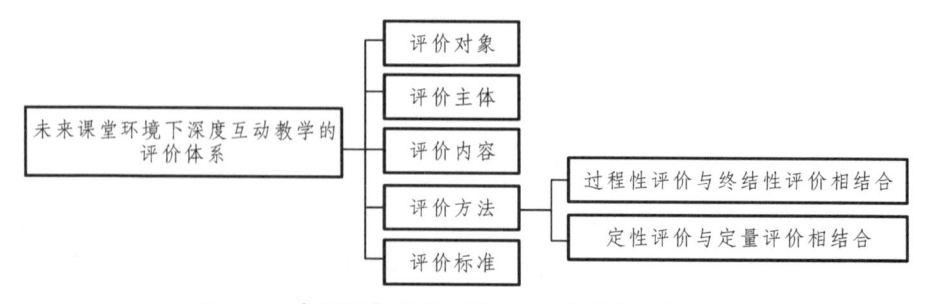

图 5.30 未来课堂环境下深度互动教学的评价体系

评价对象主要是教师与学生；评价主体体现多元化，有学生、教师、家长；评价的内容涉及深度教学的 3 个行为：发现、理解与运用；评价方法是两"结合"，即过程性评价与终结性评价相结合、定性评价与定量评价相结合；评价标准视不同的评价内容而不同。

（一）运用信息技术进行教学管理与评价

为学生在"未来个性化学习"中建立学习、学习行为数据收集、分析的学业发展平台，其融合课前、课中、课后学习的平台建设，学校通过 2 年的专家团队（东方闻道网校与学校骨干教师）论证与实践推出的"育才—闻道微课""育才—闻道未来课堂平台"还需要进一步推广到更多的班级使用。学校 2016 年为新进初一年级全面推行"未来课堂"系统的应用（与上述硬件建设相对应），在视音频、流媒体、图形图像、媒体云服务、云存储服务、矢量电子白板、关系数据库、远程调用服务，同时支持 WIN7、WIN8、IOS6.0 及以上，ANDROID4.0 及以上系统，扩充微软服务云的租用空间，满足资源的存储与交换。不仅能存储学业结果，还实现了对学生学习行为的记录，如什么时间看的微课、学习了几次，量化到人，再结合相应的测评结果分析学生的学习情况，以便能科学、精准地为教师及学生提供学习指导。

（二）运用信息技术进行过程管理与评价

为学生建立并打通素质测评数据平台，力争对学生 3 年的素质测评结果及部分行为进行记录，如活动课、选修课的自主选课与学分修学情况做统计；对学生身体健康的各项指标发展情况进行统计，并与国家标准进行比较，对学生的日常生活、饮食、锻炼提出指导性建议；记录学生参加的学校、班级的各项集体活动或比赛，反映艺体等发展情况。

十、未来课堂环境下促进课堂深度互动的教学实践研究

学科：语文
课型：活动·探究课
课题：关于影片《中国机长》相关问题的采访
一、课前分析与课前准备
（一）设计理念
八年级上第一单元是统编版教材中一个很有特色的单元——活动·探究单元。活动载体为新闻，涉及消息、特写、通讯等多种新闻文体。

与教材其他单元相比，本单元有着独有的特点：首先单元所有篇目均为自读课文，无课后练习题；其次单元任务单不仅提供了固定、静态的知识，还提供策略性、过程性知识，提供学生自己构建知识的线索与路径。因此，本单元不同于传统意义上以课文为中心的单元组织方式，而是以活动任务为轴心，以阅读为基础，以探究为内核。

基于上述特点，本单元整体教学思路将通过核心任务驱动，整合新闻阅读、新闻采访、新闻写作，即阅读、写作、口语交际以及资料搜集、活动策划等项目，形成一个读写互动、听说融合、由课内到课外的学习系统。

这一堂课，我们学习新闻采访。教材中关于新闻采访只是提供了一个简单的新闻采访提纲的示例，但是采访的内容离学生真实的生活有一定的距离，不易引起学生兴趣。采访提纲中最为重要的采访提问也只是简单带过——提问的技巧、提问原则、问题表达都没有涉及，如果课堂教学中也只是简单地带过，则不能促进学生深度思考和有意义的建构。

本堂课以日前热映的电影《中国机长》为载体，通过对学生采访提纲中问题层次、问题逻辑、问题表达的分析讨论，辅之以对相关人员的现场采访，从不同角度解读电影票房火爆的原因，从而让学生对新闻采访有真实的感受，为下一步新闻写作提供素材，做好铺垫。

（二）教学目标分析

（1）巩固新闻采访提纲的拟写。

（2）加强采访提问的针对性、逻辑性。

（3）能够在现场采访中根据适时状况做出应对。

（三）教学内容分析：整合教材资源与社会资源

（1）以教材中的新闻采访提纲为示例，拟写本次采访的提纲，讨论问题的针对性和逻辑性，完善提问表述。

（2）社会资源进入课堂，通过对相关人员的现场采访，检验预设问题的有效性，并对采访提问做出进一步的调整完善。

（四）教学重难点

（1）提高采访提问的有效性、逻辑性。

（2）能够在现场采访中根据适时状况做出相应反应。

（五）学习者分析

有兴趣——这是学生第一次接触新闻。新闻是离生活最近的文体之一，生活的多侧面、多角度带来了不同的样态、不同的解读，因而各有特色与侧重，自然具有巨大的吸引力。

有能力——八年级学生经过一年的语文学习，表达的逻辑性、思考的深度都有所提升，在第一单元的学习中，对新闻的不同体裁有初步认识；对新闻采访有初步感受，曾尝试过非公开场所的采访。在本堂课中模仿现场采访的形式，是对学生表达能力、应变能力、思维能力的综合考验。

有必要——从不同角度解读新闻事件，秉持客观的态度、以理性的思考看待社会问题是现代中学生应该具备的品质。

（六）教学方法

探究教学、小组合作教学。

（七）教学准备

（1）环境：未来课堂实验室。

（2）教学资源：多媒体教学课件（电子白板课件）。

（3）媒体资源：教学资源平台、文本文档（任务及操作提示等）。

（4）相关教学软件：IRS互动软件、Office软件、电子白板互动软件等。

（八）教学媒体运用与分析

编号	呈现内容	媒体类型	呈现方式	使用作用
1	课堂任务或活动	电子白板	白板屏幕全屏	课程教学
2	课堂拓展阅读资料		发送或提交	及时将教学任务发送给学生，学生也可以及时将答案反馈给教师
3	课堂提问		发送或提交	及时将教学任务发送给学生，学生也可以及时将答案反馈给教师；同时方便学生之间相互评价修改已有答案
4	课堂采访		网络连线	及时介入校外资源，成为学生学习实践的一部分

二、互动教学活动过程

环节一：情境引入，激发兴趣。

【教学内容】交流观影感受，营造课堂氛围。

【教师活动一】展示《中国机长》相关影像片段，激发学生学习兴趣，引导学生交流观影感受。

【学生活动】观看影像片段，交流观影感受。

【设计意图】从学生熟悉的生活现象进入课堂学习，激发学生的学习兴趣。视频资料的直观展现，有助于课堂氛围的营造。

【设备和软件】资源平台播放视频资料，有利于课堂氛围的营造和学生注意力的集中，同时提供了学生交流的资源。

环节二：确定任务，知识探究。

【教学内容】学习拟写采访提纲。

【教师活动一】展示网络上关于《中国机长》的相关报道，引导学生发现报道的共同倾向。

【学生活动】快速阅读资料，发现材料中关于《中国机长》报道的共同倾向——深受观众喜爱、口碑票房双高，但没有分析造成此种情况的原因。

【设计意图】以现实的报道激发学生深入探究的愿望。

【教师活动二】引导学生分析教材中关于采访提纲的示例，发现采访提纲拟写的要点和原则。

【学生活动】认真研读教材提供的范例，归纳采访提纲拟写的原则——根据采访目的，提出采访问题，注意提问的层次和逻辑。

【设计意图】通过范例的学习，引导学生主动发现、简要归纳，形成系统性的知识，为后面拟写采访提纲奠定理论基础。

【设备和软件】资源平台推送文字材料，学生勾画批注后反馈给教师，便于教师及时掌握学生阅读情况；同时通过资源平台进行学生阅读成果的集中展示，方便学生在口头表达时有可以借助的文字资料，也便于教师进行适时的批注修改。

环节三：知识运用。

【教学内容】拟写并修改采访提纲。

【教师活动一】布置本环节任务，并组织学生讨论交流，形成较为成熟的采访提纲。

【学生活动】独立拟写采访提纲，小组讨论，提出修改意见，并在全班交流。全班同学就提问的针对性、顺序安排的合理性、语言表达的准确性提出修改建议，进一步完善学生的采访提纲。

【设计意图】通过对采访提问的讨论、修改，实现对学生思维严密性的训练。

【设备和软件】学生通过资源平台上传自己的作品，可以清晰地呈现他们修改的过程，真实地反映学生思考、修正的情况，便于教师及时指导和点拨。

环节四：迁移应用。

【教学内容】学生根据采访提纲，现场连线相关人员，完成现场采访。

【教师活动一】提前联系相关人员，满足学生现场采访的角色需求，并观察学生的现场采访，适时引导。

【学生活动】根据采访提纲，完成三组不同对象（航空公司从业人员、电影制作人员、观影群众）的现场采访。学生观察、思考，发现同学在现场采访中的出色表现，指出不足，讨论修改意见。

【设计意图】通过现场采访，以真实的情境来实现对学生表达、倾听、观察、思辨等能力的训练。

【设备和软件】通过资源平台与场外的相关人员进行连线，极大地还原了"采访"现场，使学生有了真实的学习场景，有效地将校外资源与学生的学习进行对接，有助于在实践中提升学生语文学习能力。

环节五：总结评价。

【教学内容】总结学生采访的表现，根据实际情况再次修改采访提纲。

【教师活动一】引导学生回看采访录像，引导学生发现在实际情况下可以做成调整的采访设问，并指导学生修改采访提问；布置接下来的任务——完成一份关于《中国机长》票房火爆原因的深度调查报告。

【学生活动】观看采访录像，提出在实际采访中值得注意的问题：语言交流过程中的问题；采访提问中的问题……记录受访者回答要点，为完成关于《中国机长》票房火爆原因的深度调查报告做准备。

【设计意图】回顾、完善采访。

【设备和软件】学生通过资源平台上传自己的采访调查报告，方便学生间的共享学习，也方便教师的评阅指导。

技术赋能　创新发展
——教育部"基于教学改革、融合信息技术的新型教与学模式"实验区成都实践

融合多学科的人工智能课程设计
——以"当三星堆遇上人工智能"课程为例

【导读】

以三星堆博物馆的真实情境，让学生历经项目选题（探秘三星堆）、项目实施（AI 三星堆）、项目评价（揭秘三星堆）3 个阶段。人工智能为基础的多学科跨学科融合，打造沉浸式学习体验，激发学生创新思维，培养学生的高阶思维和核心素养。

随着人工智能时代的到来，社会生产方式变革的同时，教育的理念、目标、形式和内容也在发生深刻的变革。为实现新的育人目标，研究者需要深层次、全方位地对教育和学校存在的现实问题进行反思与考量。人工智能是当今社会的热点词汇，国家、各个行业都给予高度关注，教育界也掀起了一股浪潮。此外，三星堆的考古研究是目前整个社会热切关注的社会热点。基于此，成都市石笋街学校将三星堆文化与人工智能相结合，打造出"当三星堆遇上人工智能"特色校本博物馆课程，旨在融合多学科学习，以项目导向进行设计，在项目实施中灵活应用信息化手段，助力学生融合创生了更多有趣的作品，赋予三星堆文化新的时代意义。

一、问题提出

（一）研究背景

当下，世界处于百年未有之大变局。第四次工业革命方兴未艾，人工智能、大数据等加速发展带来的不确定性，给人类生产和生活方式带来深度改变，并在教育领域产生深远影响。2017 年，国务院发布了《新一代人工智能发展规划》要求实施全民智能教育项目，在中小学阶段设置人工智能相关课程，逐步推广编程教育。人工智能变成了当今社会的热点词汇，国家、各个行业都给予高度关注，教育界也掀起了一股浪潮。特别是 2021 年 11 月《中小学人工智能课程开发标准（试行）》的发布和《中小学人工智能技术与工程素养框架》的发布更是让人工智能教育在中小学炙手可热。学校在"和美文化"引领下，把国家课

程、地方课程和校本课程深度融合，围绕学生的核心素养，构建五育并举的"和美课程"体系，以"和美课程"滋养学生，以科学与创新引导学生，以中国学生发展核心素养为目标，培育有中国情怀、世界眼光的未来之子，促进学生德智体美劳全面发展。

（二）研究问题的提出

人工智能课程和博物馆课程正是学校一直在践行和实施的和美特色课程，那么如何将新技术和历史有机地结合起来让学生感受现代科技与本土文化的碰撞呢？将两者融合起来后如何在课堂中进行课程实施呢？在学校智慧教育的助推下，跨学科人工智能课程"当三星堆遇上人工智能"也就应运而生。

（三）研究的意义与价值

本课程旨在将三星堆文化与人工智能融合，凝练出"当三星堆遇上人工智能"相关课程，通过跨学科学习，涵盖了数学、历史、艺术及人工智能等学科知识，以项目为导向进行教学设计，打造沉浸式学习氛围，实现深度学习，提升学生人工智能技术敏感度和理解力，增强学生学习新技术的兴趣、探究新技术的激情、应用新技术的热情，激发创新思维，树立适应智能社会发展的责任意识，以及培养学生的高阶思维和核心素养。

本课程成果将会在石笋街学校进行推行与试验。在课程实施过程中，学生通过小组合作，将自己所学的历史知识和人工智能技术融合创生了很多有趣的作品，赋予三星文化新的时代意义。此外，本课程将试验过程中存在的相应问题，对课程存在的痛点不断改进与完善后在成都市金牛区内进行推广，并在成都市内甚至四川省内进行推广适用。

二、文献综述

（一）人工智能的定义及与教育领域的融合

人工智能（Artificial Intelligence，AI）是一种前沿的交叉技术，主要目的是模拟人类思维生产出一些智能化的系统，他们像人类一样在社会中发挥着相应的职能作用。随着科学技术的不断发展，人工智能已成为影响世界深刻变革的重要变量之一，引起了各国政府的高度重视。一些国家纷纷出台了发展人工智能的战略性政策文件，争取抢占人工智能发展的制高点。2017年，国务院印发《新一代人工智能发展规划》中提出我国人工智能发展的战略目标，即"到2025年，人工智能基础理论实现重大突破，部分技术与应用达到世界领先水平，人工智能成为我国产业升级和经济转型的主要动力，智能社会建设取得积极进展；到2030年，人工智能理论、技术与应用总体达到世界领先水平，成为世界主要人工智能创新中心"。

由此可见，人工智能教育是我国当代教育建设的重心之一，然而，教育在适应社会变革方面具有一定的滞后性，如何将人工智能融入教育领域中，进行人工智能教育，仍是教育学者关注的问题。基于此，本课程将结合本土文化，将人工智能与三星堆文化进行有效结合，开设"当三星堆遇上人工智能"特色校本课程，实现深度学习，提升学生人工智能技术敏感度和理解力，增强学生学习新技术的兴趣、探究新技术的激情、应用新技术的热情，激发创新思维，树立适应智能社会发展的责任意识，以及培养学生的高阶思维和核心素养。

（二）以三星堆为选题的价值

三星堆遗址位于四川省广汉市。三星堆距今已有约五千年的历史。自20世纪80年代深入发掘以来，已出土各类文物约13 000件。三星堆遗址和出土的大量文物反映了古代巴蜀人民的艺术成就和远古的人类文明，是历史的见证。三星堆文化是中华文明的重要组成部分，它不仅展示了巴蜀文化的丰富内涵、独特魅力和价值，也促进了中华文明的形成。

整个三星堆发掘现场，集合了文物考古发掘、文物认定、科技信息等多项技术，用来判断器物位置的高光谱遥感器让工作人员拥有"透视眼"、RP保护系统达到长期保护的目的、3D扫描系统对出土文物进行高精度3D扫描、对考古现场和文物建立一份3D数据文档。我们闻所未闻的高科技仪器还有很多，现代高新科技与古老遗址在这里和谐共存。

这次发掘，开辟了考古学新的里程碑。然而，由于技术等原因，三星堆的挖掘过程一度停滞，在课程中让学生了解三星堆文化及挖掘过程外，也应让他们意识到人工智能技术在文物挖掘、文物保护等方面的重要性，激发他们的创新意识，为国家的创新技术贡献自己的力量。

因此，如何将三星堆文化与当今教育领域下热点的人工智能领域相结合，开设相关三星堆文化与人工智能碰撞的特色课程，探寻人工智能与三星堆文化融合的合适路径并达到推广使用，成为如今要解决的重要问题。

（三）人工智能发展相关现状

近几年，在国家政策驱动下，人工智能教育得到了蓬勃发展，支撑人工智能教育发展的良好社会氛围正在逐渐形成。教育部发布的《中小学人工智能课程开发标准（试行）》，已将人工智能课程开发作为重要内容。同时，适配新课程标准的国家性教材通过审定并发行，地方性教材、企业版教材也纷纷涌现；支持学校课程开设的企业支撑平台、教学实验装备等正逐渐丰富；部分区域学校先行先试，已在开设人工智能校本课程。此外，已有相关学会、协会开始探索青少年人工智能素养测评体系，一些学术机构也正在跟踪、研究人工智能教育的发展。

三、本课程相较于传统模式的优势

本课程需要在智慧教室中进行，辅助课堂实现实时连线、云游博物馆；在电脑上需安装 WPS、MIND+、3Done 软件，以便学生能进行方案设计、结构设计和程序设计，同时需要使用 DFrobot 机器视觉人工智能套件，来辅助学生完成作品的创作；在课堂中学生会用到 IRS 反馈器、平板和 HiTeach 平台来完成学生过程性评价和总结性评价辅助教学。

（一）采用项目式教学，打造真实的学习情景

项目式教学以项目为主线、教师为引导、学生为主体，改变了以往"教师讲，学生听"的被动式教学模式，打造了学生主动参与、自主协作、探索创新的新型教学模式。学生在教师引导下发现问题，以解决问题为导向开展方案设计、新知学习、实践探索等具有创新特质的学习活动。本实践中以热门的三星堆博物馆为真实的学习情景，通过多方面展示三星堆博物馆激发学生的兴趣，形成探究动机，以及持续深入研究的动力，让学生经历项目引导—项目选题—项目实施—项目评价的全过程（见图 5.31），最终到达问题解决的目的，形成真正的成果。过程中学生不仅是对技能进行练习，而且综合多学科知识，小组合作深入思考、探究、搜索、查证、验证等，教师辅之以研究指导，提供相应的资源。这样才能开展真实的研究，才能实现创新的目标，才能体现高阶思维和核心素养的养成。

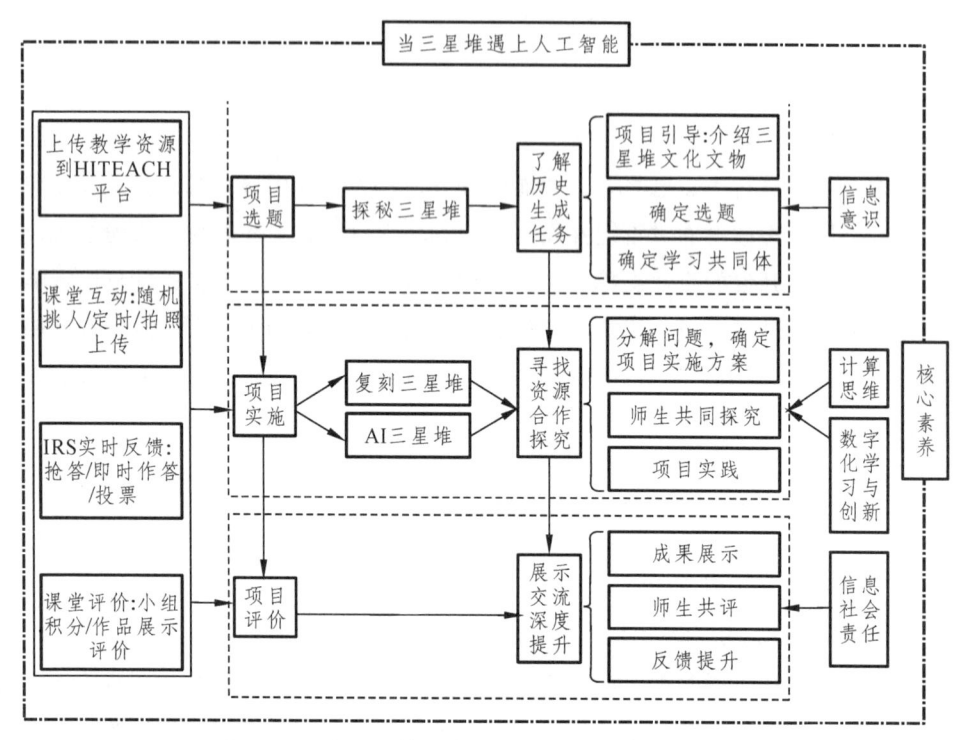

图 5.31 当三星堆遇上人工智能项目式学习流程

（二）巧用 HiTeach 平台，助力多维度、多样化评价

在项目整个实施过程中，评价活动根据项目学习不同阶段来展开，利用过程性和总结性评价相结合、质性与量化评价相结合、自我评价与相互评价相结合的评价来保证项目被有效地诊断和评估。整个评价以"项目评价包"呈现，评价维度主要有思维导图评价量表、程序文件评价量表、数据记录评价量表、项目设计评价量表等。为了实现多维度多样化的评价，我们在课堂的各个环节中充分利用 HiTeach 平台的记分板、实时投票、抢答、即拍即传等功能，即时呈现学生的作品、文案等过程性资料，配合 IRS 反馈器，及时反馈评价，及时生成评价数据，同时也能有效记录，助力过程性评价和终结性评价；评价方式也更加多样化，有课堂中学生间的相互交流，也有平台上的数据生成，还有反馈器的数据统计，共同促进课堂评价的有效生成，使课堂评价更加高效智能。

（三）利用人工智能模块，助力课堂作品生成

陶行知先生说过：教而不做，不能算是教；学而不做，不能算是学。教与

学都要以"做"为中心。而人工智能课堂中，如果让学生仅仅停留在技术的学习、技能的掌握上是不够的，一定要在真正的项目中进行实践。本实践中学生充分利用人工智能传感器如哈士奇人工智能摄像头、语音识别、语音合成等模块，搭建智能场景，模拟解决三星堆博物馆的实际问题。人工智能模块和各种传感器在课堂中的应用让学生不再是纸上谈兵，而是动手做出来，生成了很多课堂作品，并且形象直观地进行作品展示，让评价也变得更加具体。这充分体现出学生在知识学习中应用，在应用中不断创新，真正做到"做中学、用中学、创中学"。

（四）利用 5G 技术，打破三星堆时间空间的界限

在课程实施过程中，学生仅仅通过网络搜索资源对三星堆博物馆进行了解还不够直观。为了让学生身临其境融入三星堆博物馆，本课让学生以游客身份、工作人员身份等多种身份参与其中，我们利用 5G 技术实时连线三星堆博物馆、云游三星堆博物馆等多种方式多方位展现，同时播放中央电视台纪录片《探秘三星堆》《再探三星堆》中的全息投影视频，打破三星堆时间、空间的界限，让学生沉浸式体验，激发学生挖掘问题、提出问题，进而通过不断深入探究解决问题。

四、实践设计

在"项目选题"环节中，从介绍三星堆博物馆出发，课堂中利用 5G 技术多方位展现三星堆博物馆的基础陈列、游览路线、特色文物等，让学生沉浸式体验，引入项目主题——用人工智能技术解决三星堆的实际问题。学生敏锐地捕捉到三星堆博物馆中待解决的问题，进而提出半开放式的项目主题。学生根据自己对选题的兴趣，将自己的名片贴至相应的选题区域，并和同一选题的人组成一个小组。小组再次讨论，确立项目问题。本环节主要培养学生的信息意识。

在"项目实施"环节中，学生不仅要练习人工智能技能，而且要综合多学科知识，小组合作深入地思考、探究、搜索、查证、验证等，教师辅之以研究指导，提供相应的资源，助力学生整个项目的实施。

（一）方案设计

教师首先为学生提供范例，以"智能防疫电梯"为例，为学生演示如何将

大问题分解为小问题（模块设计），如何对问题进行步骤分解，同时向学生展示人工智能技术，提升学生人工智能技术敏感度和理解力。然后小组协作深入分析问题，就问题来源、解决什么问题、如何解决进行探讨，综合分析；通过大量搜集资料、整理信息，确定解决问题的路径，设计解决问题的方案。在方案设计环节，我们将利用项目设计评价量规对各组进行评价，并进行记录，以培养学生的计算思维和数字化学习与创新。

（二）知识学习

教师为学生提供数字化学习资源，其中包括三星堆文化和文物资源（文字、图片、视频、相关网址）、人工智能套件学习微课资源、结构设计教学视频等。小组间根据小组的方案设计进行有选择性的学习，并做好学习记录。学习过程中，小组再根据学习情况不断更新和迭代设计方案，以便最后能将作品功能实现达到最优。在知识学习环节，记录小组学习情况，同时对小组合作情况进行评价，以促进小组更好地协作。本环节增强了学生学习新技术的兴趣、探究新技术的激情、应用新技术的热情，并激发了学生的创新思维。

（三）作品制作

小组根据设计方案，绘制草图，设计结构，根据功能设计选择人工智能传感器如哈士奇人工智能摄像头、语音识别、语音合成等模块，然后进行编程控制传感器及功能模块，通过不断地调试优化后实现功能，然后将结构和传感器模块进行组装，搭建智能场景，模拟解决三星堆博物馆的实际问题，最终形成完整的项目作品。在这个过程中，小组间相互配合、协作，遇到问题时及时寻求解决办法。其实不断解决问题的过程就是知识学习的过程，让学生的团队协作能力也得到了提升。同时整个作品制作过程也需要教师进行节奏调控，不断引导学生推进项目，指导学生及团队进行作品创作。人工智能模块和各种传感器在课堂中的应用让学生不再是纸上谈兵，而是动手做出来，生成了很多课堂作品。作品的制作过程也不能仅停留在表面的模仿和对技能的练习上，而是要结合项目进行深入的思考、探究、搜索、查证、实践。

在"项目评价"环节中，学生对项目背景、目的、需求分析、功能模块设计、功能模块程序实现等内容进行展示交流，小组间进行互评，教师和专业评委进行专业评价。当然我们还会对作品进行分析，提出合理建议，小组再进行优化和改进。

当三星堆遇上人工智能，博物馆变得生动起来，三星堆文物也变得"生龙活虎"，整个项目妙趣横生。最后我们不忘提醒学生，一定要爱护文物、保护文物，叩问文明沃土的同时，坚守砥砺求索初心。

五、实施及效果分析

课程是在学校社团课中实施的，主要采取项目式教学，围绕三星堆博物馆展开，主题贴近学生生活，又正是社会热点，极具趣味性又引人不断深思探索。从直播连线三星堆博物馆到丰富的学习资源，让学生思考、探究、搜索、查证、实践，而不是停留在表面的模仿和对技能的练习上。让学生从发现问题、分析问题到解决问题，也就是从项目选题、项目实施过程中，巧妙地将古蜀文化与人工智能技术相融合。课堂上学生积极参与，通过小组合作，将自己所学的历史知识和人工智能技术融合创生了很多有趣的作品，赋予三星文化新的时代意义。

当然，课程中人文历史与现代科技融合的探索意识，也能延伸到技术与其他更多领域的融合。而利用多学科尤其是新技术来研究历史、还原历史、发展历史、衍生历史，形成了一定的方法，也为历史学科提供了新的模式。课堂中智慧教学的应用，为课堂气氛的调动和项目的评价增色不少。

通过"当三星堆遇上人工智能"项目，进行自主、协作、探究学习，学生完整经历了利用人工智能技术解决生活实际问题的全过程，将知识建构、技能培养与思维发展融入运用数字化工具解决问题和完成任务的过程中，从而促进自身信息技术学科核心素养的养成。

此外，课程中也有些不足。项目缺乏深层次的研究：比如，生活场景推演、三星堆时期的气候、三星堆的发展与变迁、三星堆有很多秘密、怎么用技术去解密？在教学过程中应该不断启发学生去探索和追问。与此同时，项目成果较为单一，应进一步深化成果，形成包括目的、方法、过程、成果等的研究报告，形成研究的规范形态，使形成的成果不随意，真正体现成果的价值。后续本课程将不断改进"当三星堆遇上人工智能"项目，丰富项目内容，调整项目实施细节，力争做得更加完善。

六、结语

课程中的部分课例在金牛区信息科技学科教研活动中进行展示。全体信息技术教师通过网络教研平台进行了课程观摩，并从学科融合、问题解决、技术赋能3个方面进行网络评课。

技术赋能　创新发展
——教育部"基于教学改革、融合信息技术的新型教与学模式"实验区成都实践

课例同时进行了全网直播，还面向石渠的信息技术教师开展了网络教研，进行"金石帮扶"。石渠县全体教导主任参加了此次活动。通过本次活动，为各学校的校本教研、教育信息化、教育模式转变展示了创新范式。参加本次活动的教师表示受到启发和教育。同时也通过线上交流方式为石渠教育发展注入了新活力。该课程开阔了他们的眼界，让他们对人工智能教育有了直观的了解，对跨学科、跨年级教育和如何培养学生自主思考、自主探究、创新创造有了新的认识。本次云端教研活动，不仅提高了石渠县教师对人工智能教育和智慧教育的理解认知，而且拓宽了金石教育交流新路径，为金石双方开展进一步教育帮扶工作奠定了坚实基础。

"人工智能 + 教育"是培养全面发展创新人才的重要共识。课堂是教育的主战场、育人的主渠道，以人工智能赋能课堂变革实现智能时代育人育才的根本任务具有重要的意义。本课程期望，本研究能为人工智能与三星堆文化结合课堂变革提供理论借鉴与实践引导，能够有效推动人工智能在课堂这一教育主战场发挥积极作用。

参考文献

[1] 沈欣忆, 史枫, 等. "互联网+"时代基于生态观的终身学习体系变革[J]. 中国电化教育, 2017（7）.

[2] 郑旭东, 饶景阳, 等. "三个课堂"促进义务教育优质均衡发展：演进历史、战略价值、关系解析与概念框架[J]. 现代教育技术, 2021, 31（6）.

[3] 曹晓明. "智能+"校园：教育信息化2.0视域下的学校发展新样态[J]. 远程教育杂志, 2018（4）.

[4] 王小根, 王梦如, 等. 基于移动设备的场馆教育对学生传统文化知识学习的影响研究[J]. 现代远距离教育, 2014（5）.

[5] 阿莎·坎瓦尔, 郭可慧. 开放远程教育未来领导力与创新[J]. 开放教育研究, 2016, 22（6）.

[6] 李芒, 石君齐. 靠不住的诺言：技术之于学习的神话[J]. 开放教育研究, 2020（1）.

[7] 陈晓慧, 高铁刚. 教育技术本质分析[J]. 中国电化教育, 2006（10）.

[8] 贾慧, 孙明娟. 中小学学生评价的现实困境与改进策略[J]. 西部素质教育, 2023, 9（1）.

[9] 王祖霖. 大数据时代学生评价变革研究[D]. 长沙：湖南大学, 2016.

[10] 李政涛, 文娟. "五育融合"与新时代"教育新体系"的构建[J]. 中国电化教育, 2020（3）.

[11] 张燕南, 赵中建. 大数据教育应用的伦理思考[J]. 全球教育展望, 2016（1）.

[12] 沈群亚. 大数据支持下的学生评价新路径微探[J]. 中国德育, 2020（18）.

[13] 周雪红, 唐惠玉. 基于大数据的小学生"五育"并举评价创新研究文献综述[J]. 小学教学研究, 2022（35）.

[14] 张生, 曹榕, 等. "AI+"时代未来学校的建设框架与内容探究[J]. 中国电化教育, 2018（5）.

[15] 谢幼如, 黎佳. 智能时代基于深度学习的课堂教学设计[J]. 电化教育研究, 2020, 41（5）.

[16] 高红. 人工智能背景下高校科技创新人才培养探究——以物流管理专业为例[J]. 广西质量监督导报, 2020, 232（4）.

[17] 国务院. 国务院关于印发新一代人工智能发展规划的通知[EB/OL]. （2017-07-20）[2021-09-18]. http://www.gov.cn/zhengce/content/2017-07/20/content_5211996.htm.

[18] 谢幼如, 邱艺, 刘亚纯. 人工智能赋能课堂变革的探究[J]. 中国电化育, 2021, 416（9）.

[19] 祝智庭. 现代教育技术—走向信息化教育[M]. 北京: 教育科学出版社, 2002.

[20] 何克抗, 李文光. 教育技术学[M]. 北京: 北京师范大学出版社, 2003.

[21] 祝智庭, 顾小清闰, 寒冰编. 现代教育技术—走进信息化教育[M]. 北京: 高等教育出版社, 2005.

[22] 陈卫东, 张际平. 未来课堂设计与应用[J]. 远程教育杂志, 2010（4）.

[23] 张际平, 陈卫东. 教学之主阵地: 未来课堂研究[J]. 现代教育技术, 2010, 20（10）.

[24] 谢幼如, 李克东. 教育技术学研究方法基础[M]. 北京: 高等教育出版社, 2016.

[25] 叶子, 庞丽娟. 师生互动研究述评[J]. 学前教育研究, 2009（3）.

[26] 王家瑾. 从教与学的互动看优化教学的设计与实践[J]. 教育研究, 1997（1）.

[27] 许亚锋, 叶新东, 王麒. 未来课堂的设计框架研究[J]. 远程教育杂志, 2013（4）.

[28] 陈卫东, 张际平. 未来课堂的定位与特性研究[J]. 电化教育研究, 2010（7）.

[29] 张生, 曹榕, 等. "AI+"时代未来学校的建设框架与内容探究[J]. 中国电化教育, 2018（5）.

[30] 谢幼如, 黎佳. 智能时代基于深度学习的课堂教学设计[J]. 电化教育研究, 2020, 41（5）.

[31] 高红. 人工智能背景下高校科技创新人才培养探究——以物流管理专业为例[J]. 广西质量监督导报, 2020, 232（4）.

[32] 谢幼如, 邱艺, 刘亚纯. 人工智能赋能课堂变革的探究[J]. 中国电化教育, 2021, 416（9）.

后　记

党的二十大报告强调：推进教育数字化是构建高质量教育体系的应有之义。这就迫切需要在育人方式、办学模式、管理体制、保障机制等方面进行全方位改革。发展数字教育，推动教育数字化转型，是大势所趋、发展所需、改革所向；是教育工作者应用之志、应尽之责、应立之功。顺应数字时代潮流推进教育变革和创新，是世界各国共同面临的重大课题。

从2019年成都市教育局申报、2020年8月获批教育部"基于教学改革、融合信息技术的新型教与学模式"实验区以来，经过3年多的探索，成都市教育信息化应用融合创新发展，将数字技术融入教育领域的各个层面，实现了教学范式、组织架构、教学过程、评价方式、教育治理等全方位的创新与变革，有力促进了教育公平、支持终身学习，形成了更为公平、开放、可持续、有韧性的良好教育生态。新型教与学模式的探索，也将继续在路上。反思总结探索的阶段性成果集结成书，也是回望来时路，整理提炼经验，给前行更多的力量与指引。

全书是在成都市国家级信息化教学实验区工作领导小组和成都市教育科学研究院对实验区工作案例成果进行遴选的基础上，组织相关教育专家、实验区及实验学校入选案例的老师共同编写的。第一章主要编写者是四川省教科院教育科研中心郭斌主任和成都市教育科学研究院戴金芮老师；第二章主要编写者是四川师范大学计算机科学学院周雄俊副教授和成都市教育科学研究院曾月莹老师；第三章主要编写者是四川师范大学计算机科学学院沈莉副教授和成都市教育科学研究院邓森碧老师；第四章主要编写者是成都师范学院唐瓷副教授和成都市教育科学研究院张丽老师；第五章主要编写者是四川师范大学计算机科学学院吴长城副教授和成都市教育科学研究院刘学刚老师。负责全书统稿的是成都市教育科学研究院教育大数据与监测评估研究所陕昌群副所长、王振副所长、曾月莹老师和四川师范大学计算机科学学院研究生卫勉。周雄俊副教授和陕昌群副所长还对本书的架构设计做出贡献。成都市教育科学研究院罗清红院长、黄祥勇副院长、卿子俊副院长全程指导书稿的设计起草，并审定全书，教育大数据与监测评估研究所罗良建所长为本书编写给出很多宝贵建议。成都市国家级信息化教学实验区 10 个先导区及 100 所实验校的实践探索,对本书内容有诸多实质性贡献。成都市人民政府总督学石斌先生,成都市教育局普通教育处周荣处长、何佳副处长也对本书编写给予了指导、帮助和建议。西南大学教育学部秦渝超、徐春浪两位博士研究生做的实验区案例分析报告也给予我们工作不少灵感。四川天府新区十一学校陈红老师、四川省成都市第八中学校李冬捷老师,他们为优质案例的征集做了大量工作并审校书稿。

  大家在繁忙的工作之余,对实验区建设经验进行收集提炼,历时 2 年,几易其稿,反复推敲,呕心沥血。即便如此,我们也可能遗漏不少好的经验与案例,以待不久的将来,能够再出成果,以飨读者。

  特别鸣谢附录 1 中各位老师反复修改文稿,贡献智慧。

附录1　各章节作者信息汇总表

所在篇章	题目	作者	来源	编委
第一篇　技术赋能　促进区域教育创新实践	七朵云：创造智能时代共享教育的全息空间	罗清红　黄祥勇　高瑜　罗良建　陕昌群　薛涓　李沿知	成都市教育科学研究院	郭斌　戴金芮
	双核驱动　点面结合　开创虚实融合的实验教学新模式	易立铁　钟志刚　李军	成都市金牛区教育科学研究院	
	融创空间应用，赋能智慧教育——锦江区网络学习空间应用普及	曾乾炳　崔凯　李咏翰	成都市锦江区教育局电化教育馆	
	"三研三上三改"网络共研赋能区域课堂变革	唐皓　张涛	成都市成华区教育科学研究院	
	基于AI的课堂教学行为分析构建混合式研修模式的探索与实践	易立铁　程弟松	成都市金牛区教育科学研究院	
	基于人工智能的"双驱"教育实践助力创新学子培养——锦江区人工智能"双驱"教育实践出实效	张莉　马玉敏　刘黎　胡定坤　曹婷	成都市锦江区教育科学研究院	
	智慧农场推进区域农事劳动教育	杨彬彬　赵莉　杜伯霜	成都市锦江区教育局电化教育馆	
第二篇　新技术应用赋能教学变革	基于微课程资源的培智学校教学模式	王思思	成都市青羊区特殊教育学校	周雄俊　曾月莹
	人工智能时代背景下"5I"课堂实践	李佳洁	成都市成华区教育科学研究院附属小学	
	小学英语教学中使用英语AI听说系统的实践与思考	杨怡	成都市龙江路小学分校	
	善用教学APP，探索小学生自主学习体系建设	汪海鹰　王领　周惠姣	成都市盐道街小学	
	名师专递课堂助力民族地区音乐教育发展	张琪	成都市天涯石小学	
	信息技术支持下的初中生物学概念深度构建	胡嘉瑜	彭州一中实验学校	

续表

所在篇章	题目	作者	来源	编委
第二篇 新技术应用赋能教学变革	基于数据的个性化教学助力学生感悟度量本质——数学学科线上线下融合式教学改革实践	刘恋	成都市泡桐树小学西区分校	周雄俊 曾月莹
	基于数字环境下学生自主学习教学模式的构建与实践研究	兰世鹏	成都七中万达学校	
第三篇 信息技术重构教与学的新空间	基于网络学习空间的游戏化创客学习	王永　叶尚成　唐有林　廖倩　刘海宾　梁文勇　李雁	成都市金牛实验中学	沈莉 邓森碧
	基于情境化猜想验证的探究学习	孟囿弟　陆兴华	成都市棕北中学	
	网络化的多维多层学习	孟苡	成都市双林小学	
	数字教学环境支持下的混合式分层课堂	许伟东　张宁	北京第二外国语学院成都附属中学	
	网络画板开创智慧实验教学	任君　陈民　王欣　彭鸿灵　李玉梅	成都市新津区五津初级中学	
	项目式教学促学科核心素养培养	谢丹　李佳昕	成都市盐道街小学（本部）	
	建构虚实融合新空间　形成协同育人新动能	张燕　邓永宁　江赞	成都市解放北路第一小学校	唐瓷 张丽
第四篇 新理念催生的融合信息技术教学实践	基于"533"模式的历史生命课堂实践	王亚蓉　陈立英	四川省金堂中学校	唐瓷 张丽
	践行PBL新理念，重构数学新实践	陈昱霖　马玉敏　罗月娥　张娟娟　窦静　陈瑶	成都市锦江区教育科学研究院附属中学	
	融合应用新技术　创新数学新实践——制作一个尽可能大的无盖长方体形盒子	刘翠翠　刘张阳	四川省成都市第七中学初中学校	
	制作小小提示器，实现学科大跨越	王洁　付敏　张晓娟　李晓凤　方雪	成都市青白江区大同小学校	
	音乐教学可视化　学科融合育新人——以信息技术融合课"波斯市场"为例	陈娜娜　李嵘　王维令　杨晓珺	成都市双林小学	
	基于人工智能技术的跨学科项目实践——以太空"万能"舱教学为例	何莉　罗雪　李双双　田雯文　高远丽　蒋叶霜	成都市新桥小学校	

388

附录1　各章节作者信息汇总表

续表

所在篇章	题目	作者	来源	编委
第四篇　新理念催生的融合信息技术教学实践	智慧学习环境下跨学科课程的开发与实施	陈霞　薛常成　曾文健　阳晓艳	成都市龙泉驿区第一小学校	唐瓷　张丽
	依托"1+4+N"创新实践，促进核心素养发展	何萍　陈波　刘云怡	成都市茶店子小学校	
	重构活动课程体系，培育数学核心素养 ——以二年级数学课程为例	谭威	成都市泡桐树小学	
第五篇　大数据+人工智能驱动教育教学变革新路径	学习数据支持的小学生"三阶"个性化教学模式探究	刘平	崇州市七一实验小学校	吴长城　刘学刚
	数据环境下小学生高阶思维多路径培养策略	熊科琴　庄姗姗　童荔萍	成都市武侯科技园小学	
	基于大数据分析的学生评价策略实践研究 ——以都江堰市永丰小学为例	钟海刚　钟雪兰　梁黎	都江堰市永丰小学	
	未来课堂环境下促进课堂深度互动的教学模式及实践研究	吴明平　彭震　杨静　陈洋	四川省成都市七中育才学校	
	融合多学科的人工智能课程设计 ——以"当三星堆遇上人工智能"课程为例	蒋雪青	成都市石笋街小学校	

附录2　电子书包数字环境下学生自评问卷内容

数字环境下学生自评量表

（本量表针对每堂课后学生对上课效果的自我评价，包括学习效果、过程、态度、思维发展以及能力提升等）

1. 你是否根据要求提前进行课前微课学习？[单选题] *
○ 认真学习了
○ 简单看过
○ 没有看过

2. 微课中的问题你能自我解决吗？[单选题] *
○ 全部可以解决
○ 一半以上可以解决
○ 几乎不能解决

3. 课堂中通过平板你向大家展示自己的学习成果共有 [单选题] *
○ 3 次及以上
○ 1～2 次
○ 很可惜没有展示过

4. 结合数字环境展示的其他小组学习成果，你是否参与到小组讨论中？[单选题] *
○ 我积极参与了小组讨论，并可以提出自己的观点
○ 我偶尔参与，但也在积极思考中
○ 没有参与讨论

5. 在课堂任务完成环节中，结合班级完成率，你是否更清晰自己的学习效果或在班级的完成层次？[单选题] *
○ 是的，结合班级完成情况我可以更清晰地分析自己的学习情况
○ 比较清楚，但还没习惯性地去对比数据进行自我分析
○ 没有关注，和传统课堂一样

6. 相比传统课堂中问题提出后被老师抽问，利用数字环境的课堂中针对课堂问题有好的想法时主动分享给大家，哪种方式更让你有成就感？[单选题] *
○ 传统课堂中问题提出后被老师抽问
○ 电子书包课堂中针对课堂问题有好的想法时主动分享给大家
○ 没有太大区别，都差不多

7. 相比于传统课堂，你在数字化环境中的学习效率是否更高（一节课解决的学习问题是否更多更高效）？[单选题] *

○是的，我觉得提高了课堂效率

○还好，课堂效率有一些提高

○没有什么感觉，都差不多

8. 课后对于需要录制视频上传分享的部分你会怎样完成？[单选题] *

○我会全力准备，认真对待，将最好的成果分享给大家

○按照往常作业一样，只是多一个拍照录制上传的环节

○我觉得很麻烦，不太愿意做

9. 网上课堂和课后作业提交，你觉得相比较于传统课堂，是否提高了老师对学生观点或作业的评价效率？[单选题] *

○是的，老师会随时关注大家提交的学习成果并及时点评

○会提高老师的评价效率，但不是太明显

○和传统课堂没有区别

10. 相比于传统课堂，你自己在数字化环境下的学习能力提升有哪些？[多选题] *

□提高了我的学习效率

□与同伴的合作交流更多了

□我的学习更具有主动性和积极性

□有更多的机会锻炼我的表达能力

□我被老师关注和点评的机会更多了

□没有太大感受，都差不多

附录3 数字环境下教师评价问卷内容

数字化环境下教师评价问卷

（针对电子书包数字化课堂，教师对教学质量的评价，包括对学生学习过程、效果、参与度、能力等的提升进行评价）

1. 你在数字环境下的课堂对预设问题解决的效率提升满意度是 [单选题] *
○很不满意
○不满意
○一般
○满意
○很满意

2. 对比传统课堂，你对学生在数字化环境下的参与度整体感觉 [单选题] *
○很不满意
○不满意
○一般
○满意
○很满意

3. 相比于传统课堂，在数字化环境下，你对自己能更多地关注到学生的表现，如任务完成提交、完成质量等 [单选题] *
○很不满意
○不满意
○一般
○满意
○很满意

4. 数字化环境下，你对于掌握学生的学习任务完成情况 [单选题] *
○很不满意
○不满意
○一般
○满意
○很满意

5. 你对课堂中小组合作交流分享最后形成小组成果进行提交 [单选题] *
○很不满意
○不满意

○一般
○满意
○很满意

6. 对比传统课堂，你对学生课堂展示的积极性、主动性评价 [单选题] *
○很不满意
○不满意
○一般
○满意
○很满意

7. 你对学生能借助数字环境进行课前微课学习完成简单知识学习 [单选题] *
○很不满意
○不满意
○一般
○满意
○很满意

8. 你对能随时掌握到学生课后自主提交作业情况 [单选题] *
○很不满意
○不满意
○一般
○满意
○很满意

9. 对比传统备课，你对在数字环境下的备课工作量 [单选题] *
○很不满意
○不满意
○一般
○满意
○很满意

10. 你对应用数字环境进行教学对最终教学成绩的提升 [单选题] *
○很不满意
○不满意
○一般
○满意
○很满意